Troublante vérité

La mémoire en sursis

LEANN HARRIS

Troublante vérité

éditions Harlequin

Titre original : ANGEL AT RISK

Traduction française de FLORENCE BERTRAND

HARLEQUIN®
est une marque déposée par le Groupe Harlequin

BLACK ROSE®
est une marque déposée par Harlequin S.A.

Photos de couverture

Femme : © BEAUTYARCHIVE / JUPITER IMAGES
Route : © MARK A. JOHNSON / CORBIS
Paysage : © PETER GRIFFITH / MASTERFILE

83-85, boulevard Vincent-Auriol 75646 PARIS CEDEX 13.
Service Lectrices — Tél. : 01 45 82 47 47

ISBN 978-2-2808-3929-7 — ISSN 1950-2753

1

Angeline Fitzgerald foudroya du regard le capot de sa voiture de location. La fumée qui s'en échappait ne lui laissait guère d'illusions. Elle ne pourrait pas faire un kilomètre de plus dans cet épouvantable véhicule. Il ne lui avait causé que des ennuis depuis qu'elle l'avait loué à une petite société basée à l'aéroport de La Nouvelle-Orléans.

Sur cette partie désertée de la route nationale, il était peu probable que quelqu'un apparaisse rapidement pour lui porter secours. Autrement dit, elle n'avait guère le choix — il faudrait qu'elle poursuive son chemin à pied jusqu'à Mirabeau. A en juger par le panneau qu'elle avait dépassé un peu plus tôt, la petite ville devait se trouver à plus de huit kilomètres de là.

Résignée à l'inévitable, Angeline prit son sac sur le siège passager et se mit à marcher. En quelques minutes à peine, la chaleur étouffante de la Louisiane avait plaqué son chemisier en coton sur sa peau.

Des plantes exubérantes poussaient au bord de la route, comme pour essayer d'engloutir le ruban d'asphalte et de reprendre ce que l'homme avait créé. Le vert intense des feuilles était si foncé qu'il donnait au paysage une allure sinistre. Un frisson parcourut l'échine d'Angeline. L'endroit était vierge, sauvage, menaçant pour une nouvelle venue comme elle.

Le soleil tapait, et Angeline se sentit soudain légèrement étourdie. Des gouttelettes de sueur coulaient le long de son cou, et son chemisier était déjà trempé. Pas étonnant que sa tante ait toujours insisté pour venir passer ses vacances dans le Vermont. La Louisiane en juillet était abominable. Comment pouvait-on respirer, sans parler de travailler, dans un tel sauna ?

Angeline donna une petite tape irritée sur son bras pour écraser l'énorme moustique qui s'y était posé. De toute évidence, la chaleur ambiante ne déplaisait pas à tout le monde.

Elle marchait déjà depuis un certain temps et commençait à avoir les jambes flageolantes quand un son inattendu lui parvint. On aurait dit une valse jouée à l'accordéon. La jeune femme s'immobilisa, tendit l'oreille, et aussitôt, une mélodie entraînante emplit l'air. Une vague de soulagement la submergea. Si elle entendait de la musique, il devait y avoir des gens tout près.

Comme les secours semblaient imminents, elle s'efforça de se rendre présentable. Elle rajusta son chemisier, puis remit en place les mèches vagabondes qui s'étaient échappées de sa tresse.

Quelques instants plus tard, exactement comme elle l'avait soupçonné, un assortiment disparate de bâtiments apparut au détour d'un virage.

Elle s'arrêta devant le premier, d'où provenait la musique. C'était une vieille construction en bardeaux qui abritait à la fois un poste d'essence, un garage et une épicerie. Avec le temps, la peinture blanche d'origine s'était écaillée, et il n'en subsistait plus que quelques vestiges, ici et là, sur les planches grises. Une enseigne rouillée pendait à la moustiquaire déchirée, proclamant quelque chose à propos d'une boisson.

— Espèce de vieux tricheur ! Remets ces pièces à leur place, ordonna une voix chaude et masculine, à l'intérieur.

Un rire s'éleva.

— Tu n'es qu'un mauvais perdant, Paul. Ce coup est tout à fait permis.

Angeline ouvrit la porte et entra. Le bâtiment n'était pas climatisé, mais un ventilateur tournait au plafond, brassant l'air chaud. Il fallut un instant pour que ses yeux s'habituent à la pénombre.

A sa gauche, un haut comptoir courait tout le long de la pièce. Derrière se trouvaient des étagères pleines de dizaines de canettes et de cartons. Le comptoir lui-même était couvert d'objets divers. Une cafetière électrique trônait à un bout, à côté d'une grosse cocotte, de barquettes en polystyrène et de cuillères en plastique dans un gobelet. Un panneau écrit à la main proposait de la soupe au gombo à un dollar la portion. A l'autre bout, elle aperçut une antique caisse enregistreuse et une vieille radio, d'où s'échappait la musique qu'elle avait entendue. Au fond, des pièces de voiture, des ceintures et des outils pendaient à des crochets. Des bidons d'huile et des batteries étaient empilés devant l'ensemble.

Au centre de la pièce, trois hommes se tenaient autour d'une table de jeu bancale, un jeu d'échecs posé devant eux. Deux d'entre eux étaient assis, et le troisième, debout, observait la partie.

Ils levèrent la tête, et la conversation mourut brusquement, ne laissant que le son grinçant de la radio.

Angeline fut tentée de baisser les yeux afin de s'assurer qu'elle était habillée décemment et qu'aucun des boutons de son chemisier n'était défait.

— Euh…

Elle tenta de dissimuler sa nervosité.

— Le moteur de ma voiture a chauffé à quelques kilomètres d'ici. Je me demandais si quelqu'un ne pourrait pas me ramener là-bas et la réparer ?

Personne ne bougea. Les hommes la fixaient comme si elle avait été un extraterrestre. Ou un fantôme.

— Est-ce que quelqu'un ici peut m'aider ? répéta-t-elle, légèrement irritée.

Les trois hommes échangèrent un regard grave avant de reporter leur attention sur elle. C'était un curieux groupe, songea-t-elle. Celui qui était debout, âgé d'une vingtaine d'années à peine, portait un T-shirt fané et un jean. Le deuxième avait les cheveux blancs et une barbe touffue, et il devait avoir une bonne soixantaine d'années.

C'était le dernier qui attirait particulièrement l'attention d'Angeline. Il était assis, mais elle voyait qu'il était grand et large d'épaules sous le tissu tendu de sa chemise. Une mèche de cheveux noirs tombait sur son front large. Avec ses pommettes hautes, son nez aquilin et ses lèvres sensuelles, il était incroyablement séduisant. Ses yeux verts se soudèrent aux siens, et une décharge électrique parcourut la jeune femme des pieds à la tête. Curieusement, elle eut l'impression qu'il croyait la reconnaître. Mais c'était impossible. Elle n'avait jamais vu cet homme de sa vie.

— Que je sois damné, marmonna le vieillard.

— Aucun doute là-dessus, rétorqua le beau gosse.

Le petit vieux gloussa.

— Et tu me tiendras compagnie, hein ?

Un sourire espiègle éclaira le regard de Yeux-Verts et fit battre plus vite le cœur d'Angeline.

— Mais bien sûr.

Le vieillard se retourna vers elle et secoua la tête.

— Qui aurait cru une chose pareille ?

— Pardon ? coupa Angeline, frustrée par ce dialogue auquel elle ne comprenait rien.

Le vieil homme se leva et s'approcha d'elle.

— Excusez nos mauvaises manières, mademoiselle. Je suis Pierre McKay, dit-il, la main tendue.

Avant qu'elle ait eu le temps de réagir, Pierre lui baisa courtoisement la main. Angeline mourait d'envie de se libérer, mais les bonnes manières que lui avait si soigneusement enseignées sa mère l'emportèrent. Avec un sourire crispé, elle toléra son geste.

Il la guida vers la table.

— Venez. Je vous présente Paul Delahaye, le tricheur qui joue aux échecs avec moi.

Elle regarda Paul placer avec soin le pion qu'il tenait sur la table. Il avait de très belles mains, des paumes larges et de longs doigts minces. L'espace d'une seconde, elle imagina ses mains douces caressant son corps. Choquée par le cours de ses pensées, elle prit une profonde inspiration, refoulant les images qui s'imposaient à elle.

Paul se leva et vint vers elle. Avec son petit mètre cinquante-huit, elle n'arrivait qu'à ses épaules, et elle dut lever les yeux pour affronter son beau regard. Suivant l'exemple de Pierre, il prit sa main et l'embrassa. Une vague de chaleur déferla dans l'estomac de la jeune femme.

— C'est un plaisir, murmura Paul.

Sa voix sensuelle résonna dans tout le corps d'Angeline, provoquant en elle un trouble étrange qui se dissipa à peine lorsqu'il lui lâcha la main.

— Et ce…

Pierre poussa le garçon en avant.

— … ce gamin qui vous regarde avec des yeux de merlan frit, c'est Martin Andrew.

Angeline ne lui offrit qu'un sourire, gardant les mains sur son sac.

Martin la salua, puis murmura quelque chose à l'oreille de Pierre. Le vieil homme secoua la tête.

— Non.

— Pierre, quel manque d'éducation, fit Paul en regardant Angeline d'un air songeur. La dame semble sur le point de s'effondrer. Offre-lui un siège et quelque chose à boire.

Pierre se frappa le front de la main.

— Bien sûr, comme c'est négligent de ma part.

D'un grand geste gracieux, il invita Angeline à prendre place à la table, ce qu'elle fit avec reconnaissance, poussant un soupir de soulagement.

Paul se rassit et se laissa aller en arrière sur sa chaise.

— Voudriez-vous du café ? demanda Pierre.

Angeline sursauta et fixa le vieil homme. Il se moquait d'elle, sûrement. Aucun individu sain d'esprit n'aurait désiré boire du café un jour pareil. Son horreur dut se lire sur son visage, car Paul éclata d'un rire sonore.

— Je pense que ton invitée préférerait quelque chose de frais, non ?

La fin de sa question s'adressait à Angeline.

— Quelque chose de frais serait divin, répondit-elle, les lèvres sèches.

A vrai dire, la pensée était si tentante qu'elle ferma les yeux un instant, cédant au plaisir d'imaginer le liquide froid coulant dans sa gorge. Quand elle les rouvrit, Paul la regardait, ses yeux verts semblant lire dans son âme comme dans un livre ouvert.

— Quel abandon, ma chère, murmura-t-il, les syllabes musicales lui faisant l'effet d'une caresse. J'aimerais connaître le nom de la femme qui sait apprécier les plaisirs simples de la vie.

Avant qu'elle ait eu le temps de répondre, Pierre intervint :

— Martin, va me chercher de l'eau minérale dans le frigo !

Le jeune obéit et rapporta une petite bouteille à Angeline. Sans attendre, elle dévissa le bouchon et but une longue gorgée d'eau. Elle savait que Paul la regardait, mais elle avait trop soif pour se soucier des bonnes manières. Puis elle remit la bouteille sur la table et sourit timidement aux trois hommes.

— Merci.

— De rien, répondit Pierre.

Il tira une autre chaise et s'assit à son tour. Il ne dit rien, mais Angeline devina qu'ils s'attendaient à ce qu'elle se présente.

— Je suis Angeline Fitzgerald.

— Et que fait une dame aussi charmante que vous dans ce trou perdu ? s'enquit Pierre.

Les hommes semblèrent se pencher en avant, attendant sa réponse.

— Ma tante habite à Mirabeau. Quand je lui ai téléphoné il y a quelques jours pour lui souhaiter un bon anniversaire, j'ai eu un message m'informant que la ligne n'était plus attribuée. J'ai appelé l'opérateur, mais ils n'ont rien pu me dire de plus. Alors, je suis venue ici pour savoir ce qui lui est arrivé.

Les trois hommes échangèrent un nouveau regard.

— Comment s'appelle votre tante ? demanda Paul.

Cette fois, les hommes évitèrent de se regarder, mais Angeline décela une étrange tension dans l'air.

— Marianna Courville. Vous la connaissez ? Vous savez ce qui lui est arrivé ?

Silence.

La chanson à la radio se termina et une autre commença. Le silence persista.

— Vous êtes sûre du nom de votre tante et de l'endroit où elle vivait ? demanda enfin Pierre.

— Bien sûr. Pourquoi cette question ?

— Marianna est morte en mars.

Angeline fixa Pierre, atterrée.

— C'est impossible, murmura-t-elle, essayant de se convaincre que les hommes s'étaient trompés. Si ma tante était morte, quelqu'un m'aurait contactée, puisque je suis sa plus proche parente. Peut-être pensez-vous à quelqu'un d'autre ?

— Non, fit Pierre lentement, en secouant la tête. Il n'y a pas d'erreur possible. Marianna est morte.

— En ce cas, pourquoi est-ce que le notaire ne m'a pas avertie ?

— Personne ne savait qu'elle avait des parents en vie.

Angeline se leva si vite que sa chaise tomba en arrière.

— Comment est-ce possible ? s'écria-t-elle, choquée. Je lui téléphonais. Je lui écrivais. Elle venait rendre visite à ma famille chaque été. Et vous voudriez me faire croire qu'elle n'a jamais dit à quiconque dans cette ville qu'elle avait une sœur et une nièce ?

Paul la transperça de son regard vert.

— Marianna était fille unique.

Une vague d'indignation submergea Angeline.

— Vous mentez ! Tante Marianna et ma mère étaient sœurs.

Impassible, Paul continua à la fixer.

— Demandez à n'importe qui dans cette ville : tout le monde vous dira que Marianna était l'enfant unique des Courville.

Angeline plongea la main dans son sac et en tira son portefeuille, pointant le doigt sur la photo de sa mère posant avec Marianna et elle-même.

— C'est nous trois, il y a deux ans, dit-elle en la lançant sur la table.

Elle détourna les yeux, luttant contre les larmes et le désarroi tandis que les trois hommes étudiaient le cliché.

— Je ne sais pas quoi vous dire, reprit Pierre en passant une main lasse dans ses cheveux blancs. Nous pensions que Marianna était la dernière des Courville. C'est pourquoi le tribunal tient une audience lundi pour décider quoi faire de sa maison et de son terrain. Ça tombe bien que vous soyez arrivée maintenant.

— Peut-être trop bien, fit Paul en se levant.

Elle était debout, mais elle dut lever la tête pour affronter son regard.

— Que voulez-vous dire ?

— Je veux dire, mon chou, que je ne crois pas aux coïncidences. Et le fait que vous débarquiez le samedi précédant l'audience concernant la propriété de Marianna, en affirmant être sa nièce, me pousse à me demander ce que vous mijotez.

Il promena un doigt le long du menton d'Angeline, puis haussa les épaules.

— Personnellement, je me moque complètement de vos motivations, parce que votre apparition va mettre des bâtons dans les roues de Roger Boudreaux. Je suis curieux de voir ce qui va se passer à cette audience.

Il se tourna et se dirigea vers la porte.

— Mais j'espère que vous avez un bon avocat, lança-t-il par-dessus son épaule. Vous en aurez besoin.

Elle entendit un moteur rugir à l'extérieur, suivi du son strident d'un avertisseur. Tout cela était absurde. Il y eut un second coup de klaxon, et Pierre se leva, entraînant Angeline au-dehors.

— Votre voiture est en panne, non ?

— En effet.

— Paul est mon mécanicien. Allez avec lui. Il va la réparer.

La dernière chose au monde qu'Angeline avait envie de faire était d'accompagner le détestable Paul Delahaye, où qu'il aille. Mais elle n'avait guère le choix. Pierre lui ouvrit la portière de la dépanneuse, et elle se hissa à l'intérieur sans dire un mot à Paul ni même regarder dans sa direction.

Comme ils s'éloignaient du garage, le chagrin qu'Angeline avait refoulé jusque-là déferla brusquement en elle. Des larmes silencieuses roulèrent sur ses joues.

Paul n'avait pas besoin de ce genre d'ennuis. Il n'avait pas besoin de cette délicieuse actrice qui tirait sur les ficelles de son cœur. Photo ou pas, quiconque prétendait être la nièce de Marianna était aussi malhonnête que ce vieux renard de Roger Boudreaux.

Il eut brusquement envie de rire. Non, c'était impossible. Roger était légendaire en Louisiane. Personne ne pouvait être plus rusé, plus corrompu, plus hypocrite que lui. Quelle ironie ! Le grand projet de Roger pour obtenir le contrôle légal de la propriété de Marianna allait être ruiné par une femme qui était le portrait craché de sa propre sœur, Jacqueline.

Et la nouvelle de l'apparition d'Angeline ferait à Mirabeau l'effet d'un tremblement de terre. Lui-même, en la voyant sur le seuil du magasin de Pierre, avait cru se trouver face à un fantôme.

Angeline. C'était un nom français. Cajun, peut-être ? Elle l'avait prononcé d'une manière froide, sèche, totalement dénuée de la douce sensualité avec laquelle il aurait dû être murmuré.

Il jeta un coup d'œil furtif vers la jeune femme et la surprit en train de s'essuyer la joue. La lumière de l'après-midi entrait à flots par la vitre, l'enveloppant d'un halo doré. Elle possédait la beauté sereine d'un ange. Sa peau était d'une blancheur crémeuse, elle avait des yeux bleu ciel, des lèvres rose pâle et des cheveux de la couleur du crépuscule.

— Comment ma tante est-elle morte ?

La question arracha Paul à ses pensées.

— Sa voiture a été retrouvée dans le bayou. Elle était dedans.

Le peu de couleur qu'avaient repris ses joues s'évanouit aussitôt, et il se reprocha de lui avoir appris la vérité si brutalement. Il garda ses yeux sur la route, mais il entendait Angeline ravaler ses larmes. Bon sang ! Il ne devait pas s'autoriser à ressentir de la pitié pour elle. Et pourtant, sa peine semblait sincère, et touchait la partie encore sensible de son propre cœur.

Malgré les preuves accumulées contre lui, Marianna Courville avait été la seule personne en ville à le croire innocent des accusations dont il était l'objet, et elle l'avait défendu. Quand il avait été enfermé dans cet enfer qu'on appelait la prison, Marianna lui avait écrit. Elle était venue lui rendre visite. Au cours des dernières années, jamais son soutien n'avait vacillé. Ils étaient devenus de proches amis.

— Comment l'accident s'est-il produit ?

Il voulut demander à Angeline pourquoi elle pensait que c'était un accident, mais réprima la tentation d'exprimer ses propres soupçons.

— Je ne sais pas. Il n'y a pas eu de témoins. C'est seulement quand elle ne s'est pas présentée à son travail à la bibliothèque que le shérif s'est mis à sa recherche.

— Mais…

Il ne tenait pas à s'attarder sur l'affreux souvenir d'avoir sorti la voiture de Marianna du bayou.

— C'est votre voiture ? coupa-t-il en désignant le véhicule blanc arrêté sur le bas-côté.

— Oui.

Il se gara tout près et sauta à terre. Il ne lui fallut pas longtemps pour apercevoir le trou dans le radiateur.

— Vous pouvez la réparer ?

Il tira un torchon de sa poche arrière et s'essuya les mains, puis se tourna vers Angeline. Elle semblait si hautaine, les bras croisés, le toisant de son regard aristocratique. Elle devait le prendre pour un plouc, un ignorant qui ne savait ni lire ni écrire. Elle pensait sans doute aussi qu'il était incapable de réparer sa fichue voiture. Il avait eu assez souvent affaire à ce genre d'attitude par le passé, d'abord à l'école privée, puis à la pension qu'il avait fréquentée sur la côte est. Eh bien, pourquoi ne pas lui donner l'image du paysan auquel elle s'attendait ?

Il appuya négligemment une hanche contre la voiture.

— Ben si, je peux la réparer, mais pas ici. La voiture, va falloir la remorquer jusqu'au garage. Je vais vous ramener chez Pierre, et pis je reviendrai avec la remorqueuse.

Elle fronça les sourcils, et il lut le doute dans son regard.

— Vous me croyez pas, hein ?

Il lui fit signe d'avancer.

— Ben, venez là, je vais vous montrer.

Elle hésita, le corps vibrant de tension, comme un animal acculé par un chasseur. Soudain, l'air semblait lourd, chargé d'électricité, rappelant à Paul les instants qui précèdent un violent orage.

Il attendit, sans la quitter des yeux. Elle mordilla sa lèvre inférieure, puis sa langue jaillit pour apaiser la douleur qu'elle s'était infligée. Paul eut l'impression d'avoir reçu un coup de poing dans le ventre, et faillit gémir tout haut de désir.

« Du calme », se morigéna-t-il. « Souviens-toi de ce que cette femme prétend être. »

Il pensa qu'elle allait tourner les talons et s'enfuir. Au lieu de quoi elle s'approcha. Elle avait du courage, il devait l'admettre. Posant les coudes sur la voiture, il désigna la partie inférieure du radiateur.

— Vous voyez le trou, là ?

Elle plissa les yeux.

— Non.

Il soupira. Elle était trop loin du moteur pour voir quoi que ce soit. Il glissa un bras autour de ses épaules, la forçant à se pencher pour voir ce qu'il montrait.

Elle se raidit à son contact, attisant l'irritation qu'il éprouvait déjà. Elle se conduisait comme s'il allait la jeter par terre et la violer. Eh bien… qu'elle pense ce qu'elle voulait ! Il n'avait aucune intention de la séduire. Il voulait seulement lui montrer la fuite.

« Menteur », chuchota une petite voix dans sa tête.

— Vous voyez l'endroit où ça goutte, là ? demanda-t-il en le touchant de l'index.

Elle se pencha plus près.

— Oui.

Paul déglutit avec peine, le corps d'Angeline pressé contre lui.

— Ce n'est pas la peine de remettre de l'eau dans le radiateur, expliqua-t-il. Il fuirait de toute façon, et le moteur serait fichu. C'est ça que vous voulez ?

Angeline se retourna. Ses lèvres n'étaient qu'à quelques centimètres des siennes. Aussitôt, elle recula d'un pas.

— Non. La société de location ne serait sûrement pas très contente. Je suppose que vous allez devoir la remorquer.

Il inclina la tête, acceptant gracieusement sa capitulation.

— Bien, fit-il avant de claquer violemment le capot et de repartir vers son pick-up.

La voix d'Angeline l'arrêta net.

— Mes valises !

Il se retourna.

— Je pense qu'il vaudrait mieux que je les prenne, dit-elle en lui adressant un sourire d'excuse. Je ne sais pas combien de temps il va vous falloir pour réparer la voiture et j'en aurai peut-être besoin.

Haussant les épaules, il la suivit. Elle ouvrit le coffre et tendit la main vers ses bagages. Il l'écarta doucement et les prit à sa place.

— Je peux le faire, protesta-t-elle.

— Non. Ma maman m'a appris les bonnes manières.

Elle marmonna quelque chose entre ses dents. Quelque chose qui ressemblait étrangement à « sans blague ».

Il s'arrêta et la regarda par-dessus son épaule.

— Vous avez dit quelque chose, mon chou ?

— Non, répondit-elle innocemment, avant de se hâter de monter dans la camionnette.

Il réprima un sourire. La dame était impertinente, et intelligente. Une combinaison fatale.

2

— Si je comprends bien, vous pensez que je mens ?

Paul lança à Angeline un regard stupéfait, mais ne répondit pas.

Le premier choc passé, la jeune femme commençait à retrouver sa lucidité. La nouvelle sidérante que M. Delahaye lui avait annoncée avant leur départ du garage lui revint à l'esprit. Comment Marianna pouvait-elle avoir été considérée comme une enfant unique ?

— Pourquoi voudrais-je me faire passer pour la nièce de Marianna ?

Il haussa les épaules d'un air indifférent.

— Qu'aurais-je à gagner dans une telle comédie ? insista-t-elle.

— C'est à vous de me le dire, ma chère.

Cet homme semblait résolu à se montrer hostile. Et pourtant, la seule chose qu'elle voulait savoir était ce qui était arrivé à sa tante.

— Dans quel but mentirais-je à propos de Marianna ? Comment puis-je savoir si ce n'est pas vous qui mentez ?

Il eut un haut-le-corps et lui décocha un regard furieux.

— Demandez à n'importe qui par ici. Mieux, je vais vous emmener voir Eleanor Flanders. Elle travaille au bureau d'état civil depuis trente ans. Vous pourrez lui demander vous-même si Ben et Julia Courville avaient d'autres enfants.

— Mes grands-parents ne s'appelaient pas…

La lumière se fit dans son esprit. Bien sûr, dans la confusion de sa première rencontre avec Paul, elle avait oublié de lui parler du divorce de ses grands-parents.

— Il y a une explication toute simple à ce malentendu.

Paul arqua des sourcils incrédules.

— Ma mère m'a dit que ses parents avaient divorcé quand Marianna était très jeune. Mon grand-père, Edward, a obtenu la garde de ma mère et il est resté dans le Vermont. Ma grand-mère est quant à elle repartie dans sa famille, en Louisiane, en emmenant Marianna. Par la suite, ils se sont tous les deux remariés.

Il secoua la tête.

— Non. Les parents de Marianna pouvaient remonter leur arbre généalogique jusqu'à l'époque où leurs ancêtres sont venus de Nouvelle-Ecosse en Louisiane. Personne n'est jamais parti. Personne n'a jamais divorcé.

Ses mots étaient clairs, distincts, sa diction était parfaite.

— Dites-moi, qu'est-il arrivé à votre accent ?

Les muscles de sa mâchoire se crispèrent, et Angeline sut que sa remarque avait fait mouche. Elle avait été stupéfaite de l'entendre feindre cet accent à couper au couteau quand il avait expliqué qu'il devrait remorquer sa voiture. Il voulait se venger d'elle, mais pourquoi ?

— Je vous lance un défi, Angeline.

Son cœur manqua un battement. Entendre son nom sur les lèvres de Paul Delahaye était comme une caresse délicate, éveillant des visions de brises parfumées, de nuits au clair de lune et d'amants qui chuchotent des secrets.

— Vous voulez savoir lequel d'entre nous a raison, hein ?

Le mirage se dissipa.

— Oui, monsieur Delahaye, je veux savoir lequel d'entre nous a raison.

— Appelez-moi Paul, ma chère. M. Delahaye est beaucoup trop formel. Un menteur ne mérite pas tant de respect.

Elle réprima l'envie de le frapper avec la pince-monseigneur qui traînait sur le plancher. S'il s'imaginait qu'il pouvait l'intimider, il se trompait lourdement. Elle s'était laissé manipuler par un homme une fois, et s'était juré que cela n'arriverait jamais plus.

Le garage de Pierre apparut. Paul se gara sur le bas-côté, posa les poignets sur le volant et la regarda.

— Alors, Angeline ? On va chez Pierre ou chez Eleanor ? Décidez-vous.

Rien n'avait de sens depuis qu'elle était en Louisiane, mais il y avait au moins une chose qu'elle pouvait éclaircir en quelques minutes.

— Chez Eleanor, Paul, dit-elle avec défi.

Il soupira, puis haussa les épaules.

— Peut-être que ça vaut mieux, après tout.

Une vague de soulagement envahit Angeline. Paul n'était pas un tyran. Malheureusement, ce qu'il était — un homme viril qui voulait qu'elle prononce son nom avec un doux abandon — était plus dangereux pour sa santé mentale que n'importe quel tyran.

Il reprit le volant et guida la camionnette sur la chaussée.

— Nous allons nous arrêter chez Pierre pour téléphoner à m'dame Eleanor. Il serait impoli d'aller la voir sans l'avertir que nous arrivons.

Angeline le dévisagea, stupéfaite, tandis qu'il descendait du véhicule. Pourquoi cet homme, qui avait la sensibilité d'un ours mal léché, prendrait-il en considération les sentiments d'une femme… à moins de mijoter quelque chose ? Fronçant les sourcils, elle poussa la portière et le suivit à l'intérieur.

*
* *

— Ah, flûte, marmonna Paul en s'arrêtant sur le seuil.

Le shérif Dennis Mathers posa sa bière sur la table et remonta son chapeau sur son front.

— Est-ce là une façon de saluer un vieil ami ?

Ses traits boursouflés, ses yeux injectés de sang et sa taille épaisse trahissaient des années de boisson excessive et de vie dissolue. Pourtant, malgré tout, on distinguait encore chez lui les traces du jeune homme séduisant qu'il avait été.

— Non, mais toi et moi n'avons jamais vraiment été amis, n'est-ce pas ? Tu étais plutôt un serpent en mon sein.

— Allons, allons, Paul. Tu entends ça, Pierre ? Il me traite de serpent. Tu penses qu'il a le droit de faire ça ?

Le regard du shérif ne s'était pas détaché de Paul.

Ce dernier regarda son employeur, dont les yeux trahissaient la frayeur.

— C'est entre toi et moi, Dennis, dit Paul. N'y mêle personne d'autre.

D'un geste calculé, le shérif se retourna vers Pierre, qui faisait mine de s'affairer à la caisse, et le dévisagea. Il haussa les épaules, comme s'il avait atteint la conclusion que le vieil homme ne valait pas la peine qu'il perde son temps.

— Il ne compte pas, de toute manière.

— C'est vrai. Il n'est qu'un pion. Il n'a ni argent, ni pouvoir.

— Tu l'as dit, Paul. La vraie raison pour laquelle je suis ici, c'est que Martin a appelé son frère pour lui dire qu'il avait vu un fantôme. Je suis donc venu enquêter.

Avant que Paul ait eu le temps de répondre, il entendit claquer la moustiquaire, et un petit corps entra en collision avec lui. Il pivota sur ses talons et attrapa Angeline par le poignet pour l'empêcher de tomber.

— Que je sois damné, marmonna le shérif en la fixant.

— Pourquoi est-ce que tous les gens de cette ville ont la même réaction en me voyant ? demanda-t-elle avec irritation, écartant une mèche folle de son visage.

— Si je ne l'avais pas vu moi-même, je n'aurais pas voulu le croire, dit soudain une voix.

Dennis secoua la tête.

— Ça fait un drôle d'effet, hein, Martin ?

Martin sortit de derrière le comptoir.

— Ça, vous pouvez le dire, shérif.

Paul aurait voulu l'étrangler. Martin n'était pas un mauvais gosse, mais c'était le plus grand rapporteur de tout le sud de la Louisiane. D'ordinaire, son penchant pour les commérages n'inquiétait pas Paul. Mais aujourd'hui, c'était différent.

Dennis Mathers était un individu sans scrupules, qui tenait à la fois du chien enragé et du serpent venimeux. Paul avait appris à ses dépens que le shérif n'avait pas de conscience et qu'il était à la solde de Roger Boudreaux. C'était lui qui avait organisé le coup monté dont il avait été victime. L'idée de laisser ce misérable cafard s'approcher d'Angeline lui donnait la nausée.

Dennis s'avança et s'arrêta devant la jeune femme. Il lui adressa ce que Paul considérait comme un sourire onctueux, puis retira son chapeau.

— Je suis Dennis Mathers, le shérif de la ville.

— Angeline Fitzgerald, répondit-elle en lui tendant la main.

— Enchanté, *mam'selle.*

Dennis saisit la main qu'elle lui tendait et la porta à ses lèvres.

— Que vient donc faire une jolie dame comme vous à Mirabeau ?

Paul voyait déjà Dennis tirer les vers du nez à Angeline, puis courir tout raconter à Roger. Et bien sûr, Roger n'apprécierait guère l'arrivée de la jeune femme, juste à temps pour ruiner ses plans. Elle n'avait pas la moindre chance de survivre contre ce duo infernal.

Et pourtant, que pouvait-il faire ? S'il essayait de l'empêcher de parler à Dennis, cela ne ferait qu'aviver les soupçons des uns et des autres. D'ailleurs, Angeline mentait. La question était de savoir dans quel but.

— Je suis venue voir ma tante, Marianna Courville, shérif. Ces messieurs m'affirment qu'elle est morte. Est-ce vrai ? Ma tante est-elle morte ?

Dennis se gratta le menton.

— C'est vrai que Marianna est morte. Mais…

Le visage d'Angeline s'assombrit.

— Mais vous ne voyez pas comment elle pourrait avoir une nièce, c'est ça, shérif ? demanda-t-elle avec colère.

— C'est ça. Marianna n'avait ni frère ni sœur.

— Je vois comment vous pouvez arriver à cette conclusion, mais comme je l'ai dit à M. Delahaye, mes grands-parents ont divorcé quand leurs filles étaient très jeunes, et chacun en a pris une avec lui. Plus tard, ils se sont remariés chacun de leur côté.

Dennis secoua la tête.

— Ha. Vous faites erreur. Les parents de Marianna étaient catholiques, et les catholiques ne divorcent pas, du moins pas dans cette partie de la Louisiane. D'ailleurs, Marianna est née ici, et elle a vécu ici jusqu'à sa mort.

Angeline leva les mains au ciel, écœurée.

— La ville entière conspire-t-elle contre moi ? J'ai l'impression d'avoir atterri sur une autre planète. Vous n'allez pas tarder à me dire que la terre est la lune et vice versa.

Paul se pencha vers elle.

— Avez-vous envisagé la possibilité que ce soit vous qui ayez tort ?

Son regard se souda au sien, et il y lut le désarroi, le doute et la peur.

— C'est impossible, murmura-t-elle d'une voix tremblante.

Absurdement, il eut envie de tendre la main et de lisser le pli soucieux qui était apparu sur son front, de lui dire que tout allait s'arranger. Mais ce n'était pas le cas. De quelque manière qu'ils envisagent les faits, Marianna n'avait pas de frères et sœurs.

— Il n'y a pas de complot ici, ma belle, répondit le shérif. Mais il y a peut-être une autre explication. Le père de Marianna était souvent absent, à travailler sur des plates-formes ou je ne sais quoi. Peut-être qu'il a eu un bâtard et qu'il ne l'a dit à personne.

Angeline se mit à trembler de rage.

— Comment osez-vous ?

Dennis étrécit les yeux, et prit cet air impitoyable qui annonçait des ennuis pour tout le monde.

— Comment osez-vous prétendre que ma mère était illégitime ? reprit Angeline. Pourquoi… ?

Paul ne pouvait l'abandonner à son sort. Il la prit par la main et, en dépit de ses protestations, l'entraîna vers la porte.

— Martin, prends la remorqueuse et va chercher la voiture de Mme Fitzgerald. Je reviens tout à l'heure pour m'en occuper.

Il salua le shérif d'un signe de tête.

— Excusez-nous. Il faut que j'emmène cette dame voir une amie.

Avant que quiconque ait pu réagir, Paul avait ouvert la moustiquaire et poussé Angeline à l'extérieur.

— Qu'est-ce que vous faites ? demanda-t-elle alors qu'il la tirait vers sa camionnette.

— Parlez moins fort.

Il ouvrit la portière d'un geste brusque, souleva la jeune femme et la déposa sur le siège, puis monta à son tour.

— Poussez-vous.

L'instant d'après, le vieux moteur rugissait, et Paul appuyait à fond sur l'accélérateur.

— Vous avez perdu la tête ?

Elle n'avait sans doute pas tort. Pourquoi diable essayait-il de protéger une femme qui s'en tenait à une histoire sans queue ni tête ?

— Peut-être, ma chère. Peut-être.

— Pourquoi cette scène avec le shérif ? Je voulais seulement lui poser des questions sur la mort de ma tante.

— Laissez-moi vous mettre au parfum, mon ange. Le shérif Dennis Mathers est l'homme le plus corrompu, le plus malhonnête que vous puissiez trouver. C'est un tyran à la solde de Roger Boudreaux, l'homme le plus riche de la ville. Votre arrivée leur pose un problème. Soyez prudente. Ne faites confiance ni à l'un ni à l'autre.

— Pourquoi devrais-je vous faire confiance plus qu'à eux ? Vous m'avez traitée de menteuse et vous pensez que je suis malhonnête. Quelle preuve ai-je que vous êtes du côté des gentils ?

— Je ne peux pas vous en donner. J'ai laissé mon panache blanc à la maison. Il faudra juste que vous me croyiez sur parole.

— Ce n'est pas très convaincant, vous en conviendrez.

Il en convenait.

*
* *

L'épouvantable suggestion du shérif s'était ancrée dans l'esprit d'Angeline, et elle ne pouvait plus cesser d'y penser. Pas alors que tous ces gens lui répétaient la même chose.

Un flot d'émotions contradictoires se mit à déferler en elle. Le chagrin, la douleur, le doute, la peur. Et par-dessus tout, un sentiment de culpabilité à la pensée que Marianna était morte.

Que se passait-il donc ?

De petits doutes insistants qui s'étaient fait jour ici et là pendant son enfance lui revenaient soudain. Pourquoi n'y avait-il aucune photo de sa mère et de sa tante prise pendant leur enfance ? Pourquoi l'accent de sa mère était-il si différent de celui de sa tante ? A première vue, l'explication du divorce de ses grands-parents semblait raisonnable, mais il y avait toujours eu quelque chose qui ne collait pas vraiment dans l'histoire. Chaque fois qu'elle avait demandé à sa tante de lui parler de son enfance en Louisiane, celle-ci avait changé de sujet. Comme si elle ne voulait rien révéler de son passé.

Et puis il y avait la question des circonstances de sa propre naissance. Sa mère n'avait jamais pu identifier l'Etat où elle était née, car l'accouchement avait eu lieu lors d'un vol entre le Vermont, où elle résidait, et la Floride, où son mari avait été transféré. Cette curieuse anecdote avait satisfait la curiosité d'Angeline quand elle avait seize ans. A présent, elle semblait moins convaincante.

Surtout, un incident bien précis restait gravé dans sa mémoire. Cela s'était déroulé un Noël, chez ses grands-parents maternels. Angeline avait environ dix ans à l'époque. Après le dîner, elle avait demandé à son grand-père s'il songeait parfois à sa première femme et à son autre fille. Sa mère l'avait fait sortir sans ménagement de la pièce et lui avait ordonné de ne plus jamais aborder ce sujet, afin de ne pas faire de peine à sa grand-mère. Angeline avait dû s'excuser auprès de ses grands-parents, après quoi on l'avait envoyée au lit. En y réfléchissant à présent, elle se souvenait vaguement d'avoir entendu une dispute entre sa mère et ses parents.

« Cette enfant doit savoir la vérité. » Soudain, cette phrase prenait un sens neuf, menaçant.

— Ne faites pas attention à ce rat, reprit Paul, la ramenant brusquement au présent. Il aime se croire important. Il n'est rien. Il vaut moins que la poussière à vos pieds.

Angeline le regarda, incrédule.

— Il n'a fait que répéter ce que tout le monde disait.

— C'est vrai, mais il y a pris du plaisir. Il aime faire du mal aux autres.

La différence n'échappa point à Angeline. Elle regarda le paysage qui défilait derrière la vitre, s'efforçant d'ignorer l'homme séduisant assis à côté d'elle. Ses efforts pour la réconforter la troublaient. Elle aurait préféré qu'il demeure hostile, qu'il garde ses distances.

Quand elle était entrée chez Pierre, plus tôt, elle avait immédiatement été attirée par Paul. Mais quoi de plus normal ? songea-t-elle. N'importe quelle femme aurait ressenti la même chose.

— Où m'emmenez-vous ? demanda-t-elle dans un effort pour changer le cours de ses pensées.

Une lueur espiègle brilla dans le regard de Paul.

— Chez m'dame Eleanor, bien sûr. Où voudriez-vous que je vous emmène ?

— Vous ne l'avez pas appelée.

— Je l'aurais fait si vous n'aviez pas eu l'écume à la bouche là-bas.

— Moi ? L'écume à la bouche ? répéta-t-elle d'un ton indigné.

— Mais oui.

Il secoua la tête.

— Il va y avoir du grabuge, quoi qu'il arrive.

— Que voulez-vous dire ?

Comme il ne répondait pas, elle posa la main sur son avant-bras. Ses muscles étaient d'acier. Il la regarda.

— J'ai peur que vous ne compreniez très vite. Trop vite, à vrai dire.

Il s'engagea dans une petite rue calme, où s'élevaient des maisons acadiennes de style traditionnel, construites en bardeaux, surélevées sur des troncs de cyprès. La dernière, peinte en jaune pâle, était agrémentée d'un grand jardin fleuri qui courait tout le long de la maison. Paul gara la camionnette et sauta à terre.

— M'dame Eleanor, appela-t-il d'une voix sonore. Vous êtes là ?

Angeline le suivit.

— M'dame Eleanor, vous êtes là ?

Une petite femme aux cheveux blancs et aux yeux noirs surgit au coin de la maison.

— Arrête de crier, Paul. Tu vas faire peur à mes chéries.

Il repoussa ses craintes d'un geste.

— Vous avez bien trop d'égards pour vos roses. Ce n'est pas le bruit qui va les empêcher de fleurir.

Elle le menaça d'un doigt noueux.

— Tu as tort. Mes bébés ne montreront pas leur beauté si on leur crie dessus. Et tu le sais, conclut-elle avant de se tourner vers Angeline. Oh, mon Dieu !

Elle écarquilla les yeux.

— Tu m'as amené un fantôme, Paul ?

Il sourit.

— Non, simplement une jeune dame qui pense que Marianna Courville était sa tante.

La vieille dame lui donna une petite tape sur le bras.

— Cesse de me taquiner, veux-tu ?

— Je ne vous taquine pas. Je vous ai amené Angeline pour que vous puissiez lui parler de Marianna.

Le regard de la vieille dame se posa sur la jeune femme.

— C'est vrai ? Paul ne se moque pas de moi ?

Angeline s'approcha plus près.

— C'est vrai. J'espère que vous pourrez m'aider.

Sa voix tremblait, et une larme s'échappa du coin de son œil.

Eleanor la prit par la taille et l'étreignit d'un geste maternel.

— Venez, ma petite. Entrons et vous pourrez me raconter votre histoire.

Eleanor croisa les bras et se cala sur sa chaise.

— Je suis désolée, ma chère, mais Paul vous a dit la vérité. Il y a soixante ans que je vis ici. Je connaissais les parents de Marianna. Nous avons grandi ensemble. Julia et Ben voulaient avoir d'autres enfants, mais ils n'ont jamais pu.

Un pli se forma sur le front d'Angeline.

— Mais…

— Vous ne nous croyez toujours pas ? fit Paul.

— Comment le pourrais-je ? s'écria-t-elle d'une voix où perçait le désespoir. Si je vous crois, cela signifie que tout ce que mes parents et Marianna m'ont raconté était un mensonge. Pourquoi auraient-ils fait ça ?

— Est-il plus facile de croire que toute une ville vous ment ? insista-t-il doucement.

Angeline se tassa légèrement, et baissa la tête.

— Je ne sais pas, murmura-t-elle. Je ne sais pas.

La détresse qu'il lisait sur son visage et qu'il entendait dans sa voix le touchait profondément. Angeline semblait avoir désespérément besoin qu'on la rassure, mais comment pouvait-il le faire ? Elle prétendait être quelqu'un, et son visage prouvait qu'elle était quelqu'un d'autre. D'une manière ou d'une autre, elle était apparentée à Roger Boudreaux. Se pouvait-il qu'elle fût de mèche avec lui, qu'elle essaie d'obtenir les biens de Marianna pour les transmettre à Roger ? L'explication semblait logique, mais le cœur de Paul se refusait à y croire.

— Une copie de l'extrait de naissance de Marianna vous convaincrait-elle que c'était une enfant unique, Angeline ? reprit Eleanor.

Paul la regarda avec surprise.

— Il en existe une copie ici ?

— Oui.

— Mais je pensais que tous les documents d'état civil étaient conservés à La Nouvelle-Orléans ?

— Ce que tu dis est vrai, répondit la vieille dame avec un sourire ravi, mais ce que tu ne sais pas, et ce que tu devrais savoir — si tu n'étais pas encore célibataire à ton âge…

— Eleanor, coupa Paul. La question n'est pas là.

Elle le réprimanda du regard, mais poursuivit :

— Quand un homme et une femme demandent une licence de mariage dans cette paroisse, ils doivent fournir une copie de leur extrait de naissance. Ensuite, ce document est conservé au palais de justice…

— Mais Marianna n'a jamais été mariée, objecta Paul.

Eleanor salua cette interruption d'un hochement de tête hautain.

— C'est exact, mais ça ne signifie pas qu'elle n'a jamais demandé de licence de mariage.

Paul la dévisagea, stupéfait. Décidément, cette journée apportait trop de surprises à son goût.

— Quand a-t-elle fait ça ?

— Je ne m'en souviens pas précisément, répondit la vieille dame avec un geste indifférent. Dans les années soixante-dix.

Il n'en croyait toujours pas ses oreilles.

— Qui envisageait-elle d'épouser ?

— Charlie Tate.

— Charlie Tate, répéta Paul d'une voix étranglée. Je n'arrive pas à croire que Marianna ait pu vouloir se marier avec lui.

Eleanor agita un doigt péremptoire dans sa direction.

— Que sais-tu des affaires du cœur, hein ? Tu fais de ton mieux pour les éviter à tout prix.

Les yeux noirs de la vieille femme le mettaient au défi de la contredire. Plusieurs réponses vinrent à l'esprit de Paul, mais il retint sa langue. Eleanor méritait son respect.

— Pourquoi n'a-t-elle pas épousé cet homme ? demanda Angeline, brisant le silence qui régnait dans la pièce.

— Qui sait ? répondit Eleanor avec un haussement d'épaules. Tout ce dont je suis sûre, c'est que c'est Marianna qui a rompu. Mais je peux vous dire qu'elle s'est conduite comme une femme qui avait aimé intensément, passionnément et qui avait perdu son amour. Elle en a porté le deuil jusqu'à la fin de ses jours.

— Je ne me souviens pas de ça, marmonna Paul.

Eleanor écarta son objection d'un geste.

— Tu étais en culottes courtes et tu ne t'intéressais qu'à ce qui remuait dans la boue du bayou.

— Si Paul n'était pas au courant du mariage, pourrait-il se tromper quand il affirme que Marianna n'avait pas de sœur ? demanda Angeline avec espoir.

— Non, ma chère.

Aucun doute ne perçait dans la voix d'Eleanor.

— Venez, ajouta-t-elle. Je vous emmène au palais de justice pour vous le prouver.

3

Le cœur battant à tout rompre, Angeline se pencha sur le certificat de naissance.

20 juillet 1944… Marianna Courville… Père : Benjamin Courville, 22 ans. Mère : Julia Mouton, 17 ans. Occupation du père : ouvrier pétrolier.

Elle fronça les sourcils. Cela n'avait pas de sens. Son grand-père s'appelait Edward, et il construisait des bateaux. Elle continua à lire, troublée.

Lieu de naissance des parents : Mirabeau.

C'était faux. Son grand-père Edward était né à Burlington, dans le Vermont.

Nombre d'enfants vivants nés de la mère : Un.

Si ce que sa mère lui avait dit était vrai, il y aurait dû y avoir écrit « deux » à cet endroit-là, songea Angeline. Sarah, sa mère, était d'un an l'aînée des filles. Marianna aurait dû être le second bébé mis au monde par Julia.

Mais la vérité était là, écrite noir sur blanc, prouvant qu'on lui avait menti.

Elle entendit des pas derrière elle, et comprit qu'il s'agissait de Paul.

— Avez-vous besoin d'une autre preuve ?

Sa voix chaude était caressante dans la pénombre de la minuscule pièce située au rez-de-chaussée du palais de justice.

— L'église a des registres de baptême.

La douleur qui avait envahi Angeline menaçait de la submerger. Avec précaution, elle reposa le document. Un seul mouvement brusque, et elle s'effondrerait.

— Non, murmura-t-elle.

Paul s'accroupit près de sa chaise. Elle fit mine de détourner les yeux pour dissimuler sa douleur et son désarroi, mais il l'en empêcha. D'un geste plein de douceur, il la força à affronter son regard.

— Je suis désolé, dit-il en lui caressant tendrement la joue.

— Je suppose que c'est moi, la menteuse, murmura-t-elle d'une voix vaincue.

Une larme jaillit, et tomba sur le doigt de Paul. Angeline déglutit avec peine, tentant de maîtriser le flot d'émotions qu'elle ressentait, de puiser un soutien dans les yeux verts de cet homme qui la regardait avec tant de sollicitude.

— Qu'est-ce qui se passe ? Toute ma vie, on m'a menti. Ma mère, mon père, Marianna. Même mes grands-parents ! Mais pourquoi ? Pourquoi m'ont-ils tous raconté le même mensonge ?

Il écarta doucement les mèches soyeuses qui lui tombaient sur le visage.

— Qui sait ? Il faudra que vous posiez la question à votre maman.

— C'est impossible. Mes parents sont morts tous les deux.

— Et vos grands-parents ? Pourraient-ils répondre à vos questions ?

Elle secoua la tête.

— Ils sont décédés depuis des années. Il ne restait que Marianna. A présent, il n'y a plus personne pour me le dire.

Un silence embarrassé tomba sur la pièce.

— Paul, intervint Eleanor, si tu emmenais Angeline à la bibliothèque ? Elle a besoin de voir le portrait. Peut-être que ça répondra à certaines de ses questions.

— Quel portrait ? demanda Angeline, son regard allant de l'un à l'autre.

Il hésita, puis haussa les épaules.

— Vous avez raison, Eleanor. Elle doit le voir.

Angeline voulut lui demander de quoi il parlait, mais il l'entraînait déjà vers le hall.

— Que faites-vous ? protesta-t-elle alors qu'il la faisait sortir du bâtiment. Et de quoi parlait Eleanor, Paul ?

Il s'arrêta si brusquement qu'elle entra en collision avec lui.

— J'aimerais bien que vous arrêtiez de faire ça, grommela-t-elle. J'ai l'impression d'être une balle de ping-pong.

L'adorable sourire qu'il lui adressa donna à Angeline des papillons dans l'estomac.

— Vous êtes très jolie, Angeline, mais vous posez trop de questions.

Elle ne put dissimuler la rougeur qui monta aussitôt à ses joues. Bizarre, qu'un sentiment aussi déplacé puisse surgir maintenant, au beau milieu d'une crise. Et pourtant, en un sens, Angeline appréciait la distraction.

Il tira sur sa main.

— Venez. Il faut que je vous montre quelque chose.

Ils traversèrent les pelouses qui occupaient le centre de la grand-place, en direction d'un bâtiment solitaire entouré d'une grille en fer forgé noir. Un jardin rempli de dizaines de fleurs et d'arbustes différents occupait l'espace entre la grille et le bâtiment. Le mot bibliothèque était gravé dans la pierre, au-dessus de l'entrée.

— Ce n'est pas là que… que Marianna travaillait ?

— Si, mais ce n'est pas pour cette raison que je vous y amène, dit-il en ouvrant la porte, s'effaçant pour la laisser passer.

A l'intérieur, une agréable fraîcheur les enveloppa. Angeline ferma les yeux, savourant ce répit, et un soupir de soulagement lui échappa. Un bruit étranglé lui fit rouvrir les yeux. Paul posait sur elle un regard si brûlant qu'elle crut que ses jambes allaient se dérober sous elle.

Il se pencha tout près, son haleine chaude frôlant ses lèvres.

— Vous avez un don, mon ange. Un don qui donne envie aux autres de partager votre goût pour la vie.

Tendrement, il promena le pouce sur les lèvres d'Angeline à la manière d'un aveugle qui aurait voulu apprendre la texture de sa bouche. Mais il n'était pas aveugle. Et Angeline avait peur qu'il ne lise en elle mieux qu'aucune autre personne ne l'avait fait. Elle recula d'un pas.

— Vous vouliez me montrer quelque chose ?

Il la dévisagea un instant, puis lui adressa un sourire triste.

— Venez.

Il lui tendit la main, comme pour lui lancer un défi.

Elle mit sa main dans la sienne. Ses doigts solides se refermèrent sur les siens et elle se demanda s'il s'était rendu compte que son pouls s'était emballé. Sans rien dire, il la guida vers d'autres portes à double battant qui menaient à la salle principale de la bibliothèque.

Angeline promena son regard sur la pièce silencieuse, envahie par une sensation de malaise. Elle ralentit, le cœur serré par l'effrayante certitude qu'il y avait quelque chose, dans ce bâtiment, qui allait ébranler les fondations de son univers. Une envie presque irrésistible la saisit de s'enfuir à toutes jambes, et de ne plus s'arrêter avant d'être à bord d'un avion qui la ramènerait dans le Vermont.

Paul dut sentir sa réticence. Il lui lança un coup d'œil par-dessus son épaule, haussant des sourcils interrogateurs.

Une des adolescentes qui travaillaient à la table près de la porte leva les yeux et se figea. A une table voisine, un homme qui feuilletait le dernier numéro du journal local jeta un coup d'œil par-dessus la gazette et fit de même.

Le malaise d'Angeline redoubla.

— Peut-être que ce n'est pas une bonne idée.

L'argument était faible.

Paul s'arrêta, mais ne lâcha pas sa main pour autant.

— Vous voulez des réponses à vos questions, non ?

Elle jeta un coup d'œil vers les deux inconnus qui la fixaient.

— Oui.

— Et vous voulez savoir pourquoi tout le monde vous dévisage comme si vous étiez une apparition ?

En effet, songea Angeline. Ce que Paul ne comprenait pas, en revanche, c'était la terreur qu'éveillaient en elle ces réponses inconnues.

— Oui, répondit-elle à regret.

— En ce cas, nous devons continuer.

Il lui pressa la main pour la rassurer, et reprit sa progression vers le bureau d'accueil.

Angeline garda les yeux rivés à son dos, comptant ses pas. Il en fit six avant de s'arrêter. Comme elle ne bougeait ni ne regardait autour d'elle, Paul entoura sa taille du bras et lui désigna le mur au-dessus du bureau.

— Regardez, Angeline.

Prenant une profonde inspiration, elle obéit, et retint un cri. Là, dans un cadre de bois doré, se trouvait le portrait d'une femme qui aurait pu être sa sœur jumelle tant elle lui ressemblait.

L'exclamation étouffée d'Angeline attira l'attention de la bibliothécaire. Stupéfaite, la femme laissa échapper le livre qu'elle tenait à la main. Le bruit résonna dans la salle comme un coup de fusil.

— Mattie, dit Paul d'une voix tranquille et rassurante, je te présente Angeline Fitzgerald. Je l'ai amenée ici pour qu'elle voie le portrait de Jacqueline. Elle se demandait pourquoi les gens de Mirabeau la regardaient comme s'ils avaient vu un fantôme.

Mattie hocha la tête, les yeux encore écarquillés.

— Je comprends. Mon Dieu, elle… elle pourrait être Jacqueline en personne.

Paul recula d'un pas, son regard allant d'Angeline à la photo.

— C'est vrai. Elles ont les mêmes cheveux dorés, constata-t-il, les mêmes yeux bleus, le même teint clair. Et le même sourire.

Quelque part dans son cerveau, Angeline entendit la conversation entre Paul et la bibliothécaire, mais son choc était tel qu'elle demeura immobile.

— Qui est-ce ? demanda-t-elle d'une voix atone qu'elle reconnut à peine.

— Il y a une plaque sous le cadre.

Elle lut tout haut le nom gravé sur le métal.

— Jacqueline Boudreaux. 1910-1970. Qui était-ce ?

— Jackie était la sœur de l'homme le plus riche de la ville, Roger Boudreaux. C'est elle qui a donné les fonds pour construire cette bibliothèque. Marianna et elle étaient proches, et pas seulement parce que Marianna travaillait ici.

Il marqua une pause, tapotant sa bouche de l'index.

— Quand on y réfléchit, elles se ressemblaient beaucoup. Ni

l'une ni l'autre n'étaient mariées. Elles n'avaient pas d'enfants. Et pourtant, vous voilà, affirmant être la nièce de l'une alors que vous êtes le portrait craché de l'autre. Etrange, non ?

Ses paroles tirèrent Angeline de l'engourdissement dans lequel la vue du portrait l'avait plongée. La réalité de la situation s'imposa brutalement à elle. Rien n'était comme elle se l'était imaginé. Un frisson la parcourut. Elle s'enveloppa de ses bras, glacée.

Paul posa une main sur son bras.

— Ça va, Angeline ?

Elle voulut lui répondre, mais aucun son ne sortit de sa bouche. Ses yeux cherchèrent les siens, le suppliant silencieusement de l'emmener hors de ce lieu.

— Venez, partons.

Il entremêla ses doigts aux siens et l'entraîna vers la sortie.

Dehors, Angeline leva instinctivement la tête, offrant son visage au soleil pour en savourer la chaleur, et chasser le froid pénétrant qui enserrait son cœur.

— Ne pleurez pas, mon ange, murmura Paul, essuyant ses larmes.

Stupéfaite par ses paroles, elle toucha sa joue et s'aperçut que son visage était sillonné de larmes. Elle n'avait pas émis un son, et ne se serait pas rendu compte qu'elle pleurait s'il n'avait rien dit.

Il la prit dans ses bras, et l'encouragea doucement à poser la tête contre son épaule.

Angeline avait beau tenter de refouler les larmes, elles continuaient à couler. Les émotions qu'elle avait dominées tout au long de la journée — le chagrin, la peur, la stupéfaction et la rage — déferlaient en elle comme des rouleaux sur une plage dévastée par l'orage, ne lui laissant pas le temps de recouvrer son équilibre.

Elle pleura contre l'épaule de Paul pendant ce qui lui sembla des heures. En réalité, il ne s'était sans doute écoulé que quelques minutes. Finalement, elle se ressaisit un peu et se dégagea. La première chose qu'elle remarqua fut la grosse tache humide qui s'étalait sur sa chemise.

— Je suis désolée, murmura-t-elle, gênée.

Il lui adressa un sourire empreint de tendresse, qui la réconforta.

— Ce n'est rien.

— Je ne suis pas aussi émotive d'habitude.

— Vous avez des raisons de l'être aujourd'hui.

A présent que la tempête s'était calmée, Angeline se retrouvait face à une terrible question.

— Que se passe-t-il ici, Paul ? Qui suis-je ?

Il lui effleura le menton de l'index, l'air songeur.

— J'aimerais le savoir, moi aussi. J'aimerais le savoir.

Les yeux baissés sur le visage rougi et bouleversé d'Angeline, Paul avait l'impression d'avoir coupé les ailes d'un papillon. Il se sentait méprisable.

Les trois années qu'il avait passées en prison lui avaient enseigné un certain nombre de leçons. Entre autres, il avait appris à comprendre les gens et les signaux subtils qu'ils émettaient. Il était évident que le chagrin d'Angeline était sincère, ce qui ne lui laissait qu'une seule conclusion possible. Elle avait dit la vérité telle qu'elle croyait la connaître. Ou alors, c'était une actrice hors pair.

— Paul ?

Entendre son nom sur les lèvres d'Angeline le toucha au plus profond de lui-même. Un désir intense le saisit de l'entendre murmurer ce même nom dans la chaleur de la passion, mais il refoula aussitôt cette pensée. Son petit moineau du Nord était synonyme d'ennuis, et s'il n'y prêtait attention, les ennuis lui reviendraient en pleine figure.

— Paul ?

— Oui, mon ange ?

— Pourrions-nous aller nous asseoir quelque part ? Je me sens un peu secouée.

Il hocha la tête.

— Bien sûr. Vous avez eu un après-midi mouvementé.

Angeline émit un gloussement nerveux.

— C'est le moins que l'on puisse dire. J'ai l'impression d'être une amnésique qui ne sait rien d'elle-même ni de son passé.

Il s'aperçut soudain qu'un groupe de badauds s'étaient rassemblés autour d'eux. Plusieurs personnes se penchaient pour distinguer le visage d'Angeline. Il les ignora, glissa son bras sous le sien et se dirigea vers sa camionnette.

— Merci, murmura-t-elle alors qu'ils s'éloignaient.

— Ils ne veulent pas être grossiers. C'est seulement qu'ils sont intrigués par la ressemblance.

— Je comprends.

Quelques instants plus tard, ils sortaient de la ville.

— Où m'emmenez-vous ? demanda-t-elle d'une voix qui ressemblait à celle d'un enfant perdu.

— Chez Marianna. Peut-être pourrons-nous obtenir quelques réponses.

Angeline se tourna vers lui.

— Vous croyez ?

Elle paraissait si pleine d'espoir qu'il ne pouvait lui dire la vérité, à savoir que leurs chances de trouver quoi que ce soit étaient quasi inexistantes.

Il haussa les épaules.

— Peut-être.

Mais son mensonge le mit mal à l'aise.

4

Angeline, encore sous le choc, regardait défiler le paysage.

— C'est très différent de votre Vermont, non ?

Elle se tourna vers lui, et vit une lueur amusée dans ses yeux verts.

— Oh oui. Le lycée où j'enseigne est niché dans une petite vallée. Ma maison est perchée à flanc de colline, et domine un petit ruisseau chantant.

— Un petit ruisseau chantant ? Je n'ai jamais rien vu de pareil. Ici, il n'y a que des bayous paresseux.

Elle n'en doutait pas. Le contraste entre les deux endroits était frappant. Sa ville natale était un lieu calme et paisible. Ses voisins étaient des gens simples, dont les idées s'accordaient avec la rudesse du paysage. Ici, la terre semblait frémir d'une exubérance qui débordait dans la vie des gens, influençant leurs actions.

Mais le plus étrange, c'était que, d'une certaine façon, elle se sentait bien ici. C'était comme si une partie d'elle-même s'était éveillée dans cette chaleur, dans cette humidité.

— Alors, comme ça, vous êtes professeur. Qu'est-ce que vous enseignez ?

La question de Paul fut bienvenue, arrachant Angeline à ses sombres pensées.

— La langue et la littérature anglaises.

Paul fit une grimace comique.

— Aïe ! Une prof d'anglais !

Il se conduisait comme si elle avait déclaré être porteuse de la peste.

— Ça vous pose un problème ?

Il lui adressa un sourire plein d'espièglerie.

— Non, mon chou, je n'ai pas de problème avec vous.

Une vague de chaleur monta en elle. Par chance, son bon sens revint vite, et elle se rendit compte que Paul n'avait pas répondu à sa question.

— Vous n'aimez pas les profs d'anglais ?

Il se raidit, et son visage s'assombrit.

— Les profs d'anglais sont le fléau de tous les enfants cajuns. Dans les années soixante-dix, l'Etat de Louisiane a décidé que le système scolaire devait absolument apprendre aux enfants à parler l'anglais correctement. Et que le cajun ne serait plus toléré. Ils ont réussi à faire disparaître la langue presque complètement. Mais le pire, c'est qu'ils ont appris aux enfants à avoir honte de leurs parents.

— Non, vous avez tort. Apprendre aux enfants à parler anglais les aide à trouver un emploi.

Paul lui lança un regard froid.

— Il y a une différence entre apprendre l'anglais à un enfant et lui apprendre à avoir honte de ses parents parce qu'ils ne savent pas parler l'anglais snob.

Il avait prononcé le mot « anglais » avec un accent parfaitement correct, mais d'un ton si glacial qu'Angeline cilla. Avait-il été un de ces petits garçons qui avaient été humiliés à l'école primaire en raison de leur origine ?

Elle eut brusquement envie de tendre la main vers lui pour le réconforter, mais réprima la tentation, à la fois surprise et consternée par la tendresse qu'elle éprouvait à son égard.

Il s'engagea dans une allée à voie unique, faite de coquillages concassés. Le paysage luxuriant céda la place à une étendue plate, couverte d'herbes hautes arrivant au genou. De temps à autre, un bouquet d'arbustes ponctuait le paysage. Mais ce qui retint l'attention d'Angeline fut une demi-douzaine de puits de pétrole, dont les bras métalliques montaient et descendaient tour à tour.

— J'ignorais que ma tante…

Elle s'interrompit, luttant contre les larmes qui lui montaient aux yeux.

Paul se pencha vers elle et couvrit sa main de la sienne.

— Ce n'est rien, mon ange.

Elle déglutit, gênée.

— Je ne sais plus comment appeler Marianna à présent, avoua-t-elle.

— Ne vous inquiétez pas. Les choses finiront par s'arranger.

— Vous croyez ?

— Mais oui.

Ils savaient l'un comme l'autre que son assurance était feinte, mais elle saisit le mince espoir qu'il lui offrait.

— Vous vouliez me demander quelque chose au sujet de Marianna ?

— Oui. Je suis étonnée de voir tous ces derricks. Marianna ne m'a jamais dit qu'elle avait du pétrole sur ses terres.

— Ce ne sont pas des derricks, Angeline. Les derricks sont les grandes structures en acier qu'on utilise pour creuser. Ce que vous voyez, ce sont des pompes. On les appelle des sauterelles. Elles font en sorte que le pétrole continue à couler une fois qu'il a été découvert.

Un léger sourire naquit sur les lèvres d'Angeline.

— C'est vrai qu'elles ressemblent à des sauterelles.

Paul s'arrêta devant une petite maison en bardeaux à l'air

vétuste, qui devait dater du siècle dernier. Angeline jeta un coup d'œil autour d'elle, se demandant si elle avait manqué la belle maison où vivait Marianna. Mais il n'y avait aucun autre bâtiment en vue.

Elle regarda Paul, s'attendant à ce qu'il s'aperçoive de son erreur et reparte. Au lieu de quoi il coupa le moteur.

— Marianna habitait ici ?

— Oui.

— M… mais… je ne comprends pas. Avec tout l'argent du pétrole, elle aurait pu s'offrir quelque chose de plus moderne.

— Le pétrole n'appartenait pas à Marianna.

— Comment ?

— Le pétrole n'appartenait pas à Marianna.

— Comment est-ce possible ?

Il se tourna vers elle.

— Le père de Marianna, comme tous les autres propriétaires terriens de la paroisse, a vendu ses droits sur le gaz et le pétrole à Roger Boudreaux pour une misère, des années avant qu'on ne découvre du pétrole ici. Seul Boudreaux s'est enrichi.

Il y avait une dureté dans la voix de Paul qui donna des frissons à Angeline.

— Venez, allons vous installer.

La jeune femme descendit de la camionnette et suivit Paul, qui grimpait déjà les marches de la véranda.

— Vous avez une clé ?

— Non, mais Marianna en cachait une sous le pot de fleurs, dit-il en se baissant pour la récupérer.

Angeline ouvrit la porte et se figea, atterrée. Une scène de chaos s'offrait à elle. On aurait dit qu'un ouragan avait dévasté la pièce. Les coussins des fauteuils et du canapé avaient été éventrés et gisaient sur le sol. Les tiroirs du bureau étaient béants, leur contenu éparpillé un peu partout. Par la porte entrebâillée, elle pouvait apercevoir la pièce voisine — une chambre, qui semblait dans le même état.

Derrière elle, Paul jura.

— Je le savais, gronda-t-il. Je savais que ce n'était pas un accident.

Angeline pivota sur ses talons.

— Quoi ? Qu'est-ce qui n'était pas un accident ? De quoi parlez-vous ?

Sa question coupa court à la tirade furieuse de Paul. Il la dévisagea un instant, puis secoua la tête.

— Rien.

Avant qu'elle ait pu l'interroger de nouveau, il entra dans la chambre, puis disparut par une porte située à l'autre bout de la pièce. L'instant d'après, il réapparut dans la cuisine, qui ouvrait sur le salon.

Les sourcils froncés, Paul retraversa lentement la maison. Plus il réfléchissait, plus il était persuadé que Marianna avait été assassinée. Pourquoi avait-on cambriolé sa maison, puisqu'elle ne possédait rien de valeur ? Le voleur cherchait-il quelque chose de particulier ? Si oui, quoi ?

Le jour où Marianna était morte, elle était allée à La Nouvelle-Orléans pour rencontrer Edward Dias, un vieil ami de Paul, qui était son collègue à l'époque où il faisait partie d'une mission chargée d'enquêter sur la corruption dans le gouvernement d'Etat. Il était possible que quelqu'un ait découvert pourquoi Marianna voulait parler à Edward, et l'ait tuée pour la faire taire. Ensuite, le même individu avait fouillé sa maison pour se débarrasser des preuves dont elle disposait. La théorie était tirée par les cheveux, mais il devait s'en contenter pour l'instant.

Angeline se laissa tomber sur une chaise de bois, près de la porte.

— Qui a pu faire une chose pareille ?

— Quelqu'un qui n'a pas de conscience, répondit Paul.

Il aurait pu lui fournir une liste de candidats possibles, mais Roger Boudreaux aurait été son premier choix, suivi de près par Dennis Mathers.

Elle leva les yeux vers lui.

— Et vous connaissez des gens comme ça ?

— Oui.

— De quoi s'agit-il, Paul ?

Il aurait aimé faire suffisamment confiance à Angeline pour lui faire part de ses soupçons, mais il la connaissait encore trop peu. Bon sang, lui-même aurait donné cher pour comprendre ce qui se passait !

— Je ne sais pas.

Angeline lui décocha un regard soupçonneux qu'il soutint sans faiblir, comme s'il n'avait rien à cacher. Il était clair qu'elle ne le croyait pas, mais elle n'insista pas.

Elle se leva et entra dans la chambre. Paul lui emboîta le pas. Ensemble, ils constatèrent les dégâts. Les tiroirs de la commode étaient empilés sur le lit, les affaires personnelles de Marianna avaient été jetées pêle-mêle par terre. Robes, jupes, chemisiers avaient été sortis de l'armoire et lancés n'importe où. Des cartons qui avaient dû se trouver sur les étagères du placard avaient atterri près des vêtements.

— Celui qui a saccagé cette maison savait ce qu'il faisait, marmonna Paul.

Avec un soupir, Angeline se pencha et ramassa une robe à fleurs qui gisait sur le sol. Paul s'accroupit à côté d'elle, et posa une main sur la sienne. Elle leva la tête, les yeux brillant de larmes.

Devinant son désarroi, il lui encadra le visage de ses mains, se disant qu'il voulait simplement la réconforter, même si sa conscience l'accusait d'être un menteur. Il éprouvait le besoin de la toucher, de sentir sa peau satinée sous ses mains calleuses. Tendrement, il promena le pouce le long de sa lèvre supérieure. Angeline trembla légèrement, et il se pencha vers elle, mourant d'envie de couvrir sa bouche de la sienne. Elle se dégagea et se redressa maladroitement. Paul soupira, furieux contre lui-même. Angeline avait suffisamment de soucis sans qu'il se mette à jouer les goujats.

— Je vais ranger tout ça, dit-il en désignant les vêtements. Si vous remettiez les papiers de Marianna dans son bureau ?

Elle ne répondit rien mais acquiesça de la tête.

Ils travaillèrent en silence pendant quelques minutes. Paul avait remis la plupart des vêtements en place quand il remarqua une boîte à chaussures pleine de lettres et de photos. Il se pencha pour la ramasser, et se figea en voyant le cachet de la poste sur une des enveloppes. Elle venait du Vermont.

Au même moment, un bruit de moteur se fit entendre. Quelqu'un venait voir Angeline. Paul se hâta vers la fenêtre, et esquissa une grimace à la vue de la voiture du shérif qui s'engageait dans l'allée.

Ils risquaient de passer un mauvais quart d'heure.

Conscient qu'il n'y avait pas de temps à perdre, il regagna la chambre en hâte, avisant au passage une valise enfouie sous les robes. Il la ramassa et la posa sur le lit.

— Qu'est-ce que vous faites ? demanda Angeline.

Sans répondre, il vida le contenu de la boîte à chaussures dans la valise, avant d'y ajouter un album photo qui traînait sur le sol.

— Paul, qu'est-ce qu'il y a ?

Il referma le couvercle.

— Il va y avoir du grabuge, mon chou. Laissez-moi faire. D'accord ?

— Non, je ne suis pas d'accord.

Paul sourit. Angeline avait du tempérament, et cela lui plaisait. Il s'approcha d'elle.

— Vous avez du caractère, ma chère. Mais ce n'est pas le moment de me le montrer. Plus tard.

Elle ouvrait la bouche pour protester quand la porte d'entrée s'ouvrit à la volée. Le shérif fit irruption à l'intérieur.

— Tiens, tiens. Qu'est-ce qui se passe ici ? fit-il en promenant un regard autour de lui. Qu'est-ce que vous avez fabriqué ?

Il se dirigea vers le canapé, ramassa un coussin, jeta un coup d'œil au tissu déchiré, et le laissa retomber par terre.

— Non seulement vous entrez par effraction, mais en plus vous vous permettez de jouer les vandales !

— La maison était dans cet état quand nous sommes arrivés, shérif, protesta Angeline avec force.

Il haussa les épaules.

— C'est vous qui le dites.

Elle s'avança vers lui, les mains sur les hanches.

— Nous sommes là depuis cinq minutes à peine. Comment aurions-nous eu le temps de tout saccager ?

— Encore une fois, c'est vous qui le dites, mademoiselle Fitzgerald. La dernière fois que je vous ai vus, vous étiez chez Pierre, et c'était il y a plus d'une heure.

Paul regardait Angeline, fasciné. Son petit moineau du Nord semblait au comble de la fureur. Si défier le shérif n'avait pas été aussi risqué, il aurait pris plaisir à la voir sortir ses griffes. Néanmoins, la sagesse exigeait qu'il intervienne.

— Tu n'as qu'à vérifier avec Mattie, à la bibliothèque, déclara-t-il. Angeline et moi étions là-bas il y a moins de dix minutes.

Dennis devint rouge de colère.

— Je le ferai. Mais ça ne change rien au fait que vous êtes

entrés par effraction. Et c'est moi qui fais respecter les lois dans cette ville. Fichez le camp.

— Oh oui, répondit Paul d'une voix implacable. Tu fais respecter la loi de ton patron.

Dennis s'avança d'un pas.

— Tu m'accuses de corruption ?

Paul soutint son regard sans ciller. Au bout d'un moment, Dennis baissa les yeux, et laissa échapper un rire nerveux.

— C'est l'hôpital qui se moque de la charité, hein ?

Paul serra les dents, réprimant l'envie de lui décocher un bon coup de poing dans la mâchoire pour lui faire ravaler ses mensonges. Par chance, Angeline s'interposa.

— Shérif, êtes-vous en train de me dire que je n'ai pas le droit de rester chez ma tante ?

Elle semblait calme et maîtresse d'elle-même, mais Paul la soupçonnait de vouloir apaiser la tension, palpable dans la pièce.

Le regard froid de Dennis alla de Paul à Angeline.

— Vous avez la preuve que vous êtes la nièce de Marianna ? demanda-t-il d'un ton si hargneux que Paul eut de nouveau envie de le frapper.

La rougeur monta aux joues d'Angeline.

— Non.

— En ce cas, fichez le camp d'ici. Comme je disais, c'est moi qui fais respecter la loi dans cette ville. Et vous, ma petite dame, vous n'avez rien à faire ici.

Paul se retourna et vit une lueur farouche briller dans les yeux d'Angeline. Dennis avait fait marche arrière une fois, mais si elle lui lançait un nouveau défi, ce dernier ne laisserait pas passer l'insulte. Alors, il devrait intervenir, et à partir de là, Dennis chercherait le moyen de se venger. Mieux valait éviter la confrontation.

Il saisit la main d'Angeline et la pressa doucement, attirant son attention sur lui, la suppliant du regard de ne pas envenimer la situation. Visiblement, elle comprit son message, car elle ravala sa réplique, pendant qu'il poussait un soupir de soulagement.

Sans rien dire, il ramassa la valise qu'il avait trouvée dans la chambre.

— Qu'est-ce que tu fais ? lui demanda Dennis.

— Je prends les bagages d'Angeline. Ça te pose un problème ?

Dennis se gratta le menton d'un air pensif.

— Non, grogna-t-il enfin.

Paul remercia silencieusement le ciel qu'Angeline n'ait pas fait de commentaire. Au contraire, elle joua parfaitement le jeu. Dennis les regarda monter dans la camionnette, et resta planté sous la véranda alors qu'ils s'éloignaient.

— Très bien. Allez-vous me dire pourquoi vous m'avez fait sortir de cette maison sans avoir essayé de me défendre ? déclara Angeline quelques instants plus tard.

Il soupira, espérant lui faire comprendre quel danger elle avait couru.

— Vous vous souvenez que je vous ai dit que le shérif était comme un chien enragé ? Eh bien, je ne voulais pas que vous découvriez par vous-même à quel point il peut être méchant.

— Oui, mais…

— D'ailleurs, du point de vue légal, vous n'avez absolument rien à dire. Vous n'avez aucune preuve de ce que vous affirmez être.

Elle baissa la tête, et il eut l'impression de sentir la douleur qui émanait d'elle. Il devait perdre la tête. Cela n'avait aucun sens…

— Et qu'y a-t-il dans cette valise que vous avez cachée au shérif ?

Il jeta un coup d'œil vers elle, puis regarda à son tour la valise posée à ses pieds.

— Eh bien, je pense que j'ai peut-être trouvé la réponse à vos questions.

5

Angeline fixa Paul, sidérée. A ce moment précis, elle aurait été incapable de dire ce qu'elle ressentait. Elle aurait dû être heureuse d'avoir mis la main sur n'importe quel indice lui permettant d'éclaircir les mystères entourant sa véritable identité. Mais pour une étrange et effrayante raison, elle ne voulait pas le savoir. Pas encore.

— Vous n'êtes pas curieuse, mon ange ?

Sa question lui fit l'effet d'un coup de fouet. Il posa une main sur son bras, et elle eut un brusque mouvement de recul.

— Qu'y a-t-il ? Qu'est-ce qui ne va pas ?

— Rien, murmura-t-elle, gênée par son mensonge.

Tout allait mal, et ils le savaient l'un comme l'autre. Son univers était sens dessus dessous, et elle n'était pas sûre de pouvoir supporter une autre révélation sans craquer complètement. Elle aurait tant aimé fermer les yeux et se perdre dans le bercement mélodieux de sa voix grave ! Mais il aurait été inconscient de se reposer sur ce séduisant inconnu.

Paul reprit la route principale, tournant dans la direction opposée à celle de la ville. Au bout d'un ou deux kilomètres, il emprunta un nouveau chemin.

— Où m'emmenez-vous ?

Comme il restait silencieux, elle se tourna vers lui. Il attendait ce moment, et lui décocha un sourire moqueur.

— Vous n'avez pas confiance en moi ?

Comment pouvait-il exiger sa confiance ? Lui, un quasi-inconnu, qui avait exprimé ouvertement son scepticisme face à ce qu'elle disait. Certes, il avait changé d'attitude, mais elle sentait qu'il avait encore des doutes la concernant. D'ailleurs, après les révélations de ce matin, elle n'était plus sûre de pouvoir faire confiance à quelqu'un.

— Il ne s'agit pas de cela. Je voulais seulement savoir où nous allions. Il est clair que ce n'est pas la route de Mirabeau.

Il secoua la tête.

— Vous avez tort. Il s'agit uniquement de confiance. Vous pensez que je suis comme ce serpent là-bas, chez Marianna ? demanda-t-il d'une voix indignée.

Angeline le dévisagea, surprise par la violence de sa réaction. Qu'avait-elle fait hormis poser une question normale ? Puis elle se souvint de ce qui s'était passé chez Marianna. L'avait-elle offensé en refusant le réconfort qu'il lui offrait ?

— Vous n'avez pas répondu à ma question, reprit-il. Vous pensez que je suis comme le shérif ?

Il émanait de lui une tension qui suggérait qu'il y avait autre chose en jeu que cette simple question.

— Non, je ne pense pas que vous soyez comme lui.

Il hocha la tête.

— Bien. Maintenant, si vous tenez à savoir où nous allons, je vais vous le dire : je vous emmène chez moi.

Elle ouvrit la bouche pour protester, mais il leva la main pour l'en empêcher.

— Attendez. Laissez-moi m'expliquer.

Angeline se cala dans son siège et croisa les bras.

— Il vous faut un endroit sûr pour examiner tranquillement le contenu de cette valise, et je pense que la meilleure solution est de le faire chez moi. Il pourrait y avoir là-dedans quelque chose qui va bouleverser cette ville, et j'imagine que vous préférez ne pas déballer tout ça en public.

Il avait raison. D'ailleurs, elle en avait assez d'être regardée de travers. Quel que soit le contenu de cette valise, elle voulait le découvrir en privé. Et Paul lui offrait cette possibilité.

— C'est gentil à vous, murmura-t-elle.

— Je vous en prie.

La camionnette cahotait sur le chemin en mauvais état, projetant Angeline contre la portière. Là aussi, des pompes à pétrole ponctuaient le champ devant elle, mais cette fois elle savait que l'or noir n'était pas synonyme de fortune familiale.

La route s'incurva autour d'un bouquet d'arbres, avant de s'élargir et de former une allée. La maison qu'on apercevait au loin était construite sur des blocs de bois, perpendiculairement à la route. Elle était un peu plus grande que celle de Marianna et soigneusement entretenue. Les bardeaux venaient d'être repeints en blanc et les volets en vert foncé.

Paul gara la camionnette et coupa le moteur. Angeline descendit tant bien que mal et tendit la main pour attraper la valise, mais il l'en empêcha.

— Je m'en charge.

Elle sentit son souffle chaud sur son cou, et un délicieux frisson lui parcourut l'échine. Elle recula, fascinée par la chaleur et la force qui émanaient de lui. Il souleva la valise et se dirigea vers la maison, apparemment inconscient de l'effet qu'il avait sur elle. Après un moment d'hésitation, elle lui emboîta le pas.

L'intérieur de la maison était aussi bien entretenu que l'extérieur. Les meubles rustiques semblaient dater d'une autre époque. Brusquement, Angeline se rendit compte qu'ils lui racontaient l'histoire de la famille de Paul. Le rocking-chair sculpté à la main dans le coin pouvait avoir cent ans, mais le coussin de couleur vive qui reposait dessus avait été confectionné à la main quelques années plus tôt.

Un ventilateur tournait au plafond, et la jeune femme remarqua que toutes les portes et fenêtres étaient ouvertes. La petite maison ne possédait pas l'air climatisé.

Paul se dirigea vers une table en merisier et y déposa la valise. Angeline trébucha sur le grand tapis en tissu placé au milieu de la pièce. Soudain, elle se sentait lasse, vidée. Ses genoux se dérobaient sous elle, et elle se laissa lourdement tomber sur une des chaises.

— Si je nous préparais quelque chose à boire avant que nous examinions le contenu de cette valise ?

Angeline le regarda. Soit il était télépathe, soit c'était l'homme le plus observateur qu'elle ait jamais rencontré. Dans un cas comme dans l'autre, le fait qu'il semble si conscient de ses sensations la rendait nerveuse.

— Ce serait gentil.

Il disparut dans la cuisine.

— Que désirez-vous ? lança-t-il par-dessus son épaule. J'ai du café cajun, mais je doute que ça vous plaise. Sinon, je peux vous offrir du vin blanc ou du brandy.

— Un peu d'eau ira très bien.

Il ne répondit pas, mais réapparut quelques minutes plus tard, deux grands verres de thé glacé dans les mains.

— Si je ne peux pas vous persuader de boire du café ou du vin, je peux au moins vous donner du thé préparé à la mode de Louisiane.

Reconnaissante de sa sollicitude, elle accepta la boisson et en but aussitôt une gorgée. Le liquide sucré était divinement rafraîchissant, et l'espace d'un instant, elle ferma les yeux de plaisir.

— Ah, Angeline…

Au son de la voix de Paul, elle ouvrit brusquement les yeux.

Il la dévisageait, ses yeux verts brûlant d'une passion qu'elle ne voulait pas s'attarder à définir.

— Il y a une vraie Cajun en vous, qui attend de sortir et de goûter aux plaisirs de la vie, murmura-t-il, d'une voix si chaude qu'Angeline eut envie de se boucher les oreilles et de se ruer hors de la pièce.

Sa remarque avait trouvé un écho au plus profond d'elle-même. Toute sa vie, curieusement, elle avait senti un décalage entre les autres et elle. Certes, elle était très attachée à sa ville natale, et elle s'intéressait à son histoire et à son architecture pittoresque. Mais ici, dans cet endroit chaud, humide, une partie de son âme avait pris vie. Le rythme de la nature bourdonnait à ses oreilles, et elle faisait instinctivement des choses qu'elle n'aurait jamais envisagé de faire dans le Vermont, comme de boire du thé glacé d'un trait. Et cela l'effrayait.

Au prix d'un effort, elle s'arracha à ses pensées.

— Si nous regardions ce qu'il y a dans la valise ?

Paul secoua la tête, visiblement déçu qu'elle refuse de commenter son observation. Néanmoins, il s'abstint de tout commentaire, et fit ce qu'elle lui demandait.

A l'intérieur du bagage, il y avait au moins deux douzaines de lettres et des photos. Angeline prit plusieurs enveloppes, et reconnut aussitôt l'écriture de sa mère. D'une main tremblante, elle sortit des feuilles de papier et se mit à lire.

Paul observait la jeune femme avec attention. Ses yeux étaient pleins de larmes, et son visage reflétait clairement le tumulte de ses émotions. Il se leva et alla se poster près de la fenêtre, sachant que s'il restait là où il était un instant de plus, il ne pourrait réprimer l'envie de la prendre dans ses bras pour essayer de lui faire oublier sa douleur.

Bon sang ! D'où venait cet instinct de protection qu'elle éveillait chez lui ? Trois heures plus tôt, Angeline Fitzgerald n'était encore qu'une inconnue qui avait débarqué à Mirabeau en racontant l'histoire la plus insensée qu'il avait entendue depuis des années. Il ne savait rien d'elle, hormis que sa venue allait lui causer des ennuis.

Et pourtant, il n'était pas prêt à la jeter aux crocodiles. Angeline faisait renaître chez lui des sentiments qu'il croyait morts depuis longtemps.

Il se passa la main dans les cheveux d'un air accablé.

Quel idiot il faisait.

Il jeta un coup d'œil par-dessus son épaule et vit Angeline essuyer une larme. Oh oui, il n'était qu'un idiot. Mais cela ne l'empêcherait pas de l'aider.

Il y avait un lien entre Roger et elle, mais lequel ? Son regard tomba sur l'album. Et si la réponse se trouvait là ?

Il se rapprocha de la table, ramassa l'album et l'ouvrit. Sur la première page, une femme tenait un bébé entre ses bras. La femme qu'Angeline avait identifiée plus tôt comme étant sa mère.

— Angeline.

Elle leva vers lui des yeux brillant de larmes.

Il lui tendit l'album.

— Je pense que nous devrions regarder ceci ensemble.

Elle fronça les sourcils.

— Ce sont des photos de moi bébé, murmura-t-elle, troublée.

— Oui, dit-il doucement.

Ils tournèrent les pages ensemble, Angeline lui expliquant chaque cliché au fur et à mesure. Il y avait de nombreuses photos de Marianna avec les Fitzgerald. A la fin se trouvait une copie de la photo qu'Angeline gardait dans son portefeuille, celle où sa mère, Marianna et elle étaient réunies.

Angeline ferma les yeux, promenant distraitement les doigts sur la couverture de l'album. Elle se figea brusquement.

— Paul ? Je crois qu'il y a quelque chose de caché là-dessous.

Il se pencha en avant, examinant le papier collé à la couverture. Il y avait un léger pli tout en haut, comme s'il avait été recollé après coup. Plongeant la main dans sa poche, il en tira un canif, et entreprit d'écarter le papier.

— Il y a quelque chose là-dedans ? demanda-t-elle en tendant le cou pour mieux voir.

— On dirait qu'on y a fourré des papiers.

Lentement, avec précaution, il les tira hors de leur cachette.

Ils déplièrent les pages, et Angeline pâlit brusquement. C'était une copie de son extrait de naissance. A la rubrique « nom de la mère », on lisait Marianna Courville. Le lieu de naissance était Boston. L'espace réservé au nom du père portait la mention « *inconnu* ».

Paul secoua la tête, sidéré. Ce devait être un mensonge. Il était certain que la femme qu'il avait connue, celle qui avait été son amie, avait su le nom de l'homme qui était le père de son enfant. Pour une raison qui lui échappait, Marianna avait choisi de ne pas le révéler.

Il regarda Angeline. Elle était blanche comme un linge.

— Montrez-moi la page suivante, Paul, murmura-t-elle.

Prenant une profonde inspiration, il écarta l'extrait de naissance, révélant une copie du certificat d'adoption d'Angeline, signé par Sarah et Thomas Fitzgerald.

Angeline fixa le document, comme paralysée.

— Adoptée, dit-elle enfin.

Sa voix semblait étrange aux oreilles de Paul.

— Angeline.

— Oui.

Paul la dévisagea, troublé par l'expression lointaine, détachée, qu'il lisait dans son regard. Il comprit qu'elle se repliait sur elle-même. Sans doute était-ce sa manière à elle de réagir aux blessures émotionnelles qu'elle venait de subir. Mais Paul était certain d'une chose. Si elle voulait survivre à cette épreuve, elle devait affronter sa douleur, et l'exprimer.

Il mit les papiers sur la table, s'agenouilla devant la chaise d'Angeline et prit ses mains dans les siennes.

— Parlez-moi.

Elle tenta de se dégager, mais il tint bon.

— Que voulez-vous que je vous dise ? Que Marianna détournait la conversation chaque fois que je lui posais des questions sur son enfance ? Que ma mère trouvait toujours une excuse pour m'empêcher d'aller rendre visite à Marianna ?

Les mains d'Angeline s'étaient crispées entre les siennes, au point que les jointures de ses doigts étaient devenues blanches.

— Quels innombrables autres mensonges voulez-vous que je vous raconte ?

Elle se pencha en avant, luttant contre la douleur insupportable qu'elle ressentait.

— Oh, maman. Pourquoi ?

Paul n'y tint plus. Il ne pouvait rester la regarder vivre un enfer sans réagir. Il se leva et la prit dans ses bras, la serrant contre lui tandis qu'elle luttait de toutes ses forces contre les larmes.

— Pleure, mon cœur, chuchota-t-il à son oreille. Ça te fera du bien.

Dans un tremblement, elle capitula, donnant libre cours à son chagrin.

Paul posa une main sur sa nuque, et l'attira contre son épaule. Son petit moineau du Nord avait traversé trop d'épreuves. Tout son univers était sens dessus dessous. De toutes les vérités qui avaient structuré sa vie, ce matin-là aucune ne subsistait.

Il comprenait le désespoir qu'elle ressentait. Il se souvenait clairement du jour où il avait été arrêté dans son bureau pour possession de drogue et corruption, sous les yeux de ses collègues. Son univers s'était écroulé, tout comme celui d'Angeline aujourd'hui. Mais le plus ridicule dans toute cette histoire, c'était qu'il était innocent. Quelqu'un l'avait piégé.

Sa douleur se mêlait à celle d'Angeline. D'un geste tendre, il essuya les larmes qui roulaient sur ses joues. Ses yeux rencontrèrent les siens, et il oublia tout hormis le besoin de réconforter la femme qu'il tenait dans ses bras.

Il effleura doucement ses lèvres des siennes. Angeline gémit, et l'imita. Encouragé, Paul accentua son baiser. C'était meilleur que n'importe quel vin, infiniment plus enivrant.

Angeline entrouvrit les lèvres, et il ne se fit pas répéter l'invitation. Lentement, avec tendresse, il unit sa langue à la sienne et sentit son corps s'embraser.

Les muscles de ses bras se raidirent, et il l'attira plus près de lui. Toute pensée logique l'abandonna. C'était comme s'il avait été ramené mille ans en arrière, à une époque où la civilisation n'était pas encore née. L'émotion brute qui le submergeait l'ébranlait jusqu'au plus profond de lui-même. Ce n'était pas seulement du désir. Ce qu'il éprouvait en cet instant dépassait de loin tout ce qu'il avait connu jusqu'alors.

Dans un éclair de lucidité, il se reprit et mit fin au baiser, écartant Angeline avec douceur. Elle semblait désorientée, vulnérable. Le rouge monta à ses joues, et, se détournant de lui, elle s'approcha de la fenêtre. D'un doigt tremblant, elle essuya ses dernières larmes, puis se recoiffa.

— Je suis désolée, hoqueta-t-elle. Je n'ai pas pour habitude d'être aussi émotive. Je ne pleure jamais. Et là, ça fait deux fois en une seule journée…

Elle haussa les épaules. Paul sentit le remords l'envahir. Il n'avait pas voulu la gêner, seulement la réconforter. Apparemment ses bonnes intentions avaient succombé aux étincelles qu'il y avait entre eux.

— Ne vous excusez pas. Vous avez des circonstances atténuantes, plaisanta-t-il, espérant lui rendre son sourire.

Angeline lui jeta un coup d'œil méfiant, comme si elle craignait qu'il ne se moque d'elle. Ce qu'elle vit dut la rassurer, car elle se tourna de nouveau vers lui.

Elle prit une profonde inspiration.

— Ces documents éclaircissent une partie du mystère. Je sais maintenant que Marianna était ma mère. Et que j'ai été adoptée par les Fitzgerald.

Il acquiesça.

— Que disaient les lettres ?

Un petit sourire ému naquit sur ses lèvres.

— Je ne les ai pas toutes lues. Mais celles que j'ai parcourues étaient les lettres d'une mère qui raconte à une autre mère toutes les choses que son enfant a faites. Son premier mot, son premier pas, son premier jour à l'école.

Elle s'approcha de la table et effleura les papiers.

— Il reste beaucoup de questions sans réponses, Paul.

Des questions qui, il le savait, étaient tout aussi explosives que ce qu'ils venaient de découvrir.

— A quoi pensez-vous ?

Angeline reposa les papiers.

— Le nom de mon père ne figure pas sur mon extrait de naissance. Pourquoi, à votre avis ?

Paul avait sa petite idée là-dessus, mais il n'était pas sûr de vouloir lui en faire part pour l'instant. Il opta pour la première chose qui lui venait à l'esprit.

— Peut-être que Marianna ignorait son nom.

Elle le dévisagea, choquée.

— Vous voulez dire qu'elle aurait été violée ?

Cette éventualité ne lui était jamais venue à l'esprit.

— Non, je ne pensais pas du tout à ça.

— En ce cas, Marianna aurait eu une aventure d'une nuit avec un homme et n'aurait même pas pris la peine de lui demander son nom ?

Elle ne prit pas la peine d'attendre sa réponse.

— Non. La femme que je connaissais n'aurait jamais fait cela.

Elle tapota ses lèvres d'un doigt songeur.

— Peut-être qu'elle avait une bonne raison de ne pas révéler son nom. Peut-être qu'elle ne voulait pas qu'il soit au courant. Qu'en pensez-vous ?

Il en pensait qu'Angeline était non seulement ravissante, mais aussi très intelligente. Malgré le traumatisme qu'elle venait de subir, elle ne s'apitoyait pas sur son sort. Au contraire, elle luttait, résolue à éclaircir le mystère qui entourait sa naissance.

— Je pense que vous avez raison.

— Mais pourquoi aurait-elle fait ça ? marmonna-t-elle en faisant les cent pas dans la pièce.

Parce que son père était un Boudreaux, songea Paul sans répondre. Tôt ou tard, Angeline parviendrait à la même conclusion que lui. Elle s'immobilisa devant la glace accrochée à côté de la porte d'entrée et se regarda. Les yeux de Paul rencontrèrent les siens dans le reflet.

— Jacqueline, murmura-t-elle. Je suis tout son portrait. Cela ne mène qu'à une seule conclusion. Mon père était un Boudreaux.

Elle pivota sur ses talons pour lui faire face.

— C'est ce que vous pensez, n'est-ce pas ?

Il haussa les épaules.

— C'est la conclusion logique qui s'impose.

— Mais vous avez dit que Roger était…

Elle se tut, et Paul décela une expression horrifiée dans son regard. Il la prit par les épaules.

— Roger a un fils qui a plus ou moins le même âge que Marianna. Il pourrait s'agir de lui.

Cette fois, Angeline refusa de céder à l'hystérie qui menaçait de s'emparer d'elle. Il y avait des questions qui restaient en suspens, et elle avait besoin d'être lucide pour les poser. Elle se dégagea, et se dirigea vers la table pour y prendre la déclaration d'adoption. Les sourcils froncés, elle étudia le document qui avait secoué les bases de son univers.

— Vous savez, l'arrangement que Marianna avait avec mes parents était inhabituel pour l'époque. Ils avaient conclu ce qu'on appellerait aujourd'hui une adoption « ouverte » — sauf que j'ignorais que j'étais adoptée. Ce qui signifie que c'était sans doute une adoption privée.

Il s'approcha d'elle et prit le document.

— C'est un bon raisonnement. Je ne crois pas que les adoptions ouvertes existaient il y a trente ans.

Elle le dévisagea, se demandant soudain quel âge il pouvait bien avoir. Ses tempes commençaient à grisonner, et il y avait dans son regard une certaine lassitude qui suggérait qu'il avait beaucoup souffert par le passé.

Il sourit.

— Vous vous demandez quel est mon âge, hein ? J'ai trente-six ans, mais parfois j'ai l'impression d'en avoir cent.

Qu'il ait répondu à la question qui flottait dans son esprit rendit Angeline nerveuse. Elle ne voulait pas que cet homme puisse lire dans ses pensées. Parce que s'il découvrait quel effet il produisait sur elle, elle était perdue.

Comme la dernière fois qu'elle s'était laissée emporter par

ses sentiments. Elle s'était comportée comme une idiote, et la ville entière avait été témoin de sa stupidité. Elle, la professeur d'anglais admirée, respectée, était tombée folle amoureuse d'un homme qui lui avait escroqué des milliers de dollars.

Refoulant ces souvenirs douloureux, elle chercha à retrouver le fil de ses pensées.

— Alors, nous sommes tous les deux d'accord pour dire que l'adoption…

Elle trébucha sur le mot, s'éclaircit la gorge et continua :

— L'adoption était sans doute privée.

Il hocha la tête.

— Comment Marianna a-t-elle connu Sarah ? reprit-elle, pensive. Si vous les aviez vues toutes les deux ensemble, vous sauriez à quel point elles s'entendaient bien, et combien elles s'appréciaient.

— Par le biais d'un avocat ?

Angeline se laissa tomber sur le canapé. Un vague souvenir lui revint à la mémoire.

— Qu'y a-t-il ? s'inquiéta Paul.

— Je me souviens de quelque chose à propos d'un match de basket que mes parents regardaient à la télévision. L'équipe de Tulane jouait. Ma mère a dit qu'elle était contente que Marianna l'ait persuadée d'aller à un match de basket sinon elle n'aurait jamais fait la connaissance de mon père, dit-elle d'une voix tout excitée.

Elle saisit Paul par le bras.

— Elles partageaient peut-être la même chambre à l'université ?

— C'est une possibilité. Marianna avait en effet fait des études. J'ai vu son diplôme une fois, mais je ne me rappelle pas où elle est allée.

Il prit le téléphone posé au bout de la table, et composa rapidement un numéro.

— Eleanor, c'est Paul. Angeline et moi avons découvert un autre mystère que vous pourrez peut-être nous aider à résoudre. Savez-vous par hasard dans quelle université est allée Marianna ?

Angeline l'observait, le cœur battant. Il acquiesça.

— Vraiment ? Et Marianna a-t-elle jamais parlé de l'étudiante qui partageait sa chambre ?

Trépignant d'impatience, Angeline se mordit la lèvre pour ne pas l'interrompre. Enfin, il prit congé de la vieille dame. Angeline se leva aussitôt, suspendue à ses lèvres.

— D'après Eleanor, Marianna est allée à Tulane. Elle ne se souvenait pas du nom de l'autre jeune fille, mais elle sait qu'elle venait du Nord-Est, du Vermont ou du New Hampshire.

— Bon. Nous sommes sur la bonne piste.

Avant qu'il ait pu répondre, l'estomac d'Angeline se mit à gronder. Elle porta sa main à son ventre, souriant avec embarras.

Paul la dévisagea.

— Quand avez-vous mangé pour la dernière fois ?

— Chez moi, ce matin.

— A quelle heure ?

— Cinq heures.

Il secoua la tête puis lui prit la main.

— Venez, dit-il en l'entraînant vers la cuisine.

— Qu'est-ce que vous faites ?

Il s'arrêta et la prit par les bras.

— Vous posez trop de questions. Vous êtes sûre que vous n'êtes pas avocate ?

Une lueur amusée pétillait dans son regard, et Angeline se détendit légèrement.

— Si j'ai des questions, c'est parce que vous vous attendez à ce que je vous suive aveuglément, sans la moindre explication.

Il leva la main et caressa les contours de son menton.

— C'est une question de confiance, et depuis que vous me connaissez, vous ne me faites pas confiance.

Son visage était devenu grave. Angeline déglutit. Le souvenir de la trahison de son fiancé et de ses parents, tout comme les mensonges de Marianna, étaient tout frais dans son esprit.

— En ce moment, Paul, je trouverais difficile de faire confiance à qui que ce soit, répondit-elle.

Du bout du pouce, il effleura sa lèvre inférieure.

— Il s'est passé trop de choses, n'est-ce pas ? Ne vous inquiétez pas. J'ai ce qu'il vous faut.

Angeline ouvrit des yeux écarquillés.

Paul se mit à rire, d'un rire masculin, complice.

— Non, ma chère, ce n'est pas à ça que je pensais.

Il se pencha vers elle et murmura quelque chose à son oreille.

— Du gombo ? répéta-t-elle.

— Mais oui. Du gombo aux écrevisses. Ça soulagera votre faim. Mais si vous avez d'autres appétits…

— Le gombo… le gombo sera très bien.

Il se détourna, marmonnant quelque chose.

Angeline aurait juré avoir entendu « quel dommage ».

6

Angeline avala sa dernière bouchée de gombo, savourant la richesse des saveurs. Tout d'abord, le plat lui avait brûlé la langue. Mais elle avait si faim qu'elle avait ignoré la sensation et continué à manger.

Elle se laissa aller en arrière sur son siège.

— Vous aviez raison. Le gombo me fait voir les choses de manière plus positive. C'est vous qui l'avez préparé ?

Debout face au plan de travail, Paul la regarda par-dessus son épaule.

— Non. Maria Teresa, qui tient le restaurant un peu plus loin, me l'a apporté. Quand elle en fait une marmite, elle m'en garde toujours.

— Je parie que Maria Teresa n'est pas la seule femme de la ville à s'occuper de vous.

Elle s'était attendue à ce qu'il réponde par une boutade, mais Paul se figea.

— Il n'y a personne d'autre.

Elle mourait d'envie de demander pourquoi, mais le ton sec de sa voix la dissuada de poser d'autres questions. Elle déposa son assiette et sa cuillère dans l'évier et s'adossa au plan de travail, stupéfaite qu'il n'y ait pas une légion de femmes à la porte de Paul. Pourtant, il était terriblement séduisant. Et il possédait cet air de mâle indompté que les femmes trouvaient en général irrésistible.

En ce cas, pourquoi les femmes de Mirabeau l'évitaient-elles ?

— Vous me dévisagez, dit-il d'un ton moqueur.

C'était vrai, et nier aurait été absurde. Angeline se contenta de changer de sujet.

— Qu'est-ce que vous préparez ?

— Du café brûlot. Une de mes spécialités, répondit-il en désignant la bouteille de cognac qui trônait à côté de la cuisinière. Regardez.

Il versa le cognac dans le récipient, ajouta du sucre, des bâtons de cannelle, des épices, des clous de girofle, du zeste de citron et d'orange. Ensuite, il fit flamber le tout jusqu'à ce que le sucre se soit entièrement dissous, avant d'ajouter le café bien fort qu'il venait de faire.

— Si je faisais ça dans les règles de l'art, je le mettrais dans des tasses à brûlot, mais si vous me jurez de ne le dire à personne, je me servirai de tasses à café ordinaires.

Elle leva la main.

— Je vous jure que votre secret sera bien gardé.

Il cessa de remuer le mélange et leurs regards se soudèrent l'un à l'autre. Une étrange tension avait empli la pièce. Angeline songea soudain qu'elle ne savait rien de cet homme. Or, elle sentait qu'il avait sa part de secrets.

Paul désigna la porte qui donnait sur le côté.

— Si vous alliez m'attendre sous la véranda ? Il fait plus frais dehors.

Reconnaissante qu'il lui ait donné une excuse pour quitter la pièce étouffante, Angeline se hâta de sortir. Elle s'assit sur la première marche, ajustant les plis de sa jupe autour de ses jambes. Les herbes hautes et les arbres s'inclinaient au gré de la légère brise qui soufflait dans le champ.

En dépit de la chaleur et de l'humidité qui subsistaient, la caresse de la brise était délicieuse. Elle ferma les yeux, rejetant la tête en arrière pour offrir son visage au souffle rafraîchissant du vent.

Pourquoi cet endroit éveillait-il en elle des sensations si neuves ? La journée avait été effroyable, et pourtant, elle savourait cette brise légère, comme s'il s'agissait d'un bien précieux. Elle n'était pas d'une nature sensuelle. Elle ne mangeait que pour vivre ; elle appréciait la beauté de la nature, mais sans enthousiasme excessif. Elle n'avait jamais eu le temps de s'adonner à ce genre de choses.

Elle était pragmatique, tout le monde s'accordait à le dire. Il n'y avait rien de frivole chez Angeline Fitzgerald.

Jusqu'à maintenant.

La vision qui attendait Paul quand il poussa la moustiquaire faillit lui faire lâcher les deux tasses de café brûlot. Angeline était si séduisante, la tête ainsi rejetée en arrière ! Cette femme possédait une sensualité rare. Mais le plus curieux, c'était qu'il soupçonnait que cet aspect de sa nature avait été réprimé. Quant à savoir pourquoi elle avait lutté contre un tel don, cela restait un mystère. Mais il se promit de le découvrir.

— Et voilà, dit-il, annonçant délibérément son arrivée.

Tout comme il s'y était attendu, elle ouvrit les yeux et se redressa aussitôt. Ses joues se colorèrent, comme si elle était gênée. Comme si elle avait fait quelque chose de mal.

Paul réprima un sourire et lui tendit sa tasse, puis s'assit à côté d'elle. Au lieu de commenter son attitude, ce qui n'aurait fait que l'embarrasser davantage, il se contenta de siroter son café. Mais il ne cacha pas le profond plaisir qu'il éprouvait. S'il montrait à son petit moineau du Nord qu'apprécier les plaisirs de la vie n'était pas un péché, elle céderait peut-être plus volontiers à ses penchants naturels.

— Ah, que c'est bon.

Il jeta un coup d'œil vers elle et vit qu'elle l'observait.

— Allez-y. Goûtez.

Elle porta la tasse à ses lèvres et but une petite gorgée. L'expression surprise qui apparut sur son visage fit sourire Paul.

— C'est délicieux, murmura-t-elle en buvant une autre gorgée.

— Vous voyez, je ne vous ai pas induite en erreur.

Pour toute réponse, elle se contenta de sourire.

— Je suis désolé de ne pas avoir l'air climatisé à la maison. J'ai plusieurs fois proposé de l'installer, mais ma mère a toujours refusé. Et après sa mort, ce n'était plus la peine.

Ils burent leur café dans un silence confortable. Les créatures nocturnes entamèrent leur sérénade. Les grillons stridulaient en rythme, les herbes bruissaient dans la brise, et, s'ajoutant à la symphonie de sons, le cri occasionnel d'une grenouille déchirait l'air.

La nature vivait autour d'eux.

Paul termina son café, puis posa sa tasse à côté de lui sur la marche, songeur. Il y avait quelque chose dont il devait parler de toute urgence à Angeline.

— Mon ange, vous vous souvenez qu'il va y avoir une audience lundi au palais de justice concernant les biens de Marianna ?

— Oui. Je me souviens aussi que vous pensiez que mon arrivée n'était pas une coïncidence.

Il haussa les épaules. Il avait eu ses raisons de ne pas lui faire confiance, mais elle n'avait pas besoin de les connaître.

— Si j'en parle, c'est que maintenant que vous avez la preuve que vous êtes la fille de Marianna, vous êtes légalement son héritière. Lundi matin, la cour décidera de ce qui doit arriver à son patrimoine. Vous devez être là pour faire valoir vos droits. C'est ce que Marianna aurait voulu. Et, pour ce faire, vous aurez besoin d'un avocat.

Angeline se mit à réfléchir, tout en promenant distraitement les mains sur ses cuisses. Le regard de Paul était attiré par ses jambes minces sous le tissu à fleurs. Sa peau était-elle aussi soyeuse et aussi blanche que le révélait l'échancrure de son corsage ?

Le son de sa voix pénétra vaguement son cerveau.

— Pardon. Je pensais à autre chose. Que disiez-vous ?

— Connaissez-vous de bons avocats qui seraient prêts à accepter de travailler dans ces conditions, pour ainsi dire au pied levé ?

— Mais oui. Je connais des tas d'hommes de loi, répondit-il en passant une main dans ses cheveux. Mais vous avez dit que vous en vouliez un qui soit bon. Ça réduit les possibilités. Faut-il qu'il soit honnête ?

— Bien sûr.

— Il y a une différence. Je connais beaucoup de bons avocats, mais l'honnêteté n'entre pas en ligne de compte.

Il se pencha en avant, prenant des airs de conspirateur.

— A vrai dire, j'en connais plusieurs qui partagent une cellule avec leur banquier.

Angeline secoua la tête en riant.

— Je veux un bon avocat qui soit honnête aussi.

Elle pensait qu'il la taquinait. Ce n'était pas le cas. Il parlait en toute connaissance de cause. Il avait été piégé par un homme de loi à la solde de Roger Boudreaux, et avait payé pour un crime qu'il n'avait pas commis.

Il feignit de se creuser les méninges pour trouver un bon candidat.

— Hhmm, j'ai un ami à La Nouvelle-Orléans. Je peux l'appeler et lui demander s'il accepte de vous représenter.

Il fixa son regard sur le visage innocent d'Angeline, envahi par la nostalgie d'un temps où il n'avait pas été marqué par la méchanceté de ce monde, de ce lieu. Peut-être n'avait-il jamais été insouciant. Mais quelque chose lui disait qu'Angeline pouvait lui apprendre à voir le monde à travers des yeux qui n'étaient pas voilés par la corruption.

— Merci, Paul.

Le sourire éclatant qu'elle lui adressait ne fit que confirmer ses pensées. Angeline était quelqu'un qui pouvait changer sa vie. A jamais.

A travers la moustiquaire, Angeline entendait la voix grave de Paul. Elle ne pouvait distinguer ce qu'il disait, mais le seul fait de l'entendre suffisait à la réconforter.

Qui était cet homme complexe qui travaillait comme mécanicien dans le garage local ? Son langage avait beau être coloré de mots et d'expressions cajuns, il était clair qu'il avait été éduqué. Elle était prête à parier qu'il était allé à l'université. Dans ce cas, pourquoi se contentait-il de jouer les mécaniciens dans cette bourgade minuscule ?

Et pourquoi avait-elle l'impression qu'il avait fort peu d'amis à Mirabeau ? Que s'était-il passé pour que la plupart des habitants de la ville gardent leurs distances avec lui ?

Elle l'entendit traverser la cuisine, et il ne tarda pas à la rejoindre.

— Vous avez de la chance. Mon ami Ted Peters a accepté de vous rencontrer demain et de discuter de votre affaire.

— C'est gentil de sa part de venir jusqu'ici pour m'en parler.

Paul secoua la tête.

— Non. Vous n'avez pas bien écouté. J'ai dit que Ted acceptait de discuter de l'affaire avec vous. Je n'ai pas dit qu'il viendrait ici.

— Mais... comment... ? Vous voulez dire qu'il veut que j'aille à La Nouvelle-Orléans ?

— J'ai dit que Ted était honnête. Je n'ai pas dit que c'était un saint. Il a un rendez-vous demain matin. Il peut vous recevoir à 14 heures.

— Comment suis-je censée y aller ? Vous le savez mieux que personne, ma voiture est en panne.

Il arqua un sourcil, et une lueur espiègle traversa son regard.

— Je sais que vous n'avez pas de moyen de transport. C'est pourquoi j'avais l'intention de vous conduire à La Nouvelle-Orléans demain matin.

— Ce n'est pas nécessaire, Paul.

Sa réponse empreinte de raideur le fit sourire de plus belle.

— Oh. Et comment comptez-vous aller à La Nouvelle-Orléans ? lui demanda-t-il.

— Je ne peux pas louer une voiture en ville ?

Il secoua la tête.

— Je pourrais peut-être emprunter votre camionnette ?

— Comment ?

— Vous m'avez entendue. Vous pourriez me prêter votre camionnette. Je suis une très bonne conductrice, et je n'ai jamais eu d'accident.

— Ah, Angeline, vous ne comprenez pas les hommes, n'est-ce pas ?

Elle redressa le menton d'un air de défi.

— Quel rapport y a-t-il entre comprendre les hommes et emprunter votre camionnette ?

— Aucun homme digne de ce nom ne laisserait une femme emprunter sa voiture. Je vous prêterais ma brosse à dents avant de vous laisser ma camionnette.

— C'est ridicule.

Il haussa les épaules.

— Peut-être, mais c'est vrai.

Elle se tut, et chercha une solution.

Il prit sa main dans la sienne.

— Laissez-moi faire ça pour vous. Je m'inquiéterais à votre sujet pendant tout le temps que durerait votre absence. Vous pourriez vous perdre à La Nouvelle-Orléans, avoir une crevaison sur la route, ou je ne sais quoi.

— Je vous assure que je sais changer un pneu.

Paul poussa un soupir.

— Angeline, vous pourriez être en danger.

— Que voulez-vous dire ?

— Je ne crois pas que la mort de Marianna ait été un accident. Je crois qu'elle a été assassinée.

Angeline pâlit.

— Pourquoi dites-vous cela ? demanda-t-elle d'une voix tremblante.

Il mourait d'envie de tendre la main vers elle et de la rassurer, mais il se domina. Il fallait absolument qu'elle prenne conscience des risques qu'elle encourait.

— Il y a quelque chose de bizarre dans toute cette histoire.

— Vous avez des preuves ?

— Si j'en avais, je serais allé les apporter à la police de l'Etat. Je n'ai qu'une intuition, c'est tout. Et je ne veux pas vous mettre en danger.

Elle hésita pendant ce qui lui sembla une éternité, puis ses épaules s'affaissèrent légèrement.

— Très bien, Paul. Vous pouvez me conduire à La Nouvelle-Orléans.

Il lui souleva le menton en un geste tendre.

— Merci.

Angeline réprima l'envie ridicule de se jeter dans ses bras et de le laisser résoudre tous les problèmes qu'elle affrontait. C'était insensé, songea-t-elle. Jamais elle n'avait tenté de se soustraire à ses responsabilités par le passé. Pourquoi commencer à présent ? Et surtout, pourquoi cet homme l'attirait-il autant ? Irritée contre elle-même, elle se dégagea et fit mine de contempler le champ.

— Il commence à faire nuit. Vous devriez peut-être m'amener au motel pour que je puisse m'installer.

Il la regarda, visiblement surpris.

— Je ne vous conduis nulle part. Vous allez passer la nuit ici.

— Et pourquoi pensez-vous que je vais faire cela ?

— Parce qu'il n'y a pas de motel à Mirabeau, et que l'unique pension n'a aucune chambre libre. Par ailleurs, je ne peux tout de même pas laisser une jolie femme comme vous à la rue, n'est-ce pas ?

— Et Eleanor ? Je ne pourrais pas loger chez elle ?

Il écarta la suggestion d'un geste.

— Non. Le shérif Mathers est furieux contre vous, ma petite, et aller chez Eleanor vous mettrait en danger toutes les deux. Vous ne voulez pas ça, n'est-ce pas ?

— Vous plaisantez ?

— Non. Pas le moins du monde. Dennis Mathers est une

canaille, mais il a une plaque sur la poitrine et l'argent des Boudreaux pour le soutenir. Le shérif a commis plus de crimes que la plupart des hommes qui sont derrière les barreaux du pénitencier.

Angeline n'en croyait pas ses oreilles.

— Si vous avez besoin d'une confirmation, demandez à Pierre. Demandez-lui combien il donne au shérif chaque mois pour protéger son garage des vandales. Ou appelez Mattie, la bibliothécaire, et demandez-lui ce qui est arrivé à son mari quand il a voulu se présenter contre Dennis aux dernières élections. Henry a eu les deux genoux brisés.

Angeline écoutait Paul, atterrée. Le tableau qu'il peignait ne faisait que confirmer ses propres soupçons à l'égard du shérif.

— Vous pouvez dormir dans mon lit, conclut-il. Je vais prendre le canapé.

Sa galanterie la fit sourire.

— Ce n'est pas nécessaire. Ça ne m'ennuie pas de dormir sur le canapé.

Elle ne put se retenir de rire en voyant l'expression d'horreur feinte qui s'afficha sur le visage de Paul.

— Vous ne pouvez pas faire ça. Si je vous laissais coucher là, le fantôme de ma pauvre mère reviendrait me hanter.

Il agita vers elle un doigt faussement menaçant.

— Il n'en est pas question. Je veux que la bonne dame repose en paix. Par conséquent, permettez-moi d'être le gentleman qu'elle voulait que je sois.

Comment refuser ? songea Angeline.

— C'est vous qui gagnez. Vous pouvez prendre le canapé.

Il déposa un baiser sur le dos de sa main.

— Merci.

Il était si séduisant, si charmant. Une femme ne pouvait rêver mieux. Mais la dernière fois qu'elle avait fait confiance à un homme, elle avait eu le cœur brisé et un compte en banque pillé.

— Pourquoi faites-vous ça, Paul ? murmura-t-elle.

— Pourquoi est-ce que je prends le canapé ? Parce que vous ne m'avez pas invité à partager le lit avec vous.

L'espace d'une seconde, elle eut la vision de leurs corps entrelacés, et faillit céder à la tentation. Puis, miraculeusement, son bon sens reprit le dessus. Choquée par sa propre imagination, elle repoussa les images qui s'offraient à elle.

— Non, ce n'est pas ce que je voulais dire. Pourquoi m'aidez-vous ?

— Vous voulez savoir si j'ai une arrière-pensée ? Si j'espère en tirer profit ?

Sa voix était crispée, et elle sut qu'elle l'avait offensé.

— J'ai appris à mes dépens qu'il ne faut pas faire confiance à n'importe qui, répondit-elle calmement. Sinon, on risque de se brûler les doigts.

Il la dévisagea, une lueur curieuse dans les yeux.

— Et vous vous êtes brûlé les doigts, Angeline ? Un homme a abusé de votre confiance ?

Elle détourna la tête, gênée que sa naïveté soit aussi facilement percée à jour. Du bout des doigts, il la força doucement à lui faire face de nouveau.

— Ne soyez pas gênée, Angeline. C'est à lui d'avoir honte, pas à vous.

— Il y a un proverbe, murmura-t-elle. Chat échaudé craint l'eau froide.

— Et vous avez peur d'être échaudée de nouveau, c'est cela ?

— J'ai retenu la leçon, Paul.

— Non. Vous avez appris à vous méfier. Pas seulement des autres, mais de votre propre cœur.

Elle tressaillit, touchée à vif.

Il se pencha vers elle, et effleura tendrement ses lèvres des siennes.

— Fiez-vous à votre cœur, Angeline. Lui sait ce qui est bon ou pas pour vous.

Choquée par ce baiser, elle s'écarta et s'enveloppa de ses bras.

— Vous n'avez toujours pas répondu à ma question.

Il poussa un soupir sonore qui résonna dans la nuit.

— J'ai une dette envers Marianna. Elle a cru en moi quand moi-même je n'y croyais plus. En vous aidant, je ne fais que vous transmettre sa générosité.

Il parlait avec tant de conviction et de sincérité qu'elle ne pouvait douter de ses paroles.

Il la regarda droit dans les yeux.

— Cela satisfait votre pragmatisme ?

Il n'avait pas expliqué pourquoi il ne croyait plus en lui-même, mais elle décida de ne pas insister. Après tout, il avait le droit de garder ses secrets pour lui.

— L'honnêteté est l'honnêteté, dans le Vermont comme en Louisiane. Mais oui, votre réponse me satisfait.

Il eut un petit rire.

— Ah, mon ange, vous êtes si innocente. Mais je ne vais pas détruire vos illusions.

Après quelques secondes de silence, il ajouta :

— Venez. Il est temps d'aller dormir. Nous partirons tôt demain matin.

Angeline le suivit du regard pendant qu'il entrait dans la maison. Cet homme la déroutait. Il lisait trop aisément en elle, découvrant des choses qu'elle aurait préféré ne pas révéler. Si elle avait eu la moindre possibilité de séjourner ailleurs que dans cette maison, elle l'aurait saisie. Mais à moins de passer la nuit à la belle étoile, elle n'avait pas le choix.

7

Angeline vérifia une dernière fois le contenu de sa trousse de toilette et soupira. Elle avait oublié son dentifrice. Il y en avait sans doute dans les tiroirs de la salle de bains, mais l'idée de fouiller dans les affaires de Paul la mettait mal à l'aise.

Elle noua solidement la ceinture de son peignoir autour de sa taille, et ouvrit la porte.

— Paul ?

— Oui ?

Il s'avança dans le couloir, inclinant la tête d'un air interrogateur. Il était torse nu, et pieds nus. Angeline le regarda, la bouche soudain sèche. Une bande sombre descendait sur les muscles bien définis de sa poitrine, et disparaissait à l'intérieur de son jean. Elle aurait dû chercher ce maudit tube de dentifrice toute seule.

— J'ai oublié mon dentifrice, murmura-t-elle. je me demandais…

Ses lèvres esquissèrent un sourire espiègle.

— Quoi ?

— Si je pouvais emprunter le vôtre ?

— Mais bien sûr. Je partagerais sans hésiter tout ce que j'ai avec vous.

— Le dentifrice suffira, merci, rétorqua-t-elle, irritée par son offensive de charme.

L'expression faussement déçue qu'elle lut dans ses yeux verts la désarma aussitôt.

— Il est dans l'armoire de toilette, au-dessus du lavabo.

— Merci.

Elle referma la porte de la salle de bains et se hâta de procéder à sa toilette.

Finalement, après avoir pris une profonde inspiration, elle se prépara à ressortir. Au moment où elle franchissait le seuil de la salle de bains, elle aperçut Paul près de la porte. Il lui tournait le dos, et semblait contempler la nuit. Il ne se retourna pas, mais elle savait qu'il était conscient de sa présence.

— Bonne nuit, lança-t-elle.

— Bonne nuit, répondit-il en regardant par-dessus son épaule.

Il avait prononcé ces mots d'une voix chaude et sensuelle, et le cœur d'Angeline fit un petit bond dans sa poitrine.

— J'espère que vous allez bien dormir, ajouta-t-il.

C'était peu probable, songea-t-elle, puisqu'elle dormait dans son lit. Elle hocha la tête et entra dans la chambre, la seule pièce équipée d'un climatiseur, frissonnant légèrement à cause de la fraîcheur de l'air. Ou peut-être à cause du torse puissant de Paul…

Agacée contre elle-même, elle s'empara des lettres que Sarah avait écrites à Marianna et se glissa entre les draps. Pendant quelques instants, elle fixa une enveloppe, qui portait l'écriture de sa mère. Enfin, d'une main tremblante, elle sortit les feuilles couleur lilas. La lettre racontait son premier jour à la crèche.

Lentement, elle lut toute la correspondance, la gorge de plus en plus nouée à mesure que les paroles adressées par sa mère à Marianna prenaient un sens nouveau. Quand elle eut terminé, elle éteignit la lumière et remonta les couvertures sur elle.

Un mal de tête lui martelait les tempes. Et son cœur saignait. Tant de nouvelles, tant de sentiments nouveaux s'imposaient à elle ! En entrant dans Mirabeau cet après-midi, elle était Angeline Fitzgerald, la fille de Sarah et de Thomas. Maintenant, elle savait qu'elle était en réalité Angeline Courville, la fille de Marianna et d'un inconnu.

Ceux qu'elle aimait lui avaient menti. Pourquoi, oh pourquoi n'avaient-ils pas pu lui dire la vérité ?

Et à présent s'ajoutait à tout cela l'horrible possibilité que Marianna ait été assassinée.

Les larmes jaillirent, et elle enfouit le visage dans son oreiller. Assassinée. Sa tante — ou plutôt, sa mère — avait peut-être été assassinée. Qu'est-ce qui pouvait valoir la mort de Marianna ? Comme la vie était injuste ! Jamais elle ne pourrait appeler Marianna maman…

Malgré tout, elle ne pouvait succomber au désespoir qui menaçait de la submerger. En souvenir de Marianna, elle avait le devoir de faire éclater la vérité au grand jour.

Elle prit une profonde inspiration, et le cours de ses pensées fut immédiatement détourné par l'odeur masculine qui émanait de l'oreiller.

Paul.

En plus de tous les traumatismes qu'elle avait endurés aujourd'hui, son corps avait choisi le pire moment pour la trahir. Paul faisait battre son cœur bien trop vite.

N'avait-elle donc tiré aucune leçon de son expérience avec Richard ? Quand le séduisant acteur s'était intéressé à elle, à la timide Angeline, elle avait fait fi de son jugement, n'écoutant que son cœur.

Et quel désastre ç'avait été ! Elle lui avait fait confiance, et il lui avait extorqué ses économies. Elle s'était juré de ne plus jamais refaire la même erreur. Mais voilà que son cœur s'emballait de nouveau, et qu'il exigeait d'être écouté…

Elle s'efforça de chasser les images confuses qui se bousculaient dans son cerveau. Si elle voulait être lucide pour discuter avec l'avocat, le lendemain, il fallait qu'elle dorme.

Sa dernière pensée fut que le lit de Paul était confortable. Très confortable.

— La journée a été bien remplie, n'est-ce pas, Angeline ? fit Paul en jetant un coup d'œil vers elle.

La tête appuyée contre le dossier de son siège, elle semblait épuisée.

— J'espère que nous avons fait des progrès, murmura-t-elle.

— Comment pouvez-vous en douter ? Nous avons rencontré Ted et planifié notre stratégie pour l'audience de demain. Qu'aurions-nous pu faire de plus ?

— Vous avez beaucoup de connaissances en droit. Vous auriez peut-être pu être avocat au lieu de travailler comme mécanicien chez Pierre.

Elle avait parlé d'un ton si léger que Paul savait qu'elle n'avait pas eu l'intention de le blesser. Néanmoins, sa remarque lui rappelait douloureusement un passé révolu.

— Vous me faites de la peine, Angeline. Vous ne me croyez pas capable de réparer votre voiture ?

— Je ne sais pas. Vous ne vous en êtes pas approché depuis hier.

— Rentrez vos griffes, petite chatte. Vous savez bien que je n'ai pas eu le temps de m'en occuper. Quelque chose d'autre a retenu toute mon attention.

Sa plaisanterie leur rappela à tous deux les circonstances qui les avaient forcés à se rendre à La Nouvelle-Orléans. La lueur de gaieté qui y brillait quelques instants plus tôt disparut des yeux d'Angeline. Une fois de plus, elle sembla se replier sur elle-même.

Paul se mordit la lèvre, regrettant ses paroles. Il ne voulait pas avoir à apprivoiser Angeline de nouveau. Ce matin, elle s'était montrée plus froide que la glace. Il avait été irrité par son attitude, jusqu'au moment où il avait compris qu'elle essayait de mettre une certaine distance émotionnelle entre eux. Bien sûr, une fois qu'ils étaient entrés dans le bureau de Ted, elle avait baissé sa garde et ils s'étaient rapprochés l'un de l'autre.

S'il ne faisait pas attention, la situation risquait de devenir incontrôlable. Il était déjà trop attiré par elle. Des sentiments et des pulsions indésirables surgissaient en lui. Il se surprenait à avoir envie de la prendre dans ses bras et de céder au désir qui courait dans ses veines.

De manière tout à fait illogique, il en voulait à Angeline de se montrer aussi réservée envers lui. Il se savait séduisant, et on lui avait dit qu'il était un bon amant. Qu'y avait-il chez lui pour lui déplaire autant ?

En réalité, il savait de quoi il s'agissait. Tous les indices étaient là. Elle avait été blessée. Un individu méprisable avait pris son amour et l'avait piétiné. Et bien sûr, elle venait de subir un choc. Apprendre que ses parents et Marianna lui avaient menti avait été un coup dur pour elle.

La nuit précédente avait été une véritable torture. Il l'avait entendue qui sanglotait et avait dû faire appel à toute sa volonté pour ne pas aller la réconforter. Par chance, son bon sens l'avait emporté, et il était resté sur le canapé.

— Pensez-vous que le tribunal prendra une décision en ma faveur demain ?

— Je vois mal comment il pourrait en être autrement, répondit-il, heureux de pouvoir échapper à ses pensées. C'est vous qui avez un droit légitime sur ce terrain. Pas Roger.

Elle se tourna vers lui, repliant les jambes sous elle.

— Comment savez-vous que le tribunal aurait attribué le terrain à Roger ?

— Facile. En l'absence d'un héritier, le tribunal aurait décrété que les biens de Marianna étaient désormais la propriété de l'Etat. Ensuite, ces biens auraient été vendus aux enchères. Roger aurait fait la meilleure offre. Sans doute la seule, d'ailleurs.

— Y aura-t-il des problèmes ?

— Mon ange, votre arrivée va causer plus de remous que le dernier ouragan qui est passé par cette ville. Mieux vaut vous préparer à l'agitation que va susciter votre présence devant la cour.

Elle baissa la tête.

— J'ai l'impression d'être un phénomène qu'on exhibe dans les foires.

Il se pencha et prit sa main glacée dans la sienne, la posant sur sa cuisse, et la frottant doucement pour la réchauffer. Ce qui était une grosse erreur. A présent, il ne pouvait cesser d'imaginer les doigts délicats d'Angeline sur son corps embrasé par le désir.

Il se réprimanda silencieusement. Il s'agissait de la rassurer, et non de penser au sexe.

— Vous savez comment sont les petites villes. Vous allez faire jaser un temps, après quoi les choses se calmeront et la vie reprendra comme avant, dit-il en lâchant sa main.

— Qui était l'homme à qui vous avez téléphoné aujourd'hui ?

— Edward Dias. Il fait partie d'une commission qui enquête sur la corruption au sein du gouvernement. Marianna avait rendez-vous avec lui le jour où elle est morte. D'après Edward, Marianna n'est jamais arrivée jusqu'à son bureau. J'appelais pour savoir s'il avait d'autres informations.

— Et alors ?

— Rien, d'après lui.

Elle inclina la tête et le dévisagea un instant.

— Paul ?

— Oui ?

— Avez-vous découvert quelque chose sur la mort de Marianna dont vous ne m'avez pas parlé ?

A vrai dire, bon nombre de questions troublantes avaient pointé leur nez au cours de la journée. Mais Paul craignait de bouleverser davantage la jeune femme s'il lui en parlait. Et pourtant, il fallait qu'elle sache.

— Environ une semaine avant sa mort, Marianna m'a demandé d'arranger une rencontre entre elle et un des membres de la commission. Elle affirmait avoir trouvé des informations qui pourraient être vitales pour eux. J'ai contacté Edward pour qu'il prenne rendez-vous avec elle.

Edward et lui avaient été nommés à la commission à la même époque et s'étaient aussitôt liés d'amitié. Leur carrière à tous deux avait connu une ascension fulgurante jusqu'à ce mois d'août fatidique où Paul avait été arrêté. Et pendant que l'étoile de Paul s'éteignait, celle d'Edward n'avait fait que continuer à briller.

— Que s'est-il passé ? demanda Angeline, l'arrachant à ses sombres souvenirs.

— Eh bien, il est arrivé quelque chose d'étrange aujourd'hui. Autrefois, j'allais souvent au restaurant où nous avons déjeuné tout à l'heure. Pendant que vous étiez aux toilettes, j'ai un peu parlé avec Norman, le serveur, qui est un vieil ami. Il m'a demandé des nouvelles de Marianna. Quand je lui ai dit qu'elle était morte, il n'en croyait pas ses oreilles. Il m'a dit qu'elle avait déjeuné là il y a quelques mois.

— C'est important ?

— Oui. La seule fois où Marianna a quitté Mirabeau au cours de ces derniers mois est le jour de sa mort. Autrement dit, elle est arrivée à La Nouvelle-Orléans ce jour-là.

Il jeta un coup d'œil vers Angeline, et devina qu'elle ne voyait pas où il voulait en venir.

— Quand j'ai parlé à Edward après la mort de Marianna, il m'a juré qu'elle n'était jamais venue au rendez-vous. Alors, que se passe-t-il ? A-t-elle eu un rendez-vous avec Edward, auquel cas il a menti ? Et pourquoi mentirait-il ? Ou a-t-elle été interceptée avant la rencontre et assassinée à La Nouvelle-Orléans ?

— Mais vous ne croyez pas à cette dernière possibilité.

— Si c'était le cas, pourquoi prendre la peine de ramener sa voiture à Mirabeau et la jeter dans le bayou ? Ça n'a pas de sens.

— Non, murmura-t-elle d'une voix empreinte de douleur. Ça n'a pas de sens. Rien n'a de sens.

Il lui pressa la main en un geste rassurant.

— Vous avez quelque chose d'habillé à mettre pour demain ? demanda-t-il pour lui changer les idées.

— Vous ne…

— Il est important que vous fassiez bonne impression. Le juge aura une meilleure opinion de vous si vous êtes élégante.

Il sentit qu'elle le regardait, mais continua à fixer la route.

Elle soupira et se redressa sur son siège.

— On ne vous a jamais dit que vous étiez aussi subtil qu'un coup de marteau sur la tête ?

Il éclata de rire. Décidément, Angeline l'impressionnait.

— Certains disent que c'est ma plus grande qualité.

Elle émit un petit reniflement de dédain.

— Ils ont sûrement raison.

Paul ne put s'empêcher de rire, et elle l'imita. L'espace d'un instant, ils se détendirent, oubliant la situation. Quand leurs rires se furent apaisés, il se tourna vers elle.

— Sérieusement, mon ange, vous avez quelque chose à vous mettre ?

— Vous n'auriez pas dû me poser la question à La Nouvelle-Orléans, pendant que je pouvais m'acheter une tenue ?

— Une erreur supplémentaire à mon passif.

— Deux. Mais pour répondre à votre question, oui, j'ai apporté une jolie robe, au cas où. Seulement, je n'avais jamais envisagé un tel scénario.

— Moi non plus, mon ange. Croyez-moi. Jamais je n'aurais imaginé un tel scénario.

Ils arrivèrent à Mirabeau juste après le coucher du soleil. Grenouilles et grillons avaient entonné leurs mélodies nocturnes, ponctuées de temps à autre par le sifflet d'un bateau à vapeur ou l'aboiement d'un chien. Quand Paul s'arrêta devant chez lui et coupa le moteur, Angeline eut l'étrange impression de rentrer à la maison.

Elle descendit du véhicule et promena son regard autour d'elle. La nuit semblait particulièrement noire. Soudain, elle comprit pourquoi. Il n'y avait pas de lampadaires à proximité, rien pour atténuer l'obscurité.

— Attendez à côté de la camionnette pendant que je vais allumer la lumière, lui ordonna Paul. Je ne voudrais pas que vous trébuchiez sur les marches. Dieu sait les commérages qui s'ensuivraient, si vous arriviez demain au tribunal avec une bosse ou une plaie.

Sa sollicitude la toucha. Nul besoin, en effet, d'ajouter au cinéma.

La lampe de la véranda s'alluma, et Angeline cilla, éblouie. Paul lui tint la porte. En le voyant là, un sourire chaleureux sur son beau visage, elle sentit son cœur tambouriner dans sa poitrine, et dut lutter contre le charme idyllique du moment. Si elle laissait son imagination s'emballer, elle pourrait imaginer qu'il lui ouvrait les bras, pour l'accueillir à la maison.

A la maison.

C'était la vision qui s'imposait à son esprit : la vision d'un homme qui étreint la femme de sa vie. Sa femme.

Angeline déglutit avec peine, s'efforçant de résister au mirage.

Lorsqu'elle passa à côté de Paul, il l'attrapa par le coude.

— Ça va ? Vous êtes un peu pâle.

— Je suis fatiguée.

Elle ne mentait pas. Elle était réellement épuisée. Quelle autre explication logique pouvait-il y avoir à ces fantasmes ?

— C'est compréhensible, puisque vous avez mal dormi la nuit dernière.

Elle le dévisagea, surprise. Le sourire de Paul était tendre, compréhensif.

— Le lit grince.

Angeline se sentit rougir.

— Je ne voulais pas vous empêcher de dormir.

— Ce n'est pas grave, dit-il en haussant les épaules.

Elle posa une main sur son bras.

— Merci, Paul.

Il couvrit sa main de la sienne, la pressant légèrement.

— De rien. J'aimerais pouvoir faire davantage pour vous.

La chaleur de sa peau sur la sienne agissait comme une drogue, et Angeline se sentit bientôt étourdie, presque ivre.

— Il y a quelque chose que vous pourriez faire pour moi.

La surprise se lut sur ses traits et les muscles de sa main se raidirent.

— Demandez-moi tout ce que vous voulez.

— Voulez-vous me préparer une autre tasse de ce merveilleux café ?

Angeline ne put s'empêcher de rire en voyant son visage

empreint de déception. Au bout de quelques secondes, il se ressaisit, et une lueur de satisfaction s'alluma dans son regard tandis qu'il esquissait un sourire.

— Je suis content que vous l'ayez aimé.

Il mêla ses doigts aux siens. Angeline songea qu'il lui aurait été plus facile de réfléchir s'il avait retiré sa main, mais elle n'avait pas envie de perdre ce délicieux contact.

— C'était vraiment délicieux.

Il porta la main d'Angeline à ses lèvres et la baisa.

— Oui. Je ferai de vous une vraie Cajun, dit-il en l'entraînant dans la cuisine.

— Je peux vous aider ?

— Le café brûlot n'est pas pour les débutants, très chère, répondit-il en lui désignant une chaise. Asseyez-vous.

Il alluma la radio posée sur le réfrigérateur et se mit à fredonner en même temps que la chanson. Angeline ne comprit pas les paroles, en cajun, mais devina qu'il s'agissait d'un amour malheureux.

Paul confectionna rapidement la boisson et l'apporta à la table.

— Voulez-vous vous asseoir dehors, sur les marches ? demanda-t-il en lui tendant une tasse.

Angeline ne put refuser, savourant déjà le plaisir de déguster le café dans le noir, bercée par les sons de la nature.

— Bien sûr.

Dehors, Angeline prit la tasse à deux mains et but une gorgée de liquide.

— Oh, c'est divin.

— Je ne peux pas imaginer de boisson plus appropriée à cet instant.

Elle lui lança un regard perplexe.

— Une boisson divine pour un ange.

— Oh.

Elle secoua la tête.

— J'aurais dû comprendre. Je ne sais pas ce que j'ai.

— Ces derniers jours ont été difficiles. Il n'y a pas beaucoup de gens qui auraient géré la situation aussi bien.

Elle promena le pouce sur le côté de la tasse, songeant au sommeil qui l'avait fuie la veille et au tourbillon d'émotions qui l'avaient assaillie.

— Je ne sais pas si je m'en suis si bien tirée.

Il inclina la tête, visiblement intrigué.

— Comment êtes-vous arrivée à cette conclusion ?

— Oh, je ne sais pas. Je passe de la colère au chagrin d'un instant à l'autre. Je me sens à la fois trahie et ingrate, avoua-t-elle en secouant la tête.

Paul mit un bras autour de ses épaules et l'attira contre lui.

— Il est compréhensible que vous soyez un peu perdue. Mais vous devez vous souvenir qu'ils vous aimaient tous. Je pense qu'ils ont menti pour vous protéger et vous donner la meilleure vie possible. Il y a trente ans, avoir un enfant illégitime était encore considéré comme une honte, surtout dans cette partie de la Louisiane, qui est très catholique. Marianna n'aurait jamais pu vous garder et continuer à vivre ici.

Il déposa sa tasse et lui souleva le menton, la forçant à rencontrer son regard.

— Bâtarde n'est pas un joli mot, mon ange. Et c'est une insulte que vous auriez souvent entendue. Marianna a agi pour votre bien.

Il lui effleura la joue de son index.

— Et elle a eu raison, non ?

— Oui, j'ai eu une enfance idyllique, admit Angeline. Chaque été, Marianna venait nous rendre visite, jouait avec moi, me parlait. Mais cela me fait mal de savoir que personne ne m'a jamais dit la vérité.

— Peut-être que vos parents avaient l'intention de vous la révéler un jour, mais qu'ils sont morts avant d'en avoir eu la possibilité.

— Peut-être.

Il contempla l'obscurité.

— Est-ce que la vérité vous a aidée ? Elle n'est pas toujours source de bonheur.

— Je crois quand même qu'il vaut mieux être honnête.

A la lueur projetée par la vitre de la cuisine, elle distingua un sourire triste sur ses lèvres.

— C'est parce que vous êtes innocente.

Il secoua la tête.

— Et ce ne sera pas moi qui détruirai cette perle rare.

La musique flottait jusqu'à eux, les enveloppant, leur donnant l'impression d'être seuls au monde. Paul prit la tasse d'Angeline et la déposa sur la marche à côté de la sienne, après quoi il se leva et lui tendit la main.

— Venez, dansons.

Angeline hésita, mais elle ne savait pas mentir, et son éducation si accomplie avait inclus des cours de danse. Paul prit sa main gauche dans la sienne, et enroula un bras puissant autour de sa taille. Puis il l'attira contre lui, si près qu'un papillon de nuit n'aurait pu voler entre eux. Son corps se mit à évoluer au rythme de la musique, entraînant le sien.

Ce n'était pas exactement ainsi que Mlle Amanda Keyes apprenait à ses étudiants à danser la valse.

— Nous ne sommes pas… euh… un peu trop près ?

— Il faut pouvoir sentir le rythme de la musique et le battement du cœur de son partenaire.

Angeline voulut reculer légèrement pour lever les yeux vers lui, et sut aussitôt qu'elle avait fait une erreur. Le mouvement mit la partie inférieure de son corps en contact avec celui de Paul. Il s'immobilisa, et l'espace de quelques secondes, ils restèrent figés sur place. Enfin, avec un hochement de tête mélancolique, il se détacha d'elle.

Elle lui fut reconnaissante de ne pas avoir cherché à pousser son avantage. S'il l'avait fait, elle ne savait pas du tout comment elle aurait réagi.

— Il faut que j'aille vérifier la camionnette. Si vous alliez vous coucher ?

Elle le suivit du regard tandis qu'il descendait les marches.

— Merci, Paul, souffla-t-elle.

Il leva les yeux au ciel.

— Je suis un idiot, ma chère.

Sur quoi, il disparut dans la nuit.

Paul n'avait pas besoin d'aller vérifier la camionnette. C'était seulement un prétexte pour mettre quelque distance entre Angeline et lui. S'il était resté une seconde de plus sur cette véranda avec elle, il aurait écrasé son délicieux corps contre le sien et l'aurait embrassée. Mais ç'aurait été profiter d'une femme vulnérable.

Il avait été tenté, certes. Il n'était pas un saint, et Angeline l'attirait étrangement. Quand elle était dans ses bras, il avait sérieusement songé à l'emmener dans sa chambre, à l'allonger sur son lit et à lui faire l'amour. Cela aurait éloigné les démons qui les tourmentaient l'un et l'autre.

Tenir Angeline entre ses bras lui avait paru si doux, si… naturel. C'était un aperçu du paradis. Et à présent, son corps était en enfer, en proie aux flammes du désir.

Il contourna la maison et grimpa les marches du devant. Après avoir éteint la lampe de la véranda, il resta debout, le regard plongé dans la nuit. La musique de la radio lui parvenait toujours, portée par la brise.

Tout semblait paisible. C'était trompeur. C'était seulement le calme anormal qui précède les tempêtes.

8

Avec un soupir, Paul repoussa ses draps, enfila son short en jean et gagna la cuisine. Inutile de feindre le sommeil plus longtemps, songea-t-il. Il ouvrit la porte du réfrigérateur et en tira un pichet de thé.

— Je peux en avoir un verre aussi ?

Au son de la voix d'Angeline, il faillit laisser tomber le récipient. Jetant un coup d'œil par-dessus son épaule, il la vit debout sur le seuil de la cuisine, vêtue d'un peignoir en satin et dentelle blanche. Ses cheveux défaits tombaient sur sa poitrine. Il étouffa un grognement. Il n'avait pas besoin que la jeune femme attire son attention sur cette partie de son anatomie. Il avait déjà passé trop de temps à penser à son corps. C'était une des raisons pour lesquelles il ne pouvait pas dormir.

— Bien sûr.

Il prit deux verres dans le placard, les remplit de glaçons et de thé, et lui en tendit un.

— Vous êtes nerveuse pour demain ? demanda-t-il en s'adossant au plan de travail.

Elle but une gorgée de thé.

— Oui. J'ai peur de la réaction des gens d'ici. Je veux dire… j'ai déjà fait sensation. Vous imaginez ce qui va se passer demain ?

Il l'imaginait parfaitement. Les vérités qui seraient divulguées dans cette salle de tribunal risquaient d'ébranler la ville jusque dans ses fondations.

— L'affaire va faire du bruit, c'est certain.

Elle éclata de rire.

— C'est le moins que l'on puisse dire.

Son rire était plus doux aux oreilles de Paul que le chant des oiseaux le matin.

— Vous devriez rire davantage, Angeline. Votre rire est si beau, et il y a trop de laideur en ce monde.

Il mourait d'envie de l'attirer à lui, de forger entre eux un lien qui survivrait à la bataille du tribunal. Il reprit le verre qu'elle tenait et le déposa derrière elle. Puis, du pouce, il traça le contour de sa joue.

— Et vos baisers m'apportent plus de joie que la vue du bayou au coucher du soleil.

Une veine palpitait sur le cou d'Angeline. Il l'effleura du bout du doigt.

Les lèvres de Paul se posèrent sur celles de la jeune femme avec la légèreté d'un papillon. Il attendit, guettant un signe qui lui prouverait qu'Angeline le désirait tout autant qu'il la désirait. Elle gémit et entrouvrit les lèvres, lui donnant sa réponse. Il glissa la langue dans sa bouche chaude et humide.

Timidement, elle lui rendit son baiser, et il eut l'impression de recevoir une décharge électrique. Submergé par le besoin de la toucher, il enfouit une main dans ses cheveux et enroula son bras libre autour de sa taille, plaquant son corps au sien. Ils s'épousaient parfaitement.

Il déposa une traînée de baisers sur son menton, jusqu'à l'endroit sensible derrière son oreille, mordillant sa peau douce et parfumée tandis qu'elle nouait les bras autour de lui. La chaleur de ses mains délicates sur le dos de Paul était aussi intense que des braises, le pressant de continuer.

Pendant qu'il lui embrassait le cou, ses doigts défaisaient la ceinture de son peignoir. D'un geste lent, il écarta les pans de satin blanc, dévoilant des seins somptueux sous le corsage transparent de sa chemise de nuit.

— Tu es magnifique, dit-il, haletant, en se penchant pour déposer un baiser sur la naissance de sa poitrine.

Un frisson la parcourut.

— Tu aimes ça, ma belle ?

Avant qu'elle ait pu répondre, il bougea légèrement vers la droite et captura le mamelon de ses lèvres. Les ongles d'Angeline s'enfoncèrent dans son dos.

Incapable de supporter plus longtemps le mince tissu qui les séparait, il glissa les doigts sous les fines bretelles de la chemise de nuit et les fit descendre sur les bras d'Angeline. Mais avant qu'il ait pu révéler le trésor qu'il convoitait, elle recouvrit ses mains des siennes, arrêtant son geste.

— Qu'y a-t-il ?

Elle refusa d'affronter son regard, et rajusta maladroitement sa chemise de nuit avant de renouer la ceinture de son peignoir. Enfin, elle leva les yeux, et il lut le regret sur son visage.

— Je ne peux pas… C'est trop…

Elle s'interrompit, et recula d'un pas.

— Peut-être qu'il vaudrait mieux que j'essaie de dormir un peu, dit-elle enfin.

— Bonne idée.

Ce n'était pas ce qu'il voulait, mais oui, c'était une bonne idée.

Elle s'immobilisa sur le seuil.

— Paul ?

— Oui.

— Je… je suis désolée, murmura-t-elle avant de secouer la tête. Bonne nuit.

Il écouta ses pas s'éloigner dans le couloir, et la porte de la chambre se refermer. Très vite, les bruits de la nuit redevinrent normaux. Dommage que son cœur n'ait pu en faire autant.

Le lendemain matin, Angeline sortit de sa chambre vêtue d'une robe en coton à fleurs. Elle avait rassemblé ses cheveux en chignon et, pour tout ornement, arborait de petites boucles d'oreilles et une montre au poignet. Elle s'était légèrement maquillée, afin de cacher les cernes sombres autour de ses yeux. Elle avait passé une nuit blanche, troublée tour à tour par la perspective de l'audience et le désir traître que son corps ressentait pour Paul.

Elle lissa sa jupe.

— Je suis présentable ? demanda-t-elle, gênée au souvenir des baisers passionnés qu'ils avaient échangés la veille.

Le regard de Paul s'attarda paresseusement sur elle.

— Tu es très belle. Et très élégante.

L'appréciation sincère qu'elle lisait dans ses yeux fit s'accélérer les battements de son cœur.

— Veux-tu manger quelque chose avant d'aller au palais de justice ? J'ai des croissants et du café tout prêts.

Elle hocha la tête et le suivit dans la cuisine, heureuse de retarder l'échéance. Le café fort et brûlant la réconforta. Elle but lentement une deuxième tasse, s'efforçant de gagner du temps.

Paul jeta un coup d'œil à sa montre.

— Il faut partir, Angeline. Sinon, nous allons être en retard.

— J'ai peur, Paul.

Les mots avaient jailli d'eux-mêmes, avant qu'elle ait le temps de réfléchir. Il était rare qu'elle partage si librement ses sentiments avec les autres, mais il y avait quelque chose chez cet homme qui la faisait se conduire étrangement.

Il couvrit sa main de la sienne.

— Je serai là, Angeline.

La sincérité de son regard et la chaleur de sa main la rassurèrent quelque peu.

Autour du palais de justice, les rues étaient bondées. Il n'y avait pas de place de parking en vue. Paul étouffa un juron.

— Ce n'est pas bon signe, Ange. Prépare-toi.

Il finit par trouver une place dans une petite rue adjacente, et ils gagnèrent le bâtiment à pied. Ted les attendait à l'intérieur, dans la fraîcheur du hall climatisé.

— Il y a foule, avertit-il après les avoir salués.

— Tu as jeté un coup d'œil dans la salle ? demanda Paul.

— Oui. Voyez vous-mêmes, dit-il en désignant le bout du couloir.

Paul et Angeline suivirent son regard. Plusieurs personnes étaient debout à côté des portes, n'ayant visiblement pas trouvé de places assises.

Angeline prit une profonde inspiration, luttant contre la peur qui lui comprimait la poitrine. Paul s'avança vers elle, nouant les doigts aux siens.

— Nous sommes là. Ne te laisse pas intimider. Tout ira bien.

Elle se contenta de hocher la tête, trop émue pour parler.

Ted jeta un coup d'œil à sa montre.

— Il est presque l'heure. Allons-y.

Les conversations cessèrent à leur approche, et des regards froids et inquisiteurs se tournèrent vers eux.

Ils remontèrent lentement l'allée centrale, tandis qu'un silence tendu se faisait dans la salle. Ted prit place en face du procureur. Derrière lui, au premier rang, étaient assis Roger Boudreaux et son fils, Guy.

Leurs regards stupéfaits se fixèrent sur Angeline.

Paul salua les hommes d'un geste de la tête, et, sans attendre leur réponse, entraîna la jeune femme vers le côté opposé.

Angeline jeta un coup d'œil furtif dans leur direction. Guy était pâle comme un linge, mais le visage de Roger était glacial, imperturbable.

La séance commença presque aussitôt, et le juge demanda au greffier si un héritier de Marianna Courville avait été identifié.

Il se leva.

— Non, Votre Honneur. Aucun héritier n'a été trouvé.

Ted se leva à son tour.

— Excusez-moi, Votre Honneur. Un héritier s'est présenté samedi dernier.

— De qui s'agit-il ? demanda le juge.

— De la fille de Marianna Courville.

Un frémissement parcourut la salle, et le juge dut réclamer le silence.

— Où est-elle ?

Ted fit signe à Angeline d'avancer.

— Voici Angeline Fitzgerald, la fille de Marianna.

— Et quelles preuves avez-vous de ce lien de parenté ?

Ted tendit au greffier les documents requis.

— Il s'agit d'un extrait de naissance d'Angeline et d'une copie de son certificat d'adoption par Sarah et Thomas Fitzgerald.

Le magistrat prit les papiers et les parcourut rapidement du regard.

— Leur authenticité est-elle établie ?

— Oui, Votre Honneur. J'ai ici des fax émanant du bureau d'état civil de Boston et du tribunal où l'adoption a pris place.

Le juge regarda tour à tour Angeline, puis Roger.

— Je dois dire que votre présence ici est une grande surprise pour la cour, mademoiselle Fitzgerald, mais tous les documents sont en ordre.

Il se tourna vers le procureur.

— Avez-vous quelque chose à dire, Kelso ?

Celui-ci leva les yeux des documents qu'il examinait, et regarda Roger par-dessus son épaule. Ce dernier haussa les épaules.

— Non, Votre Honneur.

— Eh bien, puisqu'il n'y a pas d'objections et que les preuves sont convaincantes, je déclare Angeline Fitzgerald héritière de Marianna Courville.

L'audience fut levée.

Aussitôt, il y eut une explosion de vacarme et de mouvement dans la salle. Paralysée sur place, Angeline regardait l'effervescence suscitée par son apparition, saisissant ici et là des bribes de conversation.

— Illégitime...

— Une bâtarde. Pas étonnant que Marianna n'en ait parlé à personne. Pourquoi...

— Qui est le père ?

Elle sursauta en sentant une main se poser sur son épaule. Son regard traqué se fixa à celui de Paul. Là se trouvaient le réconfort et la compréhension dont elle avait tant besoin à cet instant. Il se pencha vers elle.

— Tu as gagné, Angeline.

— Vraiment ? répondit-elle avec amertume, en désignant la foule derrière elle. La réputation de Marianna a été salie. A présent, toute la population de Mirabeau sait qu'elle a eu une fille illégitime. Sa honte est publique.

— Non. Marianna serait fière de toi, Angeline.

Angeline avait supporté les regards perçants, les murmures malveillants. Mais la fierté évidente de Paul lui donna les larmes aux yeux.

— Merci, murmura-t-elle, la gorge nouée par l'émotion.

— Quelle scène touchante, ironisa une voix dure, faisant irruption dans la petite bulle qu'ils s'étaient créée.

Paul se raidit, mais ne se retourna pas vers le nouveau venu. Angeline fronça les sourcils, puis leva les yeux vers le regard froid de Roger Boudreaux. Une haine intense s'y lisait.

Paul dut voir sa réaction, car il se tourna pour faire face à l'individu. Roger reporta son attention sur lui.

— Roger.

Paul parvint Dieu sait comment à mettre un mépris tel dans ce nom qu'on eût dit qu'il prononçait une obscénité.

— Delahaye.

Autour d'eux, le silence s'était fait.

— Tu penses avoir gagné, hein ?

Paul se leva lentement, toisant l'homme plus âgé de toute sa hauteur.

— Il ne s'agissait pas d'un concours.

— Ah, quel menteur tu fais. Toutes tes actions ne visent qu'à me faire chuter. Eh bien, laisse-moi t'assurer que tu n'as pas gagné la partie.

Paul serra les poings. Angeline se leva à son tour, et posa une main sur son bras.

— Vous me traitez de menteur, Boudreaux ? Vous qui avez construit votre empire sur la tromperie et les mensonges ?

— Au moins, je n'ai pas été envoyé en prison pour corruption.

Angeline tressaillit, comme si elle avait reçu une décharge électrique. Sa stupeur n'échappa point à Roger.

— Oh, vous ignoriez que votre protecteur était allé en prison ?

Il décocha à Paul un regard moqueur.

— Tu n'as pas dit à cette jeune femme que tu avais été un

avocat brillant avant d'être condamné pour corruption ? Comme c'est négligent de ta part, Delahaye.

Ce que disait ce vieil homme aigri devait être un mensonge, songea Angeline. Paul ne lui aurait pas délibérément caché quelque chose d'aussi important. Pas alors qu'ils avaient passé tant de temps ensemble. Elle se tourna vers lui, éprouvant le besoin d'être rassurée.

— Paul ?

Toute l'attention de celui-ci était fixée sur Roger. Un duel silencieux les opposait. Finalement, au bout de quelques secondes, il se tourna vers elle, le regard lointain et résigné.

Le cœur d'Angeline se serra dans sa poitrine. Ainsi, c'était vrai. Pour la seconde fois en quarante-huit heures, elle connut l'amertume de la trahison.

— A votre place, mademoiselle Fitzgerald, je ferais attention. Paul ne pense qu'à se venger. Il me rend responsable du fait que son père était alcoolique, et il se sert de n'importe qui pour arriver à ses fins. Je pense que vous êtes sa dernière victime.

Il enveloppa Paul et Angeline d'un dernier regard empoisonné, puis sortit de la salle à grands pas.

Lentement, Angeline se laissa tomber sur une banquette, atterrée. Elle avait fait confiance à Paul, elle lui avait ouvert son cœur. Elle leva les yeux vers lui, espérant envers et contre tout qu'il allait nier.

— Paul, cet homme dit-il la vérité ?

— A propos de quoi ? Oui, je suis allé en prison. Oui, mon père buvait parce que Roger l'avait trompé et lui avait fait renoncer à ses droits sur le pétrole et le gaz.

— Et tu t'es servi de moi pour te venger ?

Son regard sombre, voilé par la honte, lui répondit mieux que des mots, et déchira le cœur d'Angeline. La douleur était si intense qu'elle retint un cri.

— Je vois.

Elle se leva, résolue à ne pas s'effondrer devant tous ces gens. Plus tard, quand elle serait toute seule, elle pourrait donner libre cours à son chagrin.

— Ted, voulez-vous me raccompagner chez M. Delahaye pour que je puisse récupérer mes affaires ?

— Je...

Ted jeta un coup d'œil à son ami. Paul acquiesça sans rien dire. Ted hésita encore une seconde, puis prit sa décision.

— C'est d'accord, Angeline.

Elle se redressa et se fraya un chemin dans la foule encore nombreuse. Elle ne se retourna pas une seule fois.

Paul suivit Angeline des yeux tandis qu'elle disparaissait dans la foule. Il se détourna, évitant les regards curieux qui se portaient dans sa direction. Il s'agrippa à la rambarde en fer forgé qui séparait le public de la section réservée à la cour et prit une profonde inspiration, s'efforçant de se calmer. S'il cédait à la rage qui le submergeait, il risquait de s'emparer des chaises et de les jeter à travers la salle. Bien sûr, un tel acte ne ferait que confirmer l'opinion générale que les gens avaient de lui, à savoir qu'un Delahaye n'avait pas d'éducation et ne savait pas comment se comporter en société.

Il se moquait complètement de ce que pensaient les gens de la ville. Mais il avait été désarçonné par l'affirmation de Roger selon laquelle il s'était servi d'Angeline pour se venger. Confronté à cette laide accusation, il avait dû faire face à la réalité. Oh, il ne s'était pas servi d'elle consciemment. Mais s'il examinait honnêtement ses intentions, il devait s'avouer que ses efforts pour aider Angeline avaient en partie été motivés par une soif de vengeance. Ce n'était pas la seule raison, bien sûr. Mais enfin, cela comptait.

Quand Angeline s'était tournée vers lui, espérant qu'il nie, il n'avait pu se résoudre à le faire. Ç'avait été le moment le plus douloureux de sa vie. Même pendant son arrestation, son jugement, son emprisonnement, il avait su qu'il était innocent de ce dont on l'accusait. Cette fois, ce n'était pas le cas.

Il se passa une main dans les cheveux. Qu'allait-il faire à présent ? Pouvait-il laisser Angeline se débrouiller seule, contre Roger et ses hommes de main ?

Il n'avait pas besoin de réfléchir pour répondre à cette question. Il ne pouvait l'abandonner. Tant pis si ses raisons avaient été égoïstes. La sécurité d'Angeline n'était-elle pas plus importante que la pureté de ses intentions ? S'il se dépêchait et retournait chez lui avant qu'elle s'en aille, peut-être pourrait-il lui faire comprendre combien elle était en danger.

Paul poussa un soupir de soulagement en voyant que la voiture de Ted était encore garée dans l'allée. Son ami le salua à la porte, visiblement mal à l'aise. Si la situation n'avait pas été si sérieuse, Paul aurait été tenté d'éclater de rire. Jamais il n'avait vu une telle expression sur le visage de Ted.

— Où est-elle ? lui demanda-t-il.

— Dans la chambre. Elle fait ses bagages.

Paul entra dans la pièce sans frapper. Angeline s'interrompit, jeta un coup d'œil vers lui, puis se remit à plier la jupe qu'elle portait la veille. Sa chemise de nuit et son peignoir étaient sur le lit, à côté de la valise.

Ce lit avait été celui des grands-parents de Paul, celui de ses parents, et à présent, c'était le sien. C'était son grand-père qui avait patiemment sculpté le motif de feuilles de vigne et de grappes de raisin dans le bois. Voir les vêtements d'Angeline sur le boutis éveilla en lui une indicible émotion.

Elle jeta la chemise de nuit et le peignoir dans la valise, referma violemment celle-ci, et se dirigea vers la porte d'un pas décidé. Paul ne bougea pas d'un pouce.

— Laisse-moi passer, ordonna-t-elle, les dents serrées.

— Non.

Ils s'affrontèrent du regard.

— Pose-moi des questions, Angeline.

— Que suis-je censée demander ? Pourquoi m'as-tu menti ? Pourquoi as-tu trahi ma confiance ?

Il la saisit par les bras. La valise lui échappa, et tomba sur le sol avec un bruit sourd.

— Tu ne m'as jamais accordé ta confiance, Ange.

Elle se dégagea brusquement.

— Ah non ? Je ne t'ai pas ouvert mon cœur, peut-être ? Je me suis ouverte à toi comme je ne l'ai jamais fait avec personne. Et comment m'as-tu récompensée ? Par des mensonges.

— Je ne t'ai jamais menti.

Un rire amer jaillit des lèvres de la jeune femme.

— C'est une réponse digne d'un avocat, Paul.

— C'est ce que je suis. Ce que j'étais.

Elle continua, sans prêter attention à son interruption.

— Tu ne m'as pas menti à proprement parler. Tu as simplement choisi de ne pas tout me dire.

— Je ne t'ai rien dit parce que je savais que tu réagirais de la manière dont tu le fais à présent. Or, tu avais besoin de mon aide, Ange. Que tu veuilles l'admettre ou non, tu avais besoin de moi. Je t'ai trouvé un avocat, je t'ai aidée à découvrir qui tu étais. Et je t'ai protégée. Penses-tu que tu t'en serais mieux tirée toute seule contre le shérif et Roger ? Réponds-moi.

Un sanglot monta dans la gorge d'Angeline et elle lui tourna le dos. Instinctivement, il tendit la main vers elle pour la réconforter. Elle se dégagea, et s'approcha de la fenêtre.

— Tu vois comme il a été facile à Roger de nous séparer ? murmura-t-il.

— C'est toi qui l'as fait, Paul, rétorqua-t-elle. Tu n'avais que le mot « confiance » à la bouche. Tu m'as charmée, séduite. Et comme une idiote, j'ai commencé à croire que tu avais raison.

Il l'avait blessée, intentionnellement ou non. Elle souffrait et elle avait besoin d'une explication. Mais il était en colère, lui aussi. N'attachait-elle donc aucune importance à ses actions des jours derniers ? Fallait-il absolument qu'il la rassure par des mots ?

— Tu veux connaître mon sordide passé ?

Elle secoua la tête.

— Non.

Ses yeux brillaient de larmes. Elle tenta une nouvelle fois de le contourner pour accéder à la porte. Il lui barra le chemin.

— Dommage, parce que je vais te le raconter. J'étais une étoile montante dans le gouvernement de Louisiane. On m'a nommé au sein d'une commission d'enquête sur la corruption des fonctionnaires. Je me suis intéressé au cas de Roger. J'avais un dossier solide et je touchais au but.

Il se massa la nuque, goûtant encore l'amertume de la trahison.

— Un jour, des policiers ont fait irruption dans mon bureau avec un mandat de perquisition. Ils ont trouvé de la cocaïne dans mes affaires, et on m'a accusé d'avoir été soudoyé par un gros bonnet de la pègre. J'ai été arrêté, condamné et envoyé en prison.

Il plongea son regard dans le sien.

— Tout le monde dans cette ville a pensé que j'étais coupable. Ils croyaient dur comme fer qu'un Delahaye ne serait jamais qu'un vaurien, et ma condamnation le prouvait. Seule Marianna m'a soutenu. Elle a toujours eu foi en moi. Et je me suis cramponné à sa confiance pendant tout le temps que j'étais derrière les barreaux. C'était la seule chose qui m'empêchait de devenir fou.

Angeline baissa les yeux.

Paul sentit la déception l'envahir. Il avait cru qu'elle comprendrait. Apparemment, il s'était trompé.

— On m'a piégé, Ange. D'une manière ou d'une autre, Roger a découvert ce que j'étais sur le point de faire et il est intervenu. Les preuves que j'avais amassées contre lui se sont volatilisées. Il n'a jamais été jugé ; et on m'a privé du droit d'exercer.

Il secoua la tête.

— J'ai été poignardé dans le dos par quelqu'un qui était au courant de l'enquête. Trahi par un de mes proches. Tu comprends combien ça fait mal ?

— Oui, répondit-elle, les lèvres tremblantes.

Evidemment. Quelle question stupide.

Elle se pencha, ramassa la valise et s'enfuit.

L'instant d'après, il entendit la voiture démarrer. Quand le bruit du moteur se fut éloigné, il regarda autour de lui. Là, sur la table de toilette, il découvrit un tube de rouge à lèvres.

Il le prit et le fit tourner entre ses doigts. La teinte s'appelait primevère. Il ferma les yeux, imaginant la bouche que ce bâton de rouge avait touchée.

Il devrait renoncer, abandonner Angeline à sa rancune et à son indignation. Un rire naquit dans sa poitrine. Qui voulait-il tromper ? Il ne pourrait jamais la laisser seule face aux machinations de Roger. Pas plus qu'il n'avait pu le faire depuis qu'elle était entrée dans le garage de Pierre.

9

Ted arrêta sa voiture au bout de l'allée.

— Où allons-nous ?

A sa totale consternation, Angeline se rendit compte qu'elle était incapable de se souvenir de la direction à prendre.

— Je veux aller chez ma mère, expliqua-t-elle en rougissant jusqu'aux oreilles, mais il va falloir que je demande le chemin à quelqu'un en ville. Je suis désolée, mais je n'y suis allée qu'une seule fois, et c'est Paul qui conduisait.

Ted lui adressa un sourire compréhensif, et s'engagea sur la route pavée.

— Je n'ai pas pu m'empêcher d'entendre votre… euh… conversation avec Paul, déclara-t-il soudain.

Angeline rougit de plus belle.

— J'imagine que nous parlions assez fort.

— Cela ne me regarde pas, mais je dois dire que je pense que Paul a été victime d'un complot. Je le connais depuis l'adolescence. Il a toujours été un preux chevalier prêt à terrasser le dragon du mal. Quoi qu'en dise quiconque, Paul est un homme honnête. Et c'était un excellent avocat.

Elle lui décocha un coup d'œil perçant.

— Il n'a pas été honnête avec moi.

— Il avait ses raisons. Des raisons déterminantes.

— Peut-être.

— Personnellement, je lui confierais ma vie.

— Oui, mais lui confieriez-vous votre sœur ?

— Sans hésiter. Je regrette qu'elle n'ait pas choisi un mari tel que lui. Malheureusement, elle a épousé un salaud.

— Que s'est-il passé ici ? demanda Ted en posant les valises d'Angeline sur le sol.

L'intérieur n'était pas différent du samedi précédent. Evidemment, pensa Angeline. S'imaginait-elle que le shérif allait tout remettre en ordre ?

— Quelqu'un a tout saccagé. Il devait chercher quelque chose.

— Quoi donc ?

Elle haussa les épaules.

— Qui sait ? Tout le monde en ville savait que la maison était vide. C'était peut-être des vandales, ou seulement des jeunes qui cherchaient un objet de valeur.

Ted fronça les sourcils.

— Vous devriez peut-être aller ailleurs, suggéra-t-il.

Angeline ramassa les coussins épars et les remit sur le canapé.

— Il n'y a nulle part où aller à Mirabeau. C'est pourquoi j'étais chez Paul.

— Ce ne serait pas une mauvaise idée d'y retourner.

Cet homme ne savait pas ce qu'il lui demandait, songea-t-elle en se tournant vers lui.

— Je ne peux pas.

Elle lui tendit la main.

— Merci pour tout.

— Je n'ai pas fait grand-chose, répondit-il. C'est Paul qu'il vous faut remercier.

Il se dirigea vers la porte.

— Bonne chance, Angeline. Je vous appellerai. Et souvenez-vous de ce que je vous ai dit à propos de Paul.

Angeline le regarda s'éloigner, refoulant ses larmes. Elle ne pouvait s'autoriser à penser à ce qui était arrivé au tribunal, sinon elle risquait de s'effondrer. Plus tard, peut-être, pourrait-elle faire face à la trahison de Paul.

Elle pivota sur ses talons, et décida sur-le-champ de ranger la maison. Avec un peu de chance, elle serait trop fatiguée pour réfléchir…

Aussitôt dit, aussitôt fait. Elle commença par le salon, replaçant lampes et chaises, se concentrant entièrement sur sa tâche. Ce fut seulement en ramassant une pile de factures impayées sur le sol qu'elle se rendit compte du sens de son travail.

C'étaient les affaires de sa mère qu'elle remettait en ordre. Tout ce qui restait de cette femme si chaleureuse, si vivante.

Angeline baissa les yeux sur l'enveloppe, et ses yeux s'emplirent de larmes, lui brouillant la vue.

Pourquoi Marianna ne lui avait-elle rien dit ?

Une larme s'écrasa sur le papier.

Le grondement d'un moteur suivi d'un bruit de freins l'arrachèrent brusquement à son chagrin. Elle posa la facture et s'approcha de la fenêtre, s'attendant à voir la vieille camionnette de Paul. A sa place, une Cadillac beige toute neuve était garée dans l'allée. Angeline se hâta vers la porte et l'ouvrit à l'instant où un homme émergeait de la voiture. Elle le reconnut aussitôt. C'était celui qui avait été assis à côté de Roger Boudreaux à l'audience.

— Puis-je vous aider ? demanda-t-elle depuis la véranda.

L'homme leva la tête et se figea. Son regard absent alarma Angeline. Elle descendit les marches, inquiète.

— Ça ne va pas ?

Il claqua sa portière, mais le mouvement faillit lui faire perdre l'équilibre. Elle se précipita pour l'aider, et fut assaillie par une forte odeur de whisky. L'homme posa les mains sur ses épaules.

— Je ne savais pas, balbutia-t-il. Je vous jure que je ne savais pas.

Des larmes brillaient dans ses yeux.

— Quoi ? Qu'est-ce que vous ne saviez pas ?

Avant qu'il ait eu le temps de répondre, une autre voiture, une limousine, déboucha dans l'allée et s'arrêta tout près d'eux, dans un nuage de poussière.

Une femme élégante descendit de l'arrière. Angeline n'aurait su dire son âge, mais son regard était dur, comme si elle avait connu bien des épreuves.

— Monte dans la voiture, Guy. Monroe va te ramener à la maison.

Le prénommé Guy se pencha vers Angeline.

— Vous voyez ? Je vous avais dit que c'était une sorcière. Elle a des yeux derrière la tête.

La femme demeura impassible, hormis un léger pincement de ses lèvres minces.

— Monroe, aidez mon mari à monter dans la voiture.

Aussitôt, un homme corpulent descendit du véhicule et se dirigea vers Guy. Il posa une main ferme sur le bras de ce dernier, et l'escorta jusqu'à la limousine.

— Prenez-lui les clés.

Monroe s'exécuta, déposa Guy sur la banquette arrière, puis tendit les clés à la femme. Eberluée, Angeline vit ensuite le véhicule disparaître dans un virage, la laissant seule avec l'imposante mégère.

— Ç'a été un choc d'apprendre que Marianna avait eu un enfant. Certains secrets devraient rester enfouis.

Le ton hautain de son interlocutrice hérissa Angeline.

— Ce n'est pas moi qui ai des secrets.

— Nous en avons tous.

La remarque n'était pas digne d'une réponse. Angeline se contenta de dévisager la femme en silence. Son attitude supérieure, ses vêtements coûteux : tout en elle indiquait une existence privilégiée, une vieille fortune.

— Je pense qu'il serait préférable pour tout le monde que vous retourniez d'où vous venez.

De quel droit cette femme lui parlait-elle de la sorte ?

— Préférable pour qui, au juste ?

— Pour cette ville. Si vous restiez, ce serait un rappel constant de la disgrâce de notre chère Marianna. Sa réputation a été fortement endommagée par ce qui s'est passé aujourd'hui.

— La seule chose qui a été endommagée, Catlin, interrompit la voix de Paul, est le projet de Roger de faire main basse sur les biens de Marianna.

Les deux femmes se retournèrent. Paul émergea des longues ombres jetées par la maison dans la lumière déclinante de l'après-midi. Il s'avança vers elles.

Les yeux de Catlin se mirent à étinceler d'une rage contenue.

— De quoi parlez-vous ?

— Je sais que l'apparition d'Angeline a gâché les plans de Roger.

— Vous ne savez rien.

Elle foudroya Angeline du regard.

— Si vous avez un peu de bon sens, vous suivrez mes conseils. La vie sera très pénible pour vous, dans une ville qui connaît les circonstances de votre naissance.

Sur quoi, elle tourna les talons et monta dans la Cadillac. En deux bonds, Paul l'avait rejointe et l'empêchait de fermer la portière.

— Des menaces, Catlin ? Mais après tout, qu'y a-t-il d'étonnant à cela, de la part d'une femme comme vous, qui ne s'intéresse qu'à l'argent et au pouvoir ? Moi aussi, je peux menacer. S'il arrive quoi que ce soit à Angeline, si on touche à un seul de ses cheveux, je saurai où m'adresser. Et vous paierez. Croyez-moi, vous paierez.

Il se recula et Catlin claqua violemment la portière. Elle démarra en trombe, provoquant une pluie de graviers et de sable. Paul attira Angeline vers la maison, à l'abri.

— Ça va ?

Angeline ne savait pas si elle devait le remercier d'être arrivé à point nommé ou lui en vouloir d'être là. Elle se dégagea et recula.

— Comment es-tu venu ? demanda-t-elle, songeant brusquement qu'elle n'avait pas entendu sa camionnette.

— J'ai pensé que les Boudreaux risquaient de te chercher des noises, expliqua-t-il en s'adossant à la rambarde de la véranda. Je suis content d'être arrivé à temps pour chasser Catlin. Elle a un cœur de pierre.

Angeline fronça les sourcils, agacée qu'il s'imagine qu'elle ne pouvait pas se débrouiller seule. Comment pensait-il qu'elle avait fait avant de le rencontrer ? Croyait-il qu'elle avait besoin d'un homme pour résoudre le moindre de ses problèmes ?

— Je me serais débrouillée toute seule.

Il se détacha de la rambarde, arquant un sourcil.

— Cette vieille chouette était en train de te dévorer toute crue.

— Nous n'avons pas tous la même méthode, Paul. Je m'apprêtais à dire à cette dame que je ne suis pas du genre à prendre la fuite.

— Et elle n'est pas du genre à prêter attention à ce que tu dis. Catlin Boudreaux a peut-être l'air d'une femme bien élevée, mais jamais pire mégère n'a vécu dans cette ville.

— Tu exagères. Tu essaies de m'intimider.

— Bien sûr que j'essaie de t'intimider ! J'essaie de t'intimider pour que tu sois prudente.

Elle lui lança un regard plein de défi.

— Eh bien, je n'ai pas peur, et rien de ce que tu dis ne va me convaincre de partir et de quitter cette maison.

Sur quoi, elle redressa le menton et se dirigea vers la porte.

Paul la retint par le bras.

— Si tu as le moindre grain de bon sens, tu vas écouter ce que je dis et avoir peur de ces brigands. Ils ont tué par le passé, pour satisfaire leurs intérêts. Et ils recommenceront sans hésiter.

Le ton sinistre de sa voix la fit frissonner.

— Qui ont-ils tué ?

Il relâcha son bras, et l'émotion se lut sur ses traits.

— Ta mère.

Ce fut comme s'il l'avait giflée.

— Tu penses que ce sont eux les responsables de la mort de Marianna ?

— Oui.

— Tu en as la preuve ?

— Non, avoua-t-il en enfonçant les mains dans les poches arrière de son jean. J'ai des soupçons, sur certaines coïncidences. Des indices trop nombreux pour qu'on puisse les ignorer.

Le cœur d'Angeline lui criait de le croire. Paul avait peut-être gardé pour lui certaines vérités sur sa vie, mais il ne s'était jamais trompé concernant Marianna. Et elle savait combien il avait été attaché à sa mère.

— Je t'écoute.

Il parut surpris.

— Très bien. Si on s'asseyait ? demanda-t-il en désignant la première marche.

Elle s'installa près de lui, songeant que sa présence à côté d'elle lui donnait toujours l'impression d'être en sécurité… pour quelques minutes tout au moins.

Il reposa les coudes sur ses genoux.

— Il y a beaucoup de choses qui ne collent pas, commença-t-il. Premièrement, il n'y a pas eu d'autopsie, et nous ne savons pas si Marianna est morte noyée ou si elle a été tuée avant que sa voiture ne soit poussée dans le bayou.

— Qu'y a-t-il d'anormal là-dedans ?

— Dans le cas d'un décès douteux, comme celui-ci, il aurait dû y avoir une autopsie, sauf si quelqu'un avait quelque chose à cacher. Deuxièmement, le corps de Marianna a été incinéré le lendemain du jour où le médecin a signé l'acte de décès.

— Peut-être en avait-elle décidé ainsi ?

Paul secoua la tête.

— Je ne l'ai jamais entendue dire qu'elle souhaitait être incinérée. Elle a parlé une fois d'un caveau de famille dans la paroisse voisine. Quoi qu'il en soit, il n'y avait aucune raison pour que les choses se déroulent aussi précipitamment, à moins que quelqu'un ait eu intérêt à faire disparaître le corps au plus vite.

Son raisonnement était logique, songea Angeline.

— Peut-être. Mais pourquoi es-tu convaincu que Roger Boudreaux se cache derrière ces coïncidences ?

— Parce qu'il est le seul ici à être au-dessus des lois.

Paul était-il paranoïaque à propos de cet homme ?

Il se frotta les yeux d'un air las.

— Il y a autre chose qui me tracasse. Le shérif prétend que la voiture de Marianna a sans doute dérapé sur la route pendant l'orage que nous avons subi cette nuit-là. Et je le crois. Ce qui signifie que Marianna revenait de La Nouvelle-Orléans. Quelqu'un l'a-t-il forcée à quitter la route ?

— Mais elle n'a pas vu Edward.

— Et si Edward avait menti ?

Une douloureuse certitude assombrit le regard de Paul. Il serra les poings.

— Tout ça est de ma faute. Si je n'avais pas organisé ce rendez-vous, Marianna serait peut-être encore en vie à l'heure qu'il est.

Brusquement, Angeline eut envie de le réconforter. Il lui avait apporté son soutien pendant ces derniers jours. A présent, c'était à son tour de lui donner le sien. Elle posa une main apaisante sur son bras.

— Tu n'en sais rien. Tu n'aurais jamais voulu lui faire de mal.

— Il faut que je te protège, Angeline. Crois-moi. La famille Boudreaux ne te porte pas dans son cœur. Pour ta protection, je voudrais que tu reviennes dormir chez moi ce soir.

C'était impossible. La blessure était encore trop vive pour qu'elle accepte d'être avec lui.

— Ne t'inquiète pas pour moi, Paul.

Il ne répondit pas, et elle comprit qu'il attendait une explication.

— Je te crois. Mais il me faut du temps, Paul. Il me faut du temps pour réfléchir.

Il fit mine d'insister, mais elle le devança.

— Je t'en prie.

A regret, il céda.

— Très bien. Mais s'il arrive quoi que ce soit, ou si tu entends un bruit, ou même si tu as peur, tout simplement, tu m'appelles, d'accord ?

— Promis.

— Bien.

— Paul ?

— Oui ?

— L'homme qui est venu tout à l'heure. Guy.

Il acquiesça.

— Tu as entendu ce qu'il a dit ?

— Non.

— Il marmonnait qu'il ne savait pas. De quoi parlait-il, d'après toi ? Et pourquoi est-il venu ici ?

Paul la dévisagea.

— Je donnerais cher pour le savoir. Ça répondrait sans doute à beaucoup de tes questions.

— Sur l'identité de mon père ?

— Oui.

Il se leva, tendit la main vers elle et l'aida à se relever. Elle lut dans son regard qu'il allait l'embrasser, et recula d'un pas, se mettant hors de portée.

— Bonne nuit.

— Bonsoir.

Il avait fait quelques pas quand il se retourna, et plongea la main dans la poche de son jean. Il en sortit un objet qu'il lui tendit.

— C'est à toi. Tu l'as laissé sur la table de toilette.

Il n'ajouta pas « dans ma chambre », mais les mots semblèrent flotter dans l'air. Elle prit le bâton de rouge, qui irradiait encore la chaleur de son corps.

— Merci.

Elle le suivit du regard tandis qu'il traversait la cour et disparaissait dans un bouquet de végétation. Ainsi, il était convaincu que sa mère avait été assassinée. Ses arguments étaient solides, ses questions légitimes.

Demain, elle obtiendrait des réponses.

*
* *

Mi-ravi, mi-exaspéré, Paul s'éloigna. D'un côté, il était heureux qu'Angeline le croie. De l'autre, il maudissait l'entêtement de la jeune femme à croire qu'elle pouvait se débrouiller toute seule contre la famille Boudreaux et ses sbires.

Après la visite de Catlin, son petit moineau du Nord pensait sans doute que ses ennuis étaient terminés.

Elle ne se rendait pas compte qu'ils ne faisaient au contraire que commencer.

10

Paul tira un chiffon de sa poche et essuya ses mains maculées de graisse. Il avait passé la matinée à réparer la voiture de location d'Angeline. Il était allé chez elle de bonne heure afin de s'assurer que rien d'anormal ne s'était produit pendant la nuit, après quoi il s'était rendu au garage. A présent, il ne lui restait plus qu'à restituer le véhicule à sa propriétaire.

— Salut, Paul ! Ça va ?

— Très bien, Jock. Et toi ? Comment vont les affaires avec le taxi ?

Le visage de Jock s'éclaira d'un large sourire.

— Du tonnerre ! J'ai passé toute la matinée à conduire ici et là cette petite dame qui vient d'arriver, dit-il en se frottant les mains. Elle m'a payé cinquante dollars pour l'emmener chez le médecin et à l'entreprise de pompes funèbres.

Paul se figea, horrifié. Il ne devait pas avoir bien entendu. Cette femme ne pouvait pas être naïve au point de poser des questions à tout un chacun en ville.

— Bon sang.

Jock fronça les sourcils.

— Qu'est-ce qu'il y a ?

— Où diable avait-elle la tête ? murmura Paul à sa propre intention.

— Je ne sais pas. Mais elle semblait secouée après sa rencontre avec Neil, des pompes funèbres.

Elle aurait aussi bien pu faire passer une annonce dans le journal local disant qu'elle soupçonnait que Marianna avait été tuée, songea Paul, atterré.

— Je vais ramener sa voiture à Angeline, lança-t-il à Pierre, qui arrivait.

Il traversa la ville à toute allure, assailli par des visions de cauchemar. Et si Angeline était déjà morte, assassinée chez elle ? Il serrait le volant avec tant de force que ses doigts en étaient douloureux quand il s'arrêta devant la petite maison de Marianna.

— Angeline !

Aucune réponse.

— Angeline !

Paul bondit sous la véranda. Toujours pas de réponse. Le cœur tambourinant dans sa poitrine, il tendit la main vers la poignée. La porte était fermée à clé. Il tira de sa poche la clé qu'il avait gardée la veille, songeant que le fait que la maison était fermée était sans doute bon signe. Un tueur n'aurait pas pris la peine de refermer. A moins qu'il ne veuille donner l'impression que tout était normal.

La bouche sèche, la peur au ventre, il entra dans la maison.

Le salon avait été remis en ordre. Surtout, le corps d'Angeline ne gisait pas dans une flaque de sang par terre.

Il traversa la pièce et jeta un coup d'œil dans la chambre. Là aussi, tout avait été rangé. Soudain, il entendit le murmure rassurant de la douche. Un intense soulagement le submergea. Les jambes flageolantes, il se laissa tomber sur le lit, stupéfait par la violence de la réaction physique qu'il éprouvait.

L'instant d'après, la porte de la salle de bains s'ouvrit, et le regard de Paul se posa sur Angeline, qui émergeait du nuage de vapeur. Elle était enveloppée d'une serviette qui la couvrait des seins jusqu'aux hanches. Une vague de désir déferla en lui, le frappant à la poitrine avec la violence d'un coup de foudre.

Il bondit sur ses pieds et avança d'un pas.

— Qu'est-ce que tu fabriquais ce matin ? Tu as perdu la tête ou quoi ?

Les mots avaient jailli tout seuls, sa colère le surprenant lui-même.

Il ne fut pas le seul à être surpris. Sous le choc, Angeline laissa échapper sa serviette, qui tomba sur le sol.

Elle était plus belle encore qu'il ne l'avait imaginé — et Dieu sait qu'il ne s'était pas privé d'imaginer — songea-t-il en admirant son corps mince, sa taille fine, ses seins voluptueux et la courbe douce de ses hanches. Angeline était la féminité incarnée.

Elle ramassa sa serviette, ses yeux lançant des éclairs.

— Pourrais-tu attendre dans l'autre pièce pendant que je m'habille ? demanda-t-elle froidement, contenant visiblement sa rage.

Penaud, Paul hocha la tête et sortit, refermant la porte derrière lui. Il s'était conduit comme un imbécile. Après un épisode pareil, il méritait qu'elle le prenne pour le dernier des goujats. Il se laissa tomber sur le canapé, accablé. En même temps, ne comprenait-elle pas que la peur qu'il éprouvait pour elle était bien réelle ?

Quand elle entra dans le salon quelques minutes plus tard, vêtue d'un jean et d'un chemisier, une lueur belliqueuse brillait dans son regard.

— Comment oses-tu entrer ici de la sorte ? demanda-t-elle en furie. Pour qui te prends-tu ?

Elle avait parfaitement le droit d'être en colère, se dit Paul. Mais en dépit de cette calme logique, le tumulte d'émotions qui l'habitait demandait à s'exprimer. Elle voulait une bataille ? Eh bien, elle l'aurait !

— Moi ? demanda-t-il en se levant. Tu me demandes ce que je fais ? Je suis venu parce que Jock a raconté à tout Mirabeau ce que tu as fait ce matin. Je m'attendais à te trouver morte sur le sol, abattue ou poignardée.

Il se passa une main dans les cheveux.

— Où avais-tu la tête, en allant interroger ces hommes ?

— Oh ? Parce que c'est moi qui suis en faute ? fit-elle en enfonçant l'index dans sa poitrine. Qui m'a mis ces questions en tête ? Je t'ai cru, Paul. J'avais besoin de réponses à mes questions, alors j'ai décidé d'enquêter moi-même. Et puisque je n'avais pas de voiture, j'ai appelé l'unique taxi de la ville.

— Tu n'as pas seulement appelé un taxi. Tu as appelé notre version locale des services de renseignements ! A l'heure qu'il est, tout le monde à Mirabeau sait où tu es allée ce matin. Tout le monde sait que tu t'intéresses aux circonstances de la mort de Marianna. Y compris son éventuel assassin.

Elle pâlit.

Paul la saisit par le bras.

— Pourquoi as-tu fait ça, Angeline ? Pourquoi ? demanda-t-il d'une voix angoissée.

— Je te l'ai dit, Paul. Je l'ai fait parce que je voulais des réponses.

Il repoussa une mèche de cheveux humides qui tombait dans les yeux d'Angeline.

— Tu aurais dû m'appeler. Je serais venu avec toi, dit-il en la serrant contre lui. S'il t'arrivait quelque chose, je ne me le pardonnerais jamais.

Il lui caressa le dos, tendrement. Jamais il n'avait imaginé qu'elle s'exposerait à pareil danger. Il lui releva le menton et couvrit ses lèvres des siennes, goûtant sa douceur. Il avait besoin de la toucher pour se rassurer, pour se convaincre qu'elle n'avait rien, et pour réchauffer son âme glacée à la chaleur de son corps.

Il prit la tête d'Angeline entre ses mains, promenant doucement les pouces sur les veines qui palpitaient à son cou. Elle posa sur lui ses yeux bleus, que la passion rendait indigo.

— Tu me fais oublier qui je suis, souffla-t-il.

Elle baissa les paupières, comme pour lui dissimuler ses émotions. Puis elle s'éclaircit la gorge et recula d'un pas.

Paul s'accabla intérieurement de reproches. Elle semblait si seule, si vulnérable, visiblement gênée par la réaction qu'il suscitait en elle.

— Je suis désolé d'être entré ici comme un sans-gêne, déclara-t-il. Mais quand je t'ai parlé de mes soupçons hier soir, je voulais seulement te faire prendre conscience du danger que tu courais. Je n'ai jamais pensé que tu allais parler toi-même à ces hommes. Et ça me fait peur.

Angeline arqua un sourcil.

— Tu ne veux pas savoir ce que j'ai appris ce matin ?

Paul soupira. Angeline savait pertinemment qu'elle avait toutes les cartes en main.

— Tu sais bien que si.

Elle lui fit signe de s'asseoir, puis vint prendre place à côté de lui.

— Je suis d'abord allée voir le médecin. Il semblait surpris que je veuille savoir pourquoi il n'y avait pas eu d'autopsie. Quand je lui ai suggéré que la mort était suspecte, et que, dans ce cas, la loi exigeait de procéder à une autopsie, il a pâli et dit qu'il n'avait fait qu'obéir aux ordres du shérif.

Paul laissa échapper un juron.

— Quelle surprise ! Et l'entrepreneur des pompes funèbres ?

— Il a affirmé que Marianna voulait être incinérée. Quand je lui ai demandé pourquoi tout s'était passé si vite, il a répondu qu'il ne servait à rien d'attendre — puisqu'on supposait que Marianna n'avait pas de famille. Mais tu sais quoi ? Il était très nerveux, comme s'il avait quelque chose à cacher.

— Bien sûr. Ils ont tous quelque chose à cacher. La question est de savoir quoi.

Angeline posa une main sur son avant-bras.

— Qui protègent-ils, à ton avis ? Et qu'est-ce que ma mère avait bien pu découvrir pour qu'on veuille l'assassiner ?

Il baissa les yeux sur ses doigts, puis souda son regard au sien. Elle fit mine de reculer, mais il posa sa main sur la sienne, envoyant de petites décharges d'électricité dans son bras.

— Je me creuse les méninges pour essayer de répondre à cette question. Quand Marianna est venue me voir, elle m'a dit qu'elle voulait parler à un membre de la commission anti-corruption. Elle a dit qu'elle avait mis la main sur des preuves explosives.

Angeline soupira, s'efforçant de se concentrer sur le problème.

— Peut-être que ça concernait son travail ? Un bibliothécaire a accès à toutes sortes d'informations. Elle a pu voir quelque chose qui lui a mis la puce à l'oreille.

Il haussa les épaules.

— Nous pourrions peut-être poser la question à l'actuelle bibliothécaire ?

— Bien sûr.

Ils gagnèrent la cuisine, et Paul composa le numéro de la bibliothèque. Après une brève conversation avec Mattie, le ton de sa voix s'altéra.

— Merci, Mattie. J'apprécierais beaucoup que tu ne parles de cela à personne.

L'instant d'après, il se tournait vers Angeline.

— Eh bien ?

— Mattie affirme que Marianna ne faisait rien de particulier pour la bibliothèque. En revanche, quelques mois avant sa mort, la société historique lui avait demandé d'écrire une histoire de la paroisse, dit-il en s'adossant au plan de travail. J'ai l'impression que nous tenons une piste, mon ange.

Angeline se laissa aller contre le chambranle et le contempla. Il était grand, musclé, incroyablement séduisant. Ses épais cheveux bruns lui tombaient sur le front, attirant le regard sur ses yeux verts, pétillants de vie. Elle n'osait vraiment croire qu'il puisse être attiré par elle. Et pourtant, à en juger par ses baisers, il était indéniablement intéressé.

— Demain, nous irons voir M. Colton.

Sa voix chaude et grave emplit la pièce d'une atmosphère sensuelle, qui donna à Angeline l'envie de fermer les yeux pour mieux la savourer.

— Pourquoi pas aujourd'hui ?

Paul déposa un baiser sur le bout de son nez.

— Parce que nous sommes mardi. Le bureau de la société n'est ouvert que le lundi, le mercredi et le vendredi. Et M. Colton n'ouvrirait la porte à personne un autre jour, pas même au pape.

Ses taquineries étaient comme de délicieuses gouttes de pluie tombant sur une terre desséchée. Elle ne put résister à la tentation de répondre sur le même ton.

— Pas même au pape ? Tu es sûr ?

Il mit les deux mains à plat sur le mur, de chaque côté de sa tête, la prenant par surprise. Elle était captive, et sa chaleur l'enveloppait tel un cocon.

— D'après la rumeur, la seule fois où M. Colton a quitté son bateau un mardi était en 1956, quand il a voté pour Eisenhower. Il n'aimait pas Stephenson. Toute la paroisse en a parlé. Eleanor a failli s'évanouir en le voyant arriver. Ç'a été l'unique fois où on l'a vu un mardi en l'espace de cinquante ans.

— Vraiment ?

Paul s'avança d'un pas, et ses cuisses frôlèrent celles d'Angeline. Un frisson de plaisir parcourut la jeune femme. C'était comme si de petites étincelles explosaient en elle, libérant des courants d'énergie.

— Vraiment. Evidemment, tout le monde se demande ce qu'il fait sur le bayou, tout seul.

Il se pencha et murmura au creux de son oreille :

— Eleanor est persuadée qu'il se transforme en vampire et qu'il suce le sang de toutes les créatures qu'il trouve.

Angeline retint son souffle, savourant la sensation de l'haleine chaude de Paul sur son cou. Leurs regards se rencontrèrent. Une lueur sombre et passionnée brûlait dans les yeux de Paul et le cœur d'Angeline fit un bond dans sa poitrine. Elle dut faire appel à toute sa volonté pour ne pas tendre la main et lui caresser la joue, pour ne pas céder au désir qui la submergeait. Au lieu de quoi elle se baissa et passa sous son bras pour fuir la tentation.

— Je ne peux pas croire que cette adorable vieille dame ait pu dire quelque chose de ce genre.

Paul croisa les bras et s'adossa au mur.

— Ne te laisse pas tromper par son apparente gentillesse. Eleanor a des idées très arrêtées, et elle ne se gêne pas pour en faire part.

Angeline l'écoutait à peine, encore aux prises avec ses sensations. Son pouls refusait de ralentir, et la chaleur subsistait au plus profond de son ventre. Il lui fallait plus de distance, raisonna-t-elle, optant pour le salon.

Comme elle passait à côté de Paul, il tendit la main et captura son bras. Il l'attira contre lui, la maintenant en place en nouant les bras autour de son dos.

— Angeline ?

La tendresse amoureuse qui perçait dans sa voix acheva de

la troubler. Il n'ajouta rien, attendant qu'elle lève la tête vers lui. Et si elle le faisait, elle serait perdue.

— Mon ange, regarde-moi.

Si elle refusait, elle n'était qu'une lâche.

Il lui souleva le menton, la forçant à rencontrer son regard. Exactement comme elle le craignait, le désir intense qu'elle lisait dans ses yeux menaçait de l'engouffrer. Elle n'avait qu'à lui offrir le moindre signe, et il finirait ce qu'il avait commencé.

« Il t'a menti, intervint une impitoyable petite voix dans sa tête. Ne sois pas sotte. Ne cède pas au désir. Ne répète pas l'erreur commise avec Richard. A moins que tu ne veuilles encore avoir le cœur brisé… »

Tremblante, elle mit les mains sur les bras de Paul et tenta de se dégager. Tout d'abord, il résista, mais il lut la détermination dans ses yeux, et la laissa partir.

— Penses-tu que celui qui a fouillé cette maison ait trouvé quoi que ce soit ? demanda-t-elle en rentrant dans le salon.

— Comment savoir ?

Elle se tourna pour lui faire face.

— Marianna ne t'a jamais parlé d'une cachette, je suppose ? demanda-t-elle avant de rire de sa propre naïveté. Si c'était le cas, j'imagine que tu l'aurais déjà vérifiée, n'est-ce pas ?

— Oui.

Un klaxon résonna à l'extérieur, et Paul s'approcha de la fenêtre. C'était Pierre, dans sa camionnette.

Il se tourna vers Angeline.

— J'ai ramené ta voiture. Elle est réparée.

Elle le regarda, bouche bée.

— J'ai oublié de te le dire.

— Combien te dois-je ? demanda-t-elle en prenant son porte-monnaie.

— Rien.

— Tu plaisantes ? Je sais que tu as dû remplacer le radiateur.

— Ne t'inquiète pas. J'ai téléphoné à la société de location. Nous traiterons directement avec eux.

Il s'arrêta sur le seuil.

— Angeline, je suis désolé de ne pas t'avoir parlé de ma condamnation. Mais je voulais t'aider, pour Marianna. J'avais peur que tu refuses mon aide si je te disais la vérité.

Elle hocha la tête avec raideur.

— Je comprends. Merci pour tout ce que tu as fait.

Mais au fond, elle ne comprenait pas. Elle voulait qu'il l'aide parce que... Pourquoi, au juste ? se demanda-t-elle avec irritation. Parce qu'il était attiré par sa beauté et son charme ? C'était absurde !

Le klaxon retentit de nouveau.

— Paul ! cria Pierre. On a une épave sur l'autoroute. Dépêche-toi.

— J'arrive !

Paul se retourna vers Angeline.

— Demain, nous avons rendez-vous pour aller à la société historique, c'est d'accord ?

— Oui.

— Je passerai te chercher. Je suppose que tu ne sais pas où elle est ?

— Je pourrais demander.

Il secoua la tête.

— Non. Je t'offre le petit déjeuner en échange.

Pierre appuya de nouveau sur le klaxon.

— Je ne bouge pas d'ici avant d'avoir eu la bonne réponse, mon ange.

— Bon, d'accord. Tu gagnes, pour cette fois.

Il arqua un sourcil amusé.

— Une guerre se gagne bataille par bataille. Bonsoir.

Elle aurait dû être irritée par son insistance. Au lieu de quoi elle se sentait réconfortée. Et cela l'inquiétait.

Angeline repoussa son bol de céréales à moitié plein. Elle n'avait pas faim. Sa sortie en ville lui avait coupé l'appétit. Après le départ de Paul, elle était allée faire quelques courses, et le nombre de regards curieux qu'elle avait dû affronter l'avait décontenancée. L'expérience lui faisait comprendre combien le soutien de Paul avait été précieux ces derniers jours.

Elle déposa le bol dans l'évier, puis s'approcha de la porte de derrière, admirant les derniers rougeoiements du ciel au soleil couchant.

Une envie soudaine la saisit de s'asseoir dehors. Cédant à la tentation, elle ouvrit la porte à la chaleur humide, qui apportait des souvenirs de Paul.

Penser à lui éveillait de multiples images. Elle revoyait sa colère. Sa force quand il la tenait contre lui. La passion qui vibrait dans ses baisers. La tendresse de son sourire.

Elle s'enveloppa de ses bras, songeuse. Paul lui avait fait découvrir une facette inconnue de sa nature. Il éveillait en elle des sensations dont elle n'avait jamais soupçonné l'existence.

Et cela l'effrayait.

Elle pouvait surmonter les révélations de ces derniers jours. Après tout, elles ne changeaient que les circonstances extérieures de sa vie. Mais Paul était en train de la changer, elle. De faire d'elle une inconnue, une étrangère qu'elle ne reconnaissait pas.

11

Debout sous la véranda, Paul aurait dû se sentir détendu. C'était le moment de la journée qu'il préférait, quand la chaleur commençait à tomber et que la brise salée venue du golfe du Mexique caressait sa peau. Ce rituel nocturne, prendre le frais sur les marches, avait été ce qui lui avait le plus manqué pendant ses années en prison.

Les chiens du voisin se mirent à aboyer, déclenchant une série d'aboiements dans toute la paroisse.

Pourtant, en dépit des bruits et des odeurs familières, une appréhension sourde tourmentait Paul. Et il en connaissait la cause. Angeline.

Pourquoi cherchait-il les ennuis en l'aidant ? Car le doute n'était pas permis. Aider Angeline lui vaudrait des représailles. La dette qu'il avait envers Marianna était une raison. Mais il y en avait une autre.

Il la désirait.

C'était la vérité brute, sans fard. Il mourait d'envie de faire l'amour à cette femme qui n'avait aucune conscience de sa beauté. Bien sûr, une telle attitude était précieuse après son expérience des jeunes dames de la bonne société de La Nouvelle-Orléans, pour qui le statut social d'un homme était tout ce qui importait. Ces dames savaient faire la différence entre une amourette passagère et une alliance sociale. Il était tombé dans la première catégorie.

Quand il avait rencontré Charlene Dilhurst, il avait cru trouver en elle une exception. Leur romance avait été un tourbillon. Puis, quelques jours à peine avant d'annoncer leurs fiançailles, il avait été arrêté. Quand il était sorti sous caution, Charlene était déjà venue discrètement à son appartement et elle avait laissé sa bague de fiançailles sur la table de la cuisine avec sa clé.

A présent, il se trouvait face à une femme qui ne soupçonnait pas son pouvoir de séduction et semblait résolue à lutter contre sa véritable nature. Tout en lui brûlait de l'aider à découvrir la sensualité de son être. Il serait son professeur dévoué, si seulement elle lui en donnait la permission…

Mais c'était la fille de Marianna. Pouvait-il récompenser la loyauté de son amie en séduisant sa fille ? D'ailleurs, même si elle n'avait pas été la fille de son amie, il savait pertinemment qu'il était incapable de se servir d'elle et puis de la quitter.

La question était de savoir s'ils pourraient avoir une relation plus… permanente.

Refoulant ces troublantes pensées, il se leva et rentra. Après avoir allumé la télévision, il s'étendit sur le canapé, dans l'intention de regarder le match de base-ball. Mais ses pensées continuèrent à le tourmenter.

Pourquoi Angeline luttait-elle contre le brasier qui habitait son âme ? Qui était l'homme qui l'avait fait douter d'elle-même ? L'avait-elle aimé ? Avait-elle succombé dans ses bras à la chaleur qu'elle dissimulait avec tant de soin ?

Paul s'éveilla en sursaut, couvert de sueur, le souffle court, saisi d'un affreux pressentiment. Quelque chose n'allait pas.

Il jeta un coup d'œil sur le réveil posé sur sa table de nuit. Il était près de 1 heure.

Il prit une profonde inspiration et tenta de se concentrer sur ce qui le troublait.

Angeline.

Il repoussa les draps et attrapa son jean, sans se soucier de rien mettre dessous. Il n'avait pas le temps. Il enfila une paire de baskets sur ses pieds nus, saisit son trousseau de clés sur le buffet et sortit en courant.

Une fois dans sa camionnette, il mit la clé de contact et tourna.

Rien.

Il jura, prit sa torche et sauta à bas du véhicule. Le fil du contact s'était sans doute encore détaché. Il ouvrit le capot et braqua la torche sur le moteur. Au bout de quelques minutes et deux doigts égratignés, il parvint à rattacher le fil.

Cette fois, le moteur démarra au quart de tour.

Paul écrasa la pédale d'accélérateur et partit en trombe. Il lui sembla qu'il lui fallait des heures pour couvrir la distance entre sa maison et celle de Marianna, mais en réalité le trajet ne dura sans doute pas plus de cinq minutes.

Dans le faisceau des phares, il aperçut une silhouette qui s'éloignait en courant de la maison. La peur lui comprima la poitrine. Il s'arrêta et bondit à terre, laissant le moteur en marche.

L'odeur âcre de la fumée le prit à la gorge dès qu'il mit le pied sous la véranda.

— Angeline, hurla-t-il.

La porte était entrebaîllée. Paul entra, luttant contre la panique, conscient qu'il devait rester lucide pour sauver Angeline.

La fumée et la lueur dansante des flammes venaient de la cuisine. Un seul regard suffit à Paul pour comprendre qu'il ne pourrait pas éteindre l'incendie. Il courut vers la chambre. Angeline était étendue sur son lit, dans une position étrange.

— Ange…

Il la secoua doucement. Elle ne se réveilla pas. Il n'y avait pas de temps à perdre. Il la souleva dans ses bras et sortit en hâte de la chambre.

Une fumée noire emplissait à présent le salon, l'empêchant de voir et de respirer. Il heurta une petite table, et une lampe tomba, se fracassant sur le sol. Le choc le fit trébucher, et il se cogna contre le mur. Angeline gémit.

— Tiens bon, mon ange, dit-il, plissant les yeux pour repérer la porte ouverte.

En trois pas, il était dehors, et inspirait l'air frais de la nuit.

Il déposa Angeline dans la camionnette. A la faible lueur de la veilleuse, il vit un filet de sang s'échapper de son oreille gauche. Retenant son souffle, il examina la blessure. Il était évident qu'elle avait été frappée avec un objet lourd.

Elle gémit et se mit à tousser. C'était le son le plus doux que Paul ait jamais entendu.

Son premier instinct fut de lui demander si elle savait ce qui s'était passé, mais il se ravisa aussitôt. Angeline avait besoin d'un médecin avant tout.

Il s'assit à côté d'elle et glissa un bras autour de ses épaules pour la soutenir. De la main gauche, tant bien que mal, il démarra et partit.

— Paul…

Ses lèvres étaient pressées contre son bras, et il sentit plutôt qu'il n'entendit son nom. Une quinte de toux accompagna son effort.

— Chut. N'essaie pas de parler. Je suis là, mon ange.

Elle se détendit contre lui.

Il croisa le camion des pompiers sur la route, mais ne ralentit pas avant d'avoir atteint l'hôpital, dans la ville voisine.

Aux urgences, Paul passa l'heure la plus longue de sa vie à attendre que le docteur ait examiné Angeline. Finalement, au bout de soixante-trois minutes et trente secondes, le médecin apparut.

— Comment va-t-elle ?

— Elle va bien. Elle souffre d'un traumatisme crânien et d'une légère intoxication causée par la fumée. Nous allons la garder en observation, mais vous pourrez sans doute la ramener demain après-midi.

Une vague de soulagement déferla en Paul.

— Je peux la voir ?

— Bien sûr. Par ici.

Les genoux tremblants, Paul suivit le médecin jusqu'à la chambre d'Angeline. Elle battit des paupières et une larme roula sur sa joue quand elle le vit. Elle lui tendit la main.

Ce simple geste de confiance eut raison de Paul. Quoi qu'il arrive, Angeline serait à jamais dans son cœur. Le regard du médecin alla de l'un à l'autre, et il sourit, puis les laissa seuls.

— J'avoue, mon ange, que je rêvais de te voir dans un lit. Mais ce n'est pas exactement comme ça que j'envisageais la scène.

Elle commença à rire, mais fut prise d'une quinte de toux. Il s'approcha d'elle.

— Pardon, mon ange. Je voulais seulement te changer les idées.

Elle se détendit contre l'oreiller et lui adressa un faible sourire.

— Je sais.

Les doigts de Paul se mêlèrent aux siens.

— Tu te souviens de ce qui s'est passé ?

— J'ai cru entendre un bruit, et j'ai voulu me lever pour

aller voir ce que c'était, expliqua-t-elle. Et puis, j'ai vu une ombre et j'ai été frappée par quelque chose. Je ne me souviens de rien d'autre.

Elle se tut un instant.

— Que s'est-il passé, Paul ?

Il hésita, mais il ne pouvait lui cacher la vérité.

— Quelqu'un est entré chez Marianna et a mis le feu à la maison. J'ai vu une silhouette s'enfuir en arrivant. J'ai pu te sortir à temps, ajouta-t-il après un court silence, mais je doute que la maison ait survécu. J'ai croisé les pompiers sur le chemin de l'hôpital.

— Mais tu n'es pas sûr qu'elle ait entièrement brûlé ?

— Presque sûr, dit-il à regret, ne voulant pas lui faire de peine. Le bois était vieux…

Il haussa les épaules. Que dire de plus ?

Elle ferma les yeux, tandis que les larmes recommençaient à couler.

— Que se passe-t-il, Paul ? Qu'est-ce qui peut être assez important pour que quelqu'un tue ma mère, fasse brûler sa maison et essaie de me tuer, moi aussi ?

— Je ne sais pas, mais j'ai bien l'intention de le découvrir.

Angeline tritura le drap.

— Je suppose que quelqu'un n'a pas aimé que je pose des questions en ville.

Il écarta tendrement une mèche qui lui tombait sur le front.

— C'est pourquoi je me suis mis en colère. Je savais que tu étais en danger, souffla-t-il en effleurant ses lèvres d'un baiser.

— C'est pour cela que tu es venu chez moi ?

— Ton ange gardien m'a réveillé et m'a dit que tu avais besoin de moi.

Elle lui caressa la joue.

— Mon ange gardien, c'est toi, Paul. Merci.

— Comme c'est mignon, ironisa une voix railleuse derrière eux.

Angeline retint un cri. Son regard se tourna vers l'homme qui se tenait sur le seuil tandis que Paul se redressait lentement. Il avait déjà reconnu la voix du shérif Mathers. Il l'entendait dans ses cauchemars.

— Qu'est-ce que vous voulez, shérif ?

Dennis arqua les sourcils.

— Tu es toujours si mal élevé, Paul, à cette heure de la nuit ? Pas étonnant que les dames préfèrent dormir avec moi plutôt qu'avec toi.

La mâchoire de Paul se crispa. Ignorant la remarque vulgaire, il répéta sa question.

— Qu'est-ce que vous voulez ?

Dennis s'approcha d'un pas sautillant.

— Tu as oublié, Paul ? Je suis shérif, et la maison de cette dame a brûlé. Il faut que je lui pose des questions.

Un rire amer échappa à Paul.

— Pourquoi prendre la peine de venir, Dennis ? Nous savons tous que si ce n'est pas toi qui as mis le feu, tu as payé un autre pour qu'il s'en charge.

Du coin de l'œil, Paul vit Angeline presser le bouton d'appel.

— Tu te prends pour quelqu'un parce que tu es allé à l'école dans l'Est, hein ? Mais toute ta belle éducation ne t'a pas empêché d'aller en taule, hein ?

— Quand tu veux, Dennis. On se retrouve quand tu veux, et on réglera nos comptes. Bien sûr, je sais quel lâche tu fais. Tu essaieras sans doute de faire faire le sale boulot par le tribunal. Ou par un de tes sbires.

— Espèce de…

— Shérif, intervint le médecin qui venait de se précipiter

à l'intérieur, suivi d'un infirmier. Ma patiente n'est pas en état de répondre à vos questions ce soir.

— Quand pourra-t-elle le faire ? rétorqua Dennis, tout en foudroyant Paul du regard.

— Elle sortira demain, si tout va bien.

Dennis pointa le doigt vers Paul.

— Amène-la dans mon bureau demain.

Après quoi il sortit de la chambre à grands pas.

Le médecin se tourna vers Paul.

— J'espère que je n'aurai pas à vous soigner pour une balle dans le dos.

— Moi aussi.

Depuis son lit d'hôpital, Angeline regardait le soleil se lever sur un jour nouveau. Elle avait à peine dormi durant la nuit, se réveillant fréquemment, terrifiée à l'idée que celui qui avait essayé de la tuer plus tôt ne recommence.

Chaque fois qu'elle pensait à ce moment horrible où elle avait vu une forme indistincte se pencher au-dessus d'elle, son sang se glaçait dans ses veines.

Que voulait son agresseur ?

Elle déglutit avec peine. Sans Paul, elle aurait péri dans l'incendie.

— Bonjour, mon ange. Comment vas-tu ce matin ?

Il se tenait sur le seuil, et le cœur d'Angeline se mit à battre plus fort. Ses cheveux étaient ébouriffés, et ses vêtements froissés, mais au moins il portait une chemise. Elle se souvint brusquement d'avoir posé la tête sur son épaule nue et un étrange sentiment de bien-être l'envahit.

Il baissa les yeux sur sa chemise.

— Quelque chose ne va pas ? Je sais que je ne suis pas

l'élégance personnifiée, mais au moins je suis habillé. C'est mieux qu'hier soir, non ?

Il traversa la pièce et déposa un sac en papier brun au pied du lit.

— Qu'est-ce que c'est ?

— Eleanor est venue chez moi ce matin apporter une pile de vêtements pour toi. Elle a refusé de me dire d'où ils venaient.

Il sortit les affaires du sac et les déposa sur le lit.

— Il y a une jupe et un chemisier, dit-il en les lui montrant. Et quelque chose pour… euh… en dessous. Et des sandales.

Angeline ne put s'empêcher de sourire. Qui aurait pensé qu'un homme aussi sensuel serait embarrassé par la mention de sous-vêtements féminins ?

Elle prit le chemisier, remarquant la bordure délicate du col. Il lui rappelait un chemisier similaire qu'elle avait vu chez Marianna.

— Reste-t-il quelque chose de la maison ? demanda-t-elle à voix basse.

Les traits de Paul se durcirent.

— Non. Les pompiers sont arrivés trop tard.

Elle se mordit la lèvre pour ne pas pleurer.

— Toutes les lettres… les photos… tout était là.

Il s'assit sur le lit et la prit dans ses bras.

— Je suis désolé, Angeline. Mais l'important, c'est que tu sois saine et sauve.

Tendrement, il replaça une mèche de ses cheveux, effleurant par inadvertance la bosse qu'elle avait derrière l'oreille. Elle gémit malgré elle.

— Laisse-moi regarder, ordonna-t-il.

Il inspecta la blessure, et marmonna une menace entre ses dents. Mais il se ressaisit rapidement et lui caressa la joue.

— Prête à rentrer ?

Angeline acquiesça.

— Je n'ai qu'à m'habiller.

Quelques instants plus tard, ils étaient en route pour Mirabeau. L'air était encore frais, et Angeline savourait la sensation de la brise sur sa peau.

— J'aimerais m'arrêter chez Eleanor pour la remercier.

— Je pense qu'il vaudrait mieux que tu te contentes de lui téléphoner, conseilla Paul. Eleanor dit ce qu'elle pense, mais il est inutile de lui attirer des ennuis. Tu comprends ?

Oh oui, elle comprenait. Une vague de nausée la parcourut.

— Tu veux dire que celui qui m'a attaquée n'hésiterait pas à lui faire du mal ?

— Exactement. Ces gens-là n'ont aucun scrupule à s'en prendre à des petites vieilles sans défense.

Ces paroles résonnaient encore dans la tête d'Angeline quand ils s'arrêtèrent devant le bureau du shérif. Paul la retint par le bras au moment où elle s'apprêtait à descendre.

— Si tu es fatiguée, dis-le-moi, et nous partirons aussitôt.

— Et s'il n'a pas fini de m'interroger ? demanda-t-elle avec inquiétude, craignant que Paul ne s'attire plus d'ennuis encore.

— Je m'en moque. Tu n'es pas suspecte, et il n'a pas le droit de te retenir.

— Paul…

Il lui pressa la main en un geste rassurant.

— Crois-moi, Angeline. Je n'exerce plus, mais je connais les limites de l'autorité du shérif. Je ne lui permettrai pas d'en abuser.

Elle posa un doigt sur ses lèvres.

— Tout ira bien. Allons-y et finissons-en.

*
* *

L'heure suivante fut une torture pour Angeline. Dennis et Paul étaient comme deux loups aux aguets, chacun attendant l'occasion de se jeter sur l'autre pour le blesser. Mais Paul respecta sa parole. Dès qu'il sentit qu'elle commençait à se fatiguer, il se leva, aida Angeline à faire de même et l'escorta jusqu'à la voiture, sous le regard furibond du shérif.

L'instant d'après, ils avaient repris la route. Assise à côté de lui, Angeline regardait Paul à la dérobée. Depuis qu'elle l'avait rencontré, elle avait éprouvé des émotions si intenses et si variées qu'elle ne savait plus qui elle était. Il avait éveillé en elle des sentiments éteints.

Comme l'amour.

Ce n'était pas de l'amour, se dit-elle. Mais au fond, que savait-elle de l'amour ? La dernière fois qu'elle avait cru être amoureuse, elle avait été trompée, ridiculisée.

Que savait-elle de l'amour ?

Elle sentait que Paul éprouvait quelque chose pour elle. Mais si elle se trompait ? La dernière fois, elle avait à peine survécu à la honte et à l'humiliation. Les sentiments qu'elle éprouvait envers Paul étaient infiniment plus forts et plus profonds que ceux qu'elle avait eus pour Richard. Si elle se trompait cette fois-ci, elle ne s'en remettrait pas.

Paul reconnut immédiatement la Cadillac beige garée devant chez lui. Il laissa échapper un juron.

Il coupa le moteur et regarda autour de lui, cherchant Guy des yeux, avant de descendre de la camionnette et de la contourner pour aider Angeline à en sortir.

Ils venaient de grimper les marches quand Guy apparut, venant du côté de la maison.

— Bonsoir, dit-il à voix basse.

Paul entoura de son bras les épaules d'Angeline.

— Vous êtes sobre aujourd'hui, Guy ?

L'homme rougit et baissa les yeux. Angeline donna un coup de coude à Paul, et lui lança un regard d'avertissement.

— Que fais-tu ici ? reprit-il.

— J'espérais parler à Angeline. Acceptez-vous de me parler, petite ?

— Oui.

Paul ouvrit la porte et entra. Il s'installa à côté d'Angeline sur le canapé. Guy prit place dans le rocking-chair. Il semblait mal à l'aise, désemparé.

— Je ne sais pas vraiment par où commencer.

— Si vous nous disiez ce que vous faites ici ? rétorqua Paul avec irritation.

Angeline soupira.

— Laisse-le parler, s'il te plaît.

Qu'elle intervienne en faveur d'un Boudreaux ne fit qu'ajouter à l'irritation de Paul. Comment pouvait-elle envisager d'écouter les sottises que Guy allait débiter ? Ne comprenait-elle donc rien sur les Boudreaux ?

Guy sourit à Angeline.

— Merci, ma chère.

Paul faillit bondir du canapé et flanquer le visiteur à la porte. Comment osait-il appeler Angeline « ma chère » ?

— Je suis venu pour plusieurs raisons, commença-t-il lentement. D'abord, je voudrais m'excuser d'avoir été ivre l'autre soir. Et pour l'attitude de ma femme.

Il se tut.

— Pourquoi êtes-vous venu l'autre soir ? demanda Angeline avec douceur.

— Pour la même raison qu'aujourd'hui. Pour vous fournir une explication.

De nouveau, il se tut, comme s'il était incapable de trouver les mots justes.

— A propos de quoi ? insista Angeline.

— A propos de Marianna et de moi.

Paul se redressa, choqué.

— Comment ?

Guy parut encore plus mal à l'aise.

— Vous êtes mon père ? demanda Angeline d'une voix à peine audible.

Le soulagement se lut sur le visage de Guy.

— Oui.

Paul sentit le tremblement qui parcourait Angeline. Il jeta un coup d'œil vers elle et vit qu'elle se mordait la lèvre pour ne pas pleurer.

— Mais j'ignorais tout de votre existence jusqu'à hier matin, quand vous êtes entrée dans la salle du tribunal, se hâta d'ajouter Guy.

— J'ai du mal à le croire, grommela Paul.

— Arrête.

La voix d'Angeline résonna dans la pièce.

— S'il te plaît, laisse-le expliquer ce qui s'est passé.

Sa voix s'était adoucie, et elle le suppliait du regard. Paul croisa les bras et se cala sur le canapé. Au bout d'un moment, il fit signe à Guy de poursuivre.

— Je venais de rentrer à Mirabeau après avoir terminé mes études de droit, reprit-il. Cet été-là, Marianna et moi sommes tombés amoureux. Nous avons caché notre relation parce que je savais que mon père la désapprouverait. Nous avions projeté de nous marier dès que j'aurais été accepté au barreau.

Il marqua une pause.

— Quand je suis rentré de La Nouvelle-Orléans après avoir été accepté au barreau, mes fiançailles avec Catlin avaient été annoncées dans tous les journaux de l'Etat, et une soirée avait été prévue le soir même. Marianna avait disparu et personne ne savait où elle était. J'ai essayé de la trouver, mais…

Il eut un geste d'impuissance.

— Je sais que j'aurais pu faire davantage.

Paul ouvrit la bouche pour lui dire le fond de sa pensée, mais un regard à Angeline l'en dissuada.

— Quand Marianna est revenue, j'étais marié à Catlin. Je suis allé la voir et je lui ai demandé pourquoi elle était partie. Elle m'a ordonné de ne jamais chercher à la revoir. Elle a dit que j'étais marié et qu'elle n'aurait jamais de relations avec un homme marié. Elle ne m'a jamais plus adressé la parole.

Il haussa les épaules, paraissant soudain beaucoup plus vieux.

— Nous nous croisions parfois en ville. Nous échangions un regard, rien de plus.

Il se leva.

— Je n'ai jamais cessé d'aimer Marianna, Angeline. J'ai fait mon devoir auprès de ma famille, mais je n'ai jamais pu l'oublier.

Paul en avait assez entendu. Ce que Guy avait oublié de mentionner, c'était qu'il avait épousé Catlin en raison du pouvoir que sa famille avait dans l'Etat, et qu'il avait passé les trente dernières années à noyer son chagrin dans le whisky.

— Que voulez-vous ? demanda-t-il d'un ton abrupt.

Guy secoua la tête.

— Je ne veux rien. Je voulais seulement expliquer. Demander pardon, peut-être.

Paul bondit sur ses pieds.

— Oh, je vous en prie, Guy. Dites plutôt que la situation est gênante et que vous voulez limiter les dégâts. Il ne faudrait surtout pas que cette affaire empêche votre nomination au poste de gouverneur.

— Paul !

Angeline se leva à son tour, mais un léger cri lui échappa et elle tituba. Paul tendit la main et la rattrapa juste à temps.

— Tu t'es levée trop vite, mon ange, dit-il doucement, en l'aidant à se rasseoir.

Elle lui donna une tape sur la main.

— Je sais pourquoi j'ai titubé.

Il la regarda, perplexe.

— Tu es grossier, Paul.

— Comment ?

— Ce que tu dis sur le motif de la présence de mon père ici est très insultant.

— Oui. Et c'est aussi la vérité. Crois-moi, je connais les Boudreaux.

Guy toussa légèrement.

— Je ne voulais pas causer de problèmes. J'espère, Angeline, que vous penserez à ce que j'ai dit.

Il lui prit la main et la baisa.

Paul faillit s'étouffer. Angeline le foudroya du regard.

— J'aimerais vous revoir, murmura-t-elle.

— Moi aussi, dit-il. Marianna aurait été fière de vous.

Elle suivit Guy à l'extérieur et lui adressa un signe d'adieu avant de se retourner vers Paul.

— Tu as été incroyablement grossier envers lui. Il n'est venu que pour s'expliquer et me demander pardon !

— Non, ce n'est pas pour cela qu'il est venu, riposta-t-il. Son père l'a envoyé parce qu'il veut s'assurer que tu ne vas pas faire de vagues.

— Peut-être que, dans ce cas précis, ton passé influence ton jugement.

Paul serra les dents. Angeline s'était laissé aveugler par les mensonges de ce faible. Et, malheureusement, Marianna avait fait la même chose.

12

Angeline marchait de long en large dans le salon, furieuse contre Paul. Comment osait-il ? Comment osait-il affirmer que son père n'était venu la voir que dans le but de sauvegarder ses propres intérêts ?

Elle s'immobilisa et regarda par la fenêtre. L'objet de sa colère était assis sous un grand magnolia, les coudes appuyés sur ses genoux repliés. Malgré le fait qu'il s'était conduit comme un ours, Angeline sentit un pincement de désir. Elle le refoula aussitôt. Elle n'était pas d'humeur à écouter les signaux que lui envoyait son corps.

L'attitude de Paul envers son père avait été grossière, et inexcusable. Pourtant, ces derniers jours, il s'était révélé être un homme raisonnable, intelligent, sensible. Pourquoi, dans ce cas précis, se trompait-il du tout au tout ?

Car il se trompait. Forcément.

Angeline secoua la tête. Il était évident que l'expérience de Paul avait influencé son opinion sur la famille Boudreaux. C'était sans doute pourquoi il avait mal interprété le geste de Guy.

Elle entra dans la cuisine et jeta un coup d'œil à l'horloge. 15 h 30. Sa déposition avait duré plus longtemps que prévu. Ce qui signifiait qu'elle n'avait plus qu'une heure et demie pour se rendre à la société historique et entreprendre des recherches sur le travail de Marianna.

Elle ne demanderait pas à Paul de l'emmener. Et comme sa voiture de location avait sans doute été détruite dans l'incendie, cela ne lui laissait qu'une option. Appeler Jock et son taxi.

Après l'appel, Angeline se rendit compte qu'elle avait un petit problème. Tout son argent avait brûlé en même temps que ses vêtements. Elle n'avait plus qu'à espérer que Jock accepte une reconnaissance de dette.

Adossé au tronc d'un arbre, Paul ruminait sa colère. Pourquoi diable Angeline ne voyait-elle pas Guy Boudreaux tel qu'il était vraiment ? Le récit qu'il avait fait des événements révélait clairement qu'il n'était qu'un lâche. Il aurait dû s'opposer à son père et lui dire qu'il aimait Marianna et qu'il allait l'épouser. Au lieu de quoi il s'était plié au désir paternel, avait épousé Attila le Hun en jupons et bu pour oublier trente ans durant.

Paul se passa une main dans les cheveux, exaspéré. Angeline ne voulait pas le croire. Mais si elle passait un peu de temps avec Guy, elle ne tarderait pas à découvrir sa vraie nature. En revanche, s'il continuait à s'opposer à celui-ci, il risquait de pousser Angeline à se rapprocher de son père — et sans doute, du danger.

Un bruit de moteur dans l'allée attira son attention. Il jeta un coup d'œil par-dessus son épaule et vit la vieille Chevrolet de Jock approcher.

— Salut, Paul ! cria ce dernier en s'arrêtant.

Paul se leva.

— Salut, Jock. Qu'est-ce que tu fais par ici ?

Jock arqua des sourcils surpris.

— Eh bien, la petite demoiselle m'a appelé pour me demander

de l'emmener à la société historique. J'ai pensé que tu étais chez Pierre, en train de travailler. Elle n'a pas parlé de toi.

Paul sourit. Son petit ange était si fâché qu'elle n'avait pas voulu lui demander de l'emmener. Son attitude envers Guy avait vraiment dû lui déplaire.

Peut-être le moment était-il venu dc s'excuser.

— J'ai été surpris qu'elle appelle, reprit Jock, claquant plusieurs fois la langue. J'ai entendu parler de ce qui s'est passé hier. Tout le monde ne parlait que de ça. On pensait tous qu'elle serait à l'hôpital aujourd'hui. Je suis content qu'elle s'en soit tirée.

— Tu n'es pas le seul, Jock.

Jock lui adressa un clin d'œil.

— Je comprends. Cette Angeline est une très belle femme.

— Oui.

Paul s'accouda à la portière.

— Je vais être franc avec toi, Jock. Angeline est un peu têtue et elle est fâchée contre moi. C'est pour ça qu'elle t'a appelé.

— Je vois.

— Alors, si ça ne t'ennuie pas, c'est moi qui vais l'emmener à la société historique.

— Je comprends, Paul. Mais tu dois comprendre aussi que j'ai besoin de l'argent qu'elle me donne. N'y vois rien de personnel, ajouta-t-il.

Paul haussa les épaules.

— Toutes les affaires d'Angeline ont été brûlées, y compris son portefeuille.

Jock le dévisagea.

— Tu te moques de moi ?

— Pose-lui la question toi-même.

A cet instant, Angeline apparut sous la véranda. Elle était pâle et la tension des dernières vingt-quatre heures se lisait sur son visage. On aurait dit qu'une seule rafale de vent aurait suffi à l'emporter.

— Bonjour, monsieur Mason, dit-elle, ignorant délibérément Paul.

— Appelez-moi Jock.

Angeline lui adressa un sourire légèrement contraint.

— Merci d'être venu si vite, Jock.

Elle tendit la main vers la poignée et monta à l'arrière.

— Tu ferais mieux de lui poser la question maintenant, conseilla Paul.

Jock se retourna, un bras sur le dossier.

— Je ne voudrais pas être impoli, mademoiselle, mais Paul prétend que vous n'avez pas de quoi régler la course. C'est vrai ?

Angeline rougit jusqu'aux oreilles.

— Temporairement, murmura-t-elle. J'aurai de l'argent d'ici quelques jours.

Paul réprima un sourire en voyant l'expression penaude de Jock.

— Je… euh… c'est-à-dire…

Angeline leva la main, coupant court à ses balbutiements.

— Je comprends.

Foudroyant Paul du regard, elle descendit du véhicule.

— Merci d'être venu, dit-elle avant de retourner vers la maison, droite comme un i, la tête haute.

— Je crois que tu vas passer un mauvais quart d'heure, mon ami, murmura Jock en secouant la tête.

Paul le craignait, lui aussi.

Il attendit que le taxi ait disparu pour se diriger vers la maison. Angeline était assise dans le rocking-chair. Elle continua à se balancer doucement, sans lui adresser un regard.

Une bouffée de remords envahit Paul. Il s'agenouilla devant elle, et prit sa main entre les siennes.

— Je suis désolé, Angeline. Je ne voulais pas t'embarrasser devant Jock. Mais je ne pouvais te laisser partir avec lui. Quelqu'un dans cette ville essaie de te faire du mal, et je ne peux pas te laisser sans protection. Si tu veux aller à la société historique ce soir, je t'y emmènerai. Tu n'avais qu'à demander.

Elle leva les yeux vers lui.

— Je ne voulais pas que tu m'emmènes.

De sa main libre, il lui caressa la joue.

— Ecoute, je sais que je me suis mal conduit avec Guy. Je regrette.

Il se pencha vers elle et effleura sa joue d'un baiser. Sa peau était aussi douce, aussi parfaite qu'un pétale de magnolia.

— Ma seule excuse est que j'ai peur que Roger se serve de Guy pour te faire du mal. Ce salaud en est capable.

Il enroula un bras autour de sa taille et l'attira vers lui.

— J'ai besoin de te protéger, murmura-t-il. Je ne sais pas pourquoi, mais je ne peux pas le nier, pas plus que je ne peux empêcher le Mississippi de se jeter dans le golfe. Aller contre ce flot reviendrait à se noyer.

Son regard se souda au sien, et il laissa paraître dans ses yeux la passion qu'il ressentait. Il voulait qu'elle sache ce qu'il éprouvait pour elle. Il voulait la séduire par le feu qui le consumait chaque fois qu'il était avec elle, qu'il la touchait, qu'il pensait à elle.

La raideur d'Angeline se dissipa sous les flammes de son regard, comme une bougie fondant à la chaleur. Le bleu azuréen de ses yeux s'assombrit alors que son regard se posait sur ses lèvres, lui offrant l'invitation qu'il attendait.

Paul se pencha et prit possession de sa bouche. Ce fut comme une explosion d'étincelles et de lave incandescente. Ses lèvres étaient chaudes et satinées, et elles épousaient les siennes, les cherchaient, lui demandaient davantage. Angeline gémit, et noua les bras autour de sa taille, écrasant ses seins contre le mur solide de sa poitrine.

Brusquement, elle mit fin au baiser et se dégagea, prise d'une quinte de toux. Quand celle-ci se termina, elle lui adressa un sourire d'excuse.

— Je suis désolée…

— Non, c'était ma faute. Dans le feu de l'action…

Il haussa les épaules.

— … j'ai tout simplement oublié.

Un sourire naquit sur ses lèvres gonflées.

— Tu n'es pas le seul.

Il lui souleva le menton, redevenu grave.

— J'étais sincère, Angeline. Je ne veux pas que Roger te fasse de mal. Et je ne veux pas t'en faire non plus. J'essaierai de me conduire correctement avec Guy.

— Tu ne feras qu'essayer ?

Le cœur de Paul lui manqua en entendant le ton sévère de sa voix, mais il vit frémir les commissures de ses lèvres et comprit soudain qu'elle réprimait un sourire. Elle le taquinait. Une vague de soulagement le submergea. Si elle le taquinait, elle n'était pas en colère contre lui.

— J'en ai peur, répondit-il. Je ne suis pas un saint, comme tu le sais. Et je refuse de faire des promesses que je ne pourrai pas tenir. Le mieux que je puisse faire est d'essayer. Cela te suffit ?

Elle promena le doigt sur la lèvre inférieure de Paul. Il en mordilla le bout, puis lécha lentement la chair meurtrie. Dans les yeux d'Angeline, la surprise se mua bientôt en désir. Il lui donna une dernière caresse de la langue, puis la libéra.

— Tu n'as pas répondu à ma question, Angeline, dit-il d'une voix sensuelle.

— Ta question ?

Elle fronça les sourcils, perplexe. Au bout d'un moment, elle se souvint.

— Oui, Paul. Ça me suffit.

La tension qui l'habitait se dissipa aussitôt. Il se leva et tendit les mains à Angeline pour l'aider à faire de même.

Elle se dirigea vers la porte.

— Où vas-tu ?

— Je pensais que tu allais m'emmener à la société historique ?

Paul la regarda. Elle n'était pas en état de sillonner la campagne. Il jeta un coup d'œil à sa montre, priant pour qu'il soit trop tard.

— Il est 16 heures. Le temps d'y aller, il ne nous restera que vingt minutes pour examiner les documents.

Il traversa la pièce et posa les mains sur ses épaules.

— D'ailleurs, tu as eu assez d'émotions pour aujourd'hui. Il faut que tu te reposes.

— Mais tu as dit que la société était fermée le jeudi. Nous ne pourrons pas y aller avant vendredi. Et que ferons-nous demain ?

Il avait une réponse toute prête à cette question — mais il doutait qu'elle veuille l'entendre.

Ils pourraient faire l'amour. Faire l'amour lentement, pendant des heures.

La même pensée dut lui traverser l'esprit, car elle rougit subitement jusqu'aux oreilles. Il se demanda si elle était embarrassée d'avoir eu cette pensée, ou si elle était mortifiée par le fait qu'elle avait envie de faire l'amour avec lui.

— Si tu vas faire une petite sieste maintenant, je te promets de t'emmener voir M. Colton sur son bateau demain matin. Nous essaierons de le convaincre de nous ouvrir la société.

— Tu as dit qu'il ne descendait jamais de son bateau.

— C'est vrai. Mais si quelqu'un peut l'en persuader, c'est toi.

Elle le dévisagea, un doigt pensif sur ses lèvres. Il s'efforça de garder l'air sincère. Il n'y avait pas la moindre chance que le vieux bougre change ses habitudes, mais Angeline avait besoin de repos plus que d'honnêteté.

— Très bien. Mais je ne te laisserai pas oublier ta promesse.

Il sourit.

— Je serai heureux de la tenir.

Quand Angeline se réveilla, il faisait noir dans la chambre. C'était curieux qu'une petite sieste puisse être aussi réparatrice. Son corps se sentait reposé, elle avait recouvré son équilibre mental.

Elle jeta un coup d'œil au réveil. Il était près de 21 heures. Son estomac gronda, lui rappelant qu'elle n'avait rien mangé depuis le petit déjeuner. Elle rejeta la courtepointe en crochet et s'assit au bord du lit. La pièce bascula autour d'elle. Il fallut quelques secondes pour que le vertige cesse.

A vrai dire, elle était reconnaissante à Paul d'avoir proposé d'attendre le lendemain pour aller voir M. Colton. Elle n'aurait sans doute pas pu faire l'aller-retour à la société historique sans s'évanouir à un moment ou à un autre.

Après un bref passage dans la salle de bains pour se rafraîchir, elle partit à la recherche de Paul.

La lumière était allumée dans le salon et dans la cuisine.

— Paul ?

Pas de réponse.

Elle entra dans la cuisine. La table était dressée pour le dîner. Plusieurs faitouts étaient posés sur la cuisinière.

Poussée par la curiosité, elle ouvrit le couvercle du premier. Des pommes de terre et des épis de maïs cuisaient dans l'eau bouillante et épicée. Il y avait des haricots rouges dans le deuxième faitout, et du riz dans le dernier.

Un sifflement lui parvint, venant de la cour. Elle s'avança sous la véranda.

— Paul ? C'est toi ?

— Oui, mon ange.

Il arriva sous le faisceau de la lampe, portant un gros sac en mailles sur le dos.

— Qu'est-ce que c'est ?

D'un geste triomphant, il souleva le sac pour le lui montrer.

— Des écrevisses.

Visiblement ravi, il tira du sac une créature qui ressemblait à un petit homard.

— Magnifique, hein ? Et délicieux, tu verras.

Il transféra les écrevisses dans un seau placé près de la porte, et emporta le tout à l'intérieur. Angeline le regarda retirer les pommes de terre et le maïs du faitout, et y plonger les écrevisses.

— Je peux t'aider ?

Il secoua la tête.

— Repose-toi, dit-il en replaçant le couvercle. Il n'y a qu'à laisser les écrevisses cuire à la vapeur.

Quelques instants plus tard, il déposait des assiettes fumantes sur la table.

— Tu as l'habitude de faire la cuisine, observa-t-elle.

Il se mit à rire.

— J'ai fait ça toute ma vie. Quand j'étais petit et que ma mère travaillait toute la journée, je descendais au bayou, j'attrapais des écrevisses et le dîner l'attendait à son retour.

Il fit une petite grimace.

— A vrai dire, elle n'aimait guère les écrevisses. Mais elles étaient gratuites, et quand nous n'avions rien d'autre…

La phrase resta en suspens, tandis qu'il haussait les épaules.

Angeline l'imaginait, petit garçon, vêtu d'un jean élimé, courant au bayou pour aller pêcher son dîner.

— Ton père aimait les écrevisses ?

— Il n'aimait que le whisky.

Le cœur serré, Angeline le regarda. Son père était alcoolique. Quelle sorte d'enfance avait-il eue, entre une mère qui travaillait et un père qui buvait ?

Songeuse, la jeune femme mangea son repas, puis repoussa son assiette.

— Comment te sens-tu, mon ange ? demanda-t-il d'une voix empreinte de sollicitude.

— Mieux. Je n'ai presque plus mal à la tête.

Il la dévisagea, une écrevisse à la main.

— Tu es superbe. Tes joues ont repris leur couleur.

Troublée, Angeline se hâta de changer de sujet.

— Tu connais Boston ?

Paul se figea, et son visage devint soudain impénétrable.

— Oui.

— Tu y es allé en vacances ?

Il soupira.

— Pas vraiment. Je suis allé dans une école privée au nord de Boston.

— Mais… je pensais que…

Elle s'interrompit, brusquement consciente de ce qu'elle avait été sur le point de dire.

— Que nous étions pauvres ? C'est vrai. Mais après le départ de mon père, ma mère a résolu que je réussirais dans la vie. Elle a fait des ménages du matin au soir pour économiser suffisamment d'argent et m'envoyer dans une bonne école où j'apprendrais à parler comme un homme éduqué. Elle a même travaillé chez Catlin Boudreaux.

Il marqua une pause, perdu dans ses souvenirs.

— Elle a eu ce qu'elle voulait. Mes notes ont été assez bonnes pour que j'obtienne une bourse à Harvard.

A mesure qu'il parlait, tout son être semblait se métamorphoser. L'homme passionné et chaleureux avait cédé la place à un inconnu froid et distant.

— Tu as détesté l'école, n'est-ce pas ?

Elle lut la réponse dans l'intensité farouche de son regard.

— De toutes mes forces. Les hivers étaient affreusement froids. Les autres élèves me ridiculisaient. Mais je savais que si je voulais revenir et gagner contre Roger Boudreaux, il me faudrait être éduqué.

— Le pétrole, comprit-elle. Roger possédait les droits au pétrole sur ce terrain.

— Oui. Ça a détruit mon père. Il buvait pour oublier sa douleur.

Elle posa la main sur son bras, le cœur débordant de compassion pour lui.

— Oh, Paul. Je suis désolée.

— Peut-être comprends-tu mieux à présent pourquoi je hais les Boudreaux.

— Tu ne peux pas rendre Guy responsable des péchés de son père.

— Guy a commis ses propres péchés. L'abandon de Marianna, par exemple.

— Ce n'est pas juste. Il ne savait pas.

— C'est ce qu'il dit.

Angeline réprima son envie de défendre son père. Paul venait de lui confier une partie de son passé, une partie de lui-même, et elle ne voulait pas le rejeter. Elle se leva.

— Je suis fatiguée. Je crois que je vais aller me coucher.

— Angeline, dit-il, lui prenant la main avant qu'elle ait eu le temps de faire un pas. J'ai recommencé. Pardonne-moi.

Angeline baissa les yeux sur son beau visage encadré de cheveux bruns, et sut à son grand désespoir qu'elle lui pardonnerait n'importe quoi. Elle se pencha et effleura ses lèvres d'un baiser.

— Bonne nuit, Paul. A demain.

13

Angeline se réveilla en sursaut. Une migraine épouvantable lui martelait les tempes. Elle tourna la tête sur le côté, mais la douleur qu'elle ressentait à sa blessure ne fit que redoubler.

Repoussant les draps, elle se leva avec précaution, enfila son peignoir et se rendit dans la salle de bains. Munie de deux comprimés, elle gagna la cuisine pour y chercher un verre d'eau.

Elle traversa le salon sur la pointe des pieds, jetant au passage un coup d'œil au canapé. Paul n'était pas là, mais à en juger par l'oreiller et les draps fripés, il avait dû essayer de dormir sans y parvenir.

En entrant dans la cuisine, elle le vit. Il était assis de l'autre côté de la moustiquaire, sur les marches de la véranda. Elle avala ses cachets avec un verre d'eau, puis s'approcha de la porte.

Paul ne se retourna pas, ne bougea pas, ne fit aucun geste indiquant qu'il l'avait entendue.

— Tu n'arrivais pas à dormir ?

Il regarda par-dessus son épaule.

— Non. Et toi ?

— J'ai été réveillée par un mal de tête.

— Viens t'asseoir à côté de moi, suggéra-t-il. Un peu d'air frais te fera du bien.

Angeline n'avait guère envie de retourner au lit et de fixer le plafond en attendant que les calmants fassent leur effet. Elle accepta donc son invitation et poussa la moustiquaire, mais se figea à mi-chemin des marches. Paul ne portait en tout et pour tout qu'un short en jean. Elle déglutit avec peine. La fois précédente, elle n'avait guère été en mesure d'apprécier les muscles bien définis de son torse et de ses bras. Mais là… si elle avait le moindre grain de bon sens, elle ferait demi-tour et regagnerait son lit, migraine ou pas. Le seul problème, c'était qu'elle ne pourrait expliquer son revirement soudain. Elle se voyait mal avouer à Paul que sa semi-nudité était trop pour son système nerveux.

Il se tourna et la regarda.

— Quelque chose ne va pas ?

— Non, se hâta-t-elle de répondre.

Ignorant sa nervosité, elle alla s'asseoir près de lui, et remarqua le médaillon et la chaîne qu'il tenait entre ses doigts.

— Qu'est-ce que c'est ?

— Le médaillon de saint Christophe que ma mère m'a donné avant que je parte en pension.

La tristesse qui perçait dans sa voix toucha Angeline, lui faisant oublier son malaise.

— Tu ne la portais pas hier.

Il arqua un sourcil.

— Je ne portais pas grand-chose hier. J'étais pressé.

Elle devint écarlate à cette pensée.

— Le médaillon t'a protégé là-bas ? demanda-t-elle, soucieuse de dissimuler son trouble.

— Pas vraiment. C'était un enfer pour moi. Je comprenais à peine ce qu'on me disait, et les autres se moquaient de moi, me traitaient de paysan demeuré. Ils raillaient mes vêtements, mon accent, tout ce qui était différent. J'ai vite appris à me conformer, à dissimuler la personne que j'étais vraiment.

Angeline l'écoutait, la gorge nouée. Elle savait ce qu'il en était d'être un étranger dans sa propre ville. C'était le sentiment qu'elle avait eu pendant toutes ces années. Bien sûr, elle avait satisfait les désirs de ses parents, mais à quel prix ? Elle avait fermé la porte à une partie d'elle-même, car sa nature passionnée n'était pas jugée convenable pour une jeune fille de son milieu.

Il la regarda.

— Tu sais ce qui était vraiment étrange, Angeline ?

Elle fit non de la tête, trop émue pour articuler un son.

— C'était comme si j'avais cessé d'exister pendant ces années. Il faisait trop froid, tout allait trop vite, le monde était en noir et blanc. Quand je suis revenu en Louisiane, quelque chose en moi s'est libéré.

Il haussa une épaule.

— Peut-être que la chaleur m'a dégelé. Mais j'ai recommencé à voir des couleurs, j'ai senti la vie s'enrouler autour de moi, j'ai de nouveau goûté la sauce épicée de Louisiane sur les écrevisses.

Ses paroles trouvaient un écho dans le cœur d'Angeline. Elle avait enfin trouvé un autre être humain qui la comprenait, qui avait connu les mêmes sentiments d'aliénation qu'elle. Là, près d'elle, se tenait son âme sœur.

Il sourit et se tourna vers elle.

— Ah, Angeline, je ne voulais pas te faire pleurer.

Du bout des doigts, il essuya les larmes qui roulaient sur sa joue. Le médaillon vint se blottir contre son cou.

— Ce n'est rien.

Elle voulut s'expliquer, mais ses pensées étaient trop confuses. Brûlant de partager la détresse de Paul et de lui offrir son réconfort, elle noua les bras autour de sa taille et lui tendit ses lèvres.

Il accepta son offrande comme un homme affamé. Ses lèvres

écrasèrent les siennes, et elle répondit avec la même passion, le même besoin de contact.

La chaleur brûlante de Paul se communiqua à elle. Sentir son corps puissant pressé contre elle était le paradis. Elle caressa lentement la peau lisse de son dos, la comparant à une couche de satin chaud sur de l'acier. Soudain, ses doigts heurtèrent une longue cicatrice, juste au-dessous de son omoplate. Elle voulut lui demander comment il l'avait eue, mais les doigts de Paul avaient défait la ceinture de son peignoir. D'un geste rapide, il le fit glisser le long de ses épaules et ouvrit les boutons de sa chemise de nuit. Puis il fit glisser les bretelles sur ses bras, et elle sentit la fraîcheur de la nuit sur ses seins nus.

— Tu es si belle. Si parfaite.

Ses yeux brillaient au clair de lune. Il posa une main sur un sein, sa peau hâlée créant un contraste frappant avec la sienne. Leurs regards se soudèrent, et Angeline sentit que Paul prenait possession d'elle. Qu'elle était sienne. Tendrement, il l'allongea sur les planches de bois de la véranda.

Sa bouche succéda à sa main, et Angeline gémit de plaisir à son contact. Il lui lécha le mamelon, puis éloigna un peu sa tête pour le voir se dresser dans la brise légère. Elle enfouit les doigts dans ses cheveux, le pressant de continuer.

Il mit les mains derrière la tête d'Angeline, effleurant par inadvertance sa plaie. Un éclair de douleur la transperça et elle gémit.

Paul s'immobilisa.

— Seigneur, où avais-je la tête ? grommela-t-il. Tu n'es pas en état de…

Il se redressa, aidant Angeline à se rasseoir. Ensuite, il remit les bretelles à leur place et l'aida à enfiler le peignoir. Comme elle renouait sa ceinture, il fit passer le médaillon et la chaîne de saint Christophe par-dessus sa tête. Ses doigts suivirent les maillons jusqu'à l'endroit où reposait le disque d'or, entre ses seins.

— Retourne te coucher, mon ange, avant que ma noblesse d'âme succombe à l'ardeur de mon désir. Va-t'en.

Elle se leva lentement et se dirigea vers la porte.

— Angeline.

Elle s'arrêta.

— Ne t'y trompe pas, toi et moi sommes destinés à être amants. Ce soir n'était pas le bon moment. Mais il viendra.

Après lui avoir lancé un dernier regard, elle se hâta de rentrer, sachant au fond d'elle-même qu'il avait raison.

— Paul, tu es sûr que c'est le bon chemin ? demanda Angeline en regardant d'un air inquiet la végétation exubérante qui envahissait la route.

— D'après Pierre, c'est par là.

— Tu veux dire que tu n'es jamais venu ?

— Je t'ai dit que personne ne savait exactement où était le bateau de M. Colton. Tout ce que je sais, c'est qu'au bout de cette route, il doit y avoir un bateau sur le bayou que nous pouvons prendre.

— Et s'il n'y en a pas ?

— Tu t'es levée du mauvais pied ce matin, mon ange. Es-tu toujours aussi grognon de bonne heure ? Si c'est le cas, dis-le-moi. Je saurai à quoi m'attendre.

A l'entendre, Paul donnait l'impression de vouloir passer beaucoup d'autres matins avec elle. Et après ce qui s'était passé entre eux la veille au soir, Angeline ne pouvait s'empêcher de rêver qu'il la tenait entre ses bras puissants toute la nuit, et qu'il lui faisait l'amour. C'était pourquoi elle était de si mauvaise humeur ce matin. Elle ne s'était endormie qu'au petit jour, car son cœur et son corps brûlaient de désir pour lui.

— Pourquoi ne m'as-tu pas dit hier que tu n'étais jamais venu ?

A sa grande surprise, Angeline le vit rougir.

— Je savais que tu t'inquiéterais. Mais je t'ai promis que nous viendrions et j'ai tenu parole.

L'irritation d'Angeline se dissipa aussitôt. Paul tenait ses promesses et respectait ses engagements. N'était-ce pas une raison supplémentaire de lui faire confiance ?

Soudain, la végétation devint moins dense, et elle aperçut une vieille voiture garée au bord du bayou.

— Nous sommes au bon endroit, observa Paul. C'est la Buick de M. Colton.

Ils descendirent de la camionnette et s'approchèrent de l'eau. Il n'y avait pas de bateau. Paul désigna la pirogue attachée au bateau amarré sur l'autre rive.

— C'est là qu'habite M. Colton. Mais je ne crois pas qu'il veuille de la compagnie. Il n'a pas sorti le tapis de bienvenue.

Angeline lui adressa une grimace.

— Très drôle. Peut-être qu'il n'attendait pas de compagnie. Si on l'appelait ?

Paul lui décocha un curieux regard, comme s'il pensait qu'elle avait perdu la tête.

— Vas-y. Je t'en prie.

Elle fit un autre pas vers le bayou et mit ses mains en porte-voix.

— Monsieur Colton. Je m'appelle Angeline Fitzgerald. Je voudrais vous parler.

Seul le silence lui répondit.

Paul se pencha vers elle.

— Il ne t'a peut-être pas entendue, murmura-t-il à son oreille.

— Monsieur Colton, je voudrais vous parler de ma mère, Marianna Courville.

Un vieillard tout ridé apparut sur la rive opposée, une carabine à la main. Angeline écarquilla les yeux.

— Paul, cria-t-il. Garde cette petite avec toi. Je viens vous chercher. Compris ?

— Compris, monsieur.

Angeline tourna les yeux vers Paul.

— C'est comme ça qu'il accueille les visiteurs ?

Paul sourit.

— Difficile à dire. Je ne connais personne qui soit venu ici.

Il se pencha plus près.

— Et qui ait survécu pour raconter son expérience.

Angeline réprima l'envie de le frapper.

— Très drôle.

Il continua à sourire.

Ils regardèrent M. Colton mettre sa carabine dans la pirogue et traverser le bayou à l'aide d'une perche. Pour un homme si petit, si trapu, il se déplaçait avec une remarquable agilité.

— Tu vois l'histoire en action, mon ange, dit Paul. Autrefois, ici, tout le monde se déplaçait ainsi.

— C'est vrai, opina M. Colton avant de sauter lestement à terre.

Il posa la perche à côté de la carabine, sous le regard soucieux d'Angeline.

— J'étais à la chasse, expliqua-t-il.

Angeline rougit jusqu'à la racine des cheveux.

— Présente-moi à cette belle jeune dame, Paul.

Ce dernier s'exécuta, après quoi M. Colton se pencha et baisa la main d'Angeline.

— Je m'appelle Henri.

Paul émit un bruit étranglé et Angeline lui jeta un coup

d'œil. A en juger par son expression, c'était la première fois qu'il entendait le prénom de M. Colton.

— Je comprends pourquoi tout le monde ne parle que de vous, fit Henri. Même mon vieux cœur en est tout retourné. J'ai cru voir une apparition. Mais non. Vous êtes bien vivante. Qui l'aurait cru, hein ?

Il secoua la tête et marmonna quelque chose en cajun.

— Venez. Nous parlerons à bord.

Henri passa le premier, et aida Angeline à monter. Paul les suivit. La jeune femme s'assit avec précaution, craignant de faire bouger le bateau à fond plat.

— Il n'y a pas de danger, n'est-ce pas ? Je veux dire, il ne va pas se retourner ?

Le vieil homme se mit à rire.

— Non. Ma pirogue ne va pas se retourner. C'est la meilleure de la région.

Angeline regarda les eaux boueuses avec méfiance, se demandant ce qui se dissimulait sous la surface. A son grand soulagement, la traversée ne prit que quelques minutes, et bientôt, ils furent tous les trois sur le pont du bateau.

M. Colton les fit entrer dans la cabine et désigna la table.

— Asseyez-vous. Je vais nous chercher du thé.

Il disparut dans la minuscule cambuse. Le regard d'Angeline fut attiré par un carnet ouvert sur la table, où le vieil homme avait dessiné un oiseau.

L'illustration était superbe, regorgeant de détails tracés d'une main sûre.

— C'est magnifique, n'est-ce pas ?

Paul regarda par-dessus son épaule.

— Magnifique. Et une surprise. Je ne crois pas que quiconque sache qu'Henri a un tel talent.

Il se pencha à son oreille.

— Peut-être avons-nous découvert ce qu'il fait le mardi

et le jeudi, au lieu de se transformer en vampire, comme le disent certains.

Angeline réprima l'envie de lui donner un coup de coude dans les côtes.

— Tu connais le nom de cet oiseau ?

Paul secoua la tête en signe de dénégation.

— J'ai étudié le droit, pas l'ornithologie.

— Merci pour cette réponse, ironisa-t-elle en tournant la page, pour découvrir une autre splendide illustration.

— Mes dessins vous plaisent ? s'enquit Henri en posant trois verres de thé glacé sur la table.

— Ils sont remarquables. Ce sont des oiseaux de par ici ?

— Oui.

Il se dirigea vers un coffre d'où il sortit plusieurs autres carnets qu'il déposa sur la table pour les lui montrer.

— Je dessine aussi les plantes et les arbres du bayou.

Angeline se cala sur sa chaise, impressionnée par les recherches phénoménales qui avaient dû précéder ce travail. Cet homme avait dressé là un catalogue complet de la faune et la flore qui vivaient dans ces territoires.

Elle le regarda, sidérée.

— Ces dessins sont absolument merveilleux. Les avez-vous montrés à quelqu'un ?

Le vieil homme fronça les sourcils.

— Pourquoi donc ? Je fais ça pour moi.

— Mais parce que c'est une histoire vivante de cet endroit, Henri, des connaissances précieuses qu'il faudrait partager. Je parie que n'importe quelle université de cet Etat serait ravie de les posséder.

Elle se pencha vers lui.

— Ils vous enverraient sûrement des étudiants pour que vous leur expliquiez l'écosystème du bayou.

— Bah.

Angeline crut pourtant discerner une lueur d'intérêt dans son regard.

— Elle sait de quoi elle parle, monsieur Colton, intervint Paul. Elle est professeur d'anglais dans une université, quelque part dans le Vermont.

Le vieillard secoua la tête et émit un claquement de langue.

— Quel dommage. Une si belle femme.

Angeline lança à Paul un regard signifiant qu'il lui paierait cela, puis reporta son attention sur le vieil homme.

— J'ai une amie qui enseigne la biologie. Je suis sûre qu'elle aimerait beaucoup voir votre travail.

Henri parut intéressé.

— Vous ne parlez pas sérieusement.

— Si. Je lui téléphonerai tout à l'heure pour lui en parler. Si vous êtes d'accord, bien sûr.

Il se laissa aller en arrière et se caressa le menton d'un air songeur.

— Hhhmm. Nous verrons. Maintenant, dites-moi. Vous n'êtes pas venus ici dans le seul but d'admirer mes dessins. Vous avez parlé de Marianna.

— Oui, admit Angeline, en prenant une profonde inspiration. Je suppose que vous avez entendu parler de ce qui s'est passé lundi.

Henri hésita, et jeta un coup d'œil à Paul.

— Il faut que vous nous disiez ce que vous savez, Henri, déclara celui-ci. Angeline a besoin de connaître toute la vérité.

— Oui, je sais ce qui s'est passé lundi. Claire, qui travaille à la société, n'a parlé que de ça toute la semaine.

— Paul pense que ma mère a été assassinée, lança Angeline.

Henri ouvrit des yeux ronds.

— Vraiment, Paul ?

— Oui, vraiment. Ce que nous devons savoir, c'est sur quoi Marianna travaillait.

Il haussa les épaules.

— Elle rédigeait une histoire de la paroisse. Rien d'autre.

— A-t-elle mentionné qu'elle avait découvert des choses bizarres ? demanda Paul avec espoir.

— Non.

— Est-ce que vous nous permettrez de jeter un coup d'œil aux documents qu'elle consultait ?

— Bien sûr. Et je vous montrerai ce qu'elle a écrit aussi.

— Aujourd'hui ?

Henri regarda Paul d'un air atterré, comme si ce dernier lui avait demandé de traverser Mirabeau en tenue d'Adam.

— Nous sommes jeudi. Il faut que je pense à ma réputation. D'ailleurs, si je venais en ville aujourd'hui, Eleanor ferait une attaque. La dernière fois que je suis venu un mardi, elle a été si surprise qu'elle en parle encore.

Il se rapprocha d'Angeline.

— Je ne peux pas la laisser gagner.

L'espace d'un moment, Angeline resta stupéfaite, puis elle se mit à rire.

— Dites-moi, Henri, je crois bien que vous avez un faible pour Eleanor.

Henri feignit de paraître vexé, mais ses lèvres souriaient.

Paul fixait la route, sous le choc. En une seule après-midi, il avait appris le prénom de M. Colton, visité son bateau et découvert que c'était un artiste talentueux. Angeline avait charmé le vieil homme et lui avait soutiré plus d'informations en une heure que la ville entière en soixante-dix ans.

— Tu imagines ? dit Angeline, l'arrachant à ses pensées.

— Quoi ?

— Je crois vraiment qu'Henri a le béguin pour Eleanor.

Cela aussi était une surprise. N'avait-il donc pas le moindre don d'observation ? Peut-être était-ce la raison pour laquelle Roger était parvenu à le manipuler ?

— Quelle preuve as-tu de ce que tu avances ?

— Le ton de sa voix quand il a parlé d'elle, la manière dont il a tenté de cacher son petit sourire espiègle. Il se conduisait comme un petit garçon.

Paul répondit par un grognement.

— Je pense qu'il est timide, reprit-elle. Si timide qu'il n'a jamais trouvé le courage de parler à Eleanor.

— *Henri*, *Henri*, répéta-t-il avec irritation. Tu n'as que cela à la bouche depuis tout à l'heure !

Il savait qu'il se comportait de manière puérile, mais il était agacé qu'elle ait immédiatement adopté la prononciation française du prénom du vieil homme.

Il jeta un coup d'œil vers elle et regretta aussitôt son accès de colère. Elle était toute raide sur son siège, les lèvres pincées.

— Lui ne m'a pas traitée de menteuse lors de notre première rencontre.

La remarque le poignarda en plein cœur. Pourquoi diable l'avait-il agressée ainsi ?

— C'est vrai.

Elle marmonna autre chose.

— Qu'est-ce que tu as dit ?

— Rien.

Elle se détourna et fit mine de regarder par la vitre. Mais il aurait juré qu'elle avait dit : « Je n'étais pas attirée par lui. »

Le silence tomba dans la camionnette, mais Paul savoura la réponse d'Angeline pendant tout le reste du trajet. Pourtant, son humeur ne tarda pas à se dégrader. Assis sur sa véranda, Guy Boudreaux les attendait.

— Que veut-il encore ? marmonna-t-il.

Angeline se tourna vers lui.

— Tu as promis que tu essaierais d'être gentil avec lui, Paul.

Il ne répondit rien.

— Et comme tu me l'as dit tout à l'heure, tu tiens tes promesses.

Elle n'avait pas besoin de le lui rappeler.

— Je m'en souviens, Angeline.

Guy se leva pour venir à leur rencontre. Il salua Paul d'un signe de tête et embrassa Angeline sur la joue. Paul réprima l'envie de le repousser sans ménagement.

— J'ai essayé de téléphoner, Angeline, mais personne ne répondait. J'étais inquiet, et je suis venu voir si tout allait bien.

— Je vais bien. Paul était avec moi. Nous sommes allés…

— … nous promener, compléta ce dernier, ne voulant pas révéler à Guy où ils s'étaient rendus.

Angeline fronça les sourcils, mais il secoua la tête, la suppliant silencieusement de ne rien ajouter.

— Oui. Nous nous sommes… euh… promenés.

Une vague de chaleur enveloppa le cœur de Paul. Ainsi, Angeline lui faisait confiance. Et il était fier de la manière dont elle avait laissé entendre à Guy qu'elle était en sécurité avec lui.

Ce dernier s'éclaircit la gorge.

— Eh bien, je téléphonais pour t'inviter à dîner demain soir. Je sais que tu n'as pas très bonne opinion de mon père et de ma femme, mais ils regrettent la manière dont ils se sont conduits et voudraient avoir l'opportunité de te connaître mieux.

Paul dut faire appel à toute sa volonté pour ne pas hurler qu'il mentait. Que la seule raison pour laquelle ces deux rats voulaient voir Angeline était pour découvrir si elle avait des points faibles qu'ils pourraient ensuite utiliser contre elle. Mais un seul regard suffit pour qu'il comprenne qu'il ne pouvait dire une chose pareille à Angeline. Il faudrait qu'elle découvre la vérité par elle-même.

— Je serais très contente de venir. Paul pourra-t-il m'accompagner ?

Le visage de Guy se décomposa.

— Mais naturellement. Nous serions ravis de l'avoir parmi nous.

« Mon œil », songea Paul. Mais il devait reconnaître que Guy mentait avec aplomb.

Angeline lui effleura le bras.

— Tu veux bien ?

Il aurait préféré partager un repas avec des serpents, mais il ne pouvait laisser Angeline entrer dans ce repaire de brigands sans lui.

— Oui, je viendrai.

Il la protégerait. Son regard croisa celui de Guy, et il se promit que s'il arrivait quoi que ce soit à Angeline, Guy Boudreaux paierait — de son sang.

14

— Je voulais te remercier d'avoir été poli avec Guy cet après-midi, Paul, dit soudain Angeline, assise dans le rocking-chair.

Etendu sur le canapé, en train de regarder la télévision, Paul lui décocha un regard furibond. A peine avait-il accepté de l'accompagner qu'il avait regretté sa décision. Mais il n'avait guère eu le choix. Angeline n'aurait certainement pas apprécié qu'il essaie de lui interdire d'y aller.

Elle promena les mains sur les bras incurvés du fauteuil.

— Je sais que tu n'es pas content que j'y aille, mais il me semble que je dois saisir cette occasion de faire connaissance avec Guy et son père.

Paul s'assit et posa les coudes sur ses genoux.

— Mon chou, un crocodile est un crocodile. Quand il est sur la berge en train de prendre le soleil, il a l'air d'une vieille créature paresseuse. Mais si tu t'approches trop près, il va saisir l'occasion et te dévorer toute crue.

— Je le savais, dit-elle du ton d'une mère qui vient de surprendre son enfant la main dans la boîte à gâteaux. Je savais que tu étais fâché.

— J'admets que je préférerais manger avec des crocodiles

plutôt qu'avec Roger Boudreaux, mais je t'ai fait une promesse. Et j'ai l'intention de la tenir.

Elle se leva.

— Je pense que tu blâmes Guy pour les péchés de son père.

Paul haussa les épaules. S'il lui expliquait ce qu'il pensait vraiment, il lui donnerait l'impression qu'il attaquait Guy, et elle réagirait en prenant sa défense. Mieux valait donc se taire.

— Peut-être as-tu raison.

Elle s'approcha de lui, une lueur combative dans ses yeux bleus.

— Tu dis ça pour me faire plaisir. Tu n'en penses pas un traître mot.

Pourquoi diable cherchait-elle à se quereller avec lui ? Il se leva lentement.

— Et comment sais-tu cela ?

— Parce que je le sens ici, dit-elle en désignant son cœur.

La main de Paul se posa sur la sienne, ses doigts recouvrant le sein d'Angeline.

— Je te crois, murmura-t-il, parce que c'est pareil pour moi.

Il pressa doucement sa poitrine, et Angeline ouvrit la bouche, retenant un gémissement.

Elle recula, le trouble se lisant dans son regard.

— Pourquoi ne fais-tu pas confiance à ton cœur, Angeline ? demanda-t-il en s'avançant vers elle tandis qu'elle contournait le canapé. Dis-moi pourquoi tu refuses de céder à la passion ?

Ses lèvres se mirent à trembler.

— Tu veux savoir pourquoi ?

— S'il te plaît. Aide-moi à comprendre.

Elle mit ses bras autour d'elle, comme pour se protéger.

— J'enseignais depuis un an quand l'université a invité un acteur réputé à venir mettre en scène plusieurs pièces de

Shakespeare. Richard était séduisant, charmant. En tout cas, il m'a charmée.

— Tu es tombée amoureuse de lui ?

Elle hocha la tête.

— Quand il m'a demandé de l'épouser, j'ai été flattée, ravie, et j'ai accepté sans hésiter. Il a trouvé une ravissante petite maison pour nous en dehors de la ville.

Devinant la suite, Paul se raidit.

— Il était gêné de ne pas avoir suffisamment d'argent pour acheter la maison, mais il m'a dit que le temps pressait, car quelqu'un d'autre avait déjà fait une offre. Je lui ai donné dix mille dollars pour un acompte. Il a quitté la ville en emportant l'argent.

Elle semblait au bord des larmes. Paul fit le tour du canapé et la prit dans ses bras.

— Ce n'est pas ta faute, mon ange.

Elle se tourna vers lui, et enfouit la tête dans sa chemise.

— A-t-il été arrêté ?

— Oui.

Il comprit au ton torturé de sa voix qu'elle ne lui avait pas tout raconté.

— Dis-moi le reste, mon cœur.

— Richard avait fait la même chose à une autre femme du comté en même temps. Quand il a été arrêté, alors qu'il s'apprêtait à dépouiller une troisième victime, il a été jugé et on m'a demandé de témoigner. Il a fallu que je dise devant tout le monde quelle idiote j'avais été. Plusieurs de mes amis m'avaient mise en garde, mais je n'avais pas voulu les écouter. J'étais tellement stupide !

Paul la serra contre lui. Il savait exactement quelle humiliation elle avait endurée. Et il savait aussi qu'une telle expérience pouvait laisser des marques indélébiles. Il était passé par là lui-même.

Il mit tendrement la main sur la nuque d'Angeline, l'encourageant à lever la tête vers lui pour qu'il puisse l'embrasser. Ses lèvres avaient le goût salé des larmes. Elle s'agrippa à sa chemise.

Elle avait besoin de lui, presque autant qu'il avait besoin d'elle.

Brusquement, elle se dégagea. L'angoisse et le regret donnaient à ses yeux la couleur d'un ciel d'orage.

— Je ne peux pas. J'ai failli ne pas survivre la dernière fois, Paul, dit-elle en tendant la main vers lui. Je t'en prie, essaie de comprendre.

— Tu n'as pas survécu, Angeline, observa-t-il avec douceur. Tu l'as laissé te prendre ton cœur.

— Tu ne comprends pas.

— Tu te trompes. Quand j'ai été arrêté, j'étais fiancé à une jeune femme de bonne famille. Deux heures à peine après avoir eu vent de mon arrestation, elle a rompu nos fiançailles. L'important pour elle était de préserver sa réputation. C'était elle qui était superficielle. Pas moi.

— Et le ressentiment que tu as envers la famille Boudreaux ? rétorqua-t-elle. Tu laisses cela gouverner ta vie, tout comme les actions de Richard gouvernent la mienne.

Ses paroles firent à Paul l'effet d'une gifle.

— Tu es une Boudreaux, après tout.

Pivotant sur ses talons, il sortit sans se retourner.

Angeline s'effondra sur le canapé, submergée par le remords. Comment avait-elle pu dire cela à Paul ? Elle se couvrit le visage de ses mains tremblantes, baissant la tête. Le médaillon de saint Christophe que Paul lui avait donné la veille glissa hors de l'échancrure de son chemisier.

Elle le prit entre ses mains et le regarda.

— Pardon, Paul, murmura-t-elle dans la pièce vide. Pardon.

Des larmes brûlantes roulaient sur ses joues. Sa seule excuse pour avoir été si méchante était qu'elle luttait pour sa survie. Si elle donnait son cœur à Paul, si elle cédait aux pulsions qu'il provoquait en elle, et qu'il la rejetait par la suite, elle ne s'en remettrait pas. Ce qu'elle avait éprouvé pour Richard n'était rien au regard de ce qu'elle éprouvait pour Paul. Ne valait-il pas mieux résister à ses sentiments, plutôt que courir le risque de tout perdre ?

La sonnerie du téléphone la fit tressaillir. Elle prit une profonde inspiration, puis décrocha.

— Allô ?

— Je suis désolée, répondit une voix de femme à l'autre bout du fil. J'ai dû faire un faux numéro. Je voulais parler à Paul Delahaye.

— Attendez, s'écria Angeline avant qu'elle ne raccroche. C'est le bon numéro.

— Oh… Puis-je lui parler ?

— Il n'est pas là pour l'instant. Puis-je lui transmettre un message ?

Son interlocutrice marqua une pause.

— Oui. Je m'appelle Nancy Wells. Dites-lui que j'ai l'information qu'il m'a demandée concernant l'affaire Boudreaux.

— Que vous a-t-il demandé de trouver ?

— Je ne peux pas vous le dire.

— Je vous en prie. C'est à cause de moi que Paul vous a contactée. La réponse pourrait nous aider à découvrir qui a tué ma mère.

Un long silence s'ensuivit. Angeline croyait que Nancy n'allait pas répondre mais sa voix s'éleva de nouveau.

— Dites à Paul qu'Edward Dias a été le seul à s'occuper de cette affaire. John Kirby n'a jamais vu le dossier.

— Edward Dias ? répéta Angeline, sidérée.

— Vous le connaissez ?

— Non.

Mais les implications de cette nouvelle étaient énormes.

Angeline remercia la jeune femme, avant de raccrocher d'une main tremblante.

Comment Paul allait-il réagir ? Elle éteignit la télévision et s'assit sur le canapé pour attendre son retour, se demandant comment lui apprendre la nouvelle. Quand elle reconnut ses pas sous la véranda, elle se redressa.

Il parut surpris de la voir, mais se dirigea vers la cuisine sans lui adresser la parole.

— Paul.

Il s'arrêta, mais ne se retourna pas. Elle avait mal pour lui, brûlait de se jeter dans ses bras et de lui offrir du réconfort. Mais comment pouvait-elle le faire alors qu'elle était la cause principale de sa douleur ?

— Nancy Wells a téléphoné.

— Qu'est-ce qu'elle a dit ? demanda-t-il en se retournant.

— Qu'Edward Dias a été le seul à s'occuper du dossier après ton départ.

— Pas John Kirby ?

— Non.

Ce fut comme si elle lui avait donné un coup de fouet. Une souffrance soudaine altéra ses traits.

— Et je l'ai envoyée à lui…

Un gémissement torturé lui échappa, venu du tréfonds de son âme.

Elle se leva et fit un pas vers lui. Il recula.

— Va te coucher, Angeline.

Il entra dans la cuisine, puis ouvrit la porte de derrière et disparut dans la nuit.

Angeline jeta un coup d'œil à son réveil. Il était 2 heures passées. Il y avait quatre heures que Paul était sorti. Elle avait enfilé sa chemise de nuit et son peignoir, mais ne s'était pas couchée. A quoi bon, puisqu'elle savait qu'elle ne pourrait pas dormir ?

Elle regarda par la fenêtre de sa chambre, le cherchant des yeux. La douleur lui comprimait la poitrine, l'empêchant de respirer. Ses doigts trituraient le médaillon de saint Christophe.

Paul était dehors, quelque part. Il souffrait et se blâmait pour la mort de Marianna. Il avait besoin d'elle.

Oubliant ses peurs, elle sortit de la maison et scruta la nuit.

Soudain, elle l'aperçut, assis par terre, adossé à un tronc d'arbre.

Le clair de lune filtrait à travers les feuilles, dessinant d'étranges formes sur ses jambes étendues devant lui. Son visage était dans l'ombre. Mais Angeline n'avait pas besoin de voir son expression pour savoir qu'il souffrait. Elle sentait les reproches dont il s'accablait, et le désespoir qui le submergeait.

A pas lents, elle se dirigea vers lui.

— Paul.

Il ne dit rien, se contentant de la regarder approcher. Angeline tendit la main vers lui.

— Reviens à l'intérieur avec moi. Je t'en prie.

Il ne bougea pas. Angeline ne put se résoudre à le laisser seul dans sa détresse. S'agenouillant à côté de lui, elle prit sa main dans la sienne. Le regard de Paul était sombre, presque noir.

— Ce n'était pas ta faute. Comment aurais-tu pu savoir ? Si tu avais su, tu n'aurais jamais envoyé Marianna le voir.

— Je pensais que c'était un ami, murmura-t-il d'une voix écorchée par la souffrance. Comment a-t-il pu me trahir ainsi ? Après ma sortie de prison, je lui ai téléphoné pour lui demander qui s'occupait de l'affaire. Il m'a juré que c'était John. Que toutes les preuves avaient déjà disparu quand le dossier lui avait été transmis.

Elle s'approcha plus près, et lui caressa la joue.

— Tu ne m'as pas dit tout à l'heure que mon cœur n'était pas à blâmer pour l'amour que j'avais perdu ? Tu n'as pas de reproches à te faire, Paul. C'est Edward le coupable.

Avec un gémissement, il enfouit son visage entre les seins d'Angeline et lui entoura la taille de ses bras. Elle sentit les tremblements qui le secouaient et ferma les yeux, soulagée qu'il donne enfin libre cours à son chagrin.

Elle lui tenait la tête, ses doigts caressant les mèches soyeuses de ses cheveux noirs tandis qu'il s'abandonnait à la douleur.

Pauvre Paul. Il avait aimé trop fort, exposant son cœur. Et il l'avait payé cher. Mais elle ne doutait pas qu'il aimerait de nouveau. Et, curieusement, la douleur qu'il éprouvait donnait à Angeline le courage de risquer son propre cœur.

Les lèvres de Paul déposèrent une traînée de baisers à la naissance de ses seins.

— Angeline, gémit-il, d'une voix sourde. Mon ange…

Il la lâcha et elle se recula légèrement pour le regarder dans les yeux. Au-delà de la souffrance, elle lut dans son regard quelque chose qui l'attira. Un besoin. Un amour. Pour toute réponse, elle se pencha vers lui, posant ses lèvres sur les siennes.

Il l'attira sur ses genoux, mit la main sur sa nuque, et leur baiser se fit plus intime, plus passionné. Angeline était enivrée par la chaleur qui émanait de Paul, par son odeur masculine. Surtout, il y avait chez lui un appétit, une joie naturelle pour les plaisirs de la vie qui trouvait un écho chez Angeline. Sa chaleur et sa passion faisaient voler en éclats les barreaux de la cage qui contenait son âme.

Paul pressait son torse solide contre son flanc. Elle tendit la main vers les boutons de sa chemise. Il l'arrêta d'un geste.

— Tu es sûre ? Quand nous serons amants, il sera trop tard pour revenir en arrière. Tu ne fais pas cela seulement pour me réconforter, n'est-ce pas ? Tu veux faire l'amour autant que moi, n'est-ce pas, Angeline ?

Ses yeux s'emplirent de larmes. Qu'il considère ses émotions et ses sentiments à un tel moment prouvait qu'il était un homme d'honneur. A cet instant, elle sut, sans l'ombre d'un doute, qu'elle l'aimait.

— Oui, Paul. Je te veux.

Il lâcha sa main. Il ne fit pas un autre geste pour pousser plus loin leur intimité, et elle sut qu'il lui donnait une dernière chance de se raviser.

Elle se pencha vers lui et promena la langue sur la lèvre inférieure de Paul, tandis que ses doigts recommençaient à défaire les boutons de sa chemise.

— Quelle coquine petite langue, murmura-t-il. Donne-la-moi.

Il couvrit sa bouche de la sienne, laissant à Angeline le soin de prendre l'initiative. Elle sortit sa chemise de son pantalon, et il l'aida à faire glisser le tissu sur ses épaules.

Lentement, elle promena les mains sur ses bras et les muscles de son torse.

— Tu es si beau, souffla-t-elle, posant les paumes sur son ventre dur.

Il serra les dents, rejetant la tête en arrière.

— Paul, qu'y a-t-il ?

Son rire était presque un gémissement.

— Tes délicieuses petites mains me tuent, soupira-t-il. Mais c'est une mort que j'accepte volontiers…

Il lui prit les mains, et déposa un baiser sur chaque paume.

— Ne restons pas ici, mon ange. Le shérif a la réputation d'espionner tout le monde. Je pense que nous devrions rentrer.

Angeline rougit et se redressa. L'idée de faire l'amour en plein air était à la fois choquante et délicieusement tentante.

— Un jour, dit-il en se levant, je te promets que nous ferons l'amour toute la nuit ici.

Il ramassa sa chemise et la jeta par-dessus son épaule, puis souleva Angeline dans ses bras.

— Qu'est-ce que tu fais ?

— Je te porte jusqu'à la maison. Je ne veux pas te perdre à présent.

— Tu ne me perdras pas, Paul, répondit-elle en posant la tête sur son épaule. Je te le promets.

Il traversa la maison, entra dans la chambre, et la déposa avec douceur sur le lit. Ensuite, il se retourna et lança sa chemise sur une chaise. Angeline ne bougea pas. Elle avait la tête baissée, les mains sagement jointes sur ses genoux. Elle semblait aussi nerveuse qu'une jeune mariée.

Et c'était ainsi qu'il pensait à elle. Elle était sienne. Et il se battrait jusqu'à son dernier souffle pour la protéger de Roger et Guy Boudreaux.

Il lui souleva délicatement le menton, redoutant presque d'affronter son regard.

— Tu as changé d'avis ?

Il fallait qu'il pose la question. Son cœur l'exigeait.

Le regard d'Angeline descendit sur son torse jusqu'à son jean, puis remonta jusqu'à son visage. Elle déglutit.

— Non.

Paul réprima l'envie primitive de hurler sa joie. Avec un

sourire espiègle, il s'agenouilla devant elle et dénoua la ceinture du peignoir. D'un geste lent, il le fit glisser sur ses bras, ses lèvres suivant le tissu.

— Tu as le goût de la crème qu'on met sur les fraises, murmura-t-il.

Assis sur ses talons, il la contempla longuement. Le médaillon de saint Christophe qu'il lui avait donné pendait entre ses seins. Il fit passer la chaîne par-dessus sa tête.

— Tu n'en auras pas besoin ce soir, dit-il en le posant sur la table de nuit.

Quand il se retourna vers elle, Angeline lui caressa le visage.

— Fais-moi l'amour, Paul.

Il se leva, défit la ceinture de son jean et se dévêtit entièrement avant d'aider Angeline à retirer sa chemise de nuit. Puis il s'assit au bord du lit et lui tendit la main, l'entraînant sur lui en même temps qu'il s'allongeait.

Elle lui adressa un sourire hésitant.

Il se tourna et ils se retrouvèrent allongés face à face. Ce soir, il prendrait son temps pour l'emmener au royaume des cœurs unis.

Il promena paresseusement la main sur son dos, prenant possession de ses lèvres tandis qu'il la caressait d'un geste sûr. Sa main se referma sur un sein, ses doigts jouant légèrement avec le mamelon.

Elle gémit, et remua contre lui.

— Touche-moi, mon cœur. Tes caresses sont comme un feu qui me dévore.

Timidement d'abord, puis avec plus d'assurance, elle laissa courir ses mains sur son corps, la chaleur de ses doigts attisant le brasier en lui.

Il la fit rouler sur le dos, et se pencha pour prendre la pointe de son sein dans sa bouche. Elle émit un petit cri de surprise et de plaisir, qui décupla le désir de Paul.

Ses doigts descendirent sur le ventre de la jeune femme, se posant sur le centre de sa féminité. Elle ouvrit brusquement les yeux et chercha son regard. Il prit place entre ses cuisses, et lui encadra le visage de ses mains.

— Je suis le premier ?

Elle se raidit et détourna la tête. Il avait sa réponse. Il captura son menton, l'obligeant à lui faire face.

— Mon ange, écoute-moi. Si je te le demande, c'est seulement pour savoir si je dois être particulièrement doux. Rien d'autre.

Il lui caressa tendrement la joue.

— Mais en vérité, mon cœur, je suis le premier. Le premier à toucher ton cœur. Comme tu es la première pour moi.

Il reprit sa bouche, et elle se détendit peu à peu, s'abandonnant de nouveau à la passion. Il déposa une traînée de baisers sur son visage, puis lui mordilla le lobe de l'oreille.

— Paul…

Il entendit le désir dans sa voix, mais continua à la caresser, à attiser le feu qui brûlait en elle.

Sa bouche revint sur la sienne, la préparant à l'acte final. Elle s'arqua à sa rencontre, l'accueillant tandis qu'il plongeait en elle.

— Paul…

Sa voix était haletante, reflétant la tension qui s'accumulait en elle au rythme de ses poussées. Il sentit qu'elle était au bord de l'extase, et soudain, elle poussa un cri, secouée par des vagues successives de plaisir.

La chaleur qui émanait d'elle eut enfin raison de Paul. Il s'abandonna à son tour, et s'effondra sur elle dans un spasme. Quand il retrouva ses esprits, il sut qu'il avait changé.

Angeline avait fait de lui un homme à part entière.

15

Pelotonnée contre Paul, la tête reposant sur son épaule, Angeline écoutait les battements de son cœur. Les premières lueurs de l'aube éclairaient le ciel. Quand elle s'était réveillée, quelques minutes plus tôt, elle avait éprouvé une sensation de bien-être qu'elle n'avait jamais ressentie depuis l'enfance.

Elle connaissait désormais le paradis sur terre. Paul le lui avait fait découvrir la veille au soir. Ce qu'elle avait partagé avec lui ne ressemblait en rien à ce qui s'était passé entre Richard et elle des années plus tôt. A l'époque, elle s'était demandé à quoi tous ces romans sentimentaux faisaient allusion. L'expérience lui avait semblé tout à fait insignifiante.

Plus maintenant. Faire l'amour avec Paul avait été une révélation.

Elle caressa paresseusement le torse de son compagnon. Il lui avait apporté un plaisir indescriptible. Elle avait savouré le contact de ses mains, de ses lèvres, celui de son corps plaqué au sien.

Mais ce qui l'avait frappée par-dessus tout était le sentiment d'union qu'elle avait partagé avec lui. Ce qui s'était passé entre eux allait au-delà du plaisir charnel. Ils s'étaient révélé leur âme, ils avaient échangé des secrets. Et Angeline savait qu'elle lui avait donné son cœur.

— Ah, mon ange. Quelle délicieuse manière de se réveiller, en sentant tes doigts si doux sur moi.

Elle voulut retirer sa main, comme si elle s'était brûlée. Il captura son poignet et la remit où elle était.

— Non, Angeline. J'aime tes caresses, dit-il en lui adressant un sourire espiègle qui ne laissait aucun doute sur le sens de ses paroles.

Elle laissa descendre sa main le long du corps de Paul, et la referma sur son membre viril. Il écarquilla les yeux et s'abandonna au plaisir.

— C'est ce que tu avais en tête, hein ? demanda-t-elle, taquine.

Il rejeta la tête en arrière en riant.

— J'ai fait de toi une vraie Cajun, non ?

Angeline sourit, songeant qu'il avait peut-être raison.

— C'est possible. Tu m'as certainement montré comment apprécier… euh… certaines choses.

— Vraiment ? Eh bien, comme tu es une bonne élève et que tu apprends vite, tu mérites une récompense.

Elle apprenait vite, en effet. Au point qu'elle avait du mal à se reconnaître. Mais Paul la repoussa doucement contre les oreillers, ne lui laissant pas le temps de s'en inquiéter.

Plus tard. Elle s'en inquiéterait plus tard.

— Choisis, mon ange. La douche ou le café ?

Elle lui échappa et courut vers la salle de bains.

— C'est toi qui fais le café, lança-t-elle par-dessus son épaule.

Paul hésita une seconde, tenté d'aller la rejoindre sous la douche, mais la sonnerie du téléphone retentit alors qu'il repoussait les draps.

Il décrocha.

— Paul, c'est Nancy à l'appareil. As-tu eu mon message hier soir ?

Le sujet qu'il avait délibérément tenté d'oublier revint au galop, et la douleur lui transperça le cœur.

— Oui. Angeline me l'a transmis.

— Je ne savais pas si je devais le lui dire.

— Tu as bien fait.

— Tant mieux.

Nancy était son ancienne secrétaire, une petite femme toute menue aux cheveux noirs et au rire communicatif. Il avait sans doute été le seul homme du bureau à ne pas essayer d'avoir une aventure avec elle. C'était probablement une des raisons pour lesquelles elle lui était restée loyale.

— Paul, écoute-moi. Edward m'a surprise dans la salle des archives et m'a demandé ce que je faisais. J'ai inventé un prétexte quelconque, mais je ne crois pas qu'il m'ait crue. Il me surveille de très près depuis, et on m'a appris ce matin que j'allais être transférée à un autre poste.

Paul retint un juron. Voilà qu'il avait mis quelqu'un d'autre en danger.

— Je suis désolé, Nancy.

— Ne t'inquiète pas. J'étais mal à l'aise dans ce bureau de toute façon. J'appelais seulement pour t'avertir et te dire que je ne pourrai pas te donner d'autres informations.

— Tu m'as déjà beaucoup aidé.

Après avoir raccroché, il prit une profonde inspiration. La trahison d'Edward lui laissait un goût amer. Il ignorait si ce dernier avait participé au complot qui avait mené à son arrestation, mais il se jura de le découvrir.

Il reprit l'appareil et composa le numéro de Ted pour lui relater la conversation qu'il venait d'avoir avec Nancy.

— Si tu as encore des contacts dans la commission, Ted,

je pense que tu devrais leur suggérer d'enquêter sur lui. Il se passe quelque chose.

— Je le ferai, promit Ted.

Son ami avait quitté la commission quelques mois avant l'arrestation de Paul, las de la bureaucratie et des manœuvres politiciennes.

— Comment va Angeline ?

— Quelqu'un a mis le feu à sa maison, Ted.

— Quoi ?

Paul soupira.

— On l'a assommée, après quoi on a mis le feu à la maison.

Ted laissa échapper un juron.

— Elle va bien ?

— Oui. Elle habite chez moi en attendant que nous sachions qui se cache derrière tout ça. S'il se passe quelque chose à La Nouvelle-Orléans, tiens-moi au courant.

— Bien sûr. Fais attention à la petite.

— Je te le jure sur ma vie.

Angeline se hâta de prendre sa douche, partagée entre la crainte et le désir que Paul vienne la rejoindre. Elle enfila rapidement des vêtements prêtés par Eleanor, songeant qu'elle devait aller faire du shopping. Il était temps qu'elle remplace les effets qu'elle avait perdus dans l'incendie.

Ils arrivèrent à la société historique à 10 heures précises. Henri Colton les attendait devant la porte.

— Bonjour, lança-t-il en se hâtant de descendre les marches pour venir à leur rencontre. Comment allez-vous par ce beau matin, Angeline ?

— Très bien, merci, Henri.

— Venez. Je vais vous montrer ce sur quoi travaillait Marianna.

Ils suivirent Henri à l'intérieur du bâtiment qui avait autrefois été la résidence d'un riche planteur. Le rez-de-chaussée, anciennement utilisé comme remise, abritait désormais une exposition d'outils agricoles anciens et de costumes datant de l'époque où la maison avait été construite. Le premier étage avait été restauré, et avait retrouvé son lustre d'avant la guerre de Sécession.

Henri leur fit rapidement visiter les lieux, puis tira des clés de sa poche et ouvrit la porte d'un bureau.

— C'est ici que Marianna travaillait. Nous conservons de vieilles revues, des documents donnés par des habitants de la région, tout ce qui témoigne de la vie de la paroisse. Nous avons aussi des copies d'extraits de naissance, et d'actes de mariage et de décès. Ainsi que divers journaux.

Angeline entra dans la pièce, surprise par l'aspect moderne des installations. Les murs étaient couverts de rayonnages, et plusieurs placards métalliques étaient installés les uns contre les autres au centre de la pièce, séparant deux bureaux. Un petit ordinateur était posé sur l'un d'eux.

— C'était celui de Marianna, indiqua Henri.

— Elle devait garder des disquettes quelque part, observa Angeline.

Henri haussa les épaules.

— Marianna aimait bien cette machine. Moi, je n'y connais rien. Mais vous pouvez l'allumer et regarder ce qu'elle y a mis.

Angeline le remercia d'un sourire. Henri se redressa, et sortit en sifflotant.

— Je ne sais pas pourquoi les gens pensent qu'il est grognon, dit-elle. Il a été charmant avec moi.

Paul se pencha vers elle et lui vola un baiser.

— Mon ange, tu as un effet miraculeux sur les hommes. C'est la première fois que je vois ce vieux Cajun se comporter comme un petit garçon.

Angeline sourit et s'assit devant l'ordinateur.

— Allons. Au travail.

Ils travaillèrent toute la matinée, chacun de son côté. Angeline se chargea d'examiner les dossiers contenus sur l'ordinateur, tandis que Paul feuilletait les documents laissés sur le bureau.

— Paul ! appela soudain Angeline d'une voix pressante.

— Oui ?

— Il y a quelque chose d'anormal.

Il se leva et vint la rejoindre.

— Quoi ?

Elle désigna l'écran.

— Tu vois cette liste de dossiers ? Ils font partie d'un livre. Ce sont les chapitres 1 à 13.

— Et alors ?

— Regarde, dit-elle en faisant apparaître un autre dossier. Elle avait prévu vingt chapitres. Les chapitres 14 à 20 devaient couvrir la période allant de 1920 à nos jours. Où sont-ils passés ?

— Tu as regardé partout ?

— Oui. Et j'ai fouillé dans le bureau. Il n'y a pas d'autre disquette.

— Peut-être l'a-t-elle mise en lieu sûr.

— Bonne idée, opina Angeline. Henri est peut-être au courant.

Elle éteignit l'ordinateur et ils retournèrent dans la partie principale du bâtiment, où Henri avait son bureau.

— Vous avez déjà fini ?

Angeline secoua la tête.

— Non. Nous sommes venus vous demander si Marianna vous avait confié une disquette.

— Une disquette ? répéta Henri, perplexe. Vous voulez dire le genre de disque qu'on met sur un électrophone ?

Paul se retint de rire à la vue du visage ahuri d'Angeline.

— Non, dit-elle d'une voix amusée. Je parle d'une disquette pour ordinateur.

Henri émit un petit bruit réprobateur.

— Oh non. Ces choses-là, c'est pour les jeunes.

Angeline lui expliqua brièvement ce qu'elle avait trouvé.

— Mais nous sommes peut-être sur une fausse piste, soupira-t-elle. Vous savez si Marianna avait écrit ces chapitres manquants ?

Henri acquiesça.

— Oui. Elle m'a dit qu'elle avait presque fini. Je sais qu'elle avait tout écrit jusqu'à la fin de la Seconde Guerre mondiale.

— Et tout était sur cet ordinateur ?

— Oui. Je l'ai vue commencer le chapitre 16. Il était au sujet de la grande crise, vous savez.

Angeline se laissa tomber dans le fauteuil en face de lui.

— En ce cas, une des disquettes manque.

— Et sauf erreur de ma part, poursuivit Paul, elle contient des informations qui ont causé la mort de Marianna.

Henri fronça les sourcils.

— Peut-être qu'elle l'a cachée dans son bureau ?

— La seule façon de le savoir est en cherchant, répondit Paul.

Ils passèrent le reste de la journée à passer au crible étagères et placards. Henri constata que plusieurs revues et un carton plein de documents avaient également disparu. Tous concernaient le début du vingtième siècle.

— Qui aurait pu faire une chose pareille ? grogna-t-il, perturbé par la perte de ces archives.

— La personne qui a tué Marianna, murmura Paul.

Une jeune fille apparut à la porte.

— J'ai fermé à clé, monsieur Colton, et je vais partir, dit-elle en lui tendant le trousseau.

Henri hocha la tête et le prit.

— Merci, Claire.

— Etes-vous le seul à posséder une clé ? s'enquit Paul quand la secrétaire fut partie.

— Oui. Mais je les laisse dans le petit bureau à l'entrée de la maison principale.

Paul se frotta le menton d'un air pensif.

— Quelqu'un pourrait facilement en faire un double et les remettre à leur place à votre insu, n'est-ce pas ?

Le vieil homme acquiesça à regret.

— Je suppose que c'est possible. Voulez-vous emporter les dossiers de Marianna pour les examiner ce week-end ?

— Oui, répondit Angeline.

Paul n'aurait pas dû être surpris par l'offre d'Henri, mais le fut néanmoins. Henri Colton, qui tenait aux archives de la société comme à la prunelle de ses yeux, venait de confier à Angeline un carton plein de documents. Décidément, son petit moineau du Nord accomplissait des miracles.

— Merci, Henri. C'est très gentil.

Le vieillard sourit jusqu'aux oreilles.

Henri les raccompagna jusqu'à la camionnette, et prit la main d'Angeline.

— A lundi, ma chère. Si vous avez besoin de quoi que ce soit, venez à mon bateau.

Ils le regardèrent s'éloigner, et Paul se tourna vers Angeline.

— C'est un moment historique dans l'histoire de cette paroisse. Henri Colton a invité quelqu'un chez lui. Eleanor ne va pas en croire ses oreilles.

— Peut-être que nous devrions les faire venir à la maison en même temps. Quelque chose me dit qu'ils s'intéresseraient l'un à l'autre.

Paul démarra.

— Tu joues les entremetteuses ?

— Après tout ce temps, il me semble que quelqu'un doit s'en charger, rétorqua Angeline en bouclant sa ceinture.

Comme ils sortaient du parking, Paul sentit un frisson lui parcourir la nuque.

La voiture du shérif était garée de l'autre côté de la rue.

16

Paul gara sa camionnette devant la boutique de Mlle Sophie. Le bâtiment recouvert de crépi blanc datait des années 1940 et abritait aussi l'unique quincaillerie de la ville.

Angeline lança à Paul un regard perplexe.

— Pourquoi nous arrêtons-nous ici ?

— Tu as besoin de vêtements pour ce soir, dit-il. De quelque chose d'élégant.

Elle arqua un sourcil, surprise qu'il se soit souvenu d'un détail pareil, alors qu'elle avait complètement oublié.

— C'est vrai. Le dîner chez les Boudreaux. J'ai besoin d'une robe.

Paul serra les lèvres à la mention de l'événement en question.

— Allons-y.

Elle le suivit jusqu'à l'entrée du magasin, mais s'arrêta net à la vue des autocollants indiquant les cartes de paiement acceptées sur la vitrine.

— Paul, murmura-t-elle en le prenant par le bras, attends. Je n'ai pas d'argent. Je veux dire, avec tout ce qui s'est passé, j'ai complètement oublié d'aller à la banque.

Jetant un regard autour d'eux, elle aperçut un sigle familier.

— Nous pouvons y aller, dit-elle en l'indiquant d'un geste. Je vais faire transférer de l'argent.

Paul consulta sa montre.

— Il est 16 h30, Angeline. Avec le décalage horaire, ta banque sera fermée.

Angeline se rembrunit. Il lui déplaisait d'être totalement dépendante.

— Je vais payer, et tu me rembourseras lundi, suggéra-t-il.

La solution qu'il proposait était raisonnable. A regret, Angeline capitula.

— Très bien.

Paul ouvrit la porte, s'effaçant pour la laisser entrer. La vendeuse qui était derrière le comptoir les vit, mais n'esquissa pas un geste. Angeline ne savait pas si l'affront lui était destiné, ou s'il visait Paul, mais elle en fut irritée. Elle jeta un coup d'œil vers lui. Son expression était impassible, mais sa posture trahissait une certaine tension, et Angeline comprit que l'attitude de la femme l'avait mis en colère.

Une autre cliente entra. Aussitôt, la vendeuse se précipita pour lui offrir son aide. Pendant qu'Angeline regardait les robes, elle entendit des chuchotements.

— Oui, c'est elle.

— Et avec lui. Evidemment.

Les doigts d'Angeline se crispèrent sur le cintre en plastique qu'elle tenait. Paul contourna le rayon et alla se planter devant les deux femmes. La vendeuse redressa le menton d'un air de défi.

— Oui ?

Angeline comprit aussitôt qu'elle devait intervenir avant que la situation ne tourne au vinaigre.

— Paul, il n'y a rien qui me plaise. Partons.

Il hésita un instant, puis hocha la tête, et l'escorta hors du bâtiment, non sans avoir foudroyé les deux commères du regard. Angeline était partagée entre la gêne et le désir de protéger Paul. Comment ces deux femmes avaient-elles osé parler de lui ainsi ? Elle était tentée de retourner dans la boutique et de leur dire leurs quatre vérités.

— Nous pouvons aller dans la ville voisine, suggéra Paul.

Les yeux d'Angeline s'embuèrent.

— Ce que je porte fera très bien l'affaire.

Il baissa les yeux sur sa jupe droite et son chemisier blanc tout simple.

— Non. Nous allons te trouver quelque chose qui soit digne de toi.

Elle se pencha vers lui et effleura ses lèvres d'un baiser, amusée par son air surpris. A vrai dire, elle se surprenait elle-même. Embrasser un homme en public ne lui ressemblait guère, mais la gratitude et la chaleur qu'elle lut dans les yeux verts de Paul quand elle se recula achevèrent de lui ôter ses doutes.

— Tiens, tiens. On se promène ?

La voix sirupeuse de Dennis Mathers venait de briser le charme de l'instant. Angeline ferma les yeux, espérant que le shérif allait s'en aller. Paul se raidit contre elle.

— Qu'est-ce que tu veux, Dennis ?

— Oh, rien.

Il enfonça les mains dans ses poches arrière et se balança sur ses talons.

— J'ai vu la petite dame sortir de chez Sophie et je suis venu m'assurer qu'elle s'était remise de ses émotions.

— Elle va bien, répondit Paul sèchement.

— J'ai eu un appel de la société de location de voitures aujourd'hui, ajouta-t-il d'un ton désinvolte. Ils voulaient vérifier que la voiture avait bien été détruite dans l'incendie.

Angeline se figea.

— Comment étaient-ils au courant ?

— Je leur ai téléphoné avant d'aller te chercher à l'hôpital, expliqua Paul.

Il décocha à Dennis un regard perçant.

— Que leur as-tu dit ?

— Que c'était vrai.

Paul émit un sifflement moqueur qui fit tressaillir Angeline.

— Je suis surpris, Dennis. Tu as dit la vérité, et sans qu'on ait besoin de te graisser la patte !

Dennis se jeta en avant, le poing serré. Avant qu'il puisse frapper, une canne s'abattit sur les jointures de ses doigts.

— Allez-vous vous tenir tranquilles, tous les deux ? ordonna Eleanor. C'est une honte de voir deux hommes de votre âge se conduire comme deux enfants en culotte courte !

Paul et Dennis prirent tous les deux un air penaud. A la grande surprise d'Angeline, ni l'un ni l'autre n'osaient affronter le regard d'Eleanor. La vue de ces deux hommes imposants remis à leur place par une petite vieille minuscule était presque comique.

Eleanor fit signe au shérif adjoint, assis dans la voiture de patrouille.

— Emmenez donc le shérif là où il a besoin d'aller.

Elle garda le silence jusqu'au départ de ce dernier, puis se tourna vers Paul d'un air désapprobateur.

— Qu'as-tu à dire pour ta défense ?

Il haussa les épaules.

— Ce type est un crétin.

— Peut-être, mais cela ne veut pas dire que tu doives t'abaisser à son niveau.

Paul sourit.

— Vous avez raison, m'dame.

Elle redressa dignement le menton.

— Bien sûr que j'ai raison. Maintenant, que faisiez-vous chez Sophie ?

— Angeline a besoin d'une robe pour ce soir. Nous sommes invités chez les Boudreaux. Mais apparemment, nous n'étions pas les bienvenus dans sa boutique.

Eleanor eut un geste de dédain de la main.

— Sophie n'a jamais eu le moindre grain de bon sens. Venez, ramenez-moi à la maison. Je pense pouvoir vous aider.

Paul se pencha et déposa un baiser sur sa joue ridée.

— Vous êtes un cadeau du ciel.

— Et tu peux être adorable quand tu veux.

Il aida la vieille dame à monter dans la camionnette.

— En chemin, je vous raconterai notre visite à Henri sur son bateau.

Miss Eleanor haussa les sourcils.

— Henri ? Quel Henri ?

— Henri Colton.

— Quoi ?

— C'est une longue histoire, m'dame. Une longue histoire.

Paul jeta un coup d'œil à la porte close de la chambre où Angeline s'habillait, et tira sur la cravate qui lui serrait le cou. Il n'avait pas porté de costume depuis son procès, mais pour faire plaisir à Angeline, il était prêt à endurer la chaleur et l'humidité dans cette inconfortable tenue.

Il lança négligemment sa veste sur le dossier du canapé et s'assit, souriant au souvenir de la réaction d'Eleanor quand il lui avait relaté leur expédition dans le bayou. La petite vieille avait ponctué son récit d'abondantes exclamations en cajun, qui semblaient confirmer la théorie d'Angeline sur ses sentiments à l'égard d'Henri.

Fermant les yeux, Paul pria silencieusement pour avoir assez de patience et de bon sens pour supporter la soirée qui l'attendait. Il lui faudrait un miracle pour venir à bout de l'événement sans croiser le fer avec Roger et Catlin…

Avec un soupir, il rouvrit les yeux et contempla le carton qu'ils avaient rapporté de la société historique. S'il devait attendre Angeline, autant en profiter pour entamer les recherches. Le premier dossier, au nom de Roucheaux, concernait la famille de son ancien camarade d'école, Emile. Les notes inscrites à la fin du dossier attirèrent son attention.

— Paul ?

La voix d'Angeline lui parvint, venant du couloir, suivie du claquement de ses talons sur le plancher. Il leva les yeux et resta figé sur place. Angeline était splendide dans la robe qu'Eleanor lui avait donnée. Le corsage plissé descendait sur ses hanches minces avant de s'évaser en une jupe en tissu vaporeux autour de ses jolies jambes. Un délicat col en dentelle entourait son cou gracieux. La couleur champagne faisait penser à une robe de mariée.

Elle ajusta un des peignes qui retenaient ses cheveux, puis tritura la chaîne en argent qui disparaissait sous sa robe.

— Qu'en penses-tu ? demanda-t-elle d'un ton inquiet.

Paul la regardait, fasciné. Il avait l'impression d'avoir reçu un coup de poing à l'estomac. Sans un mot, il se leva, attira Angeline dans ses bras et prit possession de ses lèvres. Elle gémit et s'abandonna, nouant les bras autour de lui.

Il mourait d'envie de l'entraîner dans la chambre et de défaire son œuvre, mais le bon sens l'en empêcha. Il recula d'un pas.

— Ça répond à ta question, mon ange ?

Il lui encadra le visage de ses mains, caressant sa joue et

son cou du bout des doigts. Sa peau était douce, soyeuse, et il brûlait de la toucher davantage.

— Tu es belle à couper le souffle. Aussi belle que la première fleur de magnolia au printemps.

Elle prit sa main et la porta à ses lèvres.

— Merci, souffla-t-elle, le regard empreint de chaleur et de passion.

— Oublions les Boudreaux. Viens dans la chambre avec moi.

Angeline agita vers lui un doigt menaçant.

— Tu sais combien de temps il m'a fallu pour me préparer ?

Il rejeta la tête en arrière en riant.

— Ta remarque prouve que tu n'es pas un ange, après tout. Seule une femme de chair et de sang dirait une chose pareille.

Elle plissa le nez.

— As-tu trouvé quelque chose dans ces classeurs ?

— Des notes sur différentes familles, des références à d'autres ouvrages, ce genre de choses. Si nous voulons éclaircir ce mystère, il va nous falloir relire chacun de ces dossiers plusieurs fois pour trouver ce que nous cherchons.

Il désigna la dernière page de notations concernant les Roucheaux.

— Marianna parle ici du document numéro vingt dans le dossier quarante-deux. Il nous faudra vérifier dans les rayonnages quand nous retournerons à la société.

Il referma le dossier, le remit dans le carton, après quoi il emporta le tout dans la cuisine.

— Que fais-tu ?

Paul ouvrit la porte du garde-manger, posa le carton et souleva une trappe dans le plancher.

— Je cache ce bébé. Si nous avons des visiteurs inattendus, ils ne trouveront rien.

— Tu crois vraiment que c'est nécessaire ?

Il leva les yeux vers elle.

— Tu en doutes encore ? demanda-t-il, abasourdi qu'elle fasse preuve de tant d'innocence.

Le visage d'Angeline se décomposa.

— Non, murmura-t-elle, avant de retourner dans le salon.

Envahi par le remords, Paul se hâta de ranger le carton, puis alla rejoindre Angeline. Elle était debout à la fenêtre, le regard plongé dans la nuit. Il l'entoura de ses bras et déposa un baiser sur sa joue.

— Je suis désolé.

La main d'Angeline se posa sur la sienne.

— Ne t'excuse pas, Paul. Parfois, j'oublie d'être prudente.

Il lui mordilla doucement le lobe de l'oreille.

— C'est pour ça que je suis là. Pour y penser et te protéger.

Elle lui jeta un regard boudeur par-dessus son épaule.

— C'est tout ?

Paul éclata de rire et lui donna une tape sur la fesse, puis recula.

— Petite coquine. Viens, partons avant que je succombe au désir.

Durant le trajet, leur humeur taquine céda la place à une tension grandissante. Angeline triturait le mouchoir qu'elle avait dans la main, trahissant sa nervosité.

Enfin, Paul s'engagea dans une longue allée pavée, bordée de rosiers et de buissons de chèvrefeuille. Angeline laissa échapper un cri à la vue de la résidence.

— Spectaculaire, *hein* ?

Elle le regarda, puis reporta son attention sur la maison.

— Très.

— Oui. Les Boudreaux aiment bien l'ostentatoire. Ils veulent que tout le monde sache à quel point ils sont riches et importants.

Sa voix était empreinte de mépris, et Angeline fronça les sourcils, inquiète.

Il se gara devant l'énorme entrée.

— Ma camionnette n'est pas exactement le genre de véhicule distingué que ces gens veulent avoir devant chez eux, commenta-t-il. Ça tombe bien.

Sur quoi, il descendit, claquant la portière derrière lui.

Aussitôt, Guy apparut sur le perron.

— Angeline.

Il l'atteignit avant Paul et l'aida à descendre. Une curieuse expression traversa son visage alors qu'il la détaillait des pieds à la tête.

— Tu es ravissante, ma chère. Tu ressembles de manière frappante à ma tante, Jacqueline.

Jacqueline avait été la seule Boudreaux digne de respect, songea Paul. Elle, au moins, avait eu un cœur.

Guy lâcha enfin les mains d'Angeline et se tourna vers lui. Il n'était sans doute pas plus réjoui de voir Paul que ce dernier ne l'était d'assister à ce dîner.

— Comment allez-vous, Paul ?

Une légère odeur de whisky confirma les soupçons de ce dernier. Il n'éprouvait que mépris pour l'homme qui se tenait devant lui. Et il était stupéfait que Marianna et Angeline aient pu voir quelque chose d'admirable chez ce lâche.

Angeline mit la main sur son bras et le pressa doucement. Comprenant son message silencieux, il plaqua un sourire sur son visage.

— Très bien, Guy, répondit-il avec une jovialité forcée.

Après un silence embarrassant, Guy désigna la porte.

— Si nous entrions ? Mon père et Catlin nous attendent.

Il offrit son bras à Angeline. A la consternation de Paul, elle l'accepta et entra.

Catlin était assise sur une bergère dans le salon, un cocktail entre ses mains impeccablement manucurées. Roger se tenait près de la fenêtre, une lueur calculatrice dans le regard.

— Angeline, tu te souviens de mon père, Roger.

— Oui.

Pour la plus grande satisfaction de Paul, elle le salua d'un geste de la tête, sans sourire, ni tendre la main.

— Je suis heureux que vous ayez consenti à venir ce soir, dit Roger. Cela me donne l'occasion de m'excuser pour ma conduite inqualifiable de l'autre jour. Votre apparition m'avait pour le moins surpris.

Et comment, songea Paul.

— Je crains que nous n'ayons tous été surpris par les révélations de la semaine écoulée, observa Angeline. Avant d'arriver ici, j'ignorais que j'avais été adoptée.

Un muscle tressaillit dans le cou de Roger, mais il parvint à esquisser un sourire.

Guy entraîna Angeline vers la bergère.

— Et tu as déjà fait la connaissance de ma femme, Catlin.

Celle-ci posa son verre sur la table du salon.

— Oui, bien sûr, dit-elle avec force amabilité. A mon regret, c'était dans des circonstances malheureuses. J'espère que vous aurez la gentillesse d'oublier mes paroles. J'avais peur que vous ne tentiez d'utiliser votre lien de parenté avec Guy pour lui soutirer de l'argent.

— Catlin, intervint Guy.

Elle fit la moue.

— Mais, chéri, j'essayais seulement de te protéger.

— Nous savons tous ce que vous essayiez de protéger, grommela Paul.

Catlin lui décocha un regard foudroyant, dont il se moquait parfaitement. En revanche, l'air désapprobateur d'Angeline lui rappela qu'il devait tenter de se maîtriser.

— Monsieur Boudreaux, le dîner est servi, annonça une domestique en entrant dans la pièce.

Angeline poussa un soupir de soulagement. Peut-être les choses iraient-elles mieux une fois qu'ils seraient tous à table. Elle jeta un coup d'œil à Paul par-dessus son épaule, le suppliant de comprendre, puis glissa son bras sous celui de Guy. Les trois autres les suivirent dans la salle à manger.

Un lustre énorme était suspendu au-dessus de la table, ses centaines de prismes reflétant des éclats de lumière multicolores dans toute la pièce. Angeline s'arrêta, impressionnée.

— C'est splendide. Je n'en ai jamais vu d'aussi…

— … vulgaire ? souffla Paul en passant à côté d'elle.

— Il vous plaît ? demanda Roger en entrant à son tour. Je l'ai conçu moi-même. Il a été fabriqué à Paris et envoyé ici juste avant que la France capitule pendant la Seconde Guerre mondiale.

— C'est une des choses dont je suis tombée amoureuse quand je suis venue vivre dans cette maison, renchérit Catlin. Il symbolise la distinction de cette famille exceptionnelle.

Paul leva les yeux au ciel, mais, au grand soulagement d'Angeline, ne fit aucun commentaire. Bien sûr, les paroles de Catlin disaient tout. La famille Boudreaux avait de l'argent, et cela plaisait à Catlin, comme le prouvait l'énorme diamant qu'elle portait à la main droite.

Angeline secoua la tête, songeant qu'elle commençait à penser comme Paul. Mais son sens inné de la justice lui disait qu'elle devait donner une chance à ces gens, et ne pas se fier uniquement au jugement de Paul. Pourtant, une petite voix lui disait aussi qu'il ne s'était pas trompé jusque-là…

— Vous souriez, Angeline, observa Roger. Voulez-vous nous dire ce qui vous amuse ?

— Père, ne la mets pas au pied du mur ainsi, protesta Guy.

Tous les yeux s'étaient tournés vers Angeline.

— Je suis contente d'être ici, c'est tout.

Ses paroles semblèrent suffire à détendre l'atmosphère, et le dîner se déroula sans anicroche. Guy parla à Angeline de son cabinet, et évoqua son espoir de devenir prochainement gouverneur de Louisiane.

Angeline se tourna vers Roger.

— Vous devez être très fier de Guy.

— Oui. Il y a longtemps que nous visons ce poste de gouverneur.

La lueur farouche qu'elle lisait dans son regard fit frissonner Angeline. Cet homme était assoiffé de pouvoir.

Elle jeta un coup d'œil à son père. Son visage était impassible, comme s'il redoutait de fondre en larmes s'il s'autorisait à éprouver une quelconque émotion.

— Oui, c'est fou ce que l'argent peut acheter, opina Paul. Mais c'est à ça qu'il sert, n'est-ce pas, Roger ?

— Paul ! intervint Angeline, outrée.

— Non, Angeline. Il faut que tu comprennes.

Il fixa Roger d'un regard implacable.

— Pourquoi n'expliquez-vous pas à votre petite-fille comment vous avez fait fortune ?

Roger porta sa tasse de café à ses lèvres, but une gorgée de liquide, puis la reposa sur la soucoupe.

— J'ai gagné de l'argent sur des concessions de gaz et de pétrole.

— Et ? insista Paul.

Roger haussa les épaules.

— Et mes investissements se sont avérés profitables.

Paul saisit Angeline par le bras, la forçant à se tourner vers lui.

— Il a fait le tour de la paroisse en se posant en sauveur, achetant les concessions pour une bouchée de pain. C'était la crise de 1929. Les gens pensaient qu'il avait été envoyé par le ciel pour leur éviter la misère. Quelques semaines à peine après qu'il avait acheté la dernière concession, on a trouvé du pétrole tout près d'ici. Il a passé les années suivantes à faire fortune, alors que tout le monde par ici devenait de plus en plus pauvre.

Angeline retira son bras. Roger continua à boire son café tranquillement. Guy, blanc comme un linge, vida d'un trait le reste de son verre de whisky. La main de Catlin se crispa sur sa fourchette.

— Ce n'est pas vrai, Roger ? fit Paul.

Roger joua avec son verre à eau, dégageant un air de suprême indifférence.

— Si, c'est vrai. J'ai eu de la chance.

— Je suis prêt à parier mille dollars que vous aviez un rapport géologique entre les mains avant de faire ces offres, asséna Paul, étrécissant les yeux. Ou que vous connaissiez quelqu'un qui travaillait pour la compagnie pétrolière.

La tension dans la pièce était presque palpable. Roger croisa les bras et se cala sur sa chaise.

— Vous avez une imagination débordante, ironisa-t-il. Vous devriez écrire des romans. Ou alors…

Il se pencha en avant.

— Si vous pensez pouvoir prouver vos mensonges, dites-le au procureur général. Sinon, cessez de proférer vos accusations. Je pourrais vous poursuivre en justice pour diffamation.

Paul se leva, hors de lui. Il mit les mains à plat sur la table et décocha à Roger un regard rempli de haine.

— Mais si je le faisais, vous achèteriez le procureur, comme vous l'avez déjà fait. A moins que vous ne décidiez de me faire supprimer, comme Marianna. Qu'avait-elle donc découvert sur vous, pour que vous jugiez nécessaire de l'abattre ?

Roger se leva à son tour.

— Je n'ai pas à écouter ce genre d'insultes, chez moi, de la part d'un ex-taulard qui est le fils d'un alcoolique. Sortez d'ici !

Paul se redressa, mais avec un air tellement menaçant qu'Angeline cilla.

— Vous n'avez rien à craindre de moi, Roger. Physiquement, tout au moins. Je ne porterai pas la main sur un vieil homme comme vous. Mais si je peux trouver des preuves pour vous ruiner, je le ferai. Je vous le jure.

Un silence de mort s'abattit sur la pièce.

Angeline tira sur la manche de Paul.

— Partons.

Il baissa les yeux sur elle et sembla revenir à lui-même. Une partie de sa colère se dissipa dans ses yeux, mais un feu ardent demeura. Il hocha la tête, tourna les talons et sortit.

Angeline lança à Guy un regard d'excuse.

— Partez, dit-il doucement.

Elle le salua d'un signe de tête, puis se hâta de suivre Paul. Il l'attendait dans la camionnette, le moteur tournant au ralenti. Ses mains étaient crispées sur le volant, sa veste et sa cravate gisaient sur le siège. A peine eut-elle refermé la portière qu'il appuya sur l'accélérateur et partit en trombe.

Angeline mit une main sur sa bouche pour s'empêcher de crier. Elle voulait qu'il reprenne le contrôle de lui-même, qu'il cesse de se comporter comme un dément.

Il traversa la ville à toute allure, roulant bien au-dessus de la limite de vitesse. Finalement, Angeline n'y tint plus.

— Arrête ! hurla-t-elle.

Il ne réagit pas. Elle saisit la manche de sa chemise et tira.

— Arrête-toi tout de suite !

Après lui avoir lancé un rapide coup d'œil, il ralentit et se gara le long du trottoir. Aussitôt, Angeline bondit à bas du véhicule, claquant la portière avec tant de force que toute la vieille Ford en trembla.

— Qu'est-ce que tu fais ? demanda-t-il. Remonte.

— Non.

Elle se mit à marcher, et l'entendit qui descendait à son tour.

— Angeline, nous sommes encore à trois kilomètres de chez moi. Tu ne peux pas y aller à pied. Il fait noir et quelqu'un pourrait ne pas te voir sur la route et te renverser.

Elle pivota sur ses talons, furieuse.

— Tu t'inquiètes pour ma sécurité ? s'indigna-t-elle en lui enfonçant un doigt dans la poitrine. Je suis probablement moins en danger sur la route que dans ta camionnette !

Paul lui attrapa le poignet, l'empêchant de repartir.

— Je suis désolé, Angeline. Je conduisais comme un fou. Remonte dans la camionnette. Je te promets de rouler normalement.

Angeline promena un regard autour d'elle, jaugeant le paysage sombre et peu familier. Sa colère contre Paul était intacte, mais il aurait été stupide d'errer seule sur cette route.

— Très bien, dit-elle à regret.

Paul tenta de mettre le bras autour de ses épaules, mais elle se dégagea. Il la dévisagea à la lueur des phares.

— Tu es fâchée à cause de la manière dont je me suis conduit là-bas, c'est ça ?

— Tu ne penses pas que tes manières ont laissé un tant soit peu à désirer ? Insulter notre hôte de la sorte était inexcusable.

— Non, Angeline. Ce qui est inexcusable, c'est la façon dont Roger Boudreaux s'est nourri de la malchance des autres. C'est un être malfaisant, et jusqu'ici, il a été récompensé pour sa malhonnêteté. *Non*, je ne m'excuserai pas de m'être élevé contre l'injustice. Si plus de gens faisaient comme moi, le monde n'en serait que meilleur. Les types comme Roger ne s'en tireraient pas à si bon compte.

Piquée au vif, Angeline fit un pas vers lui, les mains sur les hanches.

— Est-ce que tu veux dire que je suis de ceux qui laissent ces êtres malfaisants en paix ? Que je ferme les yeux sur leurs crimes ? C'est ça que tu veux dire, Paul ? demanda-t-elle, tremblante de colère.

Il passa une main dans ses cheveux sombres.

— Non, mon ange. Cet homme me rend fou, voilà tout.

— Il fait exprès de t'énerver, tu le sais ?

Paul donna un coup de pied dans une pierre qui avait roulé sur la chaussée.

— Bien sûr. Il aime une bonne querelle de temps en temps. Guy ne lui répond pas, c'est sûr.

— Pourquoi es-tu si critique envers mon père ?

— Parce que c'est un faible. Jamais il n'a tenu tête à son père.

— Peut-être le ferait-il, si quelqu'un croyait en lui.

— Il a eu Marianna, et il a gâché sa chance.

Une voiture les dépassa en klaxonnant.

— Viens, remontons dans la camionnette avant de nous faire renverser.

Elle le suivit sans rien dire. Le trajet du retour se fit en silence. En arrivant à la maison, Paul prit un drap et un oreiller dans le placard du couloir et les posa sur le canapé.

— Je pense qu'il vaut mieux que je dorme ici.

— Je pense que tu as raison, répondit Angeline.

Mais alors qu'elle entrait dans la chambre, un terrible sentiment de manque l'assaillit. Elle avait le droit d'être irritée par sa conduite. Dommage que son cœur ne soit pas d'accord avec elle.

17

Paul bourra son oreiller de coups de poing, avec le vain espoir de le rendre plus confortable, puis se rallongea tant bien que mal. Ses pieds dépassaient du canapé.

Il replia les bras derrière sa tête, fixant le plafond. Pas de doute. Il avait géré l'invitation de ce soir avec la finesse d'un ours mal léché. Et voilà où cela l'avait mené — sur le canapé, alors que la femme qu'il désirait dormait dans la pièce voisine.

Un grognement lui échappa et il se couvrit les yeux du bras. Pourquoi Angeline ne pouvait-elle voir son père tel qu'il était vraiment ? Pourquoi s'acharnait-elle à prendre sa défense ?

Peut-être parce que Guy était son dernier parent, songea-t-il, et qu'elle voulait s'accrocher à lui quoi qu'il arrive. Ou peut-être qu'elle était le genre de personne qui jugeait les autres sur leurs actions, et que, jusque-là, elle n'avait pas de raison de condamner Guy. Cette pensée le réconforta quelque peu.

Il tourna la tête et vit le carton contenant les dossiers de Marianna. Quelque chose le tourmentait à propos de cette disquette manquante. Les gens n'avaient-ils pas pour habitude de faire des copies de sauvegarde ?

Alors qu'il réfléchissait, il entendit grincer le plancher de la chambre. Angeline ne dormait pas non plus. Il se leva et s'approcha de la porte.

— Angeline ?

Il retint son souffle, priant pour qu'elle écoute son cœur. Lentement, la porte s'ouvrit et elle leva les yeux vers lui. Son regard glissa le long du corps de Paul, et celui-ci réprima l'envie de la prendre dans ses bras et de l'embrasser jusqu'à ce qu'ils aient oublié leur désaccord.

— Oui, Paul ?

Il s'adossa au chambranle et lui sourit.

— Comme je ne pouvais pas dormir, j'ai commencé à réfléchir à cette disquette perdue. Tu ne crois pas que Marianna en aurait fait une copie ? Tu n'aurais pas fait ça à sa place ?

Le visage d'Angeline s'illumina aussitôt.

— Si. Peut-être que c'est la raison pour laquelle sa maison a été saccagée. Quelqu'un cherchait cette fameuse disquette.

— Je suppose qu'il ne l'a pas trouvée, reprit Paul d'un ton songeur, et qu'il a mis le feu à la maison pour éviter que cette preuve compromettante ne tombe entre tes mains.

Elle resserra le peignoir autour de sa taille, et la brève lueur d'espoir qui avait surgi dans son regard s'éteignit.

— Si elle était cachée dans la maison, elle a brûlé, effectivement.

— Marianna savait qu'il était risqué de la garder chez elle. Elle l'a peut-être cachée dans le bureau d'Henri, à la société historique. Si nous retournions jeter un coup d'œil là-bas, demain ?

— D'accord.

Angeline fit mine de refermer la porte, mais Paul la retint.

— Angeline…

La lampe posée sur la petite table vola soudain en éclats, projetant des fragments de verre dans le couloir. Paul entraîna Angeline avec lui sur le sol tandis qu'une autre balle déchirait la moustiquaire avant d'aller se ficher dans le mur.

— Tu es blessé, s'écria-t-elle, affolée.

Paul porta la main à sa joue, et essuya un filet de sang.

— Ce n'est qu'une égratignure. Reste ici, ordonna-t-il.

— Où vas-tu ? demanda-t-elle, posant une main sur son dos alors qu'il commençait à s'éloigner en rampant.

— Je prends mon fusil et je vais viser le salaud qui nous attaque.

— Sois prudent.

Il lui donna un bref baiser passionné.

— Bien sûr, mon ange.

Marchant à quatre pattes, il gagna le placard du couloir et en tira sa carabine et ses balles. Il chargea le fusil, puis s'approcha de la porte et risqua un coup d'œil à travers la moustiquaire endommagée. C'était une nuit sans lune, et il ne voyait rien. Le tireur n'était pas à découvert.

Il tira par l'ouverture, espérant que le lâche riposterait et lui donnerait une idée de sa position.

Le coup fut retourné presque immédiatement, et Paul se concentra sur l'endroit d'où il venait. Il tira par trois fois, et alors qu'il s'apprêtait à recharger son arme, un cri transperça la nuit. Il tendit l'oreille, écoutant des pas s'éloigner.

Au bout d'un moment, il sentit qu'Angeline s'approchait de lui.

— Tu crois qu'il est parti ? demanda-t-elle d'une voix tendue.

— Oui, mais je vais attendre quelques minutes pour en être sûr.

Elle acquiesça, et il se concentra sur le jardin. Après quelques instants, elle posa la joue sur son dos nu. Paul sursauta, à la fois stupéfait et ravi par son geste. Son parfum, délicat et fleuri, flotta jusqu'à lui. Il se souvint du goût de ses baisers, de la douceur de ses caresses, de la manière dont leurs corps s'étaient unis.

— Qui tirait sur nous, d'après toi ? murmura-t-elle. Et pourquoi ?

— Je n'en ai pas la moindre idée, mais je parierais que c'est lié à la petite visite que nous avons faite à la société historique cet après-midi.

— Pourquoi dis-tu ça ? demanda-t-elle, son haleine chaude caressant le dos nu de Paul.

— La voiture du shérif était garée en face quand nous sommes partis cet après-midi.

— Oh.

Le silence tomba de nouveau entre eux.

C'était une torture pour Paul que de continuer à observer le jardin plutôt que de céder au désir de prendre Angeline dans ses bras. Les minutes semblaient durer des heures.

Elle frotta la joue contre son dos, comme une petite chatte affectueuse. Son geste fut la goutte d'eau qui fit déborder le vase. Incapable de résister plus longtemps, Paul posa avec soin l'arme sur le sol et se retourna. Elle se jeta dans ses bras avant même qu'il ait eu le temps de l'attirer à lui. Surpris, il perdit l'équilibre et ils se retrouvèrent tous les deux étendus par terre, bras et jambes entremêlés. Ils se dévisagèrent un instant, puis éclatèrent de rire en même temps, dissipant leur peur et leur tension.

Quand leur hilarité se fut apaisée, Paul caressa la nuque d'Angeline.

— Je suis désolé de m'être conduit comme un idiot ce soir. Tu n'as pas besoin que je vienne ajouter à tes soucis.

— Ça ne fait rien, murmura-t-elle en déposant une série de baisers le long de son cou. Tu n'as rien, c'est la seule chose qui compte.

Ses doigts effleurèrent doucement sa joue blessée.

— Oh, Paul…

Elle avait désespérément besoin de se rassurer, de savoir

qu'il était sain et sauf. Elle n'avait pu trouver le sommeil tant il lui manquait, mais elle s'était cramponnée à l'idée qu'elle avait le droit d'être en colère. Certes, Paul avait mal agi, mais quand le premier coup de feu avait déchiré la nuit, leur dispute était passée au second plan. L'important, c'était qu'il soit vivant et indemne.

Elle effleura sa joue d'un baiser, puis posa ses lèvres sur les siennes. La chaleur de son corps et de sa bouche la réconforta.

Il releva la tête et la regarda.

— Tout va bien, mon ange, murmura-t-il tendrement en lui caressant les cheveux.

Une pensée frappa Angeline. Croyait-il que la peur seule motivait ses actions ? Il se trompait. Le seul rôle que la peur avait joué avait été de lui montrer clairement ce qui était important.

Elle traça du bout des doigts le contour de ses lèvres.

— Je sais, dit-elle en se haussant sur la pointe des pieds pour déposer un baiser sur ses paupières. Fais-moi l'amour, Paul.

Il saisit ses poignets, éloignant les mains d'Angeline. Le feu de la passion brûlait dans ses yeux.

— Tu es sûre, mon ange ?

Une bouffée d'amour monta en Angeline. Il aurait pu profiter sans vergogne de la situation, abuser de sa peur, mais il lui donnait la possibilité de réfléchir à sa décision et de changer d'avis.

— Lâche-moi, Paul.

Il haussa les sourcils, surpris, mais s'exécuta. Aussitôt, Angeline noua les bras autour de son cou.

— C'est exactement ce que je veux.

Leurs bouches se rencontrèrent, et il lui rendit son baiser avec une ardeur qui attisa encore le désir d'Angeline.

Les mains de Paul exploraient son dos, et son membre en

érection se pressait contre son ventre, provoquant en elle des rivières de lave incandescente. Il tira sur l'ourlet de la chemise de nuit, et elle se souleva pour l'aider tandis qu'il faisait glisser le vêtement par-dessus sa tête.

Il empoigna ses fesses, la pressant davantage contre lui.

— Mon ange, c'est le paradis…

Ses lèvres capturèrent le bouton de son sein, et il aspira goulûment tandis que les doigts d'Angeline s'enfonçaient dans la chair de ses bras et qu'elle rejetait la tête en arrière, transpercée par le plaisir.

— Tu aimes ça, mon cœur ?

Pour toute réponse, elle gémit, et il reporta son attention sur son autre sein. Brûlant de lui rendre le plaisir qu'il lui donnait, elle enfouit les doigts dans ses cheveux noirs, le forçant à relever la tête, et leurs bouches s'unirent.

Il glissa les doigts sous l'élastique de son slip et les fit glisser le long de ses jambes. Elle lui retourna la faveur en faisant de même pour son caleçon. L'instant d'après, il la prenait par les hanches et l'installait à califourchon sur sa taille.

Elle le regarda, surprise.

Il écarta les bras.

— Je suis à toi, mon ange. Fais de moi ce que tu veux.

Il voulait qu'elle prenne l'initiative. Angeline sourit. L'idée lui plaisait. Elle se pencha vers lui et l'embrassa. Quand il voulut prolonger le baiser, elle se déroba et sa bouche descendit sur son torse. Tour à tour, elle mordilla et suça ses mamelons, sentant les muscles de son torse frémir à son contact, et savourant la sensation de pouvoir que lui procurait sa réaction. Elle descendit plus bas, sa langue titillant le nombril de Paul.

Quand elle fit mine de vouloir descendre plus bas encore, les mains de Paul se refermèrent sur ses poignets.

— Tu apprends vite, mon ange, dit-il d'une voix sourde,

haletante, avant de la hisser sur lui de nouveau et de la pénétrer d'une seule poussée.

Dévorée par le brasier qui faisait rage en elle, Angeline épousa son va-et-vient, remuant les hanches au même rythme que lui. Dans une dernière poussée, une extase intense les consuma tous les deux, unissant leurs corps en un seul.

Baignant dans la douceur du moment, Angeline s'avoua enfin qu'elle était tombée amoureuse. Eperdument amoureuse.

Paul remua sous elle.

— Viens, mon ange. Ce plancher est un peu trop dur pour mes vieux os.

Elle lui sourit.

— Je suis bien où je suis.

Il se tourna et la plaqua sous lui.

— Peut-être que tu voudrais être en dessous la prochaine fois. Je crois que j'ai attrapé des échardes à des endroits inhabituels, dit-il en se frottant les fesses.

Elle sourit de plus belle.

— Si tu veux.

Il secoua la tête.

— On peut dire que tu t'es épanouie, mon ange, dit-il en traçant du doigt le contour de son menton.

Avant qu'elle ait eu le temps de réagir, il se redressa et la souleva dans ses bras.

— Où m'emmènes-tu ?

— Au lit. J'aime trop tes petites fesses pour qu'elles soient abîmées.

Elle lui donna un baiser dans le cou.

— Je t'aime, Paul.

Les mots avaient jailli d'eux-mêmes. Il la regarda, un sourire triste sur le visage.

— J'aimerais que ce soit vrai.

— Ça l'est.

Il secoua la tête.

— Redis-le-moi quand toute cette affaire sera terminée et que la vie sera redevenue normale. Dis-le-moi à ce moment-là, Angeline.

Il ne lui donna pas davantage le temps de réfléchir. Il la déposa sur le lit et lui fit l'amour avec une intensité désespérée qui fit se demander à la jeune femme pourquoi il ne la croyait pas.

Paul contemplait la femme endormie dans ses bras. Il sentait encore la peur qui s'était emparée de lui quand la lampe avait explosé. Cette incursion à la société historique avait déplu à quelqu'un, et Roger Boudreaux était le suspect numéro un. A moins qu'il n'ait été rendu furieux par les paroles qu'il avait prononcées au dîner.

Il enroula une des mèches d'Angeline autour de son doigt, se rappelant les mots qu'elle avait dits si tendrement. Ils avaient enveloppé son cœur, le retenant prisonnier à jamais.

Il priait pour qu'elle ait été sincère. Mais elle avait traversé tant d'épreuves au cours de la semaine écoulée qu'il aurait été naturel qu'elle confonde amour et gratitude.

Oh, elle avait été généreuse, lui offrant son soutien quand il avait appris la trahison d'Edward, mais il ne pouvait s'autoriser à se cramponner au mince espoir qu'elle l'aimait. Car s'il le faisait, et qu'elle se rendait compte par la suite qu'elle s'était trompée, sa vie serait détruite. Et cette fois, il ne s'en remettrait pas.

Angeline se cala contre le dossier de son siège, laissant le vent jouer dans ses cheveux.

— Henri n'avait pas l'air très surpris quand je lui ai annoncé que nous venions, déclara-t-elle.

— Je crois qu'il espérait en secret que tu reviendrais lui rendre visite, répondit Paul, au volant de la camionnette.

Elle rit, et le son mélodieux de sa voix fit à Paul l'effet d'une caresse. A cet instant, il sut qu'il ne pouvait plus se dissimuler la vérité. Il aimait Angeline.

La sirène d'une voiture de police hurla derrière eux. Paul jeta un coup d'œil dans son rétroviseur et lâcha un juron, mais ralentit et se gara le long du trottoir.

Dennis sortit du véhicule à grands pas, l'air grincheux.

— Tu dépassais la limite de vitesse. Donne-moi ton permis.

Paul tira son portefeuille de la poche arrière de son jean, et lui tendit le document.

— J'allais à quelle vitesse, shérif ?

— A cinq kilomètres heure au-dessus de la limite.

— Si vite que ça, ironisa Paul. De la délinquance à l'état pur.

— Ferme-la, Delahaye, grogna Mathers. Si j'avais eu mon mot à dire, tu ne serais jamais sorti de prison.

Il tendit la contravention à Paul, réprimant une grimace.

— Signe.

Paul lui décocha un regard perçant.

— Tu t'es fait mal au bras ? demanda-t-il en s'exécutant.

Les petits yeux ronds de Mathers se durcirent.

— Je t'aurai, mon gars, menaça-t-il. Et c'est une promesse. Continue à regarder par-dessus ton épaule.

Paul attendit que le shérif se fût éloigné avant de repartir.

— Qu'y a-t-il ? demanda Angeline, perplexe.

— Je pense savoir qui a tiré sur nous hier soir.

Elle écarquilla les yeux, stupéfaite.

— Le shérif ?

— Tu as vu la manière dont il a cillé en bougeant le bras ? J'ai touché le tireur hier soir. Et aujourd'hui, Dennis a mal au bras. J'aurais bien aimé voir ce qu'il y avait sous sa chemise. D'ailleurs, qui porterait une chemise à manches longues par un temps pareil s'il n'avait rien à cacher ?

Angeline pâlit, et Paul se pencha pour prendre sa main dans la sienne. Il s'abstint d'ajouter que Roger avait dû appeler le shérif la veille au soir, après son coup d'éclat au dîner.

Pendant les heures qui suivirent, Paul et Angeline passèrent au crible chaque centimètre carré du bureau d'Henri. Ils vérifièrent chaque rayonnage, chaque tiroir, allant jusqu'à cogner sur les boiseries pour s'assurer qu'elles ne dissimulaient pas de cachette. En vain. En revanche, ils s'aperçurent que certains dossiers mentionnés dans les notes de Marianna manquaient eux aussi à l'appel. Le classeur portant le numéro quarante-deux, dont ils avaient besoin, en faisait partie.

Paul s'assit sur un coin du bureau.

— Celui qui a fait ça a été méticuleux, observa-t-il.

Angeline referma la vieille revue qu'elle tenait et la replaça sur l'étagère.

— Pourquoi n'ont-ils pas tout pris ? Pourquoi ont-ils laissé ses dossiers ?

Il se frotta le menton d'un air songeur.

— Peut-être ne voulaient-ils pas éveiller les soupçons. Ils ont pensé que personne ne remarquerait la disparition d'une seule disquette et de quelques cartons. S'ils avaient tout emporté, Henri aurait eu la puce à l'oreille.

— Qu'allons-nous faire à présent ? demanda Angeline d'un ton découragé.

— Nous allons relire toutes les notes de Marianna et voir si nous pouvons aboutir à la même conclusion qu'elle.

— Mais il nous manque des dossiers, objecta Angeline.

Paul la prit dans ses bras.

— Tu es une fille intelligente.
— Je l'espère.
— Et moi, je le sais, dit-il en déposant un baiser sur le bout de son nez.

Le lendemain vers midi, Angeline n'en était pas si sûre. Ils avaient relu chaque dossier, sans rien découvrir de notable, hormis que le classeur quarante-deux avait été mentionné en référence à deux autres familles de la ville.

Paul reposa le document qu'il parcourait d'un air las.

— Nous perdons notre temps, marmonna-t-il. Je ne vois rien ici qui puisse pousser Marianna à vouloir parler d'une affaire de corruption à Edward. Non, la clé de l'affaire se trouve dans le classeur quarante-deux.

Angeline jeta un coup d'œil à la pile posée sur la table.

— Nous pourrions retourner à la société historique et voir ce que contiennent les classeurs quarante et un et quarante-trois, suggéra-t-elle. Ça nous donnerait un point de référence.

Il ferma les yeux et appuya la tête contre le dossier du canapé.

— C'est une bonne idée.

Une voix s'éleva de l'autre côté de la moustiquaire.

— Bonjour. J'espère que je ne vous dérange pas.

Reconnaissant aussitôt la voix de Guy, Paul marmonna un juron entre ses dents.

— Bien sûr que non, s'écria Angeline en se hâtant d'aller lui ouvrir.

— Je suis venu vous dire que je suis désolé de la manière dont les choses se sont passées hier soir.

Il semblait si désemparé, si triste, qu'Angeline ne put éprouver de colère contre lui. Ce n'était pas un homme fort, comme

Paul ou Roger. Mais cela ne signifiait pas qu'il fût méchant, songea la jeune femme, envahie par un élan de compassion à son égard.

— Ce n'est pas grave.

Elle ne voulait pas s'attarder sur le sujet ni accuser Paul. Ce dernier avait ses raisons de s'être conduit ainsi.

— J'espérais que vous me permettriez de me racheter en me laissant vous inviter à déjeuner aujourd'hui, reprit Guy.

Il jeta un coup d'œil à Paul.

— Tous les deux.

Paul secoua la tête.

— Vous n'avez pas à vous inquiéter, insista Guy. Mon père est allé fêter l'anniversaire d'un ami à Morgan City, et Catlin est partie faire du shopping à La Nouvelle-Orléans.

Le regard de Paul alla d'Angeline à Guy, puis revint se poser sur Angeline.

— Allez-y tous les deux. Vous avez besoin de faire connaissance tranquillement, sans personne d'autre.

Angeline comprit qu'il lui donnait la possibilité de parler seule à seul avec son père, et sut combien cela devait lui coûter. Elle s'approcha de lui et déposa un baiser sur sa joue.

— Merci d'être si compréhensif, souffla-t-elle à son oreille. Et ne t'inquiète pas. J'ai le médaillon de saint Christophe sur moi. Je ne risque rien.

Paul entra dans le bureau de la société historique et se rendit droit vers le rayonnage qui contenait les classeurs. Il en tira le numéro quarante et un. Il était plein d'actes de mariage, d'extraits de naissance et de décès, de titres de propriété et de divers documents légaux datant des années 1920.

Le classeur quarante-trois était similaire, mais concernait

les années 1940, ce qui signifiait que le dossier manquant devait se référer aux années 1930. Paul remit les cartons sur l'étagère, songeur. Que s'était-il passé dans cette ville dans les années 1930 ? Et qu'avaient en commun les Roucheaux, les McKay et les Saddler, excepté le fait qu'ils étaient pauvres ?

Pauvres avec des pompes à pétrole sur leurs terres.

Une bouffée d'excitation parcourut Paul. Roger Boudreaux avait acquis toutes ses concessions pétrolières dans les années 1930.

Il étouffa un juron. Pourquoi n'y avait-il pas pensé plus tôt ? Marianna avait dû découvrir quelque chose concernant ces concessions.

Il prit une profonde inspiration, s'efforçant de réfléchir. La première chose à faire était d'examiner les copies de ces documents. Le problème, c'était qu'ils étaient conservés dans les archives du palais de justice, et que le bureau était fermé le dimanche. De plus, il ne faisait pas confiance à Lawrence, le responsable du service en question. Cet homme-là aimait l'argent plus que son honneur. Comment faire ?

Eleanor, songea-t-il, pris d'une inspiration subite. Elle aurait la clé et le ferait entrer sans avertir quiconque.

Eleanor accepta sans hésiter.

— Ce Lawrence, dit-elle d'un ton méprisant. Il n'a pas de principes. Qui sait ce qu'il cache ?

Elle ouvrit la porte et Paul referma derrière eux.

— Très bien, jeune homme, que désires-tu consulter ?

— Je veux voir les concessions concernant les terres des Roucheaux, des McKay et des Saddler. Et je voudrais vérifier celle des Courville.

Eleanor tira ses lunettes de sa poche et parcourut le registre noir où figurait la liste des concessions.

— Nous y voilà. McKay. Dossier 334. Roucheaux et Saddler sont dans le même, apparemment.

Paul attendit qu'elle le retrouve, lisant sans rien dire l'information donnée sur la page du registre.

Propriétaire du terrain : McKay. Durée de la concession : quatre-vingts ans. Nom de l'acheteur : Roger Boudreaux.

Quatre-vingts ans… cela ne semblait pas habituel. Vingt-cinq, cinquante, peut-être même cent ans. Mais quatre-vingts ?

Il se pencha plus près, regardant plus attentivement. La forme du chiffre huit lui parut étrange. C'était comme si quelqu'un avait essayé de transformer un cinq en huit.

— Ah, annonça Eleanor sur un ton triomphant. Je l'ai.

— Madame, dit Paul, combien d'années dure une concession pétrolière, à votre avis ?

Elle posa le dossier sur le comptoir.

— Cinquante ans, je suppose.

— Pas quatre-vingts ?

— Non.

Paul désigna le registre.

— Ces chiffres vous paraissent-ils bizarres ?

La vieille dame plissa les yeux et étudia ce qu'il lui montrait.

— Oui, dit-elle. Ce n'est pas comme cela que Lily faisait ses huit.

Elle feuilleta le registre pour revenir quelques pages en arrière.

— Tu vois ? reprit-elle en lui montrant une autre entrée. Lily était la secrétaire pendant les années 1920 et 1930. Et ses huit n'étaient pas du tout comme ceux-là. Ceci est un faux.

— Comparons avec les concessions, voulez-vous ?

Paul ouvrit le classeur, étalant les documents sur le comptoir.

En plus des trois qu'il voulait consulter, il y en avait une dizaine d'autres qui s'étaient avérées sans intérêt. Toutes étaient cédées pour une durée de quatre-vingts ans.

Eleanor se tourna vers Paul, un pli sur le front.

— Quelque chose ne va pas.

— Pourquoi dites-vous ça ?

— Parce que ces documents sont tapés à la machine. A l'époque, il n'y avait pas une seule machine à écrire ici. Si tu regardes tous les autres documents qui datent de cette époque-là, ils sont rédigés à la main. Nous avons eu notre première machine à écrire en 1934.

— Roger a pu faire établir ces papiers par son notaire.

— C'est possible, mais j'en doute. La signature de Lily figure sur chacune.

Eleanor avait raison.

— Ce sont des faux, acquiesça-t-il. Roger a dû demander à Lawrence de les faire.

— Si mes souvenirs sont bons, fit la vieille dame en tapotant de l'index sa lèvre inférieure, Lawrence a commencé à rouler dans une grosse voiture il y a une dizaine d'années. Je me demandais comment il pouvait se permettre d'acheter une Cadillac neuve tous les deux ans.

— Si c'est vrai, cela signifie que la compagnie pétrolière verse à Roger de l'argent auquel il n'a plus droit. Et cela depuis plus de dix ans !

Paul abattit son poing sur le comptoir.

— C'est ce que Marianna avait découvert, j'en suis sûr.

Il secoua la tête.

— Vous imaginez le scandale que cette affaire va provoquer ? Guy peut dire adieu à son poste de gouverneur.

— Il te faut des preuves, Paul.

Il s'adossa au comptoir, se frottant la nuque.

— Vous avez raison. Je dois retrouver quelqu'un qui a conservé l'original. Celui de mes parents a été détruit il y a des années. Et Roger a sans doute mis la main sur celui des Courville.

— Et la famille Roucheaux ? Aaron, le grand-père, était très méticuleux avec tous ses papiers.

Paul sourit.

— Eleanor, vous êtes une perle.

— Mais bien sûr.

Un bruit résonna dans le couloir. Surpris, Paul gagna la porte, l'ouvrit et jeta un coup d'œil. Rien.

Il se tourna vers la vieille dame.

— Mieux vaut tout ranger avant qu'on nous surprenne.

— Pff. Si quelqu'un vient me demander ce que je fais, je le leur dirai, rétorqua-t-elle.

Paul sourit de nouveau, impressionné par son courage.

Maintenant que le mystère était éclairci, il devait trouver des preuves. Il priait pour qu'Emile Roucheaux ait gardé les papiers en question, mais s'il s'avérait que non, il était résolu à interroger tous les propriétaires de terrains où on avait découvert du pétrole pour prouver que Roger avait falsifié les concessions.

Comme ils sortaient du palais de justice, Paul sentit un frisson lui parcourir la nuque. Il jeta un coup d'œil autour d'eux pour s'assurer que personne ne les observait.

Il ne vit rien, mais son malaise demeura.

18

Paul monta dans sa camionnette, et se dirigea vers la maison des Roucheaux, située de l'autre côté de la ville. Il venait d'emprunter la route principale quand la voiture du shérif surgit à toute allure derrière lui. Ce dernier mit sa sirène en route, usant d'appels de phares répétés pour l'obliger à s'arrêter. Il se gara sur le bas-côté.

— Descends, ordonna Dennis.

Paul, les poignets reposant sur le volant, leva les yeux.

— Pourquoi ?

— Parce que je te dis de le faire, Delahaye. Vas-y, descends.

— Suis-je en état d'arrestation, shérif ?

Dennis sortit son arme et la pointa sur lui.

— Descends.

Un frisson parcourut l'échine de Paul.

— Qu'as-tu l'intention de faire, Dennis ? Tu vas m'abattre ici, en plein jour ? Ce n'est pas vraiment ton style, hein ? Tu préfères te cacher derrière un arbre.

Dennis agita le revolver sous son nez.

— Leroy, cria-t-il à son adjoint, viens là. Passe-lui les menottes et mets-le sur la banquette arrière.

Leroy s'exécuta aussitôt. Paul se laissa faire sans résister, parfaitement conscient du fait que Dennis le tuerait sans hésiter s'il lui fournissait le moindre prétexte. Leroy le poussa sur la banquette et claqua la portière.

Paul regarda l'adjoint s'éloigner, et sentit un nœud se former au creux de son estomac. Dennis s'installa au volant, un sourire narquois aux lèvres.

— Si on allait voir Roger ? Je suis sûr qu'il aimerait savoir ce que tu as fait cet après-midi.

— C'était toi que j'ai entendu dans le couloir ?

— C'est mon travail de protéger cette ville de ceux qui enfreignent la loi, non ?

— Non, Dennis. Ton travail, c'est de protéger Roger Boudreaux.

Dennis le regarda dans le rétroviseur et sourit.

— C'est toi qui l'as dit. Et en ce qui te concerne, les carottes sont cuites.

Paul en avait bien peur.

— Tu l'aimes, n'est-ce pas ?

Angeline posa sa fourchette et regarda son père. Ils étaient assis dans un jardin d'hiver, entourés de plantes luxuriantes. Au plafond, un ventilateur tournait lentement.

Elle ne s'était pas rendu compte qu'elle était si transparente. Elle se sentait perdue, ne savait plus qui elle était vraiment. Sa vie bien réglée avait été dispersée aux quatre vents, et ses actions étaient régies par son instinct, ce qui était tout le contraire de son comportement habituel. En temps normal, elle réfléchissait avec soin à chacune de ses décisions, pesant le pour et le contre avant d'aboutir à une conclusion. Cette dernière semaine, elle n'avait eu le temps de réfléchir à rien, et elle avait dû s'en remettre à ses sentiments.

La question était de savoir si elle avait commis une erreur de plus.

— Oui, répondit-elle à voix basse. Et je ne sais pas quoi faire.

— Tu le lui as dit ?

— Oui, mais il pense que c'est seulement une réaction à la pression causée par la situation.

Guy se pencha vers elle et lui pressa la main.

— N'abandonne pas, Angeline. Je ne me suis pas assez battu pour garder Marianna et je l'ai regretté toute ma vie. Ne fais pas la même erreur que moi.

Une larme roula sur sa joue. Comme elle s'en était doutée, Guy avait aimé sa mère.

— Merci de m'avoir dit cela.

Du coin de l'œil, Angeline vit la voiture du shérif se garer dans l'allée. Elle allait se détourner quand Dennis ouvrit la portière arrière et en tira un homme menotté. Elle se leva d'un bond.

— C'est Paul, s'écria-t-elle d'une voix étranglée. Pourquoi Dennis lui a-t-il mis des menottes ?

Elle se tourna vers Guy.

— Que se passe-t-il ? Si Dennis arrête Paul, pourquoi l'amène-t-il ici ?

— Je ne sais pas.

Angeline courut vers la porte, suivie de Guy. Ils tombèrent nez à nez avec les deux hommes dans l'entrée. Dennis lâcha un juron.

— Ça va être dur de me descendre maintenant, hein, Dennis ? fit calmement Paul. Tu auras des témoins.

— La ferme !

— Que se passe-t-il, Dennis ? demanda Guy en s'avançant vers lui.

— Rien qui vous regarde, Guy. C'est une affaire entre votre père et ce taulard.

— J'ai découvert pourquoi Marianna avait été tuée, annonça Paul.

Son regard se souda à celui d'Angeline, mais Dennis se retourna et lui asséna un coup de poing en pleine figure. Avec un cri, Angeline se jeta sur le shérif. Il l'écarta sans ménagement et dégaina son arme avant que quiconque ait eu le temps de réagir.

— Tu viens de signer l'arrêt de mort de la petite dame, Delahaye, aboya-t-il en agitant son revolver. Tout le monde dans la bibliothèque. Nous allons attendre Roger.

Paul se maudit d'avoir été aussi stupide. S'il avait tenu sa langue, Dennis aurait peut-être épargné Angeline. Au lieu de quoi, il avait voulu faire pression sur lui, et il avait perdu son pari. Son ange allait payer pour l'erreur qu'il avait commise. Tout comme Marianna, songea-t-il, brusquement gagné par la nausée.

Ils entrèrent dans la pièce l'un derrière l'autre. Paul s'assit sur le canapé. Angeline voulut prendre place à côté de lui, mais Dennis lui fit signe de s'éloigner.

— Il y a une chaise là-bas, dans le coin.

Elle obéit. Guy demeura à ses côtés, une main sur son épaule. Paul pria pour qu'il ait un soupçon de courage et qu'il s'en serve, à présent.

— Que se passe-t-il ici ? demanda Guy. Pourquoi avez-vous amené Paul dans cette maison ?

Ce dernier intervint avant que Dennis ait pu ouvrir la bouche.

— Il m'a attrapé pour m'empêcher de dénoncer votre père, dit-il en hâte, espérant que Guy s'opposerait au shérif s'il apprenait la vérité. Si j'avais eu le temps d'aller voir les

Roucheaux, tout le monde aurait su ce qui s'était passé pour les concessions pétrolières.

Angeline se pencha en avant.

— Qu'as-tu découvert, Paul ?

— La ferme, aboya de nouveau Dennis. Silence !

Paul s'assit avec raideur sur le bord du canapé, ses mains menottées rendant toute position inconfortable.

— Ne pouvez-vous au moins lui retirer ces menottes ? implora Angeline.

— Pour qu'il essaie de me prendre mon revolver ? Vous plaisantez ?

— C'est la seule manière dont Dennis peut rendre la lutte égale, lâcha Paul d'un ton méprisant.

Dennis prit son élan et lui asséna un violent coup avec le canon de son arme. Déséquilibré, Paul s'effondra. Angeline hurla et se rua vers lui.

Aussitôt, le shérif pointa son arme sur elle.

— Restez où vous êtes.

Angeline pâlit, et Paul lut la peur sur son visage.

— Dennis, commença Guy, le fait que vous soyez shérif ne vous autorise pas à…

— Votre père a besoin de vous expliquer quelques petites choses, Junior. Pour l'instant, taisez-vous, rétorqua Dennis en agitant son revolver dans leur direction.

Paul se redressa, prit appui sur son coude et se hissa tant bien que mal sur le canapé. Du sang coulait de la plaie qu'il avait sur la joue.

Angeline fit un pas en avant.

— Laissez-moi au moins éponger ce sang.

— Pourquoi ? ironisa Dennis. Il va mourir, de toute façon.

Guy devint livide. En dépit de la piètre opinion qu'il avait de lui, Paul sut qu'il venait de comprendre combien la situation était sérieuse. Il eut presque pitié de lui.

Il le regarda.

— Roger ne voudrait pas que je saigne sur son tapis. Il risquerait d'être impliqué dans un crime.

Dennis réfléchit un instant, puis hocha la tête.

— Bon, mais pas d'entourloupe.

Angeline se tourna vers Guy.

— Où puis-je trouver une serviette ?

Paul sentit son cœur se serrer en entendant la frayeur qui perçait dans sa voix.

— Vous n'allez nulle part, ma petite.

Dennis se tourna vers Guy.

— Allez chercher quelque chose.

Guy acquiesça et sortit de la pièce. Visiblement, Dennis pensait que Guy ne constituait pas une menace. C'était compréhensible, songea Paul. Quelques minutes s'écoulèrent avant que Guy réapparaisse.

— Pourquoi avez-vous mis si longtemps ? demanda Dennis d'un air soupçonneux.

Guy tendit à Angeline une serviette blanche.

— Il a fallu que j'aille chercher une serviette. La bonne avait oublié d'en mettre des propres dans la salle de bains.

Un regard passa entre le père et la fille, et Paul eut l'étrange impression que Guy disait à Angeline de tenir bon et de ne pas perdre espoir.

Elle se précipita vers lui et pressa le linge humide contre sa joue.

— Tu as mal ? demanda-t-elle à travers ses larmes.

Il aurait voulu pouvoir la prendre dans ses bras et la rassurer. Mais à quoi bon ? Dans quelques heures, ils seraient tous les deux au fond du bayou, et tout était de sa faute. S'il n'avait pas persisté à croire que Marianna avait été assassinée, Angeline ne serait pas en danger à présent.

— Eloignez-vous de lui, ordonna Dennis.

Angeline retira la serviette. Le sang ne coulait presque plus. Comme elle se relevait, Paul se pencha vers son oreille.

— Sauve-toi si tu peux.

Avant qu'Angeline ait pu répondre, Dennis la tira sans ménagement par le bras.

Les minutes s'écoulèrent dans un silence de plomb. Angeline luttait désespérément pour garder son calme, essayant de deviner ce que Paul avait découvert concernant les concessions.

Leurs regards se soudèrent. Le regret se lisait dans les yeux de Paul. Angeline sentit des larmes lui picoter les paupières en pensant à l'injustice de la vie. Alors qu'elle venait de trouver le grand amour, il allait lui être ravi.

Ils attendirent pendant plus d'une heure. Enfin, la voix de Roger se fit entendre dans le hall. Dennis se hâta d'aller ouvrir la porte.

— Roger !

— Que fais-tu ici, Dennis ? s'enquit Roger en entrant dans la pièce.

Il s'immobilisa, visiblement dérouté par la scène qui s'offrait à lui. Il referma la porte avec soin, les traits tendus.

— Que diable se passe-t-il ici ?

Dennis pointa son arme sur Paul.

— Delahaye et Mme Eleanor vérifiaient les concessions pétrolières au palais de justice cet après-midi. Je l'ai intercepté avant qu'il aille parler à Emile Roucheaux.

Roger pivota sur ses talons pour faire face à Paul.

— Pourquoi allais-tu le voir ?

— Je voulais savoir s'il avait conservé l'original de la concession pétrolière sur son terrain pour vérifier si la durée était la même que sur celle qui figure dans le registre du palais de justice. Ces concessions duraient cinquante ans, n'est-ce pas, Roger ? Et vous percevez de l'argent illégalement depuis dix ans !

Guy s'avança d'un pas.

— De quoi parle-t-il, père ?

Roger lui décocha un regard dur.

— De rien. Ce sont des sottises.

— C'était malin de votre part de demander à Lawrence Rush de falsifier les documents, reprit Paul. Dommage que celui-ci dépense son argent de manière un peu trop voyante.

Le cœur d'Angeline battait à toute allure dans sa poitrine. Ainsi, c'était le secret qui avait coûté la vie à sa mère. Les concessions pétrolières.

Roger foudroya Paul d'un regard haineux.

— Il dit la vérité, père ? insista Guy.

— Sors d'ici et ne pose pas de questions, ordonna Roger à son fils.

Son ton sans réplique en disait long sur leur relation, et Angeline eut un élan de compassion pour son père. Il était évident que Roger le méprisait.

— Personne n'en aurait jamais rien su, continua Paul, si Marianna n'avait pas découvert la vérité par hasard en faisant des recherches sur l'histoire de la paroisse. Qu'a-t-elle trouvé, Roger ? Une concession qui n'avait pas été falsifiée ? Une lettre ? Ou peut-être un journal intime ?

Roger cilla à la mention d'un journal.

Paul se leva.

— A qui appartenait ce journal ?

Un sourire cruel apparut sur les lèvres du vieil homme.

— J'ai fait don des papiers de ma sœur à la société historique. Imaginez ma surprise quand j'ai su qu'elle y parlait des concessions.

— Et vous avez fait éliminer Marianna parce qu'elle avait lu le journal de votre sœur et découvert le pot aux roses.

Du coin de l'œil, Paul vit Guy tituber et Angeline tendre la main vers lui pour le réconforter. Il retint une exclamation de dépit. Il avait espéré que Guy serait assez fort pour sauver Angeline malgré tout.

Roger haussa les épaules.

— Vous avez dû avoir un choc quand Edward vous a appelé pour vous dire ce que Marianna avait appris, dit Paul à tout hasard. Ce qui m'étonne, c'est la rapidité de votre réaction.

Roger lança à Dennis un regard mauvais.

— Tout ça est de ta faute. Tu avais le temps de régler cette histoire.

Paul se tourna vers le shérif.

— C'est toi qui as mis le feu à la maison de Marianna. Et c'est toi aussi qui as tiré sur nous l'autre nuit.

Pour toute réponse, Dennis lui décocha un froid sourire.

Guy s'avança vers son père d'un pas incertain.

— Tu as fait tuer Marianna ?

— Oh, tais-toi, rétorqua ce dernier avec mépris. Retourne à ta bouteille de whisky et laisse-moi m'occuper de ça.

— Non, bon sang ! Je veux une réponse. As-tu fait supprimer Marianna, oui ou non ?

Roger explosa.

— Oui ! Cette fille n'a fait que me causer des ennuis depuis le jour où j'ai découvert que tu l'avais mise enceinte. J'ai eu de la chance que le Dr Lewis vienne me prévenir. Je lui ai donné de l'argent et le nom d'un médecin à La Nouvelle-Orléans pour qu'elle se débarrasse de l'enfant. Je pensais qu'elle l'avait fait jusqu'au jour où elle — il pointa Angeline du doigt — est arrivée en ville.

— Tu voulais la forcer à avorter ?

Paul frissonna. Roger prouvait une fois de plus qu'il n'était qu'un monstre.

— Marianna n'aurait été d'aucune aide pour toi. Elle t'aurait tiré vers le bas. Par chance, j'ai pu persuader le père de Catlin de la laisser t'épouser.

Paul s'avança vers lui.

— Qui a tué Marianna ?

Le regard de Roger effleura Dennis, puis revint se poser sur lui.

Dennis enfonça le canon de son arme dans le ventre de Paul, accompagnant son geste d'un sourire espiègle.

— Moi. C'est un avantage d'être shérif, dit-il, comme s'il se vantait. Je l'ai arrêtée sur la route. Ensuite, ç'a été un jeu d'enfant de l'assommer et de pousser la voiture dans le bayou.

La rage explosa dans le crâne de Paul. Baissant la tête, il percuta de l'épaule l'estomac de Dennis, qui laissa tomber son revolver. Le coup partit, et les deux hommes roulèrent sur le sol pendant qu'Angeline et Roger se ruaient simultanément sur l'arme. Roger l'atteignit le premier et la braqua aussitôt sur la jeune femme.

— Reculez.

Il baissa les yeux sur les hommes à ses pieds. Les coups répétés de Dennis restaient sans réponse, puisque Paul avait les mains attachées dans le dos.

— Ça suffit, Dennis. Relève-toi et sortons ces deux-là d'ici. Ensuite, tu pourras t'occuper de la vieille qui était avec Delahaye.

Guy s'avança d'un pas.

— Qu'allez-vous faire d'eux ?

— Mêle-toi de tes affaires, rétorqua Roger.

— Ce sont mes affaires, riposta Guy avec une détermination que Paul n'avait jamais encore entendue dans sa voix. Laisse-les partir.

Roger le dévisagea, bouche bée.

— Tu as perdu la tête ? Si ce scandale éclate, tu peux dire adieu au poste de gouverneur.

— C'était ton rêve, père, pas le mien. Tu as déjà sacrifié Marianna. Tu ne peux pas avoir Angeline aussi.

Guy tendit la main.

— Donne-moi le revolver.

Paul crut entendre un bruit au-dehors. Rêvait-il ou s'agissait-il vraiment d'une sirène ?

Le regard de Roger se durcit.

— Ecarte-toi de mon chemin.

— Non.

Soudain, ce fut le chaos. Guy se jeta sur son père, et tenta de lui arracher l'arme. Un coup de feu retentit dans la pièce, en même temps qu'il s'effondrait. Aussitôt, Dennis se lança en avant, mais Paul lui barra la route de son corps, et lui fit perdre l'équilibre. Tous les deux reculèrent en titubant.

L'instant d'après, la porte s'ouvrit, et plusieurs policiers firent irruption dans la bibliothèque.

— Que se passe-t-il ici ? demanda l'un d'eux, son regard allant de Roger, qui tenait encore l'arme, à Guy étendu par terre, les mains sur son estomac. Donnez-moi votre revolver, monsieur.

L'espace d'un instant, Paul crut que Roger allait tenter de prendre la fuite. Mais ses épaules s'affaissèrent brusquement, et il obtempéra.

— Appelez une ambulance, ordonna l'officier à un de ses hommes avant de se tourner vers Roger. Vous avez tiré sur cet homme ?

— Nous…

Roger sembla sortir de son état de choc.

— Le coup est parti accidentellement.

Angeline le montra du doigt.

— Il… il venait d'ordonner au shérif de nous tuer, Paul et moi.

L'officier promena son regard sur tous ceux qui étaient présents.

— Qui est Guy Boudreaux ?

— Moi.

— C'est vous qui avez appelé la police de l'Etat ?

Guy acquiesça.

— Ma fille dit la vérité. Le shérif allait les abattre. Il a déjà assassiné la mère de ma fille, dit-il avec difficulté, les mains crispées sur sa plaie.

— Il ment ! cria Dennis. Qui allez-vous croire ? Les délires d'un alcoolique, ou bien moi, le shérif de la ville ?

Le policier se tourna vers ses hommes.

— Emmenez le shérif et celui qui a tiré.

Pendant qu'ils s'exécutaient, Angeline s'agenouilla à côté de son père.

— Tiens bon, murmura-t-elle.

Il lui adressa un faible sourire.

— Je ne pouvais pas le laisser te tuer, toi aussi.

Elle lui caressa le front avec tendresse.

— Je sais.

Paul, délivré des menottes, apparut à ses côtés.

— Comment va-t-il ?

Guy leva les yeux vers lui.

— Vous aviez raison, Paul. J'ai été un lâche toute ma vie. Mais peut-être qu'il n'est pas trop tard pour réparer mes erreurs. Il y a une chambre secrète de l'autre côté de ce mur. Père ne sait pas que je suis au courant de son existence. Si vous enlevez le dernier livre sur la troisième étagère à partir du bas, la porte s'ouvrira. Vous trouverez peut-être les preuves que vous cherchez.

Avant qu'il puisse en dire davantage, les ambulanciers

arrivèrent, écartant Paul et Angeline. Les larmes roulèrent sur les joues de la jeune femme tandis qu'ils installaient son père sur un brancard.

— Angeline, murmura Paul.

Elle le regarda, le visage ravagé par les émotions qui la déchiraient. Levant la main, elle caressa sa joue blessée.

— Tu recommences à saigner.

Paul s'en moquait. Il avait besoin de lui dire qu'il était désolé, qu'il regrettait de l'avoir entraînée dans un tel désastre.

— Mon ange…

— Tu avais raison, souffla-t-elle. Mais je pense que mon père a peut-être payé pour ses fautes.

Les ambulanciers soulevèrent Guy, se préparant à l'emmener. Le regard d'Angeline alla de Paul à son père. L'indécision se lisait sur ses traits. Le moins qu'il puisse faire était de soulager son fardeau, songea-t-il.

— Va avec ton père, dit-il doucement. Il faut que je reste ici pour répondre aux questions des policiers. Nous parlerons plus tard.

Angeline hésita un instant, puis acquiesça. Paul la regarda partir, la mort dans l'âme. Les événements de ce soir allaient-ils les séparer à jamais ?

Paul se gara sur le parking de l'hôpital, et fixa le bâtiment. Vingt-quatre heures avaient passé depuis l'arrivée des policiers dans la propriété des Boudreaux. Les documents que ces derniers avaient trouvés dans la chambre secrète constituaient suffisamment de preuves pour que Roger et Dennis passent le reste de leur vie derrière les barreaux.

Puisqu'il était clair que certains des procureurs locaux étaient corrompus, la décision avait été prise de transmettre directement les papiers compromettants au procureur de l'Etat. Au cours de ce processus, Paul avait découvert des preuves de la machination dont il avait été l'objet, et de la complicité de Dennis et d'Edward dans l'affaire. Mais il n'en avait guère tiré de satisfaction. Il ne pensait qu'à Angeline.

Elle l'avait changé. Elle lui avait apporté une paix et un bonheur qu'il n'avait jamais connus auparavant. Quand elle lui avait avoué qu'elle l'aimait, quelques soirs plus tôt, il avait eu peur de la croire. Comment pouvait-elle l'aimer, lui, et aimer Guy en même temps, alors qu'il avait passé toute sa vie à détester Guy ? Et maintenant, il avait gâché l'avenir politique de Guy et aidé à envoyer son grand-père en prison. Il ne regrettait rien, mais il avait peur que les sentiments d'Angeline à son égard ne soient changés.

Angeline avait cru en son père. Pouvait-elle croire en lui aussi ? Voudrait-elle passer le reste de sa vie avec lui, ici, en Louisiane ? Car, enfin, avec les preuves qu'ils avaient découvertes, il avait un avenir à lui offrir.

Angeline retira doucement sa main de celle de son père. Il s'était enfin endormi après avoir été transféré du service de soins intensifs à une chambre ordinaire. Il survivrait. Par chance, aucun organe vital n'avait été touché.

Elle baissa les yeux sur sa montre. Où était Paul ? Une journée s'était écoulée depuis qu'elle était arrivée à l'hôpital, mais il n'était pas encore venu. Elle avait téléphoné plusieurs fois à la villa, mais on lui avait répondu que les recherches se poursuivaient.

La peur la rongeait. Après avoir entendu Roger confesser ses affreux crimes, elle se rendait compte que la haine que Paul éprouvait pour la famille Boudreaux était justifiée. Non content de dépouiller les parents de Paul de leur bien, Roger avait détruit sa carrière et l'avait fait envoyer en prison. Pourtant, malgré l'amertume qu'il éprouvait, Paul avait été assez généreux pour l'aider.

Il avait été à ses côtés tout au long de cette épreuve. Il avait su éveiller la nature passionnée qui sommeillait en elle, lui avait appris à aimer.

Pouvait-il oublier qu'elle était une Boudreaux et l'aimer ?

— Angeline.

Elle se tourna vers lui. Il semblait épuisé, hagard, mais une bouffée d'amour envahit la jeune femme à sa vue. Il lui fit signe de le rejoindre dans le couloir.

— Comment va Guy ? demanda-t-il dès que la porte se fut refermée sur elle.

— Il devrait se rétablir bientôt.

Il parut soulagé.

— J'en suis content.

Vraiment ? Il ne lui en voulait pas d'être partie à l'hôpital avec son père ?

— As-tu trouvé les preuves que tu cherchais ?

— Oui. Roger gardait tout. Son ego était si démesuré qu'il devait être certain de ne jamais être découvert.

Un frisson parcourut Angeline.

— Sans l'aide de Guy, je n'aurais jamais trouvé ces documents, reprit Paul.

Il baissa les yeux.

— Tu as fait une différence dans sa vie, mon ange. Tout comme tu as fait une différence dans la mienne.

— Vraiment ?

— Tu lui as donné une raison de croire en lui-même et de se battre.

Elle s'avança vers lui.

— Et toi ? Comment ai-je fait une différence pour toi ?

— Tu m'as redonné la foi, répondit-il en prenant son visage entre ses mains. Je t'aime, mon ange. Et je veux passer le reste de ma vie avec toi, à voir le monde à travers tes yeux, et à découvrir combien la vie peut être belle. Veux-tu m'épouser ?

Elle voulait dire oui de toutes les fibres de son être, mais elle avait besoin de savoir s'il l'acceptait telle qu'elle était.

— Je suis une Boudreaux, Paul, murmura-t-elle. Peux-tu l'accepter ? Peux-tu accepter le fait que je veux avoir une relation avec mon père ?

Un tendre sourire se dessina sur ses lèvres.

— Oui, mon ange. Je ne voudrais pas qu'il en soit autrement. Sinon, tu ne serais pas mon Angeline.

Elle noua les bras autour de son cou, folle de joie.

— Je t'aime.

— Tu veux bien m'épouser ? demanda-t-il au creux de son oreille.

Angeline recula d'un pas et plongea son regard dans le sien.

— Mais oui !

Le rire de Paul résonna dans le couloir.

— J'ai fait de toi une vraie Cajun, n'est-ce pas ?

C'était vrai, songea-t-elle, savourant son bonheur. Il lui avait donné un pays, et un amour qui durerait toute la vie.

LINDA RANDALL WISDOM

La mémoire en sursis

éditions Harlequin

Titre original : MEMORIES AFTER MIDNIGHT

Traduction française de SOPHIE BOUILLOT

83/85 boulevard Vincent-Auriol 75646 PARIS CEDEX 13.
Service Lectrices — Tél. : 01 45 82 47 47

Prologue

Alexandra Spencer enrageait. Comment avait-elle pu être aussi stupide ?

Elle était pourtant très douée pour repérer les problèmes à distance. En tant qu'avocate d'affaires, elle était réputée pour sa capacité à fouiller dans les plus profonds secrets de ses clients, et si un client lui mentait, elle ne manquait jamais de le découvrir. Alors comment avait-elle pu passer à côté de quelque chose de cette importance ?

Son voyage d'affaires à San Francisco s'était bien déroulé, jusqu'à la veille de son retour. Elle avait alors trouvé ce CD sans nom dans sa serviette. En y jetant un coup d'œil sur son ordinateur portable, elle avait tout de suite compris qu'elle avait malencontreusement empoché quelque chose qui ne lui appartenait pas. Et dont le contenu prouvait sans équivoque que son client trempait dans des activités frauduleuses.

Même si elle prouvait qu'elle ignorait tout des activités illicites de celui-ci, cette affaire risquait fort de la compromettre. Si jamais ce CD tombait entre de mauvaises mains, sa réputation serait anéantie, et elle risquait d'être radiée du barreau. Ce serait la fin de sa carrière professionnelle.

Dylan ne manquerait pas de se réjouir s'il apprenait la nouvelle !

Elle sentit son cœur se serrer à l'idée que son ex-mari puisse découvrir que, en dépit de sa vigilance, elle comptait parmi ses clients un homme d'affaires véreux. Si cela s'était produit quelques années plus tôt, l'inspecteur Dylan Parker n'aurait pas manqué de la taquiner sur sa curiosité irrépressible, et il aurait eu raison : elle aurait mieux fait de ne pas lire ce CD qui ne lui appartenait pas.

Mais voilà, elle aurait dû y penser avant d'en parcourir les fichiers. Si seulement elle pouvait faire disparaître ce fichu CD et en oublier le contenu ! Dans quel pétrin s'était-elle fourrée ?

Ces derniers temps, elle ne cessait de penser à son ex-mari.

Il en avait été de même l'an dernier, à la date anniversaire de leur divorce. Elle savait parfaitement pourquoi : elle n'arrivait pas à digérer cet échec. Elle n'avait jamais rien raté jusque-là, et elle ne s'était pas accrochée autant qu'elle aurait dû. A l'époque, elle s'était davantage occupée de satisfaire ses clients que de sauver son mariage.

Ses clients… Elle se rappela brusquement son client véreux, ce qui réveilla sa colère contre elle-même. Pour une femme soucieuse de garder sa vie en ordre, elle avait réussi à créer une sacrée pagaille en un si court laps de temps !

Elle traversa rapidement le parking de l'aéroport en direction de sa voiture, tout en se jurant d'appeler son client à la première heure le lendemain.

Elle lui annoncerait qu'il devrait se trouver un nouvel avocat. Il était temps de faire le ménage !

Le brouillard épais et les lampes tout juste suffisantes donnaient une lueur sinistre aux lieux. Elle pouvait entendre le ronflement de la petite voiture de l'agent de sécurité qui patrouillait à l'autre bout de son allée, ainsi que la conversation étouffée de deux hommes qui avaient apparemment du mal à retrouver leur véhicule. Avec ce brouillard glacial qui les entourait, elle comprenait leur embarras et fut soulagée quand elle aperçut enfin sa voiture. Elle se sentait étrangement tendue.

Elle irait beaucoup mieux dès qu'elle se serait débarrassée de ce client douteux.

Tout en tirant sa petite valise à roulettes derrière elle, elle sortit son téléphone portable et appuya sur une touche correspondant à un numéro abrégé.

— Bonjour Janet, c'est moi, dit-elle dès qu'elle fut connectée à la boîte vocale de son assistante. Je viens de rentrer d'un horrible voyage. Je sais que je dis toujours ça, mais cette fois c'est la vérité. A partir de maintenant, je prendrai le train. Je ne supporte plus de voyager dans ces petits avions…

En arrivant à sa voiture, elle désactiva l'alarme et déverrouilla la portière à l'aide de la télécommande.

— … J'ai besoin que tu me sortes plusieurs dossiers. Je vais devoir prendre quelques…

Des pas rapides se firent entendre derrière elle.

Elle était sur le point de se retourner, quand quelque chose de dur la frappa au niveau de la tempe. Le coup fut si prompt qu'elle n'eut pas le temps de crier.

Sa tête heurta la portière métallique de sa voiture, et elle perdit connaissance.

1

Alex sentit comme une pointe acérée lui traverser le crâne. Elle cligna des yeux pour essayer de combattre la douleur foudroyante qui la tenaillait.

— Allez, ma belle. Essayez d'ouvrir les yeux.

La voix bourrue ne faisait qu'augmenter son mal.

Avec prudence, elle tenta d'ouvrir un œil mais le referma aussitôt, tant l'éclairage brutal au-dessus d'elle la fit souffrir.

— Je vous fais de l'ombre, maintenant. Essayez encore, l'encouragea la voix.

Quand elle ouvrit les yeux, elle trouva l'absence de lumière directe beaucoup plus supportable.

L'homme penché au-dessus d'elle portait un uniforme de chirurgien, vert et tout froissé.

— Où… ? parvint-elle à articuler.

— Vous êtes aux urgences de l'hôpital de Sierra Vista, répondit le chirurgien en se redressant. Vous semblez n'aller pas trop mal, mis à part les quelques traumatismes dont vous souffrez, suite au coup que vous avez reçu à la tête.

Elle fronça les sourcils et se rendit aussitôt compte que ce simple mouvement accentuait encore la douleur qu'elle ressentait.

Comme elle s'apprêtait à porter sa main à sa tête, le médecin l'en empêcha.

— Ce n'est pas une bonne idée. Nous devons encore nettoyer la plaie et vous recoudre.

Elle passa sa langue sur ses lèvres sèches et abîmées.

— Que m'est-il arrivé ?

— Vous avez été agressée dans le parking de l'aéroport. Un passager de votre vol a vu l'agression et a prévenu la sécurité. Malheureusement, le voleur a pu s'échapper. Quant à vous, vous avez écopé d'une sévère entaille. Il semblerait que vous ayez été frappée à la tête avant de tomber contre votre voiture.

— Cela n'a pas de sens, murmura-t-elle tout en essayant de comprendre les propos du médecin.

Que faisait-elle à l'aéroport, elle qui détestait prendre l'avion ?

— Les agressions en ont rarement, répliqua-t-il sur un ton acerbe. Vous pensez pouvoir répondre à quelques questions ?

Elle pria pour que ce soit simple.

— Je vais essayer.

— Tout d'abord, combien de doigts voyez-vous ? lui demanda-t-il en lui présentant son index et son majeur.

— Deux. Et je vous en prie, ne me dites pas qu'il n'y en a qu'un et que je vois double.

Il sourit.

— Non, tout va bien. Et maintenant, pouvez-vous me dire si vous souffrez de nausées ou de vertiges ?

A peine avait-il posé cette question qu'elle vira subitement au vert.

Le médecin évalua aussitôt la situation et lui tendit une petite bassine juste à temps.

— Merci, souffla-t-elle, horriblement embarrassée.

— Je crains que ce ne soit l'un des effets secondaires des

traumatismes crâniens, répondit-il. Vous sentez-vous mieux maintenant ?

— Avec une aspirine, cela devrait rentrer dans l'ordre. Ou peut-être deux, ajouta-t-elle avant de faire une pause. Ou deux cents.

Elle leva prudemment une main pour écarter une mèche tombée sur son visage. Elle craignait que son apparence ne reflète la façon dont elle se sentait. Et elle avait l'impression que tout un troupeau de bétail lui était passé sur le corps.

Le docteur lui sourit.

— Nous nous occuperons de ce problème dès que nous serons sûrs que vous êtes en un seul morceau. Est-ce que vous savez comment vous vous appelez ?

Elle fut soulagée de voir que les questions restaient à sa portée.

— Alexandra Elaine Spencer Parker.

— Savez-vous quel jour nous sommes ?

— Mardi, répondit-elle sans hésiter.

— Et la date ?

Alex ouvrit la bouche, mais la referma aussitôt.

— Je… euh…

Les larmes lui montèrent aux yeux tandis qu'elle s'efforçait de se rappeler la date du jour. Elle se sentit à la fois confuse et frustrée.

— Je ne suis pas sûre.

Le médecin resta silencieux, tout en gribouillant quelque chose sur sa feuille.

— Ne vous inquiétez pas, la rassura-t-il enfin. Vous avez eu un rude coup sur la tête, et des traumatismes crâniens comme celui-ci peuvent affecter la mémoire récente. Après quelques examens, nous pourrons voir plus précisément les traumatismes dont vous souffrez et serons alors plus à même de les traiter.

Une fois ces examens passés, je vous ferai quelques points de suture.

Elle avait peut-être un épouvantable mal de tête, mais elle pouvait sentir un mensonge à des kilomètres. Et cet homme lui mentait.

— Il ne s'agit pas d'un simple mal de tête, n'est-ce pas ? demanda-t-elle.

— L'entaille sur votre cuir chevelu est relativement profonde. Par précaution, nous voudrions juste vérifier que vous ne souffrez d'aucune autre lésion, déclara-t-il. Les blessures à la tête peuvent être sources de complications, c'est pourquoi je préfère être prudent.

— Mon mari ! s'écria-t-elle. Est-ce que quelqu'un a prévenu mon mari, l'inspecteur Dylan Parker ?

Elle s'apprêtait à se redresser, quand le docteur l'en empêcha avec douceur.

— Ne vous en faites pas, nous nous en occupons, répondit-il sur un ton réconfortant.

Alex fronça les sourcils.

— Je me souviens être venue ici l'an passé pour une entorse à la cheville.

— Dans ce cas, nous avons votre dossier, dit-il en faisant un petit signe de tête à l'infirmière qui l'assistait. Contentez-vous de rester ici et de vous reposer.

— Facile à dire, maugréa-t-elle.

Le médecin lui sourit avec sympathie.

— Il y a un agent de police qui attend dans le couloir pour vous poser des questions au sujet de votre agression.

— Je ne vois pas ce que je vais pouvoir lui dire. Je ne me souviens de rien, dit-elle avant de laisser échapper un petit rire. Je ne me rappelle même pas quel jour on est, alors je ne vois pas comment je pourrais me rappeler avoir été agressée !

— Je peux lui dire que vous n'êtes pas en état de parler pour le moment, suggéra le médecin. De toute façon, vous devez descendre passer des radios.

— Non, laissez-moi lui parler pour qu'on en finisse.

Elle s'adossa précautionneusement à l'oreiller.

Le médecin hocha la tête à contrecœur.

L'agent de police ne semblait guère avoir plus de seize ans. Dans la mesure où son visage ne lui était pas familier, elle se dit qu'il avait dû rejoindre tout récemment les forces de police de Sierra Vista. Cela ne faisait pas longtemps qu'elle était mariée à Dylan, mais elle avait eu le temps de rencontrer pas mal d'agents de la police locale.

Pendant que le policier l'interrogeait sur l'agression, elle réalisa qu'elle ne se rappelait réellement de rien. Elle regarda le médecin d'un air interrogateur.

— Des pertes de mémoire liées à un traumatisme crânien tel que le vôtre n'ont rien d'exceptionnel, expliqua ce dernier. Il est fréquent que les patients refoulent le souvenir des événements récents suite à une lésion à la tête.

— Mais comment se fait-il que je me souvienne du jour de la semaine et non de la date exacte ? demanda-t-elle.

Le médecin secoua la tête.

— Nous ignorons pourquoi un patient se rappelle certaines choses et en occulte d'autres.

Elle ferma les yeux, fataliste. Tout ira bien maintenant. Ils avaient appelé Dylan, celui-ci s'occuperait de tout.

Dylan Parker n'avait pas encore regardé son jeu. Il aimait attendre jusqu'à ce que ce soit à son tour de parler. Il se sentait en veine ce soir. Il se pourrait bien qu'il rentre à la maison les poches pleines pour une fois, au lieu de laisser son argent à Davis ou à Greer.

— Hé, Parker, je croyais que c'était chez toi qu'on devait jouer au poker ce soir, lança Ron Davis, un inspecteur du service des narcotiques, en lançant un jeton sur la table.

— J'ai échangé avec Franklin, vu qu'il part en vacances la semaine prochaine.

La mélodie de *Batman* résonna bruyamment dans la pièce. Les quatre autres policiers fixèrent le téléphone portable accroché à sa ceinture, d'où venait le bruit.

— Hé, Batman, ton bat-mobile est en train de sonner. Le commissaire Gordon doit avoir besoin d'un superhéros !

— Je ne suis pas de service ce soir, maugréa-t-il avant de décrocher. Parker.

Il écouta son interlocuteur avec impatience, puis son expression changea. Il se figea à mesure qu'il écoutait.

Ses quatre collègues le regardaient avec une vive attention.

— Elle a été *quoi* ? Très bien. J'arrive dans une vingtaine de minutes.

Il raccrocha et regarda avec intensité tous ses collègues autour de la table.

— Qui est derrière ce coup-là ? demanda-t-il. Croyez-moi, cela va lui coûter très cher. Cela n'a rien de drôle ! Si jamais cet appel est un canular, je vous jure que la personne qui est derrière ça va au-devant de sérieux problèmes.

— Mais bon sang de quoi parles-tu ? s'exclama l'un des policiers.

Dylan soupira.

— C'était l'hôpital. Ils disent que ma *femme* a été agressée dans le parking de l'aéroport et qu'elle se trouve actuellement aux urgences.

Il étudia les cartes qu'il tenait à la main. Pour une fois, il aurait gagné ce soir.

Lâchant un juron, il jeta ses cartes et se leva du haut de ses un mètre quatre-vingt-dix.

Il entendit ses collègues pouffer de rire tandis qu'il quittait l'appartement.

En tant qu'inspecteur à la police criminelle, ce n'était pas la première fois que Dylan se rendait aux urgences. Il y avait déjà interrogé bon nombre de victimes et y avait été soigné lui-même. Mais c'était la première fois qu'il allait voir quelqu'un qu'il connaissait. Et intimement, qui plus est.

Quand il arriva sur le parking de l'hôpital, il avait l'estomac noué.

Son divorce avec Alex ne s'était pas très bien passé. Cette femme savait s'y prendre. Il s'était vu contraint de lui verser une pension alimentaire de deux cents dollars par mois. Toutefois, ce n'était pas uniquement de la faute d'Alex. Le juge qui avait instruit leur dossier l'avait sommé de payer une pension de cent dollars par mois. Le jugement aurait très bien pu être cassé en appel, mais il n'avait fait qu'envenimer la situation en disant deux ou trois choses qui avaient déplu au juge. Celui-ci avait alors augmenté le montant de la pension de cent autres dollars. Son avocat avait voulu faire appel, mais il avait lui-même refusé. Un psychologue n'aurait pas manqué de dire que cette pension constituait un lien entre Alex et lui, même hostile. Mais il préférait se dire que cela lui donnait une occasion d'agacer son ex-épouse une fois par mois.

Il avait décidé que si Alex voulait une pension, elle en aurait une, mais pas sous la forme d'un chèque mensuel. Il prenait sa revanche en lui donnant des formes plus créatives, que ce soit en faisant une donation au nom de son ex-femme à l'aquarium de San Francisco ou en lui envoyant un cactus avec deux cents dollars en petite monnaie dispersés au fond du pot. Il s'était toutefois mordu les doigts après lui avoir envoyé deux cents tickets de loterie, car l'un de ces tickets avait permis à Alex de gagner quinze mille dollars.

Il n'avait pas reparlé à son ex-femme depuis le divorce, mis à part pendant deux minutes à peine au cours de l'hiver dernier, quand son partenaire et lui avaient dû interroger la victime d'un viol dans le cabinet d'avocats où elle travaillait. Heureusement, le dialogue entre eux était resté strictement professionnel.

Alex était d'une telle beauté qu'il n'avait jamais compris pourquoi elle avait accepté sa demande en mariage. Il était tombé amoureux d'elle dès le premier regard. Elle avait le sens de la repartie, comprenait ses blagues, et il y avait toujours eu quelque chose chez elle qui l'avait convaincu qu'ils étaient faits l'un pour l'autre. Au début, il avait cru qu'elle l'aimait. Ce n'est que plus tard qu'il avait découvert que l'entrain apparent de la jolie rouquine ne correspondait pas avec son véritable caractère. Elle s'était comportée comme si elle n'avait eu aucune envie de sauver leur mariage. Il avait le sentiment que tout ce qui lui importait, c'était sa carrière et ses chances de devenir associée dans le cabinet d'avocats où elle travaillait. Depuis leur divorce, il s'était résigné en pensant que les relations amoureuses n'étaient pas faites pour lui et avait laborieusement entrepris de reconstruire sa vie en morceaux.

Il fut accueilli à l'entrée des urgences par l'agent de sécurité qui lui adressa un petit signe de tête. Au moment où il passa les portes vitrées automatiques, un policier en uniforme s'approcha de lui. La salle d'attente était vide, à l'exception d'un homme endormi avachi sur une chaise. Un vase de fleurs artificielles multicolores était censé agrémenter le bureau de la réceptionniste et par là tout l'accueil, mais cette intention restait vaine.

Il s'avança jusqu'à l'accueil et déclina son identité avant de demander à voir le docteur Kelly.

Heureusement, la nuit était tranquille et il n'eut pas à attendre longtemps.

L'homme, barbu, vêtu d'une tenue de chirurgien, semblait fatigué. Il tenait une tasse de café à la main.

— Hé, inspecteur Parker, dit-il en accueillant le policier avec un large sourire. Je pense connaître la raison de votre présence ici. Vous étiez répertorié comme étant la plus proche famille d'Alexandra Spencer dans son dossier, sans compter qu'elle vous a expressément demandé.

Dylan fit la moue, se demandant s'il restait quelqu'un dans cette ville qui ignorait encore les sordides détails de son divorce.

— Oui, c'est ce qu'on m'a dit.

Le docteur Kelly lui fit un petit signe de tête.

— Suivez-moi.

— Est-elle gravement blessée ? demanda-t-il.

— L'agresseur l'a frappée sur le côté de la tête avec un objet tranchant, qui a provoqué une coupure de cinq centimètres. Elle a également une sérieuse entaille sur la joue, un œil au beurre noir et la lèvre fendue. Le coup à la tête a occasionné un traumatisme dans la partie du cerveau contrôlant la mémoire. C'est probablement la raison pour laquelle elle croit que vous êtes toujours mariés. Elle a su me dire son nom ainsi que d'autres choses, notamment le jour de la semaine, mais elle ignore l'année et a occulté d'autres éléments que je lui ai demandés. Pour m'assurer qu'elle ne souffre pas de lésions permanentes, je l'ai envoyée passer quelques examens supplémentaires.

Dylan était sonné, comme si on venait de le frapper avec une batte de base-ball.

Même si Alex et lui avaient eu des relations plus que houleuses depuis leur divorce, il ne lui avait jamais souhaité de mal. Il s'efforça de penser davantage en policier qu'en homme qui avait autrefois partagé son lit.

— Cela fait deux ans que nous avons divorcé. Pourquoi penserait-elle que nous sommes encore mariés ? marmonna-t-il.

Le simple fait de prononcer ces mots lui glaça les veines. Il remarqua l'expression du médecin. Pendant l'espace d'un instant, la peur prit l'ascendant sur toutes ses autres émotions. Le docteur avait parlé de lésions « permanentes ». Y avait-il un risque qu'Alex soit gravement atteinte ? Il repensa à ses traits délicats, encadrés par une épaisse chevelure cuivrée. Il se souvint à quel point il avait aimé passer la main dans cette crinière soyeuse, mais il repoussa aussitôt ces pensées.

— Vous ne me dites pas tout docteur, n'est-ce pas ?

Le docteur Kelly porta sa tasse à ses lèvres et but une gorgée. Il fit la grimace et posa son café sur la table la plus proche.

— Chaque fois que j'arrive enfin à trouver le temps de boire mon café, la plupart du temps, il est déjà froid. Je devrais y être habitué depuis le temps, me direz-vous. Le terme général pour qualifier le mal dont souffre Alexandra est *amnésie psychogène*. On parle aussi plus fréquemment d'*amnésie sélective.*

— Je suis venu ici il y a huit mois pour une commotion cérébrale, et ma mémoire n'en a pas été affectée, remarqua Dylan. Tout ce que j'ai eu, c'était un horrible mal de tête.

Le docteur Kelly se passa la main dans les cheveux. Il avait l'air épuisé.

— Tous les traumatismes crâniens sont délicats. Il arrive que certains patients deviennent complètement amnésiques et soient obligés de tout réapprendre sur eux-même, voire de réapprendre à vivre. D'autres, en revanche, n'ont qu'une amnésie sélective. Selon nous, c'est une manière inconsciente de se protéger afin d'éviter de revivre un traumatisme qu'ils ont vécu. Certaines personnes refoulent des événements de leur passé qui se sont déroulés des années auparavant.

— Et comment se fait-il que cela arrive à certaines personnes et pas à d'autres ?

— Cela dépend de l'endroit où le coup a été porté. Une partie de votre cerveau gère la mémoire, une autre les fonctions moteur, une autre la parole, le goût, et ainsi de suite.

Dylan laissa échapper un soupir.

— Qu'essayez-vous de me dire exactement, docteur ? Est-ce qu'Alex va bien ou pas ?

— Comme je vous l'ai dit, quand elle est arrivée à l'hôpital, ses souvenirs étaient confus. Elle connaissait son nom et savait dans quelle ville nous nous trouvions mais était incapable de se rappeler son adresse ou son numéro de téléphone. Elle se souvient qu'elle est avocate et sait dans quel cabinet elle travaille, mais elle a oublié le nom du dernier client à qui elle a parlé.

— Oui, je me doute qu'elle n'a pas oublié qu'elle est avocate, murmura-t-il avec une pointe d'amertume. Mais cela n'explique toujours pas pourquoi elle croit que nous sommes encore mariés.

— Elle a pu penser à vous au moment de son agression, suggéra le médecin.

Dylan secoua la tête.

— J'en doute fort, répliqua-t-il, sentant son estomac se nouer.

Le médecin l'observa intensément.

— Est-ce que ça va poser un problème ? On pourrait peut-être prévenir ses parents ?

— Ils habitent à Seattle, répondit-il. Et il n'y a aucune raison de les appeler.

Ils ne se déplaceraient sûrement pas, de toute façon. Alex lui avait une fois confié que ses parents se préoccupaient plus de leur travail que d'elle. Ils l'avaient envoyée en pension dès l'âge de sept ans. Il n'était pas indispensable de les prévenir.

Il prit une profonde inspiration en réfléchissant à ce qu'il allait devoir faire.

— Alex doit savoir la vérité sur nous. Croyez-moi, elle voudrait la connaître.

— Oui, je m'en doute. Cependant, il va falloir le lui dire avec toute la prudence qui s'impose. Elle est toujours fragile pour le moment. Je pense que ce serait mieux si elle l'apprenait de vous.

Il se retourna vivement pour faire face au médecin.

— Vous voulez que ce soit *moi* qui le lui dise ? C'est vous le médecin ici, ne pourriez-vous pas vous en charger ?

— Elle pense que vous êtes toujours son mari, lui fit remarquer le docteur Kelly. Actuellement, elle est un peu confuse et probablement effrayée par sa perte de mémoire. Je pense qu'elle vous considère comme son unique bouée de sauvetage.

— Vous ne vous rendez pas compte à quel point cela va être difficile pour moi, protesta Dylan. Si vous pensez qu'elle est si fragile, ne vaudrait-il pas mieux que vous lui expliquiez vous-même que sa mémoire lui joue des tours ? Vous pourrez alors surveiller ses fonctions vitales ou faire ce qu'il faut afin que ça ne la traumatise pas davantage.

— Je peux surveiller sa réaction pendant que vous lui parlerez, répondit le docteur Kelly.

— Ne pouvons-nous pas attendre demain matin et la laisser profiter d'une bonne nuit de sommeil ? Peut-être se réveillera-t-elle en se souvenant de tout ? suggéra Dylan avec une pointe de désespoir dans la voix.

Mais à l'expression du médecin, il sut qu'il n'y avait pas d'alternative.

Il se mit à rire nerveusement.

— Vous ne comprenez pas, doc. Depuis notre divorce, nous ne pouvons même pas rester dans la même pièce sans commencer à nous disputer. Nous sommes comme l'eau et le feu.

Le médecin parut se laisser fléchir.

— Ecoutez, on peut d'abord regarder le résultat de ses examens, qu'en dites-vous ?

Il se tourna vers une infirmière qui lui faisait des signes tout en articulant quelque chose silencieusement.

— Très bien, reprit-il. Elle est de retour de son scanner. Laissez-moi jeter un œil à ses résultats avant de recoudre sa plaie. Nous aviserons après cela.

— Maintenant que les examens sont passés, pourrais-je avoir quelque chose pour mon mal de tête ? demanda Alex tandis qu'on la réinstallait sur son lit d'hôpital.

— Dès que le médecin aura vu vos résultats, lui assura l'infirmière en rabattant la couverture sur elle. Tenez, le voilà.

Regardant par-dessus l'épaule de la femme en blanc, Alex reconnut aussitôt l'homme qui s'approchait aux côtés du docteur Kelly. Pour la première fois cette nuit-là, elle eut l'impression que maintenant tout irait bien.

Dylan Parker était un homme impressionnant, extrêmement viril, de plus d'un mètre quatre-vingt-dix, avec des yeux d'un gris profond et des cheveux épais coupés assez courts, prématurément poivre et sel. C'était le genre d'homme qui forçait l'attention, où qu'il soit. Il y avait quelque chose chez lui qui inspirait à toute femme une confiance aveugle. Rien d'étonnant à ce qu'elle-même — qui s'était toujours défendue de s'attacher à un homme jusque-là — ce soit retrouvée rapidement dans son lit. Dylan l'avait séduite dès leur première rencontre.

Malgré son épouvantable mal de tête, elle ne put réprimer le léger frisson de désir qui montait en elle pendant qu'elle le regardait discuter avec le praticien. Elle était convaincue que ce sentiment ne tarirait jamais, même avec le temps.

Elle tenta de maîtriser son émotion ainsi que son envie de sentir ses bras autour d'elle.

— C'est mon mari, là-bas. Peut-il venir me rejoindre ? demanda-t-elle.

L'infirmière jeta un œil dans la direction qu'elle lui indiquait. Quand elle aperçut Dylan, une lueur d'approbation éclaira son visage.

— Je suis sûre que le docteur n'y verra aucune objection, répliqua-t-elle en lui souriant.

Alex regarda l'infirmière s'approcher de son mari et du médecin pour leur parler. Dylan se retourna et la regarda avec un visage inexpressif. Après un mot du docteur, il s'avança vers elle.

Dès qu'il fut suffisamment près, elle tendit son bras pour lui prendre la main.

— Je suis si contente de te voir, dit-elle en resserrant fermement son étreinte de peur qu'il ne disparaisse. Tu vas peut-être pouvoir m'expliquer ce qui se passe et ce que je faisais à l'aéroport. Tu sais à quel point je déteste prendre l'avion.

Dylan hocha la tête. Il le savait, effectivement.

— Tu es arrivée par un vol régional venant de San Francisco. Comment te sens-tu ? lui demanda-t-il.

Il essaya de garder ses distances alors qu'une partie de lui devait se retenir de la prendre dans ses bras pour s'assurer qu'elle était toujours bien vivante. Pour un homme qui affirmait détester cordialement son ex-femme, il éprouvait en ce moment des sentiments relativement contradictoires.

— Moi qui m'attendais à t'entendre dire que l'agresseur allait regretter amèrement d'avoir choisi la femme de Dylan Parker comme victime, gémit Alex. J'ai l'impression que quelqu'un s'amuse à jouer au base-ball à l'intérieur de ma tête.

— Nous allons bientôt pouvoir remédier à cela, la rassura

le docteur Kelly qui venait d'entrer dans la chambre, suivi de l'infirmière.

Dylan jeta un œil aux instruments qui se trouvaient sur le chariot que l'infirmière avait apporté et pâlit. Il essaya de se libérer de la poigne d'Alex.

— Je peux attendre dehors, marmonna-t-il, tentant de s'écarter du lit.

— Non, s'il te plaît, le supplia Alex, ne pars pas.

Elle s'agrippa plus fermement à sa main.

Il regarda son visage, atterré. Ses traits délicats étaient gonflés et meurtris par les blessures, et il pouvait voir de minces filets de sang figés dans ses cheveux emmêlés.

— Nous allons devoir vous raser une partie de la tête afin de vous faire des points de suture, expliqua le médecin. Mais la bonne nouvelle, c'est que la coupure est située à un endroit que vous pourrez aisément dissimuler avec vos cheveux. La blessure sur votre joue n'est pas très longue et ne devrait laisser aucune cicatrice.

Finalement, Dylan resta aux côtés d'Alex pendant tout le temps que le médecin l'opérait.

Celui-ci lui injecta un anesthésique local, attendit qu'il fasse effet, puis il rasa la zone blessée et entreprit de recoudre soigneusement le cuir chevelu de la jeune femme.

Dylan savait pertinemment qu'Alex ne sentait rien grâce à l'anesthésie, mais cela ne l'empêcha pas de blêmir à la vue de l'aiguille qui lui transperçait la peau. Il regarda au loin, sentant la main fine de son ex-femme enlacée dans la sienne.

— Les résultats de vos examens semblent bons. Je n'ai décelé aucune lésion dans votre cerveau, assura le docteur Kelly.

*
* *

— Ils sont peut-être bons pour *vous*, répliqua Alex, mais moi je ressens une grande confusion et un besoin immense de rentrer à la maison.

— Je pensais qu'avec ta blessure à la tête, tu ferais mieux de rester en observation à l'hôpital, intervint Dylan.

Le médecin secoua la tête.

— Ce n'est pas l'avis de sa compagnie d'assurance. Dans la mesure où ses examens se sont révélés satisfaisants, tout ce dont elle a besoin, c'est d'une surveillance à la maison.

— Même si je ne me souviens pas de tout ? demanda-t-elle avant de surprendre Dylan et le médecin en train d'échanger un regard. Qu'est-ce qui ne va pas ? Que ne m'avez-vous pas dit ?

Elle regarda les deux hommes à tour de rôle. Ses yeux verts s'agrandirent de peur tandis que les plus horribles scénarios lui venaient à l'esprit.

— Vous devez *tout* me dire !

Dylan fit la grimace.

— Le docteur Kelly et moi, nous avons discuté de quelques petites choses qui pourraient t'aider à éclaircir certains de tes trous de mémoire.

Elle remarqua qu'il évitait soigneusement son regard. Elle sentit alors une boule se former dans son estomac.

— Tu penses à quelque chose en particulier ?

— Effectivement.

Il passa de l'autre côté du lit et prit une chaise, la tournant pour s'asseoir à califourchon dessus, à son habitude.

Elle jeta un rapide coup d'œil en direction du médecin mais ne trouva aucun éclaircissement sur son visage.

Dylan lui prit la main, et ce contact la réconforta un peu. Il fixa les draps du lit, ne sachant visiblement pas comment se lancer, puis il prit une profonde inspiration et releva la tête.

— Alex, tu as toujours aimé la franchise, alors je ne vais

pas y aller par quatre chemins. En réalité, nous ne sommes plus mariés.

Elle eut l'impression qu'une pierre tombait au fond de son estomac, même si cette déclaration avait été faite avec douceur.

— Qu'est-ce que tu veux dire par là ? Si c'est une blague, elle n'est vraiment pas drôle.

Il confirma ses dires par un petit signe de tête.

— Cela fait deux ans maintenant que nous avons divorcé.

Elle s'apprêtait à secouer vigoureusement la tête et se souvint juste à temps que ce n'était pas une bonne idée.

— Ce… Cela n'a aucun sens ! Comment aurais-je pu oublier une telle chose ?

Elle détestait s'entendre bredouiller ainsi, mais elle ne savait pas quoi faire ni quoi dire d'autre. C'était une nouveauté pour elle. D'habitude, elle savait toujours ce qu'il fallait faire ou dire, en toute circonstance. Pendant l'espace d'une seconde, elle savoura ce sentiment d'être sûre de quelque chose à propos d'elle-même.

— Comme je vous l'ai expliqué tout à l'heure, Alex, les traumatismes crâniens sont des troubles délicats, intervint le docteur Kelly. L'esprit a tendance à se protéger comme il le peut, en occultant certains événements pénibles tels que votre agression ou d'autres faits qui se sont déroulés encore avant. C'est la raison pour laquelle cette amnésie est dite sélective.

Elle regarda Dylan, puis le docteur.

— Alors, ce que vous essayez de me dire, c'est que j'ai choisi d'oublier une partie de mon passé ? murmura-t-elle. J'ai trié dans ma mémoire les choses dont je voulais bien me rappeler ?

Le médecin haussa les épaules.

— Curieuse façon de présenter les choses, mais effectivement, c'est plus ou moins ce que vous avez fait.

Elle baissa les yeux et regarda distraitement ses mains

écorchées, sur lesquelles l'infirmière avait appliqué un peu plus tôt une pommade antibiotique.

Des larmes lui piquèrent les yeux.

— Vous m'avez dit tout à l'heure que vous ne pouviez pas me certifier quand ma mémoire me reviendrait, ni même *si* elle me reviendrait un jour…

— Je suis navré, Alex. Je ne peux vraiment pas vous en dire plus. Des blessures telles que celles-ci ont besoin de temps pour guérir, répondit le médecin avec douceur.

Elle regarda fixement ses genoux pour ne pas voir la pitié dans les yeux de Dylan. Elle prenait conscience qu'il savait à son sujet des choses qu'elle-même ignorait. Ils avaient divorcé, mais elle ne se souvenait pas pourquoi.

Le médecin pouvait appeler cela de l'amnésie sélective, elle préférait parler d'une mauvaise blague du destin !

Cette pensée lui fit réaliser qu'elle voulait quitter cet endroit, qui sentait l'antiseptique et la peur. Elle voulait rentrer chez elle, retrouver un environnement familier où elle pourrait trouver un certain réconfort.

Toutefois, si elle était incapable de se rappeler où elle habitait, comment s'imaginer qu'elle se sentirait bien chez elle ?

Elle leva les yeux vers le docteur.

— Vous avez dit que je pouvais rentrer chez moi. Est-ce que cela signifie que je peux partir maintenant ?

Dylan fit un pas en avant.

— Je persiste à dire que ce n'est pas une bonne idée, protesta-t-il. Vous devriez la garder en observation, au moins pour le reste de la nuit. Et tant pis si la compagnie d'assurance n'est pas d'accord. Je paierai la facture s'il le faut.

— Je veux juste rentrer à la maison, murmura-t-elle en réprimant une soudaine envie de pleurer.

Le docteur Kelly acquiesça.

— Je vais vous prescrire des antibiotiques et des antalgiques.

Dès que les effets de l'anesthésie locale se seront dissipés, vous aurez besoin de quelque chose pour calmer la douleur. Votre médecin traitant pourra vous enlever les points de suture dans une dizaine de jours. Est-ce que quelqu'un peut rester près de vous cette nuit ?

— Elle ne sera pas seule, déclara Dylan en prenant l'ordonnance des mains du médecin.

Il marmonna qu'il allait chercher les médicaments à la pharmacie de garde et se hâta de quitter la pièce.

Quand il revint aux urgences, la jeune femme était habillée et l'attendait.

Malgré ses coupures, son pansement, ses bleus et son œil au beurre noir, elle restait incroyablement belle, se dit-il avec admiration. Des mèches de ses cheveux couleur cuivre s'échappaient de sa tresse. Ses yeux brillants vert émeraude étaient ternis par la douleur et la fatigue. Il remarqua les taches de rousseur sur son nez. Il les avait toujours trouvées mignonnes, alors même qu'Alex s'évertuait à essayer de les cacher, craignant qu'elles ne nuisent à l'image professionnelle qu'elle voulait renvoyer.

Puis il grimaça en voyant ses genoux écorchés, qui semblaient à vif et douloureux. Et elle ne porterait sûrement plus jamais ce tailleur turquoise hors de prix et ces escarpins assortis à hauts talons. La jupe était déchirée, et le cuir des chaussures était égratigné sur le côté. Quant à son manteau, il semblait avoir été traîné dans la boue, et le col était taché par ce qui semblait être du sang.

Son magnifique petit ange avait l'air en piteux état.

Il ressentit un choc quand il vit que des larmes commençaient à apparaître dans les yeux de la jeune femme. Il n'avait encore jamais vu Alex pleurer ou montrer un quelconque signe de faiblesse.

Il s'avança vers elle.

— Tu veux sortir d'ici ? lui demanda-t-il sur un ton bourru.

— Oui, s'il te plaît, murmura-t-elle en le regardant avec gratitude.

Il lui tendit la main et l'aida à se mettre debout.

Au lieu de son parfum habituel, il sentit les odeurs fortes de désinfectant, de bandage et de gaze. Comme Alex vacillait légèrement, il se hâta de la soutenir avec son autre bras. Elle lui adressa un sourire reconnaissant. Bien qu'elle eût retrouvé son équilibre, elle ne lui lâcha pas la main. Ses doigts étaient si serrés que ses articulations étaient blanches.

Il prit une profonde inspiration. Il avait le sentiment que la nuit serait longue.

La seule source de lumière qui brillait dans la vaste pièce était une petite lampe posée sur le coin d'un bureau en noyer particulièrement bien astiqué. En fond sonore, on pouvait entendre une sonate de Mozart. L'homme assis dans le fauteuil en cuir contemplait la superbe vue du Golden Gate Bridge qui enjambait la baie de San Francisco. Ses mains étaient jointes comme s'il s'apprêtait à prier. Mais il n'était pas du genre à croire en quoi que ce soit, à part en l'argent.

La douce sonnerie du téléphone l'interrompit dans sa rêverie. Il mit aussitôt fin à ce bruit importun en appuyant sur un bouton situé sur l'accoudoir de son fauteuil. Le haut-parleur du téléphone se mit aussitôt en marche. Puis il arrêta la musique en appuyant sur un autre bouton.

— Bonsoir, Léonard. J'espère que notre affaire a pu être réglée ?

Restant dans le ton de son environnement luxueux, sa voix était à la fois douce et menaçante.

— Pas exactement, patron.

L'intonation de sa voix se fit alors glaciale.

— Et pourquoi cela ?

— Nous avons récupéré son porte-documents et sa valise, mais ce que vous cherchez ne se trouvait pas à l'intérieur.

— Et pourriez-vous m'expliquer pour quelles raisons vous n'avez pas pris son sac à main ?

— Elle n'en portait pas. Un type s'est mis à crier, mais j'ai eu le temps de m'enfuir avant que la sécurité n'arrive. Nous nous sommes débarrassés de ses affaires, mais nous avons gardé l'ordinateur, de l'argent et ses cartes de crédit pour faire croire à une banale agression.

Il eut un soupir excédé. Il n'était guère satisfait du travail de ses employés.

— Ainsi, vous n'avez pas accompli le travail que je vous avais demandé, Léonard. Vous allez devoir rester là-bas et récupérer mon bien avant qu'elle ne mette la main dessus. Où est-elle maintenant ?

— Une ambulance l'a emmenée. Nous attendons à l'extérieur de l'hôpital.

— Je ne pense pas qu'elle se préoccupe de ses affaires personnelles pour le moment. Restez devant l'hôpital jusqu'à ce qu'elle en sorte. Puis, suivez-la chez elle et ne la quittez pas des yeux. Trouvez un moyen de rentrer dans son appartement dès qu'elle en sortira, ordonna-t-il. Je veux récupérer ce CD avant qu'elle n'ait l'occasion de regarder son contenu et de découvrir mes activités cachées.

— Très bien, patron.

— Je vous préviens, Léonard. Ce n'est pas la peine de revenir, votre frère et vous, tant que vous n'aurez pas récupéré ce CD. Si vous échouez, je vous suggère de quitter le pays.

Comme l'homme se mettait à protester, il interrompit la conversation.

Il resta assis un moment, regardant le pont dont les éclairages magiques ne manquaient jamais de l'apaiser.

Il espérait qu'elle n'avait pas lu ces fichiers. Ce serait réellement dommage de perdre une si bonne avocate.

2

Alex regarda avec étonnement le pick-up vert métallisé. Dans son souvenir, Dylan conduisait une Mustang noire. Combien d'éléments de sa vie avait-elle donc oubliés ?

— J'aimerais pouvoir me rappeler ce qui s'est passé pendant ces deux années de ma vie.

Au moment où Dylan lui avait annoncé leur divorce, sa vie avait pris un tournant dont elle ignorait encore les conséquences.

— Je suis sûr que Janet pourra te renseigner sur plusieurs points, dit-il en la conduisant hors du parking.

— Alors elle travaille toujours pour moi ? demanda-t-elle en poussant un soupir de soulagement. J'aurais détesté ne pas me souvenir de mon nouvel assistant. Et je suis toujours dans le cabinet de Will ?

La mâchoire de Dylan se contracta.

— Effectivement.

Alex se demanda pourquoi l'expression de son ex-mari venait de s'assombrir. Elle se souvenait vaguement qu'il n'avait jamais aimé Will Zane, l'associé principal et le fondateur de Zane et Associés. Cette antipathie était probablement liée au fait que Will était un avocat de la défense, spécialisé dans les affaires criminelles et réputé pour faire acquitter bon nombre de ses clients. Will pouvait-il être la raison de leur divorce ? Ses pensées étaient toujours confuses, mais son mal de tête semblait se résorber partiellement quand elle fermait les yeux.

En quelques instants, elle sombra dans un léger sommeil.

Dylan jeta un coup d'œil à Alex et poussa un soupir de soulagement. Il savait qu'elle avait des tonnes de questions à lui poser. Mais il était ravi de ce répit, aussi court fût-il, avant d'avoir à y répondre.

Dès qu'ils arrivèrent devant l'immeuble où habitait son ex-femme, il se hâta de réveiller le gardien pour récupérer la clé de l'appartement.

— Alex, murmura-t-il en se penchant vers elle pour lui secouer gentiment l'épaule. Il est temps de te réveiller. Tu es arrivée à la maison.

Il glissa ses bras autour de son corps et la souleva du siège.

— Je peux marcher, murmura-t-elle en le regardant avec ses yeux émeraude ensommeillés par les médicaments.

— Bien sûr, et tu t'effondrerais sûrement dès la première marche ! Laisse-toi faire, lui dit-il.

Elle enroula ses bras autour de son cou et posa sa joue contre le creux de son épaule.

Il entreprit de monter les escaliers.

— Bon sang, Alex, tu ne pouvais pas habiter au rez-de-chaussée ? maugréa-t-il en grimpant les marches jusqu'au premier étage.

Une alarme retentit quand il ouvrit la porte d'entrée.

Il s'assura qu'il tenait bien Alex et composa un code à quatre chiffres.

La lumière rouge clignotante devint aussitôt verte.

— C'est une chance que tu utilises toujours ta date de naissance pour tes codes de sécurité.

Un miaulement rauque les accueillit comme il s'avançait dans la pénombre de l'appartement.

— Hé, Clarence, dit-il pour saluer le chat siamois qui se faufilait entre ses chevilles, menaçant de les faire tomber.

Il chercha en tâtonnant l'interrupteur électrique.

Deux lampes s'illuminèrent, éclairant un canapé crème agrémenté de coussins couleur bronze. Le tout ressemblait davantage, à son avis, à la salle d'exposition d'un décorateur qu'à un véritable salon.

Il posa doucement Alex à un bout du canapé.

Celle-ci ouvrit lentement les yeux et regarda confusément autour d'elle.

— C'est ici que j'habite ?

— Oui, répondit-il avant de s'accroupir devant elle. Comment te sens-tu ?

Alex continuait d'observer les lieux, quand le chat sauta sur le canapé et vint frotter sa tête contre sa main. Elle le regarda faire, soulagée de voir enfin quelque chose de familier. Elle caressa le chat derrière les oreilles. Celui-ci se mit à ronronner de plaisir, ce qui l'apaisa. Elle se redressa, se sentant un peu plus alerte.

Dylan se releva également.

— J'imagine que tu as envie de te débarbouiller un peu. Mais n'oublie pas ce que le docteur a dit. Avec ces points, tu ne peux pas te doucher. Mais tu peux prendre un bain, tant que tu ne mouilles pas la plaie. As-tu besoin d'aide dans la salle de bains ?

Elle réfléchit brièvement à son état.

— Non, je pense que je peux me débrouiller.

Et pour le lui prouver, elle se leva prudemment et remercia le ciel de ne pas avoir vacillé ni d'être retombée lourdement sur le canapé. Elle parvint à esquisser un faible sourire de satisfaction.

— Tu vois ? Par contre, ne t'attends pas à me voir piquer un sprint.

Dylan acquiesça d'un signe de tête.

— Très bien. Je vais voir si je peux te trouver quelque chose à manger.

Et il sortit de la pièce.

Elle prit le chat dans ses bras.

— Tu es la seule chose que je reconnaisse ici, lui dit-elle doucement, en enfouissant son nez dans son pelage.

Mais subitement, le chat se libéra de son étreinte et sauta par terre pour suivre Dylan.

Un sentiment d'abandon l'envahit.

Elle s'avança alors dans le couloir, jetant un œil dans chaque pièce. Elle trouva facilement sa chambre, sans toutefois la reconnaître. Le sentiment d'irréalité persista quand elle ouvrit un placard rempli de vêtements qu'elle ne se souvint pas d'avoir achetés. Elle examina la grande variété de tailleurs ainsi que les paires de chaussures à hauts talons en dessous, encore plus nombreuses. Elle ne put cependant trouver grand-chose comme tenue décontractée.

— Je suis comme Alice, se dit-elle en entrant dans la salle de bains aux tons chauds de crème et de bronze. Je viens juste de tomber dans le terrier du lapin et je suis dans un monde parallèle. Mais après une bonne nuit de sommeil, tout devrait rentrer dans l'ordre.

Elle regarda autour d'elle.

— Enfin, je l'espère, ajouta-t-elle.

Elle fit une rapide toilette et s'enveloppa dans un épais peignoir jaune. Puis, posant ses mains sur le rebord du lavabo, elle se pencha en avant pour étudier son reflet dans le miroir.

Elle avait brossé ses cheveux en arrière et pouvait voir la partie de son crâne qui avait dû être rasée et la ligne sombre des points de suture qui ressortait sur la blancheur de sa peau. Les angles marqués de son visage paraissaient plus proéminents avec les hématomes. Elle fit la grimace en regardant son œil gonflé, qui était en train de virer au violet foncé, la coupure qui divisait sa lèvre en deux, et les éraflures sur l'une de ses joues.

Une larme coula lentement le long de son visage. Elle prit un gant, le passa légèrement sous l'eau et le pressa sur ses yeux.

Comme il semblait qu'elle ne trouvait pas les réponses par elle-même, il allait falloir qu'elle compte sur Dylan pour qu'il les lui donne.

S'armant de courage, elle resserra la ceinture de son peignoir et quitta la salle de bains. Comme elle traversait la salle à manger, elle s'arrêta pour ramasser son manteau qui traînait sur le dossier d'une chaise. Elle fit la grimace en voyant les taches sur la laine délicate. Mais comme elle ne voulait pas s'occuper de cela maintenant, elle le suspendit dans la penderie.

A la minute où elle pénétra dans la cuisine, la sonnerie du micro-ondes retentit.

— Que dirais-tu d'une bonne vieille soupe aux vermicelles toute prête ? demanda Dylan en retirant un bol du four et en le posant sur la table.

Elle s'assit et commença à manger, grimaçant quand le liquide chaud brûla sa lèvre meurtrie.

— Crois-tu qu'ils vont retrouver mon porte-documents et ma valise ? demanda-t-elle.

— Cela finira bien par réapparaître, mais ne t'attends pas à trouver ton argent liquide, tes cartes de crédit ou tes objets de valeur. Il faut d'ailleurs que tu t'assures d'avoir bien fait opposition sur tes cartes bleues.

Il prit son téléphone portable qui se trouvait sur la table et composa un numéro.

— Parker à l'appareil, de la criminelle. Il y a eu une agression et un vol à l'aéroport cette nuit. Alexandra Spencer.

Il fit la grimace.

— Oui, c'est bien elle. Vous avez trouvé quelque chose ?

Il extirpa un petit carnet de la poche de son pantalon et commença à griffonner dessus.

— Accordez-moi une faveur, voulez-vous ? Demandez-lui de m'appeler sur mon portable, au 555-7177. Merci.

Il se tourna alors vers elle.

— Ils n'ont pu trouver que tes empreintes sur ta voiture. Et personne de louche n'a été vu en train de rôder dans le coin. Ils vont examiner les cassettes de vidéosurveillance du parking dans l'espoir d'y trouver un indice. Ils vérifient également les poubelles pour essayer de retrouver ton porte-documents et ta valise.

Alex fixa sa soupe. Elle posa sa cuillère et leva la tête pour regarder attentivement Dylan de l'autre côté de la table. La question qui la tourmentait depuis qu'il lui avait appris la vérité finit par s'échapper de ses lèvres.

— Dylan, pourquoi avons-nous divorcé ?

Son ex-mari resta silencieux si longtemps qu'elle se demanda s'il allait répondre à sa question. Elle lui fut toutefois reconnaissante de ne pas éviter son regard. Tout ce qu'elle espérait, c'était qu'il lui dise ce qu'elle voulait savoir.

— Ça a été une soirée difficile pour toi, Alex. Tu as besoin de te rétablir maintenant, et non de t'inquiéter à propos de quelque chose que tu ne peux pas contrôler, finit-il par dire. Tes souvenirs te reviendront petit à petit.

La réplique d'Alex fut rapide, courte et très brutale. Elle n'avait aucune envie d'attendre.

Dylan secoua la tête.

— Si tu étais honnête avec toi-même, tu admettrais que tu n'es pas dans la forme idéale ce soir pour avoir une discussion sérieuse. Pourquoi n'essaierais-tu pas d'aller dormir un peu ? Nous pourrons en reparler demain matin.

Elle se renfrogna, mais Dylan avait raison. Elle n'était pas en état pour quoi que ce soit actuellement.

— Qu'est-ce que tu as l'intention de faire ?

Le médecin avait dit qu'elle ne devait pas rester seule cette nuit, c'était la raison pour laquelle Dylan avait prévu de rester avec elle. Mais elle aurait préféré qu'il fasse par envie plutôt que par devoir.

— Je vais encore passer quelques coups de téléphone et voir si je peux trouver d'autres informations, même si c'est encore un peu tôt pour en savoir plus, répondit-il en prenant son bol et en le mettant dans l'évier. Tu devrais vraiment aller au lit. Quant à moi, je vais rester dans le salon. Si tu as besoin de quelque chose, appelle-moi.

Se sentant un peu éconduite, elle se leva lentement.

— Même si je préférerais me conduire en brave petit soldat et te dire que je vais bien, mon corps me dit d'aller me réfugier sous les couvertures et d'oublier cette fichue soirée. Enfin, concéda-t-elle en laissant échapper un petit rire sans joie, j'imagine que je ne devrais pas trop m'inquiéter à ce sujet, étant donné tout ce que j'ai déjà oublié !

Elle prit un antalgique. Dès qu'elle se fut glissée sous les draps, Clarence sauta sur le lit et se pelotonna contre sa poitrine. Son ronronnement était un véritable réconfort pour elle.

— Comment se fait-il que je me souvienne de toi, Clarence, alors que j'ai oublié mon propre divorce ? murmura-t-elle à l'animal, en le caressant d'un geste reconnaissant.

*
* *

— Cette femme ne croit décidément pas aux vertus de la nourriture, maugréa Dylan après une inspection minutieuse des placards et du réfrigérateur.

La nuit dernière, après avoir passé quelques coups de téléphone, il s'était allongé sur le canapé du salon et avait découvert que si ce dernier était confortable pour s'asseoir, il n'était en revanche pas fait pour que l'on dorme dessus.

Quelques gorgées chaudes de café bien fort l'aidèrent à mettre un peu d'ordre dans son esprit embrumé. Mais son estomac ne s'en contenterait pas, et le réfrigérateur était presque vide.

— Comme si quelques calories allaient la tuer, grogna-t-il en enveloppant la tasse de ses mains.

Son téléphone se mit à sonner. Il vérifia le numéro de l'appelant avant de répondre et fut soulagé de voir que l'appel provenait du laboratoire de police scientifique.

— Oui.

— C'est Greg. J'ai pensé que tu aimerais venir jeter un œil aux cassettes de vidéosurveillance de l'aéroport. Tu reconnaîtras peut-être quelqu'un.

L'homme hésita un moment avant de poursuivre.

— J'ai entendu dire que ton ex croit que vous êtes toujours mariés. Ça en est où ?

Dylan jura intérieurement. Il était persuadé que tous les policiers de Sierra Vista avaient parié sur le temps que cela prendrait avant que l'un d'eux n'étrangle l'autre. Connaissant ses collègues, ils avaient dû parier sur Alex.

— J'ai clarifié la situation. Tu crois que tu pourrais intervenir pour mettre un terme aux commérages ?

L'homme éclata de rire.

— Comme si j'avais une chance d'y parvenir ! Tu passes bientôt, alors ?

Dylan regarda sa montre et réfléchit un instant à ce qu'il devait faire en premier.

— Je risque de ne pas pouvoir passer avant quelques heures.

— Je ne bouge pas, de toute façon.

Il était en train de raccrocher quand Alex entra dans la pièce avec cet air posé qu'il lui connaissait si bien. Alors pourquoi ressentait-il cette brusque envie de lui enlever ses vêtements pour retrouver la femme sexy qu'il avait aimée autrefois ?

Elle portait un pantalon chocolat sur mesure et un chemisier ocre de soie. Sa coiffure était plus décontractée, avec les épaisses ondulations qui recouvraient sa cicatrice. Sans les ecchymoses sur son visage et les cernes sous ses yeux, il aurait eu l'impression d'avoir en face de lui la femme avec qui il avait pris l'habitude de se disputer. Il était évident qu'elle n'avait pas passé une nuit très reposante.

— Eh bien, tu fais très années quarante, dit-il. On dirait un croisement entre Veronica Lake et Barbara Stanwyck.

— Un mélange de sensualité et de sévérité. Ce doit être impressionnant, plaisanta-t-elle en prenant la tasse de café qu'il avait à la main. Merci.

— En réalité, c'était ma tasse.

— Eh bien, maintenant c'est la mienne.

Elle prit une gorgée du liquide chaud.

— Qu'est-ce qui ne va pas ? dit-elle comme il continuait de la regarder. Je ne bois pas de café, d'habitude ?

— Si, tu en bois des litres, affirma-t-il en se retournant pour se servir une autre tasse. J'aurais bien fait le petit déjeuner, mais il semble que tu n'aies rien à manger dans ton réfrigérateur de luxe. Nous allons donc devoir aller grignoter quelque chose en ville.

Il leva aussitôt la main pour l'empêcher de protester.

— Il faut avoir quelque chose dans l'estomac quand on prend de puissants médicaments contre la douleur, et je sais de quoi je parle. En outre, j'aimerais autant que tu n'ailles pas travailler aujourd'hui.

Le regard d'Alex se porta sur ses vêtements.

— Je ne peux pas rester assise là, sans rien faire, s'indigna-t-elle.

La brusquerie de sa réaction lui rappela les disputes qu'ils avaient au début... Et qui se terminaient en général en réconciliation sous la couette. Mais petit à petit, elles étaient devenues plus froides et plus sèches, et ils avaient fini par s'éloigner jusqu'à se tourner le dos sans plus jamais regarder en arrière.

Il resta pensif un moment.

— Ecoute, il faut que j'aille au poste pour vérifier deux ou trois choses. Si tu veux, je te dépose à ton bureau pour que tu fasses ce que tu as à faire, et je passerai te chercher quelques heures plus tard. Qu'en dis-tu ?

— Si j'avais ma voiture, je pourrais y aller seule, lui fit-elle remarquer.

— C'est hors de question avec les médicaments que tu prends. Il ne s'agit pas d'une simple blessure, Alex. Il faut que tu te reposes. Si tu te rendais seule à ton bureau, tu trouverais une raison d'y rester toute la journée, et tu rentrerais épuisée.

Il ne vit pas la lueur d'obstination autrefois si familière dans le regard d'Alex, qui signifiait qu'elle était sur le point de protester vigoureusement. A la place, elle s'approcha de la fenêtre au-dessus de l'évier et regarda le brouillard qui ne se levait pas. Une étrange expression passa sur son visage et disparut aussi rapidement qu'elle était apparue.

— Tu as peut-être raison, admit-elle. Je reconnais que je ne suis pas encore opérationnelle, mais je ressens tout de même le besoin de faire quelque chose.

Il étudia la femme mystérieuse qu'il avait en face de lui. L'Alexandra Spencer qu'il connaissait n'avait peur de rien. Il l'avait déjà vue briser verbalement un homme sans même sourciller. Mais la femme qui se tenait devant lui ne semblait pas avoir cette force impitoyable. La vulnérabilité qu'elle laissait transparaître faisait ressortir son propre instinct protecteur et renaître des sentiments qu'il pensait enterrés à tout jamais.

Il accrocha son téléphone portable à sa ceinture.

— Eh bien, sortons d'ici et allons prendre un bon petit déjeuner pour commencer, dit-il. Je suis sûr que nous pourrons trouver un endroit où l'on sert de la nourriture allégée sans cholestérol et riche en fibres, comme tu aimes.

Il la regarda prendre une profonde inspiration, comme si elle s'apprêtait à s'engager dans une bataille.

— Quand je me suis retrouvée aux urgences, j'ai réalisé que si le coup avait été porté quelques centimètres plus bas, j'aurais pu y rester. Quand j'y pense, je me dis que les calories et le cholestérol n'ont aucune importance. Ce matin, je veux des œufs, du bacon et des toasts avec beaucoup de confiture, déclara-t-elle tout en s'avançant vers la penderie à côté de la porte.

Elle en sortit une veste dans les tons chocolat.

— Et c'est toi qui régales.

Les yeux écarquillés, Alex regarda la foule bruyante à l'intérieur du restaurant. Elle constata que la majeure partie de la clientèle était composée d'agents de police, dont certains saluèrent Dylan à mesure qu'ils s'avançaient vers leur table. Une chanson des Rolling Stones passait en fond, et des portraits en noir et blanc d'hommes en uniforme militaire se dressaient sur le mur entre de vieux posters Coca-Cola.

— Ce restaurant est-il nouveau ? demanda-t-elle, en se penchant sur la table pour que Dylan puisse l'entendre.

Il secoua la tête.

— Cela fait au moins quinze ou vingt ans que Tank est installé ici.

— Oh.

Elle étudiait le menu, quand une tasse de café apparut miraculeusement devant elle.

— Vous ne trouverez ni yaourts ni fruits ici, chérie, grommela quelqu'un au-dessus d'elle. Et pas de crème au goût fantaisiste non plus pour agrémenter le café.

Elle leva les yeux pour regarder la source de cette mise en garde. Grand, chauve, intimidant furent les trois premiers qualificatifs qui lui vinrent à l'esprit.

— Je l'aime noir.

Elle porta la tasse à ses lèvres et se rendit compte que le breuvage était suffisamment fort pour la tenir éveillée pour toute la semaine.

— Tank est le propriétaire de cet endroit, lui expliqua Dylan. Tu ne peux pas faire peur à Alex, Tank. Elle est avocate.

— C'est un client mécontent qui vous a fait ça ? demanda le patron en examinant son visage.

— Moi qui croyais avoir réussi à cacher les dégâts sous le maquillage ! répondit-elle avec un sourire ironique.

— La dame a de la classe. Il faut croire qu'il y a encore un peu d'espoir pour toi, déclara-t-il à Dylan, avant de se tourner de nouveau vers elle. Que désirez-vous, chérie ?

— Serait-il possible d'avoir deux œufs au plat avec du bacon et des toasts ? demanda-t-elle.

Il fit un signe de tête pour marquer son approbation.

— Tu prendras comme d'habitude ? lança-t-il à Dylan.

— Oui.

Alex regarda son ex-mari d'un air interrogateur.

— Une omelette au jambon et au fromage, recouverte d'une sauce salsa épicée, des pommes de terre sautées et des toasts au levain, expliqua-t-il.

— Tu dois être un habitué, remarqua-t-elle.

— Ça a toujours été une sorte de repaire pour les flics ici.

— Mais Tank ne me…, commença-t-elle, avant de s'interrompre.

— Quoi ?

Elle secoua la tête, réalisant qu'elle ne voulait pas continuer.

Il était évident que Dylan était un habitué des lieux. Toutefois, le propriétaire ne la connaissait pas. Par conséquent, ils ne devaient pas venir ici quand ils étaient mariés. Elle se souvint qu'elle n'avait jamais considéré le petit déjeuner comme un repas important. Elle s'était toujours contentée d'un café et d'un beignet au bureau.

— Rien, murmura-t-elle en se réfugiant dans sa tasse de café.

Ces pensées confuses ne lui coupèrent pas pour autant l'appétit. Sous le regard approbateur de Tank, elle dévora avidement son copieux petit déjeuner.

— Chérie, vous revenez quand vous voulez, dit-il dans un grognement. Et vous n'avez pas besoin de ramener cet idiot avec vous.

— C'est moi qui paye, grommela Dylan en fouillant dans sa poche pour en sortir son portefeuille. Et c'est moi qui laisse le pourboire.

— Alors sois généreux pour une fois, répliqua Tank en lui jetant un regard mauvais.

Puis il se tourna vers Alex avec un clin d'œil qu'elle eut quelque mal à lui retourner.

— Tu as intérêt à retrouver le connard qui lui a fait ça, grommela Tank en s'adressant à Dylan.

— J'en ai bien l'intention.

Et il était déterminé à tenir sa parole.

— J'ai été très heureuse de vous rencontrer, déclara Alex en tendant la main au tenancier. J'ai l'impression que cela fait des années que je n'avais pas pris un aussi bon petit déjeuner.

— Ça va, ça va ! Il a déjà suffisamment la grosse tête comme ça, intervint Dylan en la pressant hors du restaurant.

— Je ne l'aurais pas cru si je ne l'avais pas vu de mes propres yeux, poursuivit-il quand ils furent dehors. On croirait que cela fait des mois que tu n'as pas mangé.

— Pour autant que je m'en souvienne, j'ai dû manger hier, répliqua-t-elle. Mais peut-être pas autant.

— Oui, j'imagine. Tu as toujours été du genre à compter les calories et à manger sainement. Aujourd'hui, c'était la première fois que je te vois avaler quatre toasts.

— Cela ne m'a pas paru si important ce matin.

Alex fut prise d'un frisson, bien qu'il ait mis le chauffage en marche dans la voiture.

Il s'abstint toutefois de tout commentaire, certain qu'elle n'apprécierait pas.

— Est-ce que quelque chose t'est revenu à la mémoire depuis hier soir ? demanda-t-il.

— Non, rien. Et plus j'y pense, plus j'ai mal à la tête, concéda-t-elle en se tordant nerveusement les mains. Sans le billet d'avion, je n'aurais même pas su que j'étais à San Francisco hier.

— Crois-tu qu'un client en particulier pourrait te vouloir du mal ? Quelqu'un qui serait mécontent de ton travail ?

— Je suis une avocate d'affaires. Je ne m'occupe pas des histoires criminelles, lui rappela-t-elle en haussant les épaules. Si mes clients ne sont pas satisfaits de mes services, ils changent tout bonnement d'avocat. Je les vois mal m'agresser et me voler.

— On ne sait jamais.

Alex secoua la tête.

— Je ne suis qu'une avocate qui traite de simples faits.

Dylan ressentit une étrange sensation de déjà-vu. Il se souvenait qu'Alex lui avait dit à peu près la même chose quand ils s'étaient rencontrés pour la première fois, à un tournoi de base-ball réservé aux fonctionnaires. Elle y assistait en tant que petite amie d'un conseiller municipal. Il ne lui avait pas fallu longtemps pour réaliser qu'ils étaient faits l'un pour l'autre. Malgré sa réputation de fêtard, Dylan se voyait déjà avec Alex en couple modèle, dans une maison classique entourée d'une barrière blanche, avec un chien et 2,5 enfants courant dans le jardin. Mais après leur mariage, Alex était devenue obnubilée par sa carrière, au détriment de leur propre relation. Il savait qu'il n'avait pas été le mari parfait non plus. A mesure qu'Alex s'était éloignée de lui, il était devenu lui aussi de plus en plus distant. Il avait érigé un mur entre eux, et en cela il était en partie responsable de l'échec de leur mariage. Alors pourquoi ressentait-il toujours cette vieille attirance farouche quand il la regardait ?

— Peut-être que Janet aura une idée, dit-il.

Alex leva les yeux au ciel.

— Selon toi, c'est un de mes clients qui est derrière tout ça ? Je refuse d'y croire, déclara-t-elle. A mon avis, tu attaches beaucoup trop d'importance à ce qui semble n'être qu'une simple agression.

Elle avait conscience de paraître brutale, mais elle en avait déjà assez de ce surcroît d'attention qu'elle recevait.

— Dans mon univers, rétorqua Dylan sur un ton catégorique, les agressions « simples » n'existent pas.

— Oui, j'imagine que tu as raison, murmura-t-elle. En fait,

je crois que je veux juste tourner la page et oublier cette histoire aussi vite que possible.

Après avoir trouvé un emplacement dans le parking de l'immeuble où se trouvait le cabinet d'avocats, Dylan éteignit le moteur et regarda pensivement devant lui à travers le pare-brise.

— Quand je me rends aux urgences pour découvrir une femme meurtrie, effrayée et incapable de se souvenir des deux dernières années de sa vie, je me dis qu'il ne peut s'agir d'une simple agression. La femme que j'ai vue hier soir n'avait rien à voir avec l'Alexandra Spencer que j'ai connue, Alex.

Sa voix se fit plus douce quand il tourna la tête vers elle.

— Je ne veux plus jamais revoir cette femme terrorisée, poursuivit-il. Et je ne veux pas que tu fasses quoi que ce soit qui puisse nuire à ta guérison. Mais je te promets que nous retrouverons ces hommes et qu'ils paieront pour ce qu'ils t'ont fait.

Elle esquissa un faible sourire.

— Je sais, Dylan. Et je t'en remercie.

Il lui fit un petit signe de tête, sortit de la voiture et alla ouvrir la portière de son côté pour l'aider à descendre, puis il l'accompagna à l'entrée de l'immeuble.

— Mademoiselle Spencer, que vous est-il arrivé ? lui demanda l'agent de sécurité avec sollicitude, avant de lancer un regard glacial à Dylan.

— Maintenant, je sais ce que ça fait d'être agressée, Barney.

Elle sourit au gardien, qui appuya sur le bouton d'ouverture du portillon électronique pour leur permettre d'accéder aux ascenseurs. Puis, l'agent inscrivit le nom de l'avocate et celui de Dylan dans son registre, ainsi que leur heure d'arrivée.

— Si Zane était réellement sérieux sur la sécurité dans son immeuble, commenta Dylan tandis qu'ils se dirigeaient vers les ascenseurs, il embaucherait quelqu'un avec une véritable expérience. Un gardien provenant d'une agence de location et équipé d'un simple pistolet hypodermique ne peut suffire à arrêter un client mécontent.

— Barney est également expert en arts martiaux, fit-elle remarquer, heureuse de se souvenir de ce détail.

— Contrairement à ce qui se passe dans les films, aucune acrobatie ne peut arrêter une balle.

— Es-tu en train de me dire que la personne qui m'a agressée pourrait venir ici ? s'exclama-t-elle, avant de secouer la tête devant l'expression sombre de son ex-mari. Il ne s'agit pas d'une conspiration, Dylan. Des tas de gens sont agressés tous les jours. Et malheureusement, je fais aujourd'hui partie des statistiques.

— Tout est possible, chérie.

Elle secoua de nouveau la tête.

— De mon point de vue, je ne suis qu'une victime parmi d'autres. Et les agressions sont aujourd'hui monnaie courante.

— Ne mets pas trop vite cette histoire sur le compte du hasard. Tu penses peut-être que tous tes clients sont irréprochables, mais il se peut que certains aient des activités illégales, qu'ils craignent que tu découvres.

Alex tressaillit. Elle venait de ressentir une douleur aiguë au niveau de sa blessure.

Elle leva la main pour toucher délicatement la zone endolorie.

— C'est ridicule, protesta-t-elle. Je te l'ai déjà dit, tous mes clients sont des hommes d'affaires respectables. Je refuse de croire que l'un d'entre eux serait capable d'autre chose que de tricher sur sa déclaration d'impôts.

— Voyons, Alex. Tu le sais mieux que quiconque ! La criminalité en col blanc donne du fil à retordre à bien des policiers, répliqua sèchement Dylan.

Elle fut décontenancée par le ton dur qu'il employait. Certes, personne n'était parfait, mais elle se refusait à croire que l'un de ses clients pouvait faire quelque chose qui aille à l'encontre de son propre code moral. Néanmoins, elle n'ignorait pas que la réussite dans le domaine des affaires ne rendait pas forcément les gens honnêtes.

Elle se tourna pour faire face aux portes de l'ascenseur quand elles s'ouvrirent. Pour la première fois depuis des heures, elle eut la sensation de se retrouver dans un endroit familier et sans surprise.

Elle devança les questions de la réceptionniste en lui adressant un bref sourire et un petit hochement de tête, tout en continuant son chemin jusqu'à son bureau.

Son assistante, Janet, une petite brune, se leva d'un bond de derrière son bureau quand elle les vit arriver. Elle regarda avec consternation le visage d'Alex et son expression se fit compatissante quand elle remarqua les points de suture qui dépassaient de la chevelure, ainsi que les coupures et les ecchymoses sur son visage.

— Oh, Alex ! Que t'est-il arrivé ? lui demanda-t-elle en lui saisissant les mains. Cela fait une heure que j'essaie d'appeler à ton appartement. J'ai écouté ton message sur ma boîte vocale et t'ai entendue crier avant que la ligne ne soit coupée. Qu'a dit le docteur ? Est-ce bien raisonnable de venir au bureau aujourd'hui dans ton état ?

Puis elle écarquilla les yeux en reconnaissant Dylan.

Alex fixa son assistante.

— Je t'ai appelée hier soir ?

Janet hocha la tête et l'observa avec sollicitude.

— Tu voulais que je te sorte certains dossiers. Tu étais très catégorique sur le fait de vouloir t'occuper de quelque chose ce matin à la première heure.

Alex eut l'impression de ne plus pouvoir respirer. Cet appel pouvait-il avoir un rapport avec son agression ?

— Il s'agissait des dossiers de quel client ?

Janet secoua la tête.

— C'est tout ce que tu as eu le temps de dire avant que la communication ne soit interrompue.

— Nous aurons besoin de l'enregistrement de votre boîte vocale, intervint Dylan.

Janet lança à celui-ci un regard glacial.

— Voyons, inspecteur ! Vous savez très bien qu'il s'agit là du secret professionnel qui lie un client avec son avocat.

— Et comme vous venez de nous le faire remarquer, aucun nom n'a été mentionné sur ce message. Il n'y a donc aucune violation de confidentialité, répliqua Dylan. Mais il se pourrait qu'il y ait en revanche un bruit de fond qui puisse nous aider à identifier l'agresseur.

Alex sentit son mal de tête s'intensifier. Elle aurait dû demander au médecin si ce martèlement cesserait ou si elle allait devoir vivre avec la sensation d'avoir un danseur de claquettes dans la tête. Et à l'heure actuelle, elle devait s'occuper des deux personnes en face d'elle.

Qu'avait donc pu faire Dylan pour déclencher une telle animosité chez quelqu'un d'un naturel aussi doux que Janet ?

— Dylan a raison, Janet. Si je n'ai pas cité de nom, il n'y a aucune raison pour qu'il ne puisse pas écouter le message. Tu veux bien en faire une copie ? lança-t-elle, craignant qu'ils n'en viennent aux mains.

L'assistante hocha la tête à contrecœur.

— Bien sûr. Est-ce que tu veux un café, Alex ? demanda-t-elle.

Elle regarda son visage meurtri et se reprit.

— Ou peut-être plutôt un jus de fruits ? Es-tu vraiment sûre que c'est une bonne idée de venir travailler aujourd'hui ?

— Elle ne restera que quelques heures, déclara Dylan en se rapprochant pour que Janet n'ait pas d'autre choix que de le regarder. Je reviendrai la chercher dès que j'aurai pu vérifier quelques éléments.

Alex les contourna tous les deux et s'avança vers son bureau. Tout ce qu'elle voulait pour le moment, c'était juste s'asseoir. Mais elle n'était pas prête à avouer cet instant de faiblesse à Dylan. Elle était sûre que s'il l'apprenait, il la ferait repartir sur-le-champ.

— Alex ! J'ai entendu que tu es de retour.

Dans son costume italien immaculé rayé couleur craie, Will Zane était la figure même de l'avocat célèbre. Il grommela un juron quand il vit son visage et s'avança vers elle.

— Que t'est-il arrivé ?

— J'ai été agressée dans le parking de l'aéroport, répondit-elle. Mais je vais bien, ajouta-t-elle d'un ton ferme.

Il ne lui avait pas échappé que son patron, lui aussi, ignorait Dylan. Elle savait que son ex-mari pouvait se montrer agaçant par moments, mais jamais elle n'aurait imaginé qu'il y avait une telle antipathie entre eux.

— Ça a l'air pire que ça ne l'est en réalité, mentit-elle hardiment.

— Je serai de retour dans environ deux heures, annonça Dylan, avant de s'adresser à Will Zane et à Janet. Pourrais-je vous parler une minute ?

Il sortit de la pièce sans attendre de savoir s'ils le suivaient.

Cette histoire devenait de plus en plus saugrenue, se dit-elle en regardant le trio quitter son bureau.

Elle savait exactement ce que Dylan allait dire à ses collègues de travail. Ne pouvait-il donc pas laisser de côté ses soupçons de flic et voir qu'il s'agissait ni plus ni moins d'une banale agression ? Cela aurait été différent si Will avait été attaqué. Bon nombre de ses clients avaient déjà été accusés de comportements violents.

Elle haussa les épaules et commença à explorer les tiroirs son bureau.

Dylan s'arrêta au milieu du couloir pour ne pas être entendu d'Alex puis se tourna vers Will et Janet et les toisa.

— Le coup qu'Alex a reçu sur la tête a altéré sa mémoire, dit-il brusquement. Alors ne vous attendez pas à ce qu'elle soit très opérationnelle ce matin.

Will se raidit, affichant son côté dur qu'il réservait d'habitude au tribunal.

— Pourquoi diable n'est-elle pas restée à l'hôpital ? Les traumatismes crâniens ne sont pas des blessures anodines.

— Le médecin des urgences lui a fait passer des examens et nous a certifié qu'il n'y avait pas de lésions graves, répliqua Dylan. Elle ne souffre que d'amnésie sélective. Avec un peu de chance, sa mémoire lui reviendra entièrement.

La mâchoire de Will se crispa de colère.

— Quelle partie de sa mémoire a-t-elle oublié ? Elle se souvient de nous. Et elle se souvient de *vous*, ajouta-t-il en le regardant avec un air de dégoût.

Dylan préféra l'ignorer. Il avait donné à Will du fil à retordre chaque fois qu'il s'était retrouvé à la barre des témoins, et il savait qu'il aurait à le refaire à l'avenir.

— Quand elle s'est retrouvée aux urgences, elle croyait que nous étions toujours mariés.

— *Pardon ?* s'exclama Janet.

Dylan savait que le duo qui se tenait devant lui ne l'avait jamais aimé, ce dont il se fichait éperdument étant donné que ce sentiment était réciproque. Will Zane avait la mauvaise habitude de sortir des criminels de prison. Janet McBride, quant à elle, ne l'aimait pas pour des raisons qu'elle n'avait jamais jugé bon de lui expliquer, et il n'avait pas eu envie d'approfondir la question.

— Je lui ai expliqué la nuit dernière que nous avions divorcé, et elle essaie encore de se rappeler certains moments de sa vie. Mais le médecin a dit que cela risquait de prendre du temps.

Pendant un moment, Will eut le regard perdu dans le vague, tandis qu'il essayait de digérer ces informations. Puis, il se tourna de nouveau vers lui.

— Etes-vous en train de dire qu'aucun neurologue ne l'a examinée ? A moins que vous n'ayez pas jugé bon de l'exiger ? Oh, j'oubliais, ajouta-t-il en claquant des doigts. Vous n'êtes plus mariés. Vous n'avez donc aucun droit de réclamer un traitement médical approprié.

Dylan songea sérieusement à coller son poing sur la figure de l'avocat.

— Croyez-moi, si je pensais qu'Alex avait eu besoin d'un spécialiste, j'aurais insisté pour qu'elle en voie un, même s'il avait fallu pour cela que j'aille le tirer hors de son lit. Or, l'urgentiste n'a pas jugé nécessaire qu'elle voie quelqu'un. Et comme il est allé à la faculté de médecine et pas moi, je me suis rangé à son avis.

Il adressa à Will un sourire éclatant, mais cela ne sembla guère amuser celui-ci.

— C'est incroyable que ce soit vous qui ayez dû prendre toutes ces décisions pour elle !

— N'est-ce pas. Il semblerait que j'étais encore répertorié comme sa famille la plus proche sur son dossier d'hôpital. Ecoutez, si elle avait été réellement en danger d'un point de vue médical, je ne lui aurais jamais permis de quitter les urgences, même s'il avait fallu pour cela que je la menotte au lit.

— Alors que faites-vous encore ici, au lieu de chercher l'agresseur d'Alex ? demanda Janet.

— Justement, je m'apprêtais à me rendre au commissariat. Alex voulait venir ici ce matin, alors nous avons trouvé un compromis : je repasserai la chercher dans environ deux heures pour la ramener à la maison.

— Je n'ai pas d'audience au tribunal aujourd'hui. Je peux ramener Alex quand elle sera prête, déclara Will avec un air de défi dans les yeux.

— *Je* passerai la chercher, affirma Dylan doucement, mais avec une fermeté que personne ne pouvait ignorer.

Puis il s'éloigna d'un pas assuré.

Alex était assise à son bureau et consultait son agenda sur son ordinateur, quand Will entra et s'installa sur la chaise face à elle.

— Sérieusement, Alex, tu es sûre de vouloir rester aujourd'hui ? demanda-t-il sans fixer son visage.

— Cela ne me fait mal que quand je rigole, railla-t-elle.

Will et Janet échangèrent un regard.

— Qu'y a-t-il ? s'enquit-elle, remarquant leur complicité silencieuse.

— Rien, répondit vivement Will, en jetant un œil à Janet qui errait autour du bureau. Y a-t-il quelque chose d'urgent dont Alex a besoin de s'occuper ?

— Will, je peux parler par moi-même, protesta-t-elle en riant.

— Je t'en prie, dit-il. Alors, Janet ?

— Non, affirma celle-ci promptement. Alex avait prévu de partir en vacances à la fin du mois, alors je mettais ses affaires en ordre.

Alex la regarda, étonnée.

— J'avais prévu de partir en vacances ?

— Tu avais réservé une croisière de deux semaines aux Caraïbes, lui apprit son assistante. Je me suis chargée des réservations il y a six mois.

Alex fixa son bureau, décontenancée. Elle devait partir en vacances, alors qu'elle ne se souvenait même pas de les avoir organisées ! Mais en même temps, pourquoi s'en souviendrait-elle, alors qu'elle ne se rappelait même pas avoir divorcé ?

Elle avait cru que le fait de venir ici pendant une heure ou deux pourrait l'aider à répondre à quelques questions. Mais manifestement, elle avait eu tort.

3

— Comme c'est gentil à vous de nous rendre visite, Parker ! déclara le lieutenant Sam Adams de sa voix traînante quand il aperçut Dylan. J'espère que nous ne vous avons pas trop dérangé ?

— J'étais en train d'interroger une victime, chef.

— Vraiment ? Seriez-vous sur une affaire dont je n'ai pas connaissance, ou étiez-vous juste en train d'en chercher une dans les rues de la ville ?

Dylan était habitué aux sarcasmes de son supérieur. Il regarda sa partenaire, Céleste Dante, qui était assise à son bureau au fond de la pièce. Elle était absorbée par la lecture d'un document, ou du moins elle semblait l'être. Il ne pouvait donc pas compter sur elle pour lui venir en aide.

— Laissez-moi deviner, continua Sam, déterminé à ne pas le laisser s'en tirer aussi facilement. Se pourrait-il que cela ait un rapport quelconque avec l'agression Spencer ?

— Effectivement, acquiesça Dylan avec enthousiasme.

— Faux. Les affaires de vol ne sont pas dans vos attributions.

— Sans vouloir vous contredire, chef, Dante et moi nous nous occupons de la criminalité intérieure, à savoir des crimes locaux, fit-il remarquer. Or, ce qui est arrivé à mademoiselle Spencer est clairement une affaire locale.

Céleste secoua la tête et se couvrit le visage avec ses mains.

— Parker, si votre ex-femme se plaint une seule fois de vous, je vous retire cette affaire, le prévint Sam.

Dylan laissa échapper un discret soupir de soulagement.

— Entendu.

Rejoignant son bureau, il jeta un œil en arrière pour vérifier que son chef ne pouvait plus l'entendre.

— Qu'est-ce qu'il lui prend ?

Céleste haussa les épaules et se pencha en avant.

— J'ai entendu dire qu'Alex croit que vous êtes toujours mariés. Est-ce vrai ? s'enquit-elle.

— Je lui ai appris que nous étions divorcés, mais sa mémoire a encore des lacunes.

Il s'écroula sur sa chaise avant de regarder son bureau.

— Où est mon muffin ?

Quand ils étaient de service le matin, ils apportaient à tour de rôle des muffins pour bien commencer la journée. Et aujourd'hui, c'était le tour de Céleste. Même après avoir englouti un bon petit déjeuner, il s'était réjoui d'avance à l'idée de manger son muffin à la cannelle au bureau.

— Tu étais en retard et j'avais encore faim, dit-elle sans manifester le moindre remords.

— Moi qui croyais que le mariage t'aurait rendu plus aimable ! marmonna-t-il en saisissant sa tasse et en se dirigeant vers la cafetière.

— Tu sais qui est chargé de l'affaire ?

Au sourire mi-figue mi-raisin de sa collègue, il sut d'emblée qu'il n'allait pas aimer sa réponse.

— Whitmire.

Il blêmit.

— Le même Whitmire qui nous a fait perdre le championnat de base-ball l'été dernier ?

Céleste acquiesça.

— Oui. Celui qui t'a cassé le nez quand tu lui as dit qu'il était incapable d'attraper une balle qu'on lui tendait sur un plateau.

Dylan secoua la tête.

— Tout ce qu'il avait à faire, c'était d'attraper cette fichue balle, dit-il en posant sa main sur le téléphone. Je ferais peut-être mieux de parler à son partenaire.

Il s'interrompit un instant.

— Je ne l'ai pas injurié récemment, n'est-ce pas ?

— Tu verras bien quand tu l'auras au téléphone.

— Tu es une femme diabolique, grommela-t-il tout en composant le numéro de poste de son collègue sur son téléphone. Hé, Whitmire, grogna-t-il quand il entendit sa voix à l'autre bout du fil. C'est Dylan Parker. Je t'appelle au sujet de l'agression Spencer.

Il prit un crayon et commença à jouer avec.

— Oui, ça va lui prendre du temps avant qu'elle ne retrouve toute sa mémoire. Le lieutenant a dit que je pourrais t'aider sur cette affaire.

Il envoya son crayon en l'air, le rattrapa au vol et fit mine de poignarder une silhouette invisible.

— Oui, je sais. Il s'agit de *ton* dossier. Ne t'inquiète pas, je n'ai pas l'intention d'interférer dans ton travail. C'est juste qu'Alex est très fragile en ce moment, et j'ai pensé que je pourrais… Oui, je te donnerai en premier toutes les informations que j'ai pu recueillir. Merci.

Il lâcha ce dernier mot sur un ton rageur.

— Il ne va pas te faciliter les choses, remarqua Céleste quand il eut raccroché.

Dylan fixa son bureau, à la fois troublé et mal à l'aise.

Il lui avait fallu du temps pour surmonter la douleur causée par son divorce. Et maintenant, il se retrouvait de nouveau avec la femme qui lui avait occasionné de si nombreux maux. Et il se rendait compte, qui plus est, qu'il avait toujours des sentiments à son égard. Ils avaient autrefois partagé tant de bons moments… Il se souvint des heures passées à parler de l'avenir, quand Alex et lui étaient encore ensemble. Non seulement leurs caractères contraires s'attiraient, mais ils formaient une sacrément bonne équipe, à eux deux. Malheureusement, ce n'était a priori pas fait pour durer.

Son café lui brûla la gorge tel un acide, tandis qu'il se rappelait qu'il n'avait rien fait pour arranger les choses. Il n'avait pas voulu endosser sa part de responsabilités. Pourtant, au fond, il savait qu'il était aussi fautif que son ex-femme, n'ayant jamais pris la peine de tenter de résoudre leurs problèmes.

Le divorce aurait dû mettre un terme à cette histoire, mais il était resté hanté par le souvenir de son visage, de sa peau sur la sienne…

Il secoua la tête pour s'éclaircir les idées et saisit le téléphone.

— Greg, c'est Dylan Parker, annonça-t-il au chargé des affaires criminelles. Je descends pour visionner ces cassettes.

En regardant les cassettes de vidéosurveillance du parking, Dylan ne tarda pas à réaliser qu'elles ne lui fourniraient pas d'autres informations que la taille de l'agresseur et la façon dont Alex avait été attaquée, à savoir par-derrière. A rester assis là et à regarder Alex se faire agresser et tomber en se cognant la tête contre sa voiture, il sentit son sang se glacer. Il décida de se rendre à l'aéroport pour jeter lui-même un coup d'œil aux lieux de l'agression.

Le petit aéroport situé à la périphérie de la ville était idéal pour accueillir les avions privés et les vols régionaux qui faisaient l'aller-retour entre Sierra Vista et San Francisco.

Il traversa presque tout le parking avant d'atteindre la section délimitée par un ruban jaune qui indiquait le lieu du crime. Sacrée Alex ! Il fallait toujours qu'elle aille se garer dans un coin reculé pour protéger sa précieuse petite voiture, se souvint-il en s'arrêtant sur la place libre la plus proche.

Il sortit de son véhicule et, en s'avançant vers les lieux, remarqua la présence d'un agent de sécurité qui patrouillait dans une voiturette.

L'homme lui fit un petit signe de tête et continua son chemin quand il vit l'insigne de police accroché à sa ceinture.

Examinant les lieux, Dylan s'imagina le même endroit à la tombée de la nuit, avec l'épais brouillard de la veille. Il s'accroupit et étudia l'asphalte comme s'il s'attendait à ce qu'elle lui livre le secret de l'affaire. Ça avait tout d'un simple vol, alors pourquoi avait-il *l'impression* qu'il y avait autre chose derrière ?

Il mit un moment pour réussir à maîtriser les émotions qui l'envahissaient, puis il se releva et examina les alentours, les mains sur les hanches. Son instinct de flic, auquel il avait l'habitude de se fier, lui criait qu'il ne pouvait s'agir d'une banale agression.

La logique voulait que ce ne soit rien d'autre, mais tout au fond de lui une petite voix ne cessait de lui dire qu'il y avait quelque chose de plus personnel derrière cette histoire. Parmi le nombre de victimes potentielles qui circulaient dans le parking de l'aéroport cette nuit-là, pourquoi l'agresseur avait-il choisi particulièrement Alex ?

*
* *

Comment allait-elle bien pouvoir traiter toutes ces affaires en cours ?

Alex en avait assez. Avec Janet, elle venait de passer plus de quatre-vingt-dix minutes à revoir sa liste de clients et son agenda du mois précédent, et toutes ces informations finissaient par lui donner le vertige.

Elle ne comprenait pas comment elle avait pu supporter une telle charge de travail sans tomber malade. Quand prenait-elle donc le temps de dormir ? Il n'y avait rien d'étonnant à ce que son mariage n'ait pas survécu. Elle venait de se rappeler qu'elle tenait un journal. Celui-ci devrait pouvoir l'éclairer un peu sur ce qui avait pu arriver à leur relation. Mais une partie d'elle craignait d'y trouver des choses qu'elle n'aimerait pas. Elle n'était pas du genre à reculer devant un combat, mais cette fois c'était différent. Il s'agissait d'une affaire personnelle.

Elle était aussi intriguée par l'évidente hostilité que Janet avait témoignée à Dylan à leur arrivée, mais elle préférait ne pas interroger son assistante à ce sujet. Elle avait déjà suffisamment de choses en tête.

Pour le moment, tout ce qu'elle désirait, c'était rentrer chez elle et s'y enfermer à double tour. Il n'y avait rien de mal à vouloir se réfugier dans la sécurité de son appartement jusqu'à ce qu'elle retrouve sa mémoire, après tout. C'était peut-être même ce qu'elle pouvait faire de mieux.

— Es-tu réellement sûre d'avoir eu raison de venir ici ce matin ? lui demanda son assistante sur un ton inquiet en se relevant. Je sais que pour toi le travail c'est ta vie, mais ce n'est pas comme au cours de l'hiver dernier, quand tu étais venue travailler avec la grippe et trente-neuf de fièvre. Cette fois, tu souffres d'un traumatisme crânien.

— Je suis venue alors que j'étais malade ? s'exclama Alex. Je ne t'ai pas contaminée au moins ?

Janet lui sourit et secoua la tête.

— J'ai pulvérisé du désinfectant autour de toi, avoua-t-elle.

Alex fit signe à Janet de se rasseoir.

— S'il y a beaucoup de choses qui me semblent familières, il y en a encore plus qui me paraissent obscures. Je crains d'avoir besoin de toi pour m'aider à y voir plus clair dans mes dossiers.

— Je ferai tout mon possible pour te venir en aide, jura Janet.

— Merci, dit Alex, qui avait l'impression que sa tête était sur le point d'exploser. Janet, pourrais-tu aller voir s'il n'y aurait pas de la tisane quelque part ?

Une fois son assistante partie, elle se leva et se rendit aux toilettes. Elle discuta brièvement avec quelques personnes qu'elle croisa dans le couloir, soulagée de constater qu'elle se souvenait de leur nom. Mais elle ne put s'empêcher de remarquer les regards furtifs que ses ecchymoses suscitaient. Elle se sentit encore plus mal à l'aise et se hâta de retourner se cacher dans son bureau, en espérant de toutes ses forces voir Dylan arriver dans les cinq prochaines minutes.

Elle avait l'impression grandissante qu'elle allait suffoquer. Si elle ne s'en allait pas bientôt, elle risquait de faire une terrible crise d'angoisse.

Elle tourna sa chaise pour regarder par la fenêtre et se concentra pour tenter de calmer les battements trop rapides de son cœur.

— Alors voilà ce que tu fais toute la journée ? Tu restes assise là à attendre que ça passe ? Si j'avais su, je serais allé à la faculté de droit. Enfin, peut-être pas, finalement. C'est trop de travail.

Alex pivota sur sa chaise. Ses lèvres commencèrent à esquisser un sourire, avant de se figer aussitôt. Pourquoi était-elle si contente de voir Dylan, s'ils étaient séparés ?

Il se tenait dans l'embrasure de la porte, une épaule appuyée contre le montant et les bras croisés. Le sourire qu'il affichait la réconforta et chassa momentanément le sentiment d'insécurité qu'elle ressentait.

— C'est comme ça que j'arrive à persuader les juges de statuer en ma faveur, répliqua-t-elle, tout en faisant tourner sa chaise avec son pied. En plus, cette chaise est vraiment géniale. Non seulement, elle est confortable, mais en plus elle est très fonctionnelle : c'est un petit manège privé.

Dylan sourit et secoua la tête avant de s'avancer. Il resta quelques instants à la regarder tout en tapotant la surface du bureau avec ses doigts.

— Comment va ta tête ?

— Je n'ai plus l'impression qu'on me frappe avec une batte de base-ball, concéda-t-elle. Maintenant, c'est plus comme si quelqu'un s'amusait à laminer mon cerveau avec un pic à glace.

— Quelles charmantes images ! Alors, es-tu prête à partir ?

Elle se pencha en avant.

— Si je te réponds que oui, tu ne penseras pas que je suis faible, n'est-ce pas ?

Il lui sourit.

— Tu es la dernière personne que je qualifierais ainsi.

Elle était en train d'entasser des dossiers dans un porte-documents qu'elle avait trouvé dans le dernier tiroir de son bureau, lorsque Janet entra et lança un regard glacial à Dylan.

— Ton mal de tête a empiré ? s'enquit l'assistante en se tournant vers elle. Tu veux que j'aille te chercher une aspirine ?

— C'est de repos qu'elle a besoin, déclara Dylan. Nous avions un accord. Elle pouvait venir ici ce matin à la condition d'être prête à partir quand je repasserais la chercher.

Janet parut avoir un moment de doute, comme si elle n'arrivait vraiment pas à le croire.

— Merci pour ton aide de ce matin, lui dit Alex. Avec la liste des gens que j'ai rencontrés à San Francisco, j'ai déjà un point de départ.

— Toutefois, je ne peux imaginer que l'un d'eux pourrait te vouloir du mal, fit remarquer Janet.

— Pour ne pas avoir à se salir les mains, il suffit d'engager quelqu'un pour faire le boulot à sa place, constata Dylan avant de se tourner vers Alex. J'ai pensé que tu aimerais savoir que j'ai pu récupérer ta voiture. J'en ai profité pour la faire laver à la station-service du coin. J'ai demandé à un agent de police de la déposer chez toi.

— J'imagine, en effet, qu'elle avait besoin d'être lavée, après la poudre dont vous avez dû la recouvrir pour y relever des empreintes, dit-elle. Mais pourquoi n'as-tu pas demandé que quelqu'un me la dépose ici ?

— Parce que je ne pense pas que ce soit une bonne idée que tu conduises pour le moment, répliqua Dylan.

Elle aurait voulu protester et dire qu'elle était parfaitement capable de conduire, mais avec ce mal de tête, elle savait que ce n'était pas le cas.

— Donne-moi juste une minute.

Elle contourna son bureau et partit en direction des toilettes.

Janet regarda Dylan.

— Je n'aimerais pas être à votre place, quand elle découvrira ce que vous avez fait précisément avec sa voiture, lui murmura-t-elle. Elle la fait vérifier une fois par semaine au garage.

— Oui, je suis au courant, dit-il en souriant. Je pense que

vous avez remarqué qu'elle n'est pas tout à fait elle-même. Je voulais voir sa réaction.

— Cela ne m'étonne pas que vous exaspériez tout le monde autour de vous, souffla la jeune femme à voix basse. Vous ne l'avez pas entendue le mois dernier, quand elle a reçu la commande de sushis. Elle voulait vous arracher le cœur avec les baguettes.

— Hé, ils ne venaient pas de n'importe quel restaurant. C'était une commande pour deux cents dollars des meilleurs sushis de la région, se défendit-il avec fierté.

— Toujours est-il qu'elle voulait quand même vous étriper.

— A aucun moment le juge n'a mentionné qu'il fallait que je paie cette pension par chèque ou en liquide, se défendit-il.

— Ce qui vous conduit à chercher les moyens les plus déments de la lui verser, ceux qui la rendront folle à coup sûr, constata Janet.

— Il y a des mois où je suis plus inspiré que d'autres.

Elle lança rapidement un œil par-dessus son épaule pour vérifier qu'Alex n'était pas encore revenue.

— Vous savez ce qu'on dit à propos des gens qui font ce genre de canulars idiots ? On dit qu'ils ressentent toujours des sentiments pour l'autre et qu'ils font cela pour attirer leur attention.

— Oh là, mais vous n'y êtes pas du tout, ma chère !

Janet semblait sceptique.

— Alors que faites-vous là, à agir davantage en mari inquiet qu'en inspecteur de police ?

Sur ce, elle retourna à son bureau pour répondre au téléphone.

Il avait l'impression qu'on venait de lui donner un grand coup de poing dans l'estomac.

Effectivement, *pourquoi* agissait-il ainsi ? Dès qu'il avait entendu qu'Alex avait été blessée, il n'avait pas hésité à accourir à l'hôpital à ses côtés. Cela signifiait-il pour autant que ses sentiments pour elle étaient toujours vivants ? Que Dieu l'en garde !

Comme la jeune avocate venait juste de revenir, la secrétaire l'interpella.

— Alex, il y a un certain inspecteur Whitmire en bas. Il veut te parler au sujet de l'agression.

Alex ferma les yeux un court instant. Elle aurait préféré que Dylan passe la chercher cinq minutes plus tôt !

— Dis-lui de monter.

— Attends, intervint Dylan. Janet, dites-lui plutôt que Mlle Spencer est partie pour la journée, mais qu'il peut se rendre à son domicile pour l'interroger.

Janet regarda Alex, qui secoua la tête.

— Je préfère le voir maintenant et en être débarrassée, dit-elle.

— Tu es blanche comme un linge et tu as la migraine, lui fit remarquer Dylan.

— Et si tu étais l'inspecteur chargé de l'enquête, tu aurais poliment insisté pour me voir maintenant, tant que j'ai encore quelques détails en tête, soupira-t-elle.

— Effectivement, mais j'aurais également tout fait pour te faciliter la vie. Tu as dû faire face à beaucoup de choses au cours de ces dernières vingt-quatre heures.

— Laisse-moi lui dire ce que je sais, pour que je puisse reprendre le cours de ma vie après cela. Si tu préfères, tu peux m'attendre à l'accueil.

Elle se doutait que Dylan n'accepterait pas de la laisser seule et en eut la preuve en le voyant s'installer confortablement sur le canapé du bureau.

Quelques instants après, Janet annonça l'arrivée de l'inspecteur.

Alan Whitmire était un homme solidement charpenté vêtu d'un pantalon bleu marine, d'une chemise un peu guindée rayée blanc et bleu et d'une cravate dans les mêmes tons, et tout en lui donnait à penser que sa personnalité correspondait à sa tenue vestimentaire, à savoir plutôt conventionnelle. Il ne faisait aucun doute que l'inspecteur Whitmire était le genre d'homme à rester dans le droit chemin, quelles que soient les tentations rencontrées.

Il y avait quelque chose chez cet homme qui irritait Alex. A voir son expression sévère, elle pressentait que l'inspecteur préférait traiter avec les faits bruts. Contrairement à Dylan qui, sans oublier les preuves, se fiait aussi à son instinct. Elle avait hâte que l'interrogatoire soit terminé.

— Mademoiselle Spencer, dit-il d'une voix monocorde en lui tendant la main. Merci de me recevoir.

Il ignorait ostensiblement Dylan.

Alex sourit.

— Je vous en prie. Cependant, je ne vois pas très bien ce que je pourrais vous dire. Je n'ai pas vu mon agresseur.

— Vous avez pu néanmoins remarquer quelque chose, insista-t-il en commençant l'interrogatoire.

Alex avait bien envie de lui rétorquer qu'elle avait déjà répondu à toutes les questions de Dylan. Mais quelque chose lui dit que cette réflexion risquait de déplaire à son interlocuteur.

— Avez-vous eu une relation qui se serait mal terminée récemment ? lui demanda l'inspecteur Whitmire.

Elle fronça les sourcils. Voilà que son mal de tête lancinant recommençait !

— Pas que je me souvienne. Mais vu que j'ai oublié les

deux dernières années de ma vie, je ne vois pas comment je pourrais me rappeler une telle chose, lança-t-elle, subitement lasse de toutes ces questions.

L'inspecteur hocha la tête.

— Je suis désolé, mais il fallait que je vous le demande. J'aimerais également pouvoir consulter la liste de vos appels téléphoniques des deux dernières semaines sur votre portable. Nous pourrions peut-être trouver quelque chose d'intéressant de ce côté-là.

— Janet pourra sûrement vous aider, suggéra Alex.

Elle poussa un inaudible soupir de soulagement, quand elle vit que l'inspecteur restait un instant silencieux avant de refermer son calepin.

— Pour être honnête, mademoiselle Spencer, il semblerait que vous n'ayez été que la victime d'une banale agression, déclara-t-il lentement. Je pense qu'il est inutile que je vous rappelle de faire opposition sur vos cartes de crédit et de changer vos serrures. Nous ferons tout notre possible, mais étant donné le peu de preuves dont nous disposons, ce genre d'affaire n'est malheureusement…

— … pas votre priorité, termina-t-elle à sa place.

Dylan sourit dans le dos de son interlocuteur, visiblement réjoui de la façon décontractée dont elle répondait à son collègue.

— Non, mais elle est difficile à résoudre, rectifia ce dernier. Je suis sincèrement navré que vous ayez été blessée. Il est bien évident que *je*, insista-t-il en jetant un regard plein de sous-entendus à Dylan, ne manquerai pas de vous contacter si nous avons du nouveau. De votre côté, si vous vous souvenez de quoi que ce soit, n'hésitez pas à m'appeler immédiatement.

Il lui tendit sa carte.

Elle lui adressa un hochement de tête morne. Il était évident qu'il venait poliment de l'envoyer promener.

— Merci, inspecteur.

— Et je ne manquerai pas, de mon côté, de te faire parvenir toutes les informations que j'aurai pu découvrir, lança Dylan, affalé sur le canapé.

Le policier le fixa, le visage impassible.

— Tu as été mis sur cette affaire par pure courtoisie, Parker. Ne l'oublie pas.

— C'est bien ce que le lieutenant Adams m'a fait comprendre, confirma Dylan.

La mâchoire de Whitmire se contracta.

— Merci encore de m'avoir reçu, mademoiselle Spencer, dit-il. Je vous tiens au courant.

Il adressa un petit signe de tête à Alex et sortit sans regarder Dylan.

Elle se tourna alors vers son ex-mari.

— Ton collègue n'est pas très aimable !

Celui-ci haussa les épaules.

— Il devient un peu susceptible dès que les choses ne se déroulent pas comme il le voudrait, dit-il en se redressant. Et maintenant, allons-nous-en d'ici.

Elle hocha la tête et le suivit hors du bureau.

— Il n'y a aucune raison pour que tu restes ici, si moi je pars plus tôt, dit-elle à Janet en passant devant elle. Rentre chez toi et profite de ton après-midi. Mais tu veux bien appeler l'opérateur de mon téléphone portable demain à la première heure et lui demander la liste des numéros que j'ai appelés au cours des deux dernières semaines ?

— Je m'en occupe, promit Janet. Passe une bonne journée.

Ils restèrent silencieux dans l'ascenseur puis se dirigèrent vers les portes vitrées de l'entrée de l'immeuble. Au moment où ils passaient devant Barney, elle remarqua que si le garde chargé de la sécurité lui souriait, il lança en revanche à Dylan un regard noir. Pour un homme qu'elle avait toujours considéré comme un grand charmeur, Dylan avait accumulé son lot d'ennemis. Et bon nombre d'entre eux travaillaient dans l'immeuble où elle travaillait. Enfin, songea-t-elle, au moins un des collègues de Dylan partageait également ce point de vue. Et l'inspecteur Whitmire ne devait pas être le seul.

— Pourquoi ne voulais-tu pas que je parle à l'inspecteur Whitmire ? lui demanda-t-elle tandis qu'il l'aidait à monter dans le pick-up.

— Je voulais bien que tu lui parles, mais cela n'avait rien d'urgent, répliqua-t-il. S'il était devenu trop pressant, je lui aurais rappelé que tu étais grièvement blessée.

Elle regarda devant elle.

— Malgré mon état, il valait mieux que je parle maintenant à cet homme, même si cela s'est avéré être une pure perte de temps, remarqua-t-elle. Il est évident que l'inspecteur Whitmire pense que cette affaire restera sans suite. Et maintenant, vas-tu m'expliquer pourquoi tu n'es pas d'accord avec lui sur le fait que c'est une simple question de malchance ?

Dylan secoua la tête.

— Attendons d'être devant un bon petit plat pour en discuter.

Elle se redressa brusquement.

— Tu as trouvé quelque chose d'intéressant ce matin ? Un indice que l'inspecteur Whitmire ne connaît pas encore ?

— Tu veux bien qu'on en parle au restaurant ? insista-t-il en ajustant son rétroviseur. Je ne sais pas en ce qui te concerne, mais la matinée a été longue pour moi et je suis mort de faim. Et toi, alors, comment ça s'est passé au bureau ?

— C'était déroutant et frustrant, admit-elle. Janet m'a communiqué mon planning de la semaine que j'ai passée à San Francisco, mais j'avais l'impression de lire l'agenda de quelqu'un d'autre. Rien ne m'a paru familier. D'après elle, les clients que j'ai vus étaient de nouveaux clients que j'ai pris cette année. Ils m'étaient donc tous aussi étrangers les uns que les autres.

Elle avait eu l'impression d'avancer en territoire inconnu. Combien de fois Janet l'avait-elle regardée bizarrement parce qu'elle venait de dire ou de faire quelque chose d'inhabituel ? Elle commençait à se demander ce que ce coup lui avait exactement fait à la tête.

— Est-ce que nous ne pourrions pas plutôt retourner à l'appartement ? demanda-t-elle en regardant par la fenêtre. Je suis fatiguée.

Dylan lui jeta un rapide coup d'œil.

— Comme tu veux. Nous pouvons très bien nous faire livrer à manger.

Impossible de ne pas remarquer les regards répétés de Dylan dans le rétroviseur.

— Quelque chose ne va pas ? s'enquit-elle.

— C'est juste ma paranoïa de flic. Ne t'inquiète pas.

Dix minutes plus tard, ils pénétraient dans le parking de l'immeuble. Elle vit de nouveau Dylan regarder dans le rétroviseur. Visiblement, quelque chose avait attiré son attention, mais il ne paraissait pas prêt à lui en faire part.

Elle fixa la place de parking couverte au-dessus de laquelle était indiqué le numéro de son appartement. La jaguar lustrée bleu marine qui se trouvait entre les deux lignes blanches au sol ne lui rappelait *absolument* rien.

Une vague de panique menaça de l'envahir. Elle ne se souvenait ni de son divorce ni de son appartement, ni même de sa voiture !

Dès qu'il se fut garé, Dylan sauta hors du véhicule pour venir ouvrir la portière du côté passager. Il se pencha en avant et étudia son visage.

Elle savait que les éraflures, les coupures, les bleus ainsi que l'œil au beurre noir devaient être d'autant plus visibles maintenant que le maquillage avait commencé à s'estomper. Et elle se sentait si lasse. Elle aurait tant voulu sentir ses bras puissants autour d'elle et s'y réfugier !

Du bout des doigts, il caressa délicatement le pourtour de son œil noirci.

— Promets-moi d'aller te reposer dès que tu auras mangé un morceau.

— Je te rappelle que c'est toi qui as faim, lui fit-elle remarquer.

— Tout ce que Céleste avait dans son bureau, c'était des barres alimentaires sans sucre ajouté et sans matière grasse. Je lui ai déjà dit qu'il fallait qu'elle mange de la vraie nourriture, mais elle ne m'écoute pas.

— Peut-être essaie-t-elle de t'envoyer un message.

— Pour que je mange sainement ?

— Non, pour que tu arrêtes de lui piquer de la nourriture dans son bureau, se moqua-t-elle en acceptant sa main pour sortir de la voiture.

— J'ai fait remplacer tes serrures avec un système sans clé, dit-il en sortant une série de codes de sa poche et en les lui tendant. Et il faut également que tu changes le code de ton système d'alarme : ton année de naissance, c'est trop facile à trouver. As-tu pensé à faire opposition sur tes cartes de crédit ?

Elle hocha la tête.

— Janet s'en est chargée pour moi. Elle avait toutes les informations nécessaires sur fichier.

— Janet a toujours été très organisée.

Ils se dirigeaient côte à côte vers les escaliers.

Ellle regarda autour d'elle. L'immeuble à deux étages semblait relativement neuf avec ses sols immaculés. Elle aperçut une piscine, ainsi qu'un grillage élevé qui clôturait des courts de tennis.

Pourquoi n'arrivait-elle pas à se souvenir d'avoir emménagé ici ?

Plusieurs résidents sortaient de leurs voitures respectives et traversaient également le parking. Aucun d'eux ne lui sembla familier.

Elle ne parvenait pas à croire qu'elle ne reconnaissait aucun visage. Si Dylan et elle avaient divorcé deux ans plus tôt, elle avait bien dû se faire au moins quelques amis ici ? Peut-être pourraient-ils lui apprendre certaines choses sur elle ? Mais cette pensée disparut aussi rapidement qu'elle lui était venue. Maintenant qu'elle y réfléchissait, elle ressentait un sentiment d'éloignement. Elle avait sûrement dû rester à l'écart de ses voisins.

— Tu te sentiras mieux dès que tu auras mangé quelque chose, lui certifia Dylan quand ils entrèrent dans son appartement.

Il saisit son téléphone portable et composa un numéro.

— Tu as envie de quelque chose en particulier ? lui demanda-t-il en s'avançant vers la baie vitrée et en regardant à l'extérieur.

— N'importe quoi sauf de la nourriture thaïlandaise. Je vais me changer.

Elle se réfugia dans sa chambre et sortit des vêtements au hasard. Puis elle se rendit dans la salle de bains, posa ses mains sur le lavabo et étudia attentivement son visage dans le miroir.

Autour de son œil, la peau avait viré au violet foncé, et sa chevelure laissait apercevoir les fils noirs qui sillonnaient son cuir chevelu. Sa lèvre coupée paraissait plus horrible qu'avant, et le soupçon de fard à joues qu'elle avait mis ce matin lui donnait un air de clown, en contraste avec sa peau trop pâle.

Elle s'approcha encore davantage, jusqu'à ce que son nez effleure le miroir.

— Qui suis-je ? murmura-t-elle. Qu'est-ce qui m'arrive ?

Elle ne se rappelait pas s'être jamais sentie aussi perdue

qu'à ce moment précis. Elle saisit un gant de toilette, le passa sous l'eau, se rafraîchit lentement la figure. Elle achevait de se changer, quand elle entendit le bruit de la sonnette.

— Le repas est prêt ! annonça Dylan un quart d'heure plus tard.

Quand Alex pénétra dans la cuisine, une odeur savoureuse et épicée lui chatouilla agréablement les narines. Elle regarda, incrédule, la quantité de nourriture que Dylan était en train de poser sur la table.

— Tu as l'intention de nourrir combien de personnes en tout ? lui demanda-t-elle en sortant deux canettes de coca du réfrigérateur et en saisissant des verres dans le placard.

Elle contourna agilement Clarence, qui ne cessait de tourner autour de ses chevilles.

— Tu auras des restes, comme ça. J'ai pris un peu de tout, expliqua Dylan en sortant des serviettes. Des côtelettes cuites au barbecue, du bœuf en tranches pour faire des sandwichs, des oignons frits, de la salade de chou et des haricots blancs à la tomate.

— Il y a de la nourriture pour toute une semaine ! s'exclama-t-elle, en regardant la quantité d'aliments qu'il déposait sur son assiette.

— Seulement si tu te contentes d'une bouchée par jour. De toute façon, il faudrait que tu commences à te nourrir normalement, au lieu d'ingurgiter des yaourts et des barres de céréales, la sermonna-t-il tout en posant une tranche de bœuf épicée sur un petit pain croustillant.

Elle planta sa fourchette dans un oignon frit et mordit dedans. Le goût relevé la submergea de plaisir, comme si cela faisait des jours qu'elle n'avait pas mangé. Elle prit une deuxième bouchée puis attaqua les tranches de bœuf. La viande épicée la pressa d'essayer la salade de chou.

Elle engloutit la moitié de la nourriture qui se trouvait sur son assiette avant de ralentir la cadence. Elle posa alors sa fourchette et regarda Dylan. Pendant un moment, elle s'imprégna de sa présence. L'énergie qu'il dégageait sembla ajouter de la couleur à l'environnement stérile de sa cuisine. S'ils étaient divorcés, pourquoi ressentait-elle ce désir si intense pour lui ?

Il dut sentir son regard, car il leva les yeux et haussa les sourcils avec un air interrogateur.

— Tu as promis de me dire pourquoi tu n'étais pas du même avis que l'inspecteur Whitmire sur cette affaire, lui rappela-t-elle quand elle eut retrouvé son souffle.

Dylan fit la grimace et glissa un morceau de viande sous la table pour Clarence.

— J'ai visionné les cassettes de vidéosurveillance du parking de l'aéroport, marmonna-t-il. Il ne fait aucun doute que l'agresseur se dirigeait volontairement vers toi. Cet homme semblait complètement centré sur toi, il ne craignait apparemment pas d'être vu, et s'il avait frappé un peu plus fort et deux centimètres à côté, tu ne serais sûrement pas assise actuellement en face de moi. Or, un simple voleur préférera dérober un sac et s'enfuir à toutes jambes. De plus, il y avait une autre femme qui constituait une bien meilleure cible que toi. Elle marchait entre les réverbères, son sac lâchement suspendu à son épaule, et elle se trouvait beaucoup plus près de lui. Il a dû la contourner pour pouvoir t'atteindre.

Il s'interrompit en secouant la tête.

— Comme il portait une cagoule, nous n'avons pas pu voir son visage. En tout cas, nous avons maintenant une estimation de sa taille et de sa corpulence, et nous savons qu'il s'est enfui en escaladant la barrière de derrière. Ces indices peuvent paraître minces, mais c'est un début. Et nous devrions en savoir plus dès que nous aurons retrouvé ta valise et ton porte-documents.

Elle réfléchit un instant.

— Et c'est la raison pour laquelle tu crois que j'ai été la

victime délibérée de cette agression, dit-elle lentement. Mais pourquoi moi ?

Dylan haussa les épaules.

— C'est ce que nous ignorons encore. Mais on y travaille. Je me suis également rendu à l'aéroport pour voir de plus près l'endroit où tu t'étais garée. Je dois reconnaître qu'ils ont un excellent service de sécurité, mais il est évident qu'ils ne peuvent pas tout voir et être partout en même temps.

— D'où les caméras, ajouta-t-elle.

Dylan hocha la tête.

— Elles sont disposées de façon à quadriller tout le parking. Et comme celui-ci a été agrandi l'an dernier, ils ont embauché des gardes de nuit supplémentaires. Les usagers qui ne sont pas rassurés à l'idée de rejoindre leur voiture à la nuit tombée peuvent demander à être accompagnées.

— Manifestement, ce n'est pas ce que j'ai fait, remarqua-t-elle.

— Tu as dû te sentir en sécurité, étant donné qu'il y avait plusieurs personnes qui marchaient dans la même direction que toi, dit-il. Mais comme tu étais garée tout au fond du parking, le voleur a pu aisément sauter par-dessus la barrière et s'enfuir.

Elle retourna toutes ces informations dans sa tête.

Dylan avait toujours été admiratif devant la vitesse à laquelle Alex parvenait à analyser des quantités astronomiques de données pour en tirer une synthèse tout à fait cohérente. Quand elle releva la tête, les mots qu'elle prononça ne le surprirent pas.

— Je veux participer à cette enquête.

— C'est hors de question, répondit-il avec fermeté.

— Ecoute, Dylan. Ton intuition te dit que cette attaque contre moi était délibérée. Quelqu'un a volontairement cherché à me faire du mal, se défendit-elle en prenant une profonde inspiration. Si personne ne l'avait vu, il aurait pu me tuer. Il s'agit de *ma* vie, et si je suis en danger, je veux pouvoir contribuer à comprendre pourquoi.

Dylan s'effondra sur sa chaise, étudiant avec une sorte de résignation l'expression déterminée de son ex-femme. Il connaissait ce regard. Il pouvait toujours protester, il savait pertinemment qu'Alex ne reviendrait pas sur sa décision.

— Même si le lieutenant a accepté ma propre participation dans cette enquête, je suis sur la corde raide avec Whitmire. Tu as bien vu sa réaction à ton bureau.

— Je peux justement t'aider s'il essaie de te tenir à l'écart, proposa-t-elle. Nous savons tous les deux qu'il préférerait classer cette affaire. Mais si je fais suffisamment de bruit, il ne pourra pas le faire.

— Tant qu'on n'a pas suffisamment de preuves pour établir qu'il s'agit d'un acte prémédité, l'affaire peut être classée si l'on considère qu'elle est dans une impasse.

Alex secoua la tête.

— Si jamais ils essaient, je ferai de leur vie un enfer. L'homme qui m'a agressée ne m'a pas seulement volé des effets personnels, il m'a également pris une partie de ma vie, déclara-t-elle d'une voix qui vibrait de colère. Il m'a volé des souvenirs que je ne me rappellerai peut-être plus jamais. Je ne me contenterai pas de l'affronter devant un tribunal. Je veux le traquer, participer à son arrestation.

Elle articulait chaque mot lentement et délibérément.

— Je veux sa peau, affirma-t-elle sur un ton féroce.

Dylan gloussa. Il payerait cher pour voir Alex se confronter à Whitmire, admit-il secrètement. En tant qu'avocate, elle savait défendre ses idées, et généralement elle obtenait gain de cause.

— Voilà l'Alex que je connais ! murmura-t-il.

La jeune femme se redressa sur sa chaise. Pendant une seconde, il aurait juré avoir vu une ombre de douleur sur son visage. Mais une douleur plus émotionnelle que physique.

— Tu n'arrêtes pas de me dire que j'étais différente avant mon agression. Et il semblerait que je n'étais pas quelqu'un de très sympathique, dit-elle à voix basse.

Dylan sentit son appétit l'abandonner quand il réalisa qu'il venait de la blesser. Il se souvenait de dîners similaires au cours desquels ils avaient tenu le même type de propos. Les mots cinglants étaient devenus blessants, et ils s'étaient tous les deux dit des choses qui ne pourraient jamais être oubliées.

— Je déteste avoir l'impression d'être dans le noir comme ça, dit lentement Alex. Je veux savoir précisément ce qui s'est passé entre nous. Pourquoi nous sommes-nous séparés ? Je veux tout savoir, Dylan. J'ai *besoin* de savoir.

Sa douce requête semblait désespérée.

Il tressaillit. D'après lui, elle ne voudrait sûrement pas tout savoir. La vérité n'était flatteuse pour personne.

— Je suis sûr que tu disposes d'une copie du dossier avec les dépositions et les comptes rendus d'audience, déclara-t-il. Tout ce que je pourrai te dire sera forcément subjectif, et tu ne sauras pas ce que tu as ressenti alors. Il ne serait pas juste que tu entendes ma version de l'histoire, Alex.

Elle cligna rapidement des paupières pour retenir les larmes qui menaçaient de couler sur ses joues.

— Mais en lisant la paperasserie, je n'aurai que les faits bruts, sans la moindre émotion, fit-elle remarquer.

Dylan avait beau être un bon bluffeur, il se savait incapable de lui mentir, quoi qu'il se soit passé entre eux.

Il s'apprêtait tout de même à lui raconter une histoire quand ils entendirent un cri de terreur.

Il jeta sa serviette à terre et courut jusqu'à la porte. Il sortit son arme et jeta un œil à Alex par-dessus son épaule.

— Verrouille la porte derrière moi, lui ordonna-t-il. Et ne laisse personne d'autre entrer à part moi. Si tu entends des coups de feu, appelle les secours et explique-leur qu'un agent de police est sur les lieux mais qu'il a besoin de renfort.

— Ne devrions-nous pas les appeler maintenant ? demanda-t-elle, effrayée, en saisissant le téléphone.

Il lui sourit.

— Ne t'en fais pas, chérie, c'est mon boulot. Referme la porte à clé derrière moi et reste loin de la fenêtre.

Le téléphone toujours à la main, Alex se hâta de rejoindre la porte d'entrée en contournant le salon. Elle avait l'intention de suivre ses directives et de verrouiller la porte. Mais d'abord, elle voulait savoir ce qui se passait.

4

Dylan se précipita dans l'escalier puis fonça dans le couloir du rez-de-chaussée, suivant la direction des appels à l'aide de la femme en détresse. Son estomac se noua quand il réalisa que les cris faiblissaient à mesure qu'il se rapprochait de la victime.

— Rentrez chez vous ! ordonna-t-il à un homme qui s'apprêtait à sortir de son appartement pour voir ce qui se passait.

L'homme vit son expression, l'arme qu'il tenait à la main et son insigne officiel accroché à sa ceinture. Il n'hésita pas à faire marche arrière et à refermer vivement sa porte en la verrouillant à double tour.

Dylan, qui avait ralenti son allure, s'approcha furtivement d'une porte ouverte par laquelle il pouvait apercevoir les jambes d'une femme allongée sur le sol.

— Oh, non !

Il regarda par-dessus son épaule.

— Je t'avais dit de ne pas bouger, grogna-t-il.

Alex lui montra le téléphone.

— Je ne peux pas appeler les secours sans savoir précisément ce qui se passe, lui fit-elle remarquer en s'approchant pour voir la scène.

— Tu n'arriveras pas à avoir un signal sur ce téléphone en

étant si loin de la base, lui dit-il avant de lui tendre son portable. Sers-toi plutôt de celui-là et reste ici, le temps que je vérifie s'il n'y a plus de danger.

Il s'avança rapidement, tout en restant sur ses gardes. Quand il parvint à la hauteur de la femme blessée, il s'accroupit à côté d'elle, sans quitter des yeux l'intérieur de l'appartement faiblement éclairé.

— Nous allons appeler une ambulance, murmura-t-il à la vieille dame en posant la main sur son bras.

Il tressaillit intérieurement en reconnaissant, à la froideur de la peau, le signe d'un état de choc.

— Y a-t-il quelqu'un d'autre dans l'appartement ? demanda-t-il.

La femme ouvrit la bouche, mais aucun son n'en sortit. Elle parut paniquée quand elle aperçut l'arme qu'il tenait à la main. La peur la paralysait.

— Ne vous inquiétez pas. Je suis de la police, tenta-t-il de la rassurer en souriant.

— Ils se sont enfuis, parvint-elle à articuler en haletant.

Il se tourna vers Alex.

— Appelle une ambulance et signale qu'un cambriolage a été commis. Reste avec elle et ne bouge pas de cet endroit.

Alex s'agenouilla aussitôt à côté de la femme pendant qu'il inspectait minutieusement les lieux.

Il remarqua que l'appartement était identique à celui d'Alex, avec une pièce en moins. Les meubles anciens et sombres étaient agrémentés de multiples petits bibelots. Le contenu du placard de l'entrée avait été jeté au sol et la chambre avait également été fouillée de fond en comble. Cela paraissait un travail de professionnel, même si ces derniers étaient rarement aussi désordonnés. Les malfrats avaient dû être pressés ou dérangés par l'arrivée de la vieille dame.

Quand il regagna la porte d'entrée, il trouva Alex assise

par terre, la tête de la femme sur ses genoux. Elle lui parlait d'une voix douce, lui assurant que les secours arrivaient, bien que la femme fût maintenant inconsciente. Quand elle le vit, elle leva les yeux vers lui, l'air interrogateur. Il secoua la tête en silence, pour signifier qu'il n'avait rien trouvé qui puisse expliquer ce qui s'était passé.

Ses yeux verts s'embuèrent de larmes. Elle prit une profonde inspiration.

— Personne n'avait l'intention de la cambrioler, n'est-ce pas ? Les personnes qui sont venues ici me cherchaient. J'habite juste au-dessus de chez elle. Ils ont dû se tromper.

Il s'accroupit à côté d'elle.

— Nous n'en savons rien, mentit-il.

Mais il ne croyait pas aux coïncidences. Un banal cambriolage dans l'immeuble d'Alex, si près de son appartement, ne pouvait pas être anodin. Il se redressa quand il entendit le son strident des sirènes dans le parking.

— Je vais leur indiquer le chemin, dit-il doucement avant de s'éclipser.

Alex bougea ses jambes avec prudence pour se mettre dans une position plus confortable.

— Ils arrivent. Ils vont prendre soin de vous, certifia-t-elle à la dame âgée.

Elle aurait voulu se rappeler son nom, mais peut-être ne l'avait-elle jamais su.

Un auxiliaire médical apparut à ses côtés.

— Madame, vous voulez bien vous écarter maintenant ?

Elle leva les yeux, hocha la tête et se releva lentement.

— Elle m'a dit qu'elle était cardiaque.

Elle fut surprise d'entendre sa voix trembler. Elle se recula et regarda le personnel médical examiner rapidement la blessée avant de la poser délicatement sur le brancard. L'un des urgentistes se tourna vers elle.

— Connaissez-vous par hasard le nom de son médecin ou de la personne à prévenir en cas de problème ?

Elle secoua la tête. Apercevant par terre un sac à main noir en cuir, elle le ramassa.

— Vas-y, regarde si tu trouves une carte d'assurance, l'encouragea Dylan qui arrivait. Hé, Cooper, dit-il pour saluer l'un des urgentistes.

Ce dernier lui fit un signe de tête.

— Nous devons l'emmener tout de suite. Sa tension est très basse.

— Elle s'appelle Mildred Bridger, déclara Alex après avoir trouvé la carte d'assurée sociale de la vieille dame. Elle a soixante-douze ans et elle est suivie par le docteur Gerald Collins.

L'homme répondant au nom de Cooper hocha la tête.

— Nous demanderons aux secrétaires de l'hôpital de le prévenir.

Puis ils évacuèrent le brancard en direction du parking.

Alex regarda les deux policiers en uniforme interroger les résidents de l'immeuble qui sortaient de leurs appartements. Elle ne se rappelait pas s'être jamais sentie aussi impuissante. Elle le sentait, elle avait toujours été maîtresse de la situation, quelle qu'elle soit. Mais aujourd'hui…

— Alex, est-ce qu'elle t'a parlé ? lui demanda Dylan. T'a-t-elle dit si elle avait pu voir qui l'avait attaquée ?

Elle s'apprêtait à secouer la tête mais hésita.

— Elle avait beaucoup de mal à respirer. Elle m'a juste confié qu'elle était sortie pour aller chez le coiffeur et qu'à son retour, elle a vu deux hommes sortir de sa chambre à coucher. Elle a alors crié, et l'un d'eux s'est précipité sur elle et l'a jetée au sol, rapporta-t-elle avant de cligner rapidement des yeux. Elle est si frêle, Dylan. On a l'impression que rien qu'en la serrant un peu trop fort, on pourrait lui briser les os.

Elle ravala ses larmes.

— Et si…

— Hé, ne pense pas à ça, la réconforta-t-il en la prenant dans ses bras. Ils vont bien s'occuper d'elle, aux urgences. On va se renseigner auprès du syndic pour voir s'ils n'ont pas les coordonnées de la personne à contacter en cas de problème.

Il regarda en direction de l'un des deux policiers en uniforme et lui fit un signe de tête.

— Vous voulez bien vous en charger ? demanda-t-il. Je serai dans l'appartement 2C si vous avez besoin de moi.

Alex se tenait à l'écart, observant les personnes qui commençaient à se rassembler devant l'immeuble, attirées par l'événement. Elle serra ses bras autour d'elle comme si elle avait froid. Aucun des résidents ne lui semblait familier et personne ne s'approcha d'elle pour commenter l'incident. Ne s'était-elle donc fait aucun ami depuis qu'elle vivait ici ? Ne connaissait-elle le nom d'aucun de ses voisins ? A moins qu'elle ait été si occupée par son travail qu'elle n'ait jamais pris le temps d'avoir une vie de voisinage ?

Une autre pensée lui traversa l'esprit, plus sombre.

Et si les agresseurs de Mme Bridger étaient toujours là ? Ils pouvaient très bien s'être mêlés à la foule des résidents pour passer inaperçus. Si elle était incapable de reconnaître ses voisins, comment pourrait-elle distinguer un habitant de l'immeuble d'un imposteur ?

— Viens, lui dit gentiment Dylan en la guidant vers les escaliers.

Ils montèrent les marches côte à côte, en silence.

— Elle s'est fait agresser par ma faute, déclara-t-elle quand ils pénétrèrent dans son appartement.

— Non, Alex, tu n'y es pour rien, affirma Dylan. Ce sont des choses qui arrivent. Tu auras beau essayer, tu ne peux pas tout contrôler.

Elle lâcha un rire cassant.

— « Contrôler », répéta-t-elle. Quel mot magnifique. Tu sais ce qu'il signifie ?

Elle n'attendit pas la réponse pour continuer.

— C'est le pouvoir ou la capacité de gérer ou de diriger. Cela signifie que c'est nous qui dirigeons notre vie. Sauf qu'en ce moment, moi, je n'ai pas le pouvoir de diriger ma propre vie, *n'est-ce pas* ? s'écria-t-elle, montant dans les aigus.

Elle inspira profondément, espérant calmer la vague de panique qu'elle sentait monter en elle. Si elle ne pouvait plus contrôler sa vie, elle était bien décidée à maîtriser au moins ses émotions.

Dylan resta en retrait, certain qu'elle avait besoin d'espace.

— Nous allons attraper ces types, Alex, lui dit-il doucement. Je te le promets.

Elle secoua la tête et se dirigea vers la cuisine.

— Rends-moi service et ne fais pas de promesse que tu n'es pas sûr de tenir.

Elle baissa les yeux et regarda Clarence, qui lui parut sur le point de réclamer une dose supplémentaire de croquettes.

Le chat miaula en signe d'invitation et brandit une patte en l'air.

Reconnaissante de cet environnement un peu plus normal, Alex ouvrit la porte d'un placard et en sortit la nourriture préférée de Clarence. Elle en versa une dose dans un bol et posa celui-ci au sol. Puis elle entreprit de refermer les barquettes de nourriture qui étaient restées sur la table et de les ranger dans le réfrigérateur. Elle se figea quand elle entendit retentir la sonnerie de la porte d'entrée.

— C'est pour moi, lança Dylan en faisant entrer ses collègues.

Elle nettoya la table et le plan de travail tout en essayant d'écouter la conversation dans la pièce d'à côté, mais les policiers parlaient trop doucement pour qu'elle puisse entendre autre chose qu'un mot par-ci par-là.

Quand Dylan revint dans la cuisine, il affichait une mine sombre. Il tourna l'une des chaises et s'assit dessus, les bras posés sur le dossier.

— Te souviens-tu de quoi que ce soit avant d'avoir emménagé dans cet appartement ?

Elle secoua la tête.

— Non, de rien. Pourquoi ?

Il sembla un instant perdu dans ses pensées, avant de se tourner de nouveau vers elle.

— Le gérant de l'immeuble nous a appris que Mme Bridger a emménagé dans son appartement il y a cinq mois. Avant, c'est toi qui y habitais. Quand ce trois-pièces a été mis en vente, tu t'es dépêchée de faire une offre et de vendre ton propre appartement.

Alex eut subitement l'impression de manquer d'air. Elle ne parvenait plus à respirer, et des étoiles brillantes dansaient devant ses yeux.

Il ne s'agissait pas d'un cambriolage fait au hasard. Ceux qui avaient pénétré dans cet appartement avaient cru qu'il s'agissait du Mien.

Elle tendit la main, cherchant aveuglément à s'agripper à quelque chose avant que ses jambes ne puissent plus la soutenir. Elle sentit vaguement deux mains fermes la guider vers la chaise la plus proche, puis lui appuyer doucement sur la tête jusqu'à ce que son front touche ses genoux.

— Oh mon Dieu, Dylan ! murmura-t-elle, ses mots étant

étouffés par ses genoux. Si cette femme a une crise cardiaque, ce sera par ma faute !

Dylan posa sa main chaude et réconfortante sur sa nuque.

— Tu ne peux pas voir les choses ainsi, Alex, protesta-t-il doucement.

— Mais c'est comme ça que *toi* tu les vois, n'est-ce pas ?

— Pour moi, rien de ce qui est arrivé n'est de ta faute. Mais en tant que flic, il est naturel que je considère ces événements comme suspects.

Elle continua de respirer profondément et décela un très léger parfum boisé, associé à l'odeur virile de la peau de Dylan.

Elle se rappela les nuits où elle s'endormait, la joue contre l'épaule de son ex-mari. Ses rêves étaient alors habités par son parfum. Son unique souhait, actuellement, était de se réveiller de ce cauchemar et de revenir à ces temps heureux.

Ce besoin devint si fort qu'elle sentit qu'il fallait qu'elle s'écarte de lui.

Elle se leva et se dirigea vers le salon. Comme elle s'asseyait sur un coin du canapé, Clarence lui sauta sur les genoux et se pelotonna contre elle. Son ronronnement l'apaisa progressivement.

Dylan, qui s'était apprêté à s'asseoir à côté d'elle, avait changé d'avis et opté pour la chaise voisine.

— A mon avis, ce n'est pas toi qu'ils recherchaient, mais plutôt un objet, dit-il. La penderie de l'entrée a été mise à sac, et le contenu de la commode et de l'armoire de la chambre a été éparpillé au sol. En revanche, les bijoux qui se trouvaient en évidence sur la commode sont toujours là. Cela signifie qu'ils n'ont pas dû trouver ce qu'ils cherchaient dans ta valise et ton porte-documents. Avec un peu de chance, nous les trouverons, abandonnés quelque part.

— Parfait. Alors ils cherchent *quelque chose*. Mais je n'ai aucune idée de quoi il s'agit. Que pourrais-je bien avoir de si important pour qu'ils n'hésitent pas à commettre un cambriolage en plein jour ?

Elle savait que Dylan ne pourrait pas répondre. Après tout, elle n'en avait aucune idée elle-même. Mais qu'est-ce qui pourrait avoir une si grande valeur, au point que des hommes aient voulu l'agresser ?

Dylan l'observa avec un air troublé.

— C'est ce que j'aimerais que tu me dises.

Elle éclata d'un rire sans joie.

— Dis-moi précisément ce que tu voudrais que je te dise, Dylan ? Où j'ai caché cette chose ? Alors que j'ignore de quoi il s'agit, que j'habite dans un appartement que je ne me souviens même pas avoir acheté et que je regarde mon ex-mari sans me rappeler la raison de mon propre divorce ?

Dylan s'adossa à sa chaise.

— Calme-toi, Alex. Revenons à ce qui s'est passé à l'aéroport. On t'a volé ta valise et ton porte-documents, ce qui signifie que tes agresseurs ont cru que l'objet en question se trouvait dans l'un ou l'autre. A l'évidence, ils ont eu tort. As-tu, par hasard, une petite idée de ce dont il pourrait s'agir ?

— Crois-moi, j'aimerais vraiment le savoir.

Elle caressa Clarence derrière les oreilles, ce qui fit redoubler le ronronnement du chat. Quand elle s'arrêta subitement, ce dernier tourna la tête, l'air mécontent.

— Ils trouveront des empreintes dans l'appartement.

— Si nous avons de la chance, peut-être. Mais des professionnels peuvent fouiller une pièce sans même qu'on s'en rende compte, et il est fort probable qu'ils ont mis des gants. Je pense que ces types étaient pressés, ce qui explique l'état de l'appartement. Mais je serai informé si la police trouve des empreintes ou un indice quelconque.

— Pourrais-tu te renseigner sur cette femme, Mme Bridger ?

demanda-t-elle. Je me sens coupable de la souffrance qu'elle doit ressentir.

Dylan hocha la tête.

— Je vais essayer. L'un des policiers l'a accompagnée à l'hôpital, au cas où elle reviendrait à elle et se souviendrait de quelque chose.

Alex regarda la pendule. Elle fut surprise de constater que seulement deux heures s'étaient écoulées depuis le cambriolage à l'étage inférieur. Elle se sentait épuisée.

Comment un tel bouleversement avait-il pu se produire dans sa vie, en moins de vingt-quatre heures ? Il lui suffisait de regarder autour d'elle pour réaliser qu'elle avait une vie bien rangée. Elle se demanda soudain pourquoi c'était elle qui avait gardé le chat.

— Y a-t-il une raison particulière pour laquelle j'ai gardé Clarence ? s'enquit-elle, heureuse du réconfort que lui procurait la chaleur du chat.

Dylan eut l'air gêné par ce brusque changement de conversation.

— Je n'ai pas des horaires très réguliers à cause de mon travail, alors nous avons décidé que ce serait mieux que tu prennes Clarence avec toi.

Pourquoi avait-elle l'impression qu'il ne lui disait pas toute la vérité ?

Elle savait que sa mémoire lui faisait défaut actuellement, mais en revanche elle continuait de se fier à son instinct. Et elle était certaine que Dylan lui cachait quelque chose d'important. Elle repensa au jour où le chat les avait choisis comme maîtres, s'étonnant de se souvenir de tout.

— Il avait une démarche si amusante quand il était petit ! dit-elle, songeuse. Et une expression si drôle.

Une ombre traversa le visage de Dylan, qui semblait lui aussi perdu dans le passé.

Que signifiait cette expression ? Etait-elle la raison de ce lointain chagrin ?

Elle aurait voulu lui demander ce qui s'était passé pour qu'ils en soient arrivés là, mais elle se retint. Il semblait prêt à discuter de tout, sauf de leur vie passée en tant que mari et femme, et elle savait déjà qu'il refuserait de parler de l'échec de leur mariage. D'autre part, songea-t-elle, une femme se trouvait peut-être actuellement entre la vie et la mort à cause d'elle. Ce n'était pas le moment pour parler de leur vie privée.

— Tu veux bien appeler l'hôpital pour leur demander des nouvelles ? demanda-t-elle de nouveau.

L'expression de Dylan s'adoucit.

— Bien sûr.

Il se releva et se rendit dans la cuisine.

Elle l'entendit saluer quelqu'un par son nom, avant de baisser le ton pour qu'elle ne puisse pas saisir la suite de la conversation.

Elle regarda ses doigts caresser lentement la tête du chat. C'était relaxant, mais elle avait le sentiment que cela ne devait pas arriver régulièrement.

— Est-ce que nous restons souvent tous les deux ainsi, le soir, sur le canapé ? murmura-t-elle au chat.

Dylan revint dans la pièce, l'air sombre.

— Elle est en chirurgie, expliqua-t-il. J'ai également appris qu'un voisin a vu deux hommes sortir de l'immeuble en courant, à peu près au moment où on a entendu les cris de Mme Bridger. Ils sont en train d'essayer d'établir des portraits-robots des cambrioleurs avec sa description. Quand ils auront terminé, j'aimerais que tu les regardes et que tu me dises si l'un de ces hommes te semble familier.

— N'y a-t-il pas un risque que je ne me souvienne pas d'eux à cause de mon amnésie, même si en réalité je les connais ?

demanda-t-elle. Je ne reconnais même pas mes propres voisins.

— Tu n'as peut-être jamais pris la peine de faire leur connaissance, marmonna Dylan. Tu étais très solitaire.

Elle se pencha en avant, perturbant la tranquillité du chat qui se prélassait sur ses genoux. Celui-ci émit un grognement de mécontentement et partit s'installer à l'autre bout du canapé.

— Comment ça, je n'ai jamais pris la peine de faire leur connaissance ? J'habite ici. J'ai bien dû parler à au moins une personne de l'immeuble.

A la façon dont Dylan la fixait droit dans les yeux, elle comprit. Elle se sentit subitement nauséeuse.

— Janet m'a dit que je travaillais beaucoup au cabinet, murmura-t-elle. Je suis presque surprise que le chat m'ait reconnue.

Elle sentit que son malaise s'intensifiait.

— J'ai… quelque chose à faire, balbutia-t-elle avant de se lever et de se diriger vers le couloir.

— Ça va s'arranger, Alex, tenta de la réconforter Dylan d'une voix douce. J'ai conscience que tout te semble confus en ce moment, mais tout va finir par rentrer dans l'ordre sans même que tu t'en rendes compte.

L'espace d'un instant, elle envisagea sérieusement de ne pas répondre, mais elle finit par se retourner.

— Non, Dylan. Tu ne peux pas imaginer ce que je ressens actuellement, répliqua-t-elle. J'ai l'impression d'avoir atterri sur une autre planète, tellement je me sens mal à l'aise dans ce monde dans lequel on m'a plongée.

Elle jeta un œil autour d'elle, la gorge serrée.

Dylan se pencha en avant sur sa chaise, les mains jointes sur ses genoux.

— Si je pouvais te rendre ta vie, Alex, je le ferais, dit-il avec douceur. Tu étais heureuse avec ce que tu avais, avant.

Elle était heureuse sans lui ?

Cette idée la bouleversa. Et Dylan, était-il plus heureux tout seul ?

Elle cligna des yeux pour contenir des larmes qui menaçaient de couler. Voilà encore une chose dont elle n'avait pas l'habitude. Elle devenait trop émotive.

— Je suis très fatiguée. Je vais prendre un bain et lire au lit, finit-elle par dire d'une voix presque normale. J'ai besoin d'être seule.

— Je ne bouge pas de là, si tu as besoin de moi.

Elle hocha la tête et s'engagea dans le couloir pour rejoindre sa chambre. A chacun de ses pas, elle nourrissait le vain espoir que Dylan la suive et la prenne dans ses bras, lui assurant que tout irait bien. Mais cela n'arriva pas. Ils étaient divorcés et avaient aujourd'hui chacun leur vie.

Elle passa devant la porte ouverte de son bureau, s'arrêta et jeta un coup d'œil à l'intérieur.

Comme dans les autres pièces, tout était parfaitement bien rangé.

— Tout est à sa place, murmura-t-elle en ouvrant l'agenda électronique posé sur le bureau.

Elle décida finalement que ce n'était guère le moment de consulter des fichiers informatiques et préféra à la place fouiller dans les tiroirs du meuble de rangement situé contre le mur d'en face. Dans le tiroir du bas, elle trouva un dossier intitulé « Papiers du divorce ». Sans hésiter, elle sortit le document qui se révéla volumineux et lourd. Elle le feuilleta rapidement.

« Désaccords irréconciliables ». Cela voulait tout dire.

A la fin du dossier se trouvait un cahier bordeaux qui ne lui sembla pas inconnu.

Son journal !

Elle le sortit, remit le reste des papiers dans le tiroir et le referma sans bruit. Elle quitta ensuite le bureau, s'enferma dans la salle de bains, posa le journal sur le bord du lavabo et entreprit de se faire couler un bain.

Elle inspecta sa collection de sels de bain parfumés, huiles et lotions pour le corps, fit son choix et s'immergea dans l'eau, sans toutefois cesser de penser au journal. Elle ferma les yeux et laissa la chaleur de l'eau détendre ses muscles contractés, luttant contre la tentation.

Elle aurait dû le laisser dans le tiroir. Elle n'était pas prête mentalement ni émotionnellement à le lire maintenant.

Elle serra les poings sous la surface de l'eau. La tension qu'elle avait sentie quitter peu à peu son corps semblait l'envahir de nouveau. Elle ouvrit les yeux et tourna la tête vers l'objet qui la hantait.

Trouverait-elle dans ce journal les réponses qu'elle cherchait, ou était-ce pure illusion de sa part ? Pensait-elle réellement que sa mémoire lui reviendrait comme par miracle et qu'elle comprendrait pourquoi Dylan était si distant avec elle, ou encore pourquoi elle se sentait si seule ? Elle saisit une serviette qui se trouvait sur le porte-serviettes, la roula et la cala derrière sa nuque. Puis elle referma les yeux et respira profondément, obligeant son corps à se détendre.

Le journal serait toujours là une fois son bain terminé. D'ici là, peut-être serait-elle prête à en lire le contenu.

Quand elle fut sortie de son bain, Alex se rendit dans le salon, drapée dans le peignoir jaune.

Dylan était assis sur le canapé avec Clarence allongé à côté de lui. Son téléphone portable était posé sur la table devant lui, à côté d'une canette de Coca. La télévision à écran plat diffusait un match de football.

— Tu as tout ce qu'il te faut ? demanda-t-elle.

— Si les Chargers gagnent, je serai un homme comblé, répondit-il, avant de lui jeter un œil inquiet. Et toi ? Est-ce que ça va ?

Elle haussa les épaules.

— Je me suis déjà sentie mieux, concéda-t-elle honnêtement. J'avais envie de prendre un verre de vin avant d'aller au lit.

Dylan regarda la petite horloge décorative posée sur la console avoisinante.

— D'une, ce n'est pas une bonne idée de boire en prenant des médicaments. Et de deux, il n'est même pas 20 heures. D'habitude, tu ne te couches pas avant minuit, voire plus.

Elle se balança sur un pied puis sur l'autre.

— Tout d'abord, je n'ai pas pris de médicaments depuis ce matin. Et pour le reste, on ne peut pas dire que j'aie eu une journée de tout repos aujourd'hui, répliqua-t-elle avec un sourire un peu forcé. Alors cela me semble une bonne idée d'aller au lit maintenant.

Elle vit l'expression de Dylan devenir perplexe.

— Je sais, ajouta-t-elle, la voix tremblante. Une fois de plus, cela ne me ressemble pas. Mais je ne sais plus qui je suis.

Dylan saisit la télécommande et éteignit la télévision.

— Ton match ! protesta-t-elle.

— Je lirai le résultat dans le journal du matin, dit-il en se levant. Je vais te chercher un verre de vin. Toi, tu t'assieds et tu ne bouges pas. On va discuter un peu.

Et il partit en direction de la cuisine.

— Je n'ai pas envie de parler de ce dont je me souviens ou pas, lança-t-elle en l'entendant ouvrir et fermer les portes des placards, ainsi que celle du réfrigérateur.

— Comme tu voudras.

Elle s'installa dans un coin du canapé, releva ses jambes, posa son front sur ses genoux relevés et enroula son peignoir autour de ses pieds glacés.

Elle aurait dû mettre des chaussons pour les garder au chaud. Et elle aurait mieux fait également de mettre une chemise de nuit sous son peignoir. Dylan ne ressentait peut-être plus rien pour elle, mais en revanche elle continuait d'éprouver des émotions qui dataient de deux ans, et le frisson qui la parcourait à cette idée était difficile à ignorer.

Elle releva la tête en sentant quelque chose lui toucher délicatement le coude.

Dylan lui tendait un verre de vin.

Elle l'accepta et s'efforça de n'en prendre qu'une petite gorgée, alors qu'elle rêvait de vider ce verre d'une traite.

— Est-ce que Céleste t'aide sur mon affaire ? lui demanda-t-elle, essayant de trouver un sujet de conversation anodin.

Il s'assit à l'autre bout du canapé, s'adossant à l'accoudoir pour lui faire face. Il avait récupéré sa canette de Coca et la faisait rouler entre les paumes de ses mains.

— Non, répondit-il en secouant la tête. Il n'y a que moi.

— J'ai toujours été jalouse d'elle, avoua-t-elle sans pouvoir s'en empêcher.

Dylan parut surpris.

— De Céleste ? Pourquoi ? C'est ma partenaire de travail. Penser à elle autrement serait presque incestueux. En outre, je ne touche pas aux femmes mariées.

— Mariée ? s'exclama-t-elle. Céleste est mariée ?

— Depuis près de huit mois, maintenant, affirma-t-il avant de s'interrompre pour boire une gorgée de Coca. Elle est mariée à Luc Dante.

— Le propriétaire du café Dante ?

Une fois de plus, elle tombait des nues. Que s'était-il encore passé au cours de ces deux dernières années ? Elle avait l'impression d'avoir vécu sur une île déserte.

— Nous avons enquêté sur une série de viols il y a un an, et le coupable s'est avéré être l'un des employés de Luc, expliqua-t-il. Maintenant, elle passe son temps libre à aider comme serveuse au bar.

Comme elle se mettait à rire, Dylan se pencha en avant vers elle.

— Tu as dit que tu étais jalouse d'elle, reprit-il doucement. Pensais-tu que Céleste et moi avions une liaison ? Est-ce la raison pour laquelle tu m'as exclu de ta vie ?

— Non, protesta-t-elle, tout en se demandant quel était le véritable motif.

Elle voulut le lui demander, mais après son refus de lui en parler un peu plus tôt, elle était sceptique sur le fait qu'il s'ouvre davantage maintenant.

— Je crois que j'étais jalouse de votre relation. Vous pouviez terminer les phrases l'un de l'autre, et par moments c'était comme si vous pouviez lire dans vos pensées.

— C'est une relation normale entre partenaires, se défendit Dylan. Nous devons être en parfaite harmonie pour être efficaces. Mais comme je te l'ai déjà dit, jamais je n'aurais pu avoir de liaison avec Céleste. De toute façon, murmura-t-il, toutes mes pensées intimes étaient focalisées sur toi.

Elle prit une nouvelle gorgée de vin pour tenter d'apaiser la chaleur qui avait commencé à l'envahir. Elle se rappela le temps où Dylan n'avait que quelques mots à dire pour qu'ils ressentent le besoin de se retrouver seuls. Ils n'hésitaient pas alors à s'esquiver discrètement des soirées auxquelles ils étaient invités.

Constatant que le regard de son ex-mari s'était assombri, elle sut qu'il partageait la même pensée.

— Si seulement je pouvais…, commença-t-elle avant de s'interrompre.

Dylan lui jeta un regard interrogateur, l'invitant silencieusement à continuer.

— Je suis désolée que les choses aient changé.

Elle aurait mieux fait de ne pas entamer cette conversation. Elle avait perdu trop de souvenirs suite à son traumatisme crânien.

— Y a-t-il d'autres événements qui se seraient déroulés au cours de ces deux années et que j'aurais pu oublier ? s'enquit-elle, résistant toujours à l'envie de vider d'une traite son verre de vin.

Dylan se pencha vers elle et le lui prit des mains.

— Ce n'est pas une raison pour t'enivrer, dit-il en reposant le verre. Stryker aussi s'est marié récemment.

Elle enroula ses bras autour de ses genoux.

— Jared Stryker s'est marié ? L'homme qui disait qu'aucune femme au monde ne pourrait le supporter ?

Dylan pouffa de rire.

— Exact. Je le lui ai rappelé peu de temps après son mariage avec Rachel. Il a éclaté de rire. Le plus amusant dans l'histoire, c'est qu'il avait si bien caché sa relation avec elle que nous ne savions même pas qu'il sortait avec quelqu'un.

Elle secoua la tête, narquoise.

— Alors je ne suis pas surprise que tu n'aies rien voulu me dire, lui lança-t-elle. Peut-être que, maintenant, tu voudras bien parler de notre divorce ?

Dylan reprit son verre de vin sur la table basse et le lui tendit.

— Bien tenté, princesse. Je veux bien parler de tout, sauf de ça.

— Mais ça fait partie des choses que j'ai besoin de savoir, protesta-t-elle.

Elle avait pu oublier certaines choses essentielles comme son divorce, mais elle se souvenait en revanche parfaitement de la signification de ce regard implacable qu'il lui adressait. S'il ne voulait pas parler de ce sujet, elle savait pertinemment qu'il ne le ferait pas.

— C'était déjà assez difficile pour moi, la nuit dernière à l'hôpital, de t'annoncer que nous étions divorcés, se rappela-t-il, l'air écœuré. Si je te raconte des choses dont tu ne te souviens pas, je risque de te donner des informations détournées et subjectives. Il vaut mieux que tu essayes de te les rappeler par toi-même.

Elle pensa au journal qui se trouvait maintenant sur sa table de chevet, mais préféra ne pas en parler. Dylan pourrait décider de le lui confisquer. Elle regarda son verre de vin, presque vide.

— Pourrais-je en avoir un deuxième ? lui demanda-t-elle en levant son verre.

Dylan hocha la tête et le lui prit des mains. Quand il revint, elle vit qu'il ne l'avait pas tout à fait rempli.

Les coussins du canapé s'affaissèrent légèrement quand il se rassit.

— J'étais persuadée que cette bouteille contenait plus que deux verres, remarqua-t-elle en levant son verre à hauteur de ses yeux et en regardant Dylan avec intérêt.

— Tu dois rester prudente, déclara Dylan, circonspect.

— Tu crains que, à trop boire, j'oublie encore autre chose ?

Le ton d'Alex était acerbe, mais sa voix tremblait. Elle avait du mal à contenir ses émotions.

— Qu'y a-t-il maintenant ? lui lança-t-elle avec un regard furieux. Ne suis-je pas autorisée à avoir un accès de colère ?

Il esquissa un sourire.

— Un accès de colère ? Voilà une chose à laquelle je serais curieux d'assister.

Furieuse, la jeune femme reposa son verre brutalement sur la table basse et bondit hors du canapé. Sans prendre la peine de répondre, elle quitta la pièce. Quelques secondes plus tard, la porte de sa chambre claqua bruyamment.

Ça s'était plutôt bien passé, songea-t-il en se levant et en se rendant dans la cuisine pour débarrasser. Toutefois, ses pensées ne cessaient de tourbillonner dans sa tête.

Il termina de ranger puis rejoignit le salon et ralluma la télévision, mais le match de football ne parvint pas à capter son attention. Pas après le spectacle qu'Alex venait de lui offrir.

Outre son accès de rage, la jeune femme lui avait paru *terrorisée.*

Il percevait une facette de son ex-femme qu'il n'avait encore jamais vue. Alex avait toujours su contrôler ses émotions. Le fait de la voir si effrayée et désorientée était nouveau pour lui. Et cela devait l'être pour elle également.

Qu'était-il arrivé à leur mariage ? Pourquoi leur relation n'avait-elle pas marché ?

S'il était parvenu à gérer un peu mieux sa colère au tribunal, il était persuadé qu'Alex aurait renoncé à la pension alimentaire. Mais non, il avait fallu qu'il conteste et qu'il leur casse les pieds, à elle et au juge. Il avait mis du temps à se remettre et à tourner la page. Il s'était vengé en élaborant les façons les plus agaçantes de faire ses versements. Au début, il se délectait à trouver les moyens les plus extravagants et les plus odieux d'acquitter sa dette. Par moments, il se trouvait même du génie. Mais maintenant, il se faisait plutôt l'effet d'un idiot ou d'un adolescent cherchant par tous les moyens à attirer l'attention.

Il savait ce qui avait occasionné ce changement en lui. Cela avait commencé quand Céleste s'était mariée. En voyant son bonheur conjugal, il s'était souvenu de l'époque où Alex et lui avaient été amoureux. Puis, contre toute attente, Jared Stryker avait épousé cette mystérieuse jeune femme dont tout le monde ignorait l'existence…

Jusque-là, il avait préféré éviter de penser à son propre mariage. Mais l'agression d'Alex avait tout bouleversé. Maintenant, non seulement il y pensait, mais il essayait de comprendre ce qui n'avait pas marché et comment il avait pu la laisser s'éloigner à ce point. S'il l'avait véritablement aimée, il se serait battu pour la garder.

Alors, pourquoi était-il plein de regrets aujourd'hui ?

Alex enfila sa chemise de nuit tout en regardant le journal. Elle s'installa dans le lit, puis prit le livre et l'ouvrit. Une feuille détachée rangée dans les dernières pages du journal retint aussitôt son attention.

En la dépliant, elle remarqua sur le papier des taches qui ressemblaient fort à des larmes. Elle était datée d'environ deux ans auparavant.

Dylan ne comprend pas pourquoi j'ai demandé le divorce, mais il le fallait. J'ai fait une erreur en acceptant de me marier avec lui, alors que je dois me concentrer entièrement sur ma carrière. J'ai cru être amoureuse, mais l'étais-je vraiment ? Ma mère me reprochait d'être trop émotive. Elle me disait que je n'arriverais à rien dans la vie si je ne parvenais pas à contrôler mes émotions. J'ai compris ce qui se passait quand j'ai voulu prendre ces jours de congé pour aller à la mer avec Dylan. Mes parents ne prenaient jamais de vacances, de peur de s'éloigner du chemin qu'ils s'étaient tracé. Et ce qu'ils ont gagné, c'est un cabinet d'avocats prospère… Et une fille qui n'a jamais pu les connaître, car ils faisaient passer leur travail avant leur propre enfant et n'étaient jamais là.

Mon Dieu, qu'ai-je fait ? J'avais la chance d'avoir tout ce que mes parents n'ont jamais eu. Et j'ai tout gâché à force de me convaincre que c'était impossible. J'ai été aveugle et stupide. Je ne nous ai pas laissé la moindre chance.

Je ne suis pas surprise que Dylan me déteste. Je ne peux m'en prendre qu'à moi-même. Tout ce qu'il me reste à faire aujourd'hui, c'est vivre avec mes regrets et l'espoir que Dylan jouisse enfin de la vie heureuse qu'il mérite.

Ses doigts tremblaient quand elle replia soigneusement le papier pour le remettre à l'endroit où elle l'avait trouvé. Elle découvrit également un bouton de rose séché entre les pages.

Elle reposa alors le journal sur sa table de chevet et fixa le mur d'en face, perdue dans ses pensées. Elle se rappelait les roses roses que Dylan lui avait envoyées le lendemain de leur rencontre. Elle savait que cela signifiait « Je vous aime comme un fou ». Et le fait qu'elles soient dépourvues d'épines symbolisait l'amour au premier regard. Elle repensa à sa joie d'avoir rencontré l'homme de ses rêves, et non à la douleur d'avoir détruit à elle seule leur relation. Cela, non, ça n'avait pas la moindre réalité.

Tendant le bras, elle éteignit la lampe et s'enfonça sous les couvertures. Le bruit étouffé de la télévision venant du salon l'apaisa et lui permit de sombrer dans le sommeil. Mais plus la nuit avançait, plus son sentiment de sécurité s'estompait, jusqu'à ce que des silhouettes menaçantes et des taches de sang viennent perturber ses rêves. Elle cria faiblement dans son sommeil et se débattit dans le lit, mais sans jamais se réveiller complètement.

L'homme n'était pas patient quand sa propre tranquillité était en jeu.

Tandis qu'il attendait le coup de téléphone qui devait lui assurer que la vie avait repris son cours normal, il resta assis à son bureau, examinant le contenu du dossier qu'il venait de sortir de son coffre-fort.

Les vieux clichés représentaient des scènes érotiques, mais ce qui l'excitait, ce n'était pas tant les actes sexuels purs que les expressions de douleur qu'il pouvait lire sur le visage des femmes photographiées. Il avait investi beaucoup d'argent pour dérober ces clichés à un autre collectionneur. Et chaque fois qu'il parlait à cet homme au cours d'une soirée ou d'un gala de charité, il savourait secrètement le fait de posséder aujourd'hui ce qui avait été autrefois la propriété de son interlocuteur.

Il attendit la troisième sonnerie pour répondre au téléphone.

— Avez-vous récupéré mon bien, Léonard ?

— Pas encore, répondit ce dernier sans se donner la peine d'entrer dans les détails.

Il se raidit. Même s'il appréciait l'honnêteté de son employé, il s'irritait de le voir échouer dans une tâche aussi simple.

— Ne me sortez aucune excuse. Je ne veux rien entendre. La seule raison pour laquelle vous deviez me contacter, c'était pour m'informer que vous êtes en possession de mon bien.

— Apparemment, nous n'avions pas le bon numéro d'appartement, et nous nous en sommes rendu compte trop tard, expliqua Léonard, qui sentait son mécontentement. Nous devons juste y retourner et trouver le bon appartement.

L'homme serra son poing si fortement que ses articulations devinrent blanches.

— Comment comptez-vous vous y prendre ? ironisa-t-il. L'adresse et le numéro de téléphone de cette jeune femme ne figurent pas dans l'annuaire. Avez-vous l'intention de cambrioler chaque appartement de l'immeuble, ou comptez-vous sonner à toutes les portes en espérant qu'elle se trouve derrière l'une d'elles ? Non, imbéciles, vous ne ferez rien.

— Vous voulez que l'on revienne sans l'objet ? demanda l'autre, surpris.

— Bien sûr que non, répliqua-t-il en s'efforçant de détendre les muscles de sa mâchoire. Je veux que vous restiez là-bas jusqu'à ce que vous repreniez mon bien. Où êtes-vous descendus ? Vous utilisez bien le téléphone portable que je vous ai donné, n'est-ce pas ?

— Nous sommes dans une chambre d'hôte à la périphérie de la ville. Et, oui, je me sers bien de votre téléphone. Je me suis même éloigné de la ville pour vous appeler.

— Tenez-vous à l'écart de son domicile tant que je ne vous aurai pas contacté. Je vous appellerai demain soir pour vous donner le numéro de son appartement.

Il détestait l'idée d'avoir à attendre un jour de plus, mais il n'avait guère le choix.

— Nous pouvons nous en charger plus rapidement.

Il connaissait suffisamment ses hommes et leurs méthodes musclées. Il espérait toutefois encore pouvoir garder cette opération discrète.

— Je m'occupe de vous trouver cette information, dit-il d'une voix glaciale. Restez en dehors des bars et évitez les ennuis.

Il interrompit la conversation et essaya de se maîtriser pour ne pas jeter brutalement le téléphone sur son support.

Si ces imbéciles échouaient, il s'assurerait qu'ils finissent leurs jours au fond de la baie de San Francisco !

Il regrettait de ne pas avoir pris ses précautions dès le départ. Il aurait dû crypter ces documents. C'était la seule erreur qu'il ait faite à ce jour. Maintenant, ce disque pouvait détruire tout ce qu'il avait mis si longtemps à construire.

5

— Et si j'essayais l'hypnose ? Cela libérerait peut-être ce qui se cache dans mon subconscient ?

Adossé au plan de travail de la cuisine, Dylan regarda d'abord Alex sans réagir. L'arrivée d'Alex et sa brusque déclaration n'avaient momentanément aucun sens pour son esprit privé de caféine. Il attendait que la cafetière se remplisse et était sûr que la machine prenait délibérément son temps dans le seul but de le torturer.

Il songea à sa question pendant un instant avant de répondre.

— Je pense que tu devrais d'abord en parler à ton médecin pour voir ce qu'il en pense. Personnellement, je n'y suis pas favorable. J'ai essayé l'hypnose quand j'ai voulu arrêter de fumer, et ça n'a pas marché. Je sais que certains thérapeutes ont de bons résultats avec cette méthode… Il se peut que mes doutes viennent du fait que, à ce qu'on m'a dit, je suis sorti du cabinet du médecin en battant des bras et en gloussant comme une poule.

Alex réprima un sourire et baissa les yeux.

— J'aurais aimé voir ça, dit-elle en essayant de ne pas pouffer. Je suis désolée, je ne me rappelle pas t'avoir déjà vu fumer. Comment t'es-tu arrêté ?

— J'ai fumé depuis l'école, jusqu'à l'année précédant notre rencontre. Je n'ai pas eu de mal à arrêter quand Céleste a commencé à me prendre un dollar chaque fois qu'elle trouvait une cigarette sur moi ou qu'elle me surprenait en train de fumer en cachette. Crois-moi, cette femme est d'une ténacité à toute épreuve. J'ai rapidement arrêté quand elle a pu organiser un barbecue pour tout le service avec l'argent qu'elle avait récolté grâce à moi, concéda-t-il à regret.

Il regarda Alex avec des yeux fatigués. Il savait maintenant pourquoi il était déconseillé aux flics d'enquêter sur des affaires impliquant des membres de leur famille ou quelqu'un avec qui ils avaient des relations affectives. Il était tout simplement impossible de travailler en ayant l'esprit préoccupé. Il ne considérait pas sa relation avec Alex comme affective, à moins de prendre en compte ses versements démentiels concernant la pension alimentaire. Néanmoins, même s'il ne voulait pas l'admettre, il était bien plus impliqué qu'un simple ex-mari inquiet. Ces deux derniers jours, il avait découvert une toute autre Alex. Elle n'était pas la femme qu'il avait aimée ou même celle dont il s'était séparé. Il avait l'impression qu'elle était encore plus proche. Et maintenant, elle se tenait devant lui, l'air encore plus accessible que jamais.

Son pantalon en lin vert et son haut multicolore à manches courtes sortaient tout droit de chez le teinturier. Dans le discret creux formé par sa poitrine, une petite chaîne en or dévoilait une topaze ronde d'un vert profond. Elle avait relevé ses cheveux en une queue-de-cheval qui lui balayait la nuque. Cela lui était visiblement égal qu'on voie ses points de suture. Encore un signe de la nouvelle Alex. Elle était en revanche parvenue à presque dissimuler les éraflures et les bleus sur son visage.

Il se demanda s'il arriverait un jour à oublier le souvenir de cette Alex blessée et meurtrie qu'il avait vue à l'hôpital.

— J'adorerais me retrouver seul à seul pendant quelques minutes avec l'ordure qui t'a fait ça, murmura-t-il.

Elle sourit.

— Sois gentil, Dylan, et laisse-moi m'en occuper d'abord, répliqua-t-elle en pouffant devant son air surpris. Tu apprendras que les femmes aussi peuvent avoir soif de vengeance. Et en ce moment, je rêve d'une revanche.

— Aucun problème. Je pourrai même te le tenir pendant que tu lui taperas dessus.

Il se servit du café, remplit une autre tasse et la tendit à la jeune femme.

— Alors, par quoi allons-nous commencer ? demanda Alex en prenant la tasse que lui tendait Dylan.

A cet instant, elle ressentit si fortement l'ancienne étincelle entre eux qu'elle manqua de lâcher la tasse. Elle fit un pas en arrière et enveloppa le récipient de ses mains.

Dylan s'arrêta brusquement de boire le breuvage salvateur.

— « Nous » ?

Elle hocha la tête.

— Comme dans « toi et moi », oui. Je t'ai déjà dit que j'ai l'intention de participer à l'enquête, que cela te plaise ou non.

Elle but une gorgée du liquide chaud. Un soupir de plaisir lui échappa des lèvres quand la caféine se diffusa dans son corps.

— J'avais l'intention de me rendre au commissariat pour vérifier si Whitmire n'aurait pas eu de nouvelles informations dont il aurait comme par hasard oublié de me parler, avoua Dylan à contrecœur.

— Je croyais qu'il devait t'appeler s'il avait du nouveau,

répliqua-t-elle en s'adossant au plan de travail. Il sait bien que tu t'occupes de cette affaire toi aussi, non ?

— Whitmire et moi avons eu quelques différends. S'il peut me tenir à l'écart de cette affaire, il n'hésitera pas. Il sait que, de toute façon, ce n'est pas dans mon caractère d'aller me plaindre au lieutenant Adams. D'autant plus qu'Adams ne ferait que me retirer le dossier, pensant que j'entrave le travail de Whitmire, affirma-t-il en jetant un coup d'œil à sa montre. Bon, dans la mesure où ton réfrigérateur ne s'est toujours pas rempli miraculeusement depuis hier matin, je te propose d'aller manger quelque chose dehors.

— Ça me va. Je vais appeler Janet pour lui rappeler que je ne viendrai pas au bureau aujourd'hui.

Après avoir passé son coup de fil, elle termina son café et mit sa tasse dans le lave-vaisselle.

Son ex-mari saisit son portable et prononça un nom à haute voix pour que le téléphone compose automatiquement le numéro correspondant.

— Dante, murmura Céleste à l'autre bout du fil.

— Hé, Leste, c'est moi. Tu as du nouveau sur l'agression d'Alex ? demanda Dylan.

Il entendit un bruissement de papiers en fond, puis quelqu'un pianota sur un clavier d'ordinateur.

— Non, et tu n'avais pas reçu de nouveaux messages, je viens de regarder tes e-mails pour le vérifier, répliqua-t-elle. Alan est au bureau, si tu veux lui parler.

Il fronça les sourcils.

— Comment peux-tu avoir accès à *ma* messagerie ?

— Oh, je t'en prie ! Tu as mis ton personnage de dessin

animé préféré comme mot de passe. J'ai dû mettre à peine plus de cinq minutes à trouver.

— Et c'est quoi ton mot de passe à toi ? demanda-t-il.

— Si j'ai pu trouver le tien, tu n'as qu'à essayer de deviner le mien. Est-ce que tu veux que je te transfère sur le poste d'Alan ? A moins que tu ne préfères parler au lieutenant ?

— Je n'ai le temps de parler à aucun des deux pour le moment. Mais je vais passer au bureau ce matin pour discuter avec Whitmire, décida-t-il.

— Comme tu veux, dit-elle avant de s'interrompre. Tout va bien, pour vous ?

Il était conscient que Céleste savait mieux que quiconque par quoi il était passé avant, pendant et après son divorce. C'était une amie sur qui il pouvait compter.

— Sa mémoire est toujours défaillante, mais elle tient plutôt bien le coup, répliqua-t-il.

— Fais attention à toi, Dylan, le prévint-elle, à voix basse pour que personne ne puisse l'entendre.

— Ça fait partie du boulot, Leste.

Mais il comprenait ce qu'elle avait voulu dire. Sa collègue et lui avaient été si souvent en phase qu'il savait exactement ce qui se passait dans sa tête. Elle craignait qu'il ne s'engage émotionnellement dans cette affaire, étant donné le lourd passé qu'Alex et lui avaient en commun.

— L'agresseur ne peut pas se cacher indéfiniment, continua-t-il. Whitmire ou moi, nous finirons bien par découvrir qui en veut à Alex, et un jour elle se réveillera avec toute sa mémoire. Et à ce moment-là, nous serons heureux de pouvoir continuer notre vie, chacun de notre côté. Il faut que je te laisse, Céleste.

— Très bien, concéda-t-elle d'un ton dubitatif. On se voit tout à l'heure au bureau, alors.

Il coupa la communication et fixa le téléphone à sa ceinture. Quand il se retourna, il réalisa qu'il n'était pas seul dans la pièce.

Alex se tenait dans l'embrasure de la porte de la cuisine, le visage fermé.

Il eut le sentiment que cela avait quelque chose à voir avec son appel téléphonique.

— Alex…, commença-t-il, bien décidé à l'attaquer de front.

Il voulait qu'elle s'ouvre. Peut-être qu'elle se confierait plus volontiers aujourd'hui, contrairement à l'époque de leur divorce ?

Elle secoua la tête.

— Tout va bien, dit-elle en anticipant le reste de sa question. C'est juste un moment difficile pour nous deux.

Et elle quitta la pièce.

Bon sang ! Il aurait dû se rendre compte qu'Alex pouvait entendre sa conversation avec Céleste. Lui qui croyait qu'elle serait soulagée une fois que sa vie serait redevenue normale ! Elle avait déjà suffisamment souffert, et l'idée de l'avoir blessée davantage sans le faire exprès l'affligeait. Il devait trouver un moyen de se faire pardonner.

« Nous serons heureux de pouvoir continuer notre vie chacun de notre côté. » Alex ne parvenait pas à comprendre pourquoi cette phrase lui faisait tant de peine.

Dylan lui avait déjà dit qu'ils ne s'étaient guère vus depuis leur divorce. S'il ne souhaitait plus la voir, alors que faisait-il là ? Pourquoi était-il à ses côtés et l'aidait-il ?

Elle saisit son sac à main en retenant ses larmes. Si elle pouvait se rappeler les détails de leur divorce, ce qu'elle venait d'entendre ne la déstabiliserait pas à ce point, évidemment.

— Tu es sûre que tout va bien ? demanda Dylan avec une expression étrange sur le visage.

— Je vais bien, lança-t-elle sèchement. En réalité, je me sentirais encore mieux si on arrêtait de me poser cette question.

Dylan leva ses mains en signe de reddition avant de sortir son porte-clés de sa poche.

— Message reçu.

Elle regarda Clarence qui venait se frotter contre ses jambes.

— Je suis sûre que tout se passera bien pendant notre absence, dit-elle au chat.

Dylan sourit.

— Ne t'en fais pas, Alex. Avant même que tu t'en rendes compte, ta vie sera redevenue normale.

Elle hocha la tête et s'engagea dans les escaliers. Elle ne pouvait pas avouer à Dylan qu'elle n'était pas sûre d'avoir envie de reprendre le cours de son ancienne vie. Elle craignait de ne plus l'apprécier autant qu'avant.

— Tu as envie de manger quelque chose en particulier ? demanda Dylan quand ils prirent place dans la voiture.

— Pourrions-nous tout simplement retourner là où nous sommes allés hier ? Vu que c'est un repaire de policiers, nous devrions nous y sentir en sécurité pour parler de l'affaire. Nous n'aurons pas à craindre d'être entendus par une personne extérieure.

Il s'esclaffa.

— Ma chère, sache que les flics peuvent être de vraies commères ! Mais nous devrions effectivement trouver un coin tranquille pour discuter. Après cela, il faudrait que je passe chez moi pour me doucher et me changer.

— Nous pouvons commencer par ça, si tu préfères, proposa-t-elle.

Dylan donna un petit coup de volant et changea rapidement de file.

— Je n'en ai pas pour longtemps.

Elle pencha la tête sur le côté pour l'étudier.

— Tu ne fais vraiment pas confiance à Whitmire pour te tenir informé des nouveaux éléments de l'enquête, n'est-ce pas ?

Il secoua la tête.

— Je te l'ai dit. Nous avons eu des différends. Enfin, pour être honnête, je devrais plutôt dire que c'est moi qui ai un problème avec lui. En outre, il faut que je fasse un rapport sur ce qui s'est passé hier soir.

— As-tu appelé l'hôpital pour avoir des nouvelles de Mme Bridger ? demanda-t-elle, l'air coupable. J'aurais dû y penser en me réveillant ce matin.

— D'après les infirmières, elle est toujours sous calmants, la rassura-t-il. Tu as beaucoup de choses à penser, Alex. Tu ne peux pas gérer tout ce qui arrive. Il faut que tu apprennes à positiver.

Elle secoua la tête.

— La seule façon de s'assurer que les choses soient bien faites, c'est de les faire soi-même.

Dylan soupira. Il s'en souvenait, Alex faisait les mêmes remarques auparavant. Mais cette fois, il était décidé à lui prouver qu'elle avait tort. Dans le temps, ils formaient une sacrée paire, tous les deux. Pourquoi ne pourraient-ils pas recommencer ? Il devait juste se rappeler de protéger son cœur cette fois.

Il songea aux nuits qu'ils avaient passées ensemble à débattre de tout. Il aimait se réveiller le matin et regarder Alex dormir à côté de lui, tout comme il attendait le soir avec impatience, quand elle se blottissait dans ses bras pour s'endormir. Il ne pensait pas être un homme romantique, mais elle avait réveillé ce côté caché chez lui. Il lui avait envoyé des fleurs, des cartes idiotes, des poèmes osés. Puis il y avait eu ces mémorables piques-niques nocturnes, quand il n'était pas de service.

Il remua sur son siège, mal à l'aise, en réalisant que ce petit retour en arrière lui déclenchait une érection. Il s'obligea à penser à l'enfer qu'avait été la fin de leur mariage. Le feu qui commençait à embraser ses parties intimes s'éteignit rapidement. Il reprit le contrôle de ses émotions. Pourvu seulement que cela dure.

Alex, qui regardait par la fenêtre, se tourna nerveusement sur son siège pour lui faire face.

— C'est notre rue, dit-elle d'un ton hésitant.

Il continua de regarder résolument droit devant lui.

— J'ai gardé la maison.

Il aurait aimé qu'elle arrête de lui poser des questions, mais c'était plus fort qu'elle. Ce devait être une déformation professionnelle. Elle voulait toujours tout savoir. Ce n'était pas une bonne idée de l'amener à la maison, même s'il avait eu l'intention de prendre sa douche en un temps record et de repartir. Mais il fallait qu'il se change, il n'avait pas d'autre choix que de s'arrêter un instant chez lui.

Il remarqua que les épaules de la jeune femme se raidissaient à mesure qu'ils se rapprochaient de la maison, située au bout d'une impasse.

— Tu as changé la couleur des murs, murmura-t-elle.

Il se souvint des heures qu'Alex avait passées à étudier les multiples échantillons de peinture. Il n'avait pas voulu vivre avec tous ces souvenirs d'Alex, alors il avait préféré faire le vide, tout recommencer à zéro.

Ils avaient conçu une maison, ils n'avaient pas fondé une famille…

Il repoussa sans ménagement les pensées qui l'avaient si

longtemps obsédé. Il s'était déjà posé tellement de questions quand il avait reçu les papiers du divorce.

Il s'engagea dans l'allée de la maison et gara la voiture.

— Je n'en ai pas pour longtemps, dit-il en ouvrant sa portière. Tu veux entrer ?

Oui. Enfin, non.

Alex prit une profonde inspiration et regarda la maison, dont elle avait eu l'intention de faire son foyer. A la place, elle vivait aujourd'hui dans un appartement impersonnel et aseptisé qui ressemblait à une chambre d'hôtel. Seul Clarence y apportait une touche de vie.

— Si cela ne te dérange pas, acquiesça-t-elle en attendant qu'il vienne lui ouvrir la portière.

Dylan lui toucha à peine la main quand il l'aida à sortir de la voiture, remarqua-t-elle. Son contact lui était-il devenu soudain insupportable ? Pourquoi leurs relations s'étaient-elles à ce point dégradées ?

Il ouvrit la porte d'entrée puis se hâta de composer le code pour désactiver l'alarme.

— Promets-moi de ne pas crier, l'avertit-il en la faisant entrer.

— Pourquoi voudrais-tu que je… ?

Elle réprima un cri d'horreur en découvrant la pagaille qui régnait dans le séjour. Celui-ci ressemblait à un magasin de vêtements dévasté par un tremblement de terre. Tandis qu'un sweat-shirt pendait sur le dos d'une chaise, un polo vert et un jean étaient roulés en boule sur un fauteuil. Des tennis informes avaient été jetées à côté du canapé, ainsi qu'une casquette de base-ball noire portant les initiales rouges SVPD.

— Aucun problème, dit-elle faiblement, en se dirigeant vers la seule chaise libre.

Dylan réprima un sourire et s'avança vers le couloir qui menait, elle le savait, à la chambre à coucher.

— Je n'en ai pas pour longtemps, lui certifia-t-il.

Elle porta la main à sa gorge tout en parcourant la pièce des yeux. Ses doigts la démangeaient de ramasser les vêtements qui traînaient, mais elle savait qu'elle n'en avait pas le droit. Où était donc le superbe mobilier qu'elle avait acheté ? Elle ne reconnaissait aucun meuble ni aucun objet.

Ses coussins colorés qu'elle aimait tant n'étaient plus là. Il n'y avait aucun vase décoratif, pas le moindre objet d'art ! Les seuls ornements qu'elle trouva furent un dessous-de-verre abîmé sur la table basse dans la salle de séjour et un magazine d'armement. Celui-ci était posé à côté du fauteuil qui faisait face à la télévision à écran plat fixée au-dessus de la cheminée, là où se trouvait auparavant la reproduction de son tableau impressionniste préféré.

Elle était totalement déconcertée. Ce n'était pas la maison dans laquelle elle avait vécu. Elle erra à travers la salle à manger, le salon et la cuisine, à la recherche de quelque chose qui lui paraisse familier. Elle jeta un œil à travers la porte qui menait sur le patio et vit une petite table entourée de quelques chaises, ainsi qu'un barbecue. Elle distingua également un panier de basket accroché au toit, sur le côté du patio. Elle ne serait pas surprise qu'il ait aussi remplacé l'herbe !

Elle passa devant le réfrigérateur, se retint de jeter un coup d'œil à l'intérieur et retourna dans le salon.

Remontant dans ses souvenirs, elle se rappela une soirée en particulier. Dylan avait rapporté à la maison un tapis en peau de mouton qu'il avait étendu devant le foyer, ainsi qu'une bouteille de vin. Elle n'oublierait jamais ce soir-là. Mais son sourire s'estompa quand un autre souvenir lui revint à la mémoire.

« Tu dois faire un choix, Alex. Tu dois décider de ce qui est le plus important pour toi. »

Elle serra les poings.

Dylan entra dans la pièce, vêtu d'un jean noir et d'un polo anthracite qui rehaussait la couleur de ses yeux. Ses cheveux étaient encore humides de la douche. Quand il s'approcha, elle perçut un léger parfum boisé d'après-rasage. Elle fut surprise de constater à quel point elle appréciait le fait qu'il utilise toujours le même après-rasage.

Il lui jeta un coup d'œil tandis qu'il attachait sa montre à son poignet.

— Qu'est-ce qui ne va pas ?

Elle essaya de paraître désinvolte, mais en vain.

— Tout est différent ici, murmura-t-elle. Je me sens comme une étrangère.

Il fit la grimace.

— Je suis navré. J'aurais dû me douter que ce n'était pas une bonne idée, murmura-t-il. D'abord j'insiste pour que tu découvres tes souvenirs manquants par toi-même, et ensuite je t'amène directement au dernier endroit où tu devrais aller.

— Où sont passés nos meubles et toutes nos affaires ? demanda-t-elle.

— Tu n'en voulais pas. Alors j'ai tout vendu dans un vide-grenier, admit-il.

Elle regarda le sol. Même la moquette était d'une couleur et d'une texture différente. Elle ravala les mots de colère qu'elle sentait monter en elle et qui lui brûlaient la gorge. Elle ressentait plus de souffrance que de colère face aux changements survenus dans la maison. Cette maison qui était autrefois un véritable petit nid pour jeunes mariés.

— Peut-on y aller, maintenant ? demanda-t-elle.

Elle se gardait de le regarder, de peur que sa fureur ne refasse surface.

— Bien sûr.

L'air sombre, Dylan la conduisit hors de la maison et prit soin de remettre l'alarme en route avant de monter dans la voiture.

Pendant qu'il faisait marche arrière pour sortir de l'allée, elle regarda droit devant elle.

Mais elle le regretta aussitôt : les jardinières en terre cuite de chaque côté de la porte d'entrée, qu'elle avait toujours pris soin d'agrémenter de fleurs, avaient également disparu. Dans son souvenir, sa maison était chaleureuse et accueillante, mais aujourd'hui... Elle avait perdu sa mémoire, son mari, sa maison, et elle ne savait même pas pourquoi !

Elle aurait voulu poser son front sur la vitre et fondre en larmes.

Heureusement, Dylan eut le bon goût de rester silencieux durant le trajet jusqu'au restaurant. Toutefois, elle avait perdu l'appétit. Quant à l'idée que quelqu'un lui veuille du mal, cela lui paraissait maintenant si dérisoire !

— Alex, murmura Dylan. Je sais que tu veux des réponses, mais nous devons suivre les conseils du médecin. Tu as dû gérer beaucoup de choses ces derniers jours. Tu n'as pas besoin d'avoir d'autres soucis en tête.

Furieuse, elle ouvrit brutalement la portière et descendit avant qu'il n'ait eu le temps de sortir du véhicule. Elle était déjà presque arrivée à la porte d'entrée du restaurant quand il la rejoignit, le visage tendu.

— Bon sang, Alex, tu ne me facilites pas les choses ! marmonna-t-il en tendant le bras pour lui ouvrir la porte vitrée.

— Comme tu l'as reconnu, je suis dans une période difficile en ce moment. J'ai bien le droit d'être à cran.

Elle entra dans la pièce avec la grâce d'une reine.

Tank se tenait derrière le comptoir et discutait avec un policier en uniforme. Quand il les vit arriver, il haussa les sourcils et, percevant la tension qui régnait entre eux, leur fit un signe de tête en leur indiquant le fond du restaurant.

Alex sentit la chaleur de la main de Dylan posée dans le creux de ses reins tandis qu'ils s'avançaient vers la table désignée. Elle reconnut ce geste inconscient comme celui d'un homme revendiquant sa possession, même s'il était en colère contre elle à cet instant précis. Bizarrement, il voulait donc que les hommes présents dans le restaurant sachent qu'elle n'était pas libre ?

Ils étaient à peine installés que Tank apparut et posa deux tasses de café devant eux.

— Vous avez intérêt à revenir ici quand vous aurez retrouvé toute votre beauté, dit-il en étudiant le visage d'Alex.

Elle sourit.

— Alors, à cause de quelques éraflures, vous trouvez que je ne suis pas belle ?

— Pas du tout. J'ai juste envie de voir à quoi vous ressemblez sans toute cette peinture sur la figure. Appelez-moi quand vous serez prêts à commander, grogna-t-il en s'en allant.

— Ce type ne peut pas s'empêcher de draguer, déclara Dylan en jetant un regard mauvais à Tank.

Elle sourit. Cela faisait un moment qu'elle n'avait pas eu l'esprit aussi léger. Mais l'avait-elle jamais eu ?

— Je parie qu'il peut encore plaire aux femmes, affirma-t-elle en regardant le menu.

— Jusqu'à les rendre dingues, peut-être ? marmonna-t-il. Tu as choisi ?

Comme elle acquiesçait, il fit signe à Tank de revenir. Ce dernier prit leur commande et s'éloigna.

— J'aimerais toujours essayer l'hypnose, dit-elle. Je ne comprends pas pourquoi tu n'y es pas favorable, alors qu'il y a d'excellentes chances pour que ça marche.

— Et autant de chances pour que ça ne marche pas, lui fit

remarquer Dylan. Tu as été frappée à l'arrière de la tête, ce qui signifie que tu tournais le dos à ton agresseur. De plus, il y avait du brouillard, la visibilité n'était pas terrible, et tu étais au téléphone au moment de l'agression. Autant dire que tu étais distraite. Il y a donc peu de chances que tu aies vu quoi que ce soit.

— Mais j'ai pu entendre quelque chose, insista-t-elle en se penchant sur la table. Je paierai les séances.

Dylan la regarda droit dans les yeux.

— Tu as toujours ce besoin insatiable de savoir, n'est-ce pas ? Alex, tout ce que tu diras ne sera pas couvert par le secret professionnel.

— Il n'y a rien de mal à vouloir savoir, Dylan.

Elle s'interrompit pour prendre une gorgée de café, ressentant un bien-être immédiat quand la caféine se diffusa dans son corps.

La mâchoire de Dylan se contracta.

— Je te propose un compromis. Si nous sommes toujours dans l'impasse dans une semaine, tu pourras avoir recours à l'hypnose. Est-ce que ça te va ?

Elle réfléchit un instant puis lui tendit la main.

— Marché conclu.

Elle aurait juré voir Dylan hésiter avant de lui serrer la main.

— Je croyais que les avocats voulaient que tout soit écrit noir sur blanc, quand ils concluent une affaire.

— Effectivement, mais en ce moment je suis une victime avant d'être une avocate, dit-elle avant de prendre une profonde inspiration. Je ne veux pas me battre avec toi, Dylan. Je veux juste que tu m'aides à trouver ces hommes.

— Whitmire a demandé à ses agents de vérifier les hôtels et les chambres d'hôte à la périphérie de la ville. Ils vont également se renseigner au Rebelle Café pour savoir si quelqu'un a vu des étrangers traîner dans le coin.

Ce bar était réputé pour être le repaire des motards et des gens de passage.

— Je reconnais que tes souvenirs sont altérés, continua-t-il, mais tu sais déjà que tu étais à San Francisco, grâce à Janet. Et elle a pu te dire avec qui tu as eu des rendez-vous. Il faut que tu te concentres sur ces clients en particulier.

— Mais je te l'ai dit, protesta-t-elle. Mes clients sont des hommes d'affaires respectables.

Dylan se pencha vers elle jusqu'à ce que son nez se retrouve à quelques centimètres du sien.

— Alors, qui crois-tu que cela puisse être, Alex ? Peut-être n'as-tu pas été complètement honnête avec Whitmire ou avec moi l'autre jour. Peut-être as-tu effectivement eu une relation qui s'est mal terminée ?

Elle plissa les yeux.

— Et peut-être que tu peux aller te faire voir !

— Temps mort, les jeunes !

Leurs assiettes atterrirent sans ménagement devant eux. L'odeur alléchante du bacon et des œufs flotta dans l'air. Une assiette de toasts et un assortiment de confitures suivit.

Tank les regarda à tour de rôle.

— Mangez d'abord, et battez-vous ensuite si ça vous chante.

— Nous avons juste un désaccord, expliqua Alex en prenant sa fourchette.

— Appelez ça comme vous voulez, déclara Tank avant de se tourner vers Dylan. Tu recherches toujours le sale type qui lui a fait ça ?

— L'affaire suit son cours, répondit-il en regardant son aîné avec une expression pleine de sous-entendus.

Tank bougonna.

— Je vais vous chercher un peu plus de café, dit-il à Alex.

La tasse de Dylan n'était pas pleine non plus, mais celui-ci se concentra sur son assiette sans rien dire.

— T'es-tu souvenue de quelque chose depuis hier ? demanda-t-il au bout d'un moment. N'importe quoi que je puisse communiquer à Whitmire ?

Elle secoua la tête.

— Chaque fois que j'essaie de me souvenir, j'ai mon mal de tête qui me reprend.

Il acquiesça.

— Le médecin a dit que tout finirait par rentrer dans l'ordre, mais que cela prendra du temps.

— Je ne veux plus qu'il y ait des blessés à cause de moi, Dylan. Je veux juste en avoir terminé avec cette histoire, dit-elle tristement.

Dylan l'étudia avec un regard compatissant.

— Je sais que c'est difficile pour toi. Le problème, c'est que nous n'avons pas beaucoup d'éléments. Nous n'avons aucune idée de ce que les agresseurs recherchent et de la raison pour laquelle ils s'en sont pris à toi. A moins que tu n'aies joué de malchance dans une banale agression.

— Mais tu n'y crois pas. C'est pour ça que tu penses que c'est l'œuvre de l'un de mes clients. Cela te paraît plus logique, avança-t-elle en picorant dans son assiette. Si tu savais à quel point mes clients sont ennuyeux…

— Es-tu sûre de si bien les connaître ? Il se peut que tu aies accepté au cours de ces deux dernières années un client qui n'est pas si ennuyeux que ça, fit remarquer Dylan. Tu ne peux pas vraiment le savoir, n'est-ce pas ?

— Mes dossiers me révéleront ce que j'ai besoin de savoir. Je demanderai à Janet de me faxer les pages les plus pertinentes.

— Est-ce que tu y notes tous les détails ? Est-ce que tu

l'écrirais, si tu avais un mauvais pressentiment ou si le comportement de l'un d'eux te paraissait déplacé ?

Elle hocha la tête. Elle avait bien écrit un journal intime à propos d'eux, alors tout était possible.

— Je ne le saurai pas tant que je n'aurai pas vu ces dossiers, déclara-t-elle, mais j'ai toujours noté mes impressions sur mes clients.

Elle baissa les yeux et regarda son assiette qui s'était vidée rapidement.

— Comment fais-tu pour gérer tout ça ?

— Comment ça ?

— Toute cette incertitude, dit-elle en jouant avec sa tasse de café. D'une certaine manière, nos métiers ont beaucoup de points communs. Nous traitons tous les deux avec des faits et des preuves, mais après cela nous partons manifestement dans des directions opposées. Que fais-tu quand tu t'occupes d'une affaire comme la mienne, où il n'y a quasiment aucune preuve ? Comment arrives-tu à découvrir la vérité quand tu n'as pas d'indice ?

Un petit sourire se forma aux commissures des lèvres du policier.

— D'une certaine façon, c'est la partie la plus facile. Il suffit d'y aller progressivement, dit-il d'une voix douce. Même si on pense n'avoir aucun indice, on peut tomber subitement sur une piste. Et un enquêteur peut très bien passer à côté de quelque chose qu'un autre verra. Chacun de nous a ses points forts dans une enquête. Par exemple, Céleste et moi : je me charge plutôt du tableau général, tandis qu'elle elle adore fouiller et trouver tous les petits détails dans une affaire.

— Et Alan Whitmire ? Au bout du compte, c'est son affaire à lui. Que va-t-il chercher ? Va-t-il finalement classer l'affaire faute de preuves ?

Elle ne voulait pas admettre que c'était cela sa plus grande peur, en réalité. Elle craignait que son dossier ne soit refermé avant que l'on ne retrouve ses agresseurs, qui resteraient alors en liberté.

Dylan prit le temps de réfléchir quelques instants.

— Whitmire est quelqu'un de méticuleux. Certains d'entre nous pensent qu'il aurait fait un parfait agent fédéral. Ça se voit jusque dans sa tenue vestimentaire, avec sa chemise blanche immaculée, sa cravate noire et son costume sombre. Je lui donne peut-être du fil à retordre, mais c'est un bon flic. Il est du genre à fouiner partout.

— Tu parles de sa personnalité, et non de la façon dont il va traiter mon affaire.

— Parce que c'est justement une question de personnalité, expliqua-t-il. Certaines personnes sont faites pour être détective. Ils continuent d'enquêter même quand ils n'ont aucune piste.

— Comme pour mon affaire, murmura-t-elle.

— Sauf que nous avons une victime qui est toujours en vie, que nous avons retrouvé les objets qu'on lui a volés, qu'il y avait des empreintes digitales sur son sac à main, même si on n'a pas encore réussi à les identifier, et que nous avons le meilleur homme qui travaille sur l'affaire, dit-il en lui lançant un clin d'œil. C'est un bon début, chérie.

Elle ne put s'empêcher de lui retourner son sourire, comme chaque fois qu'il lui souriait.

— Tu essayes de me rassurer, n'est-ce pas ?

— Ça fait partie du boulot.

Il leva la tête quand Tank s'arrêta à leur table pour remplir leurs tasses.

— Restez ici aussi longtemps que vous voulez, jeta ce dernier en s'éloignant.

Alex ferma les yeux et tenta de se rappeler la nuit de son agression. Mais tout ce qu'elle se rappelait, c'était son réveil aux urgences de l'hôpital et son horrible mal de tête. Une fois de plus, un sentiment de frustration l'envahit.

— Il aurait été plus opportun pour le voleur de prendre ma voiture plutôt que de courir à travers le parking, dit-elle, s'efforçant de contenir ses émotions.

— Chérie, il faut que tu arrêtes d'utiliser des mots aussi recherchés, lui conseilla Dylan. Les flics de base préfèrent les mots simples.

— Flic de base, mon œil !

Les yeux de Dylan se mirent à briller, et sa bouche se fendit d'un large sourire.

Elle sentit une vague de chaleur l'envahir.

Voilà le Dylan dont elle était tombée amoureuse. Elle avait l'opportunité de retrouver son ancienne vie, il ne fallait pas la laisser passer !

Elle sut qu'elle n'aurait jamais pensé cela quelques jours auparavant, mais à ce moment précis elle était prête à affronter quiconque contrecarrerait ses plans.

Elle lui sourit en retour.

— Je te propose un marché. Tu m'as dit que l'inspecteur Whitmire et toi aviez des différends ?

— C'est exact, répliqua-t-il, une lueur de surprise dans le regard.

— Alors laisse-*moi* lui parler. A nous deux, on devrait réussir à obtenir les informations dont il dispose. Il sera prudent et choisira ses mots avec moi, car il sait qu'il a affaire à une avocate, qui travaille qui plus est avec Will Zane. Mais toi, tu pourras lire entre les lignes.

— Tu oublies une chose : tu es une civile. Il ne te dira rien sur l'affaire.

— Ça ne coûte rien d'essayer, insista-t-elle.

Dylan s'empara de l'addition que Tank avait posée sur la table. Il semblait prêt à livrer bataille.

— Très bien, vas-y. Mais ne t'étonne pas trop s'il ne te répond pas.

Alex eut la sensation que l'adrénaline qui traversait Dylan résonnait dans son propre corps. Et elle adorait ça. En regardant son ex-mari, elle vit son propre sourire se refléter sur son visage.

— A ce rythme, tu seras bientôt prête à rejoindre les forces de police, la taquina-t-il tandis qu'ils se dirigeaient vers la sortie. Qu'est-ce qui a provoqué ce changement ?

— Ça s'est fait petit à petit, depuis que j'ai décidé qu'il était temps de faire quelque chose, admit-elle en lui lançant un regard en coin. Alors prenez garde, détective Parker !

— Oui, m'dame ! répliqua Dylan avec un large sourire.

Il faillit lui avouer qu'il aimait bien cette nouvelle Alex, mais il se retint.

Il l'avait vue changer plusieurs fois d'humeur au cours de ces dernières heures. Il mettait ça sur le compte de son traumatisme crânien, toutefois il savait que quelque chose la contrariait, et que ce n'était pas simplement dû au fait qu'il avait changé le mobilier de la maison. Il avait craint que cela n'affecte Alex de revoir l'endroit où ils avaient vécu, mais il ne s'était pas attendu à ce que cela la bouleverse autant.

Il repensa à la passion qui les avait animés dès le premier regard…

« Bon sang, Parker, ressaisis-toi ! »

Arrivés au commissariat, il conduisit Alex à travers les divers bureaux.

Alan Whitmire leva la tête quand ils s'approchèrent. Sa mâchoire se raidit dès qu'il les vit, puis il se leva et leur adressa un sourire distant.

— J'espère que vous vous sentez mieux, madame Spencer, dit-il poliment.

— Je me sentirai bien mieux lorsque mes agresseurs seront sous les verrous et que ma mémoire me sera revenue, répondit-elle. Mais en attendant, on fait aller.

— As-tu du nouveau, Whitmire ? demanda aimablement Dylan.

— Tu m'as fait un rapport ? lui rétorqua l'autre policier.

— Tu l'auras.

L'homme haussa les sourcils.

— Alors, rien ne t'empêche de l'écrire pendant que je discute avec Mme Spencer, n'est-ce pas ?

Dylan ravala la réplique qu'il s'apprêtait à lancer à Whitmire. A la moindre anicroche avec celui-ci, le lieutenant lui retirerait l'affaire.

— Pas de problème, répondit-il avec un sourire forcé.

Il posa brièvement ses mains sur les épaules d'Alex et respira la douce odeur de son parfum quand il se pencha vers elle.

— Je suis juste là, si tu as besoin de moi.

Alex leva les yeux et lui sourit.

— Ça se passera bien.

Il comprit que cette phrase était lourde de sous-entendus. Whitmire avait tendance à jouer les machos avec les femmes, mais Alex saurait sans aucun doute le remettre à sa place.

S'installant à son bureau, il regarda Alex à travers la pièce, et son sourire s'agrandit. En tapant son rapport, il bénéficiait d'une place aux premières loges pour assister à l'entretien.

6

— Allons discuter dans l'une des salles d'interrogatoire, déclara l'inspecteur Whitmire. Nous y serons plus tranquilles.

Alex réprima un sourire en voyant le visage déconfit de Dylan quand ils passèrent devant son bureau. Elle resta impassible en suivant l'inspecteur vers l'une des salles du fond.

— Voulez-vous un café, madame Spencer ? proposa Whitmire en lui avançant une chaise.

— Non, merci, répondit-elle en s'asseyant.

La pièce n'avait pas l'air aussi déprimante que celles qu'elle avait vues à la télévision, néanmoins elle ne tenait pas à y rester trop longtemps. La chaise se révéla aussi inconfortable que ce qu'elle laissait supposer. Si elle devait rester assise là-dessus pendant des heures, elle finirait par avouer tout ce qu'ils voulaient. Heureusement qu'elle y entrait en tant que victime, et non en tant que suspect !

Whitmire prit la chaise en face d'elle et sortit un bloc-notes et un stylo.

— Tout d'abord, vous êtes-vous souvenue de quelque chose de nouveau ? demanda-t-il avec une impatience contenue.

— Non, rien, répondit-elle. J'ai essayé mais, chaque fois, je ne récolte qu'un horrible mal de tête.

Elle s'appuya contre le dossier de la chaise, croisa les jambes et attendit.

— Et vous, inspecteur ? Pourquoi n'avez-vous pas encore arrêté mes agresseurs ?

— Qu'est-ce qui vous fait penser qu'ils étaient plusieurs ?

— Deux hommes ont cambriolé mon ancien appartement. Dans la mesure où, je pense que vous serez d'accord avec moi, il ne peut s'agir d'une coïncidence, il semble que ce soient les mêmes qui m'ont agressée dans le parking de l'aéroport. Est-ce que les indices que vos hommes ont trouvés à l'appartement ont permis de vous mettre sur une piste ?

— Pas encore, mais on continue les recherches, répliqua-t-il. Malheureusement, cela ne va pas aussi vite que dans les séries policières. De plus, je suis sûr que vous le comprenez, nous ne pouvons pas divulguer certaines informations sur une affaire en cours, même pour rassurer la victime.

Elle réprima sa frustration. Son interlocuteur n'avait pas l'intention de partager avec elle ce qu'il avait découvert. Bon sang, il s'agissait tout de même de sa propre vie !

— Alors que pouvez-vous me dire, inspecteur ? demanda-t-elle en se retenant de s'énerver.

— Je ne vous apprendrai rien de nouveau. Mais peut-être pouvez-vous me raconter ce qui s'est passé hier soir ? demanda-t-il doucement.

Elle essaya de se souvenir.

— Dylan et moi avons entendu une femme crier. Il a aussitôt quitté mon appartement en me demandant d'appeler les secours, puis il est parti faire son enquête. La femme qui occupait mon ancien appartement était en train de faire une crise cardiaque…

Elle tressaillit en se rappelant ce qu'elle avait vu quand elle avait suivi Dylan et dut prendre une profonde inspiration pour pouvoir poursuivre.

Alan Whitmire était doué pour les interrogatoires, il savait s'y prendre pour vous amener à lui relater les informations.

— Avez-vous pu parler à Mme Bridger et découvrir quoi que ce soit ?

Il secoua la tête.

— Son état est critique. Le médecin ne sait pas quand on pourra lui parler, ni même si on le pourra un jour.

Elle sentit son cœur se serrer.

— A-t-il laissé entendre qu'elle pourrait mourir ? demanda-t-elle d'une voix tremblante.

— Le docteur l'ignore.

Quelqu'un frappa à la porte, et Dylan entra et lança une liasse de papiers sur la table devant l'inspecteur Whitmire.

— J'ai pensé que tu aimerais lire ça.

Il prit la chaise à la gauche d'Alex et la tourna pour s'y asseoir à califourchon en posant ses bras sur le dossier. Il regarda ensuite le policier et la jeune femme à tour de rôle.

— J'ai raté quelque chose ?

Whitmire sembla irrité par l'arrivée de son collègue.

— Je pense que l'inspecteur Dante voudrait te mettre au courant des dernières affaires que tu as laissées de côté ces jours-ci, lança-t-il avec raideur.

— Elle se débrouille très bien sans moi, répondit Dylan avec un sourire grandissant. Tu as des nouvelles des experts qui travaillent sur la scène du crime ?

— Aucune, dit-il d'une voix de plus en plus guindée.

L'homme parcourut le rapport de Dylan des yeux puis regarda son collègue.

— Nous avons appris que la société de nettoyage qui s'occupe de l'appartement de Mme Bridger était de service ce jour-là, déclara-t-il.

Se tournant vers Alex, il divulgua alors une information de première importance.

— En réalité, vous utilisez la même société, poursuivit-il. Il semblerait également que certains objets aient effectivement été volés. La fille de Mme Bridger nous a certifié que son alliance en diamant ainsi qu'un bracelet orné d'émeraudes et de diamants ont disparu. Ce bracelet était un cadeau de son mari pour leur quarantième anniversaire de mariage. Elle ne le quittait jamais. J'ai ajouté le vol au chef d'accusation.

Dylan secoua la tête.

— Tu as toujours eu un taux de réussite incroyable pour ce genre d'affaires, Whitmire. Tu retrouveras ces bijoux.

L'homme parut surpris par les propos de son collègue.

— J'en ai bien l'intention. J'espérais juste que Mme Spencer aurait de nouvelles informations à me… enfin à nous communiquer, se reprit-il rapidement.

— J'adorerais pouvoir vous fournir une description détaillée des agresseurs, dit-elle. D'autant plus que vous avez tous été adorables en accélérant les analyses pour que je puisse récupérer mes affaires aussi rapidement. Je vous en suis très reconnaissante.

Regardant l'inspecteur, elle lui décocha un sourire chaleureux.

Le policier taciturne se dérida. Il semblait se détendre.

— C'était le moins que nous puissions faire, après tout ce que vous avez subi, déclara-t-il.

Elle se leva et ramassa son sac à main.

— Je suis seulement navrée de ne pas pouvoir vous aider davantage, inspecteur Whitmire.

Manifestement, l'homme était stupéfait que ce soit elle et non lui qui mette un terme à l'interrogatoire. Il se reprit rapidement et saisit son bloc-notes et son stylo.

— Nous allons enquêter sur toutes les personnes susceptibles de revendre des bijoux de cette nature. Bien sûr, nous vous tiendrons informée si nous avons du nouveau. De votre côté, pourriez-vous nous appeler immédiatement si quelque chose vous revient à l'esprit ?

— Comptez sur moi, assura-t-elle en lui tendant la main. Comme je l'ai dit à l'inspecteur Parker, je ne souhaite à personne de vivre ce que j'ai vécu.

— Oui, je comprends..., commença le policier en acceptant sa main tendue, avant de regarder Dylan. Malheureusement, sans piste, nous ne pouvons guère avancer sur votre affaire. Tout ce que nous pouvons faire, c'est travailler sur les indices que nous trouverons dans l'appartement de Mme Bridger.

— Et c'est tout ? D'abord, vous me dites que vous ne pouvez rien me révéler sur mon affaire car elle est en cours, et maintenant vous m'avouez que vous n'enquêtez plus dessus ? Dans ce cas, rien ne vous empêche de me communiquer les éléments que vous avez trouvés jusqu'à présent ? insista-t-elle.

L'inspecteur Whitmire haussa les épaules d'un air contrit.

— Nous ne révélons jamais d'informations sur les affaires en cours, madame Spencer. Je suis sûr que vous comprenez que nous avons les mains liées. Bien évidemment, si nous avons du nouveau, nous enquêterons, mais...

Il ne termina pas sa phrase, sachant qu'il ne pouvait pas faire grand-chose de plus.

— Ces hommes en ont toujours après moi ! protesta-t-elle. Ils ont cambriolé l'appartement de Mme Bridger par erreur. S'ils ne s'étaient pas trompés, ils m'auraient peut-être...

Elle s'interrompit, car elle ne voulait pas imaginer ce qui se serait passé s'ils s'étaient rendus dans son appartement et que Dylan n'ait pas été là.

Elle se tourna instinctivement vers son ex-mari, le suppliant du regard.

— Je vais continuer à bosser sur cette affaire, se hâta de dire Dylan. Le lieutenant n'y verra pas d'objections.

L'inspecteur Whitmire fronça les sourcils.

— J'en parlerai au lieutenant Adams, mais tu sais ce qu'il pense des affaires qui semblent être dans l'impasse.

Puis, leur adressant un petit signe de tête, il quitta la pièce.

Alex serra fermement son sac à main. Elle avait l'impression que ses genoux commençaient à se dérober sous elle. Elle avait pratiquement admis avoir peur de ces hommes, mais elle s'en fichait.

Elle empoigna le dos de la chaise pour garder son équilibre.

— Ces deux hommes recherchaient quelque chose en particulier, dit-elle, la voix tremblante. Dans la mesure où, a priori, ils ne l'ont pas encore trouvé, ils vont bien finir par découvrir mon adresse ou par me retrouver où que je sois.

Dylan lui posa la main sur l'épaule.

— Il ne t'arrivera rien, Alex, je les retrouverai avant qu'ils puissent t'approcher, lui promit-il doucement. Allez, viens. Sortons d'ici.

Elle perçut les regards curieux braqués sur eux tandis qu'ils retraversaient le commissariat. Evidemment, cet intérêt avait quelque chose à voir avec le fait qu'elle était l'ex-femme de Dylan.

— Est-ce que je peux utiliser ton téléphone portable ? demanda-t-elle quand ils remontèrent dans la voiture.

Dylan le détacha de sa ceinture et le lui tendit.

Elle composa le numéro de son bureau et tomba immédiatement sur son assistante. Après lui avoir assuré qu'elle allait bien, elle lui demanda de lui envoyer par coursier certains documents dont elle avait besoin.

— Tu sais que tu peux te connecter au réseau du cabinet depuis chez toi, lui rappela son assistante.

— D'après Janet, dit-elle à Dylan quand elle lui rendit son téléphone, je peux me connecter à mes dossiers depuis mon ordinateur à la maison.

— Parfait. Te sens-tu d'attaque pour aller sur le parking de l'aéroport et voir si quelque chose te semble familier ?

Elle déglutit avec effort. L'idée de retourner sur les lieux de l'agression lui retournait l'estomac.

— Je croyais que tu n'étais pas censé forcer ma mémoire à revenir ?

— Je ne dois pas te donner des informations qu'il faut que tu trouves par toi-même, rectifia-t-il. Mais là, nous allons juste voir si un détail te paraît familier.

Comme elle réfléchissait à la suggestion de Dylan, elle sentit son mal de tête recommencer et réalisa qu'elle avait la gorge sèche.

— Peut-on s'arrêter pour que j'achète quelque chose à boire ? demanda-t-elle.

Dylan lui jeta un rapide coup d'œil et changea rapidement de direction.

Elle lui fut reconnaissante de ne poser aucune question.

Il se gara sur le parking d'un fast-food et l'accompagna à l'intérieur. Quelques minutes plus tard, il apportait en souriant deux sodas allégés à la petite table où elle s'était installée. Lui tendant un gobelet, il s'assit en face d'elle.

— Il est trop tôt pour prendre quelque chose de plus fort.

Elle le remercia d'un signe de tête et porta aussitôt la paille à sa bouche.

Une fois sa soif apaisée, elle se détendit.

— Je ne me souviens toujours pas de l'agression, mais quand tu m'as proposé de retourner sur le parking de l'aéroport, j'ai eu l'impression que tu me demandais de revivre mon plus sombre cauchemar, confia-t-elle en cherchant un tube d'aspirine dans son sac.

Elle en sortit deux comprimés et grimaça en les avalant.

— Je ne me rappelle certes pas de tout, continua-t-elle, mais je suis sûre qu'il n'est pas dans mes habitudes d'être aussi craintive.

— Effectivement, tu as toujours été du genre à prendre les choses en main, dit doucement Dylan. Encore une chose que l'on peut mettre sur le compte de ton traumatisme crânien, sans doute. Mais je ne te qualifierais pas de craintive pour autant. Tu essayes juste de retrouver ta voie.

Parcourant la salle du regard, elle remarqua une jeune femme d'environ vingt-cinq ans accompagnée de deux bambins assis dans des chaises hautes. Celle-ci partageait avec eux des frites et un jus de fruits. Elle souriait et bavardait avec les enfants. Il était clair qu'elle appréciait ce moment.

Alex ressentit comme un nœud dans l'estomac. Aurait-elle pu être à la place de cette femme, si Dylan et elle n'avaient pas divorcé ?

Mais elle se rappela qu'ils n'avaient jamais parlé d'enfant. Ils préféraient poursuivre chacun sa carrière. Non, en vérité, c'était elle qui voulait accéder rapidement au sommet.

La voix de Dylan résonna dans sa tête.

« Tu dois faire un choix. »

Elle en avait manifestement fait un. Mais était-ce le bon ? se demanda-t-elle misérablement, détournant le regard avant que Dylan ne se rende compte de ce qui la bouleversait.

Son regard balaya la file des voitures qui attendaient au drive-in, et le conducteur de la voiture qui était dans son champ de vision la fixa en retour.

Il ne s'agissait pas d'un regard impersonnel. L'homme la regardait avec stupeur, le visage virant au rouge. Elle ne le reconnaissait pas, mais il était évident que lui l'avait reconnue.

Un frisson lui traversa le corps. L'homme ne lui était peut-être pas familier, mais elle avait au fond d'elle la certitude de savoir exactement qui il était.

Réfrénant son excitation, elle afficha avec détermination une expression terne et s'obligea à fixer son gobelet.

— Dylan, murmura-t-elle, je crois que les hommes qui m'ont agressée sont dans la file d'attente au drive-in.

Dylan ne cilla pas. Il resta impassible, comme s'il ne l'avait pas entendue. Puis il lui sourit et se leva lentement, sans précipitation.

— Prête ? demanda-t-il en ramassant son gobelet et en le lançant habilement dans la poubelle la plus proche.

Elle hocha la tête et le suivit de près en direction de la porte, son verre toujours à la main.

— Dans quelle voiture sont-ils ? l'interrogea-t-il laconiquement en commençant à courir jusqu'à son véhicule.

— La Toyota beige.

Elle ouvrit la porte du passager et se jeta à l'intérieur tandis qu'il démarrait.

— Génial ! Il y a trois Toyota beiges dans la file d'attente ! jura Dylan en commençant à faire marche arrière.

— La Camry.

Elle s'agrippa au tableau de bord et se retourna pour regarder la queue au drive-in, où l'homme et son passager étaient coincés derrière une autre voiture. Elle n'eut qu'à voir l'expression paniquée de l'homme pour comprendre qu'il l'avait reconnue. Il était en train de faire des signes furieux à son passager, qui semblait tout aussi terrifié que lui.

Dylan accéléra pour tenter de bloquer le véhicule, mais avant qu'il puisse y arriver, un camion de livraison apparut devant lui et s'arrêta.

— Pousse-toi ! cria Dylan en sortant son insigne et en le montrant au conducteur surpris. Bouge de là *maintenant* !

— Dylan, ils s'enfuient ! s'exclama-t-elle.

— Pas si je peux les en empêcher.

Le visage sombre, il contourna le camion de livraison et monta sur le bord du trottoir, manquant de peu une autre voiture. Il fit une grande embardée sur la droite pour se diriger vers la sortie et suivre la voiture en question.

— Alors, tu as reconnu ces types ?

— C'est plutôt le conducteur qui m'a reconnue.

Réalisant qu'elle n'avait pas bouclé sa ceinture, elle s'empressa de le faire.

— Il semblait terrifié quand il m'a vue, poursuivit-elle. Ils sont de nouveau sur la route ! Tu ne peux pas utiliser une sirène ?

Elle faisait de grands bonds sur son siège tellement ils allaient vite.

— Tu es vraiment sûre qu'il s'agit des mêmes hommes ?

— Oui !

Dylan abaissa sa visière et alluma son gyrophare avant de mettre en marche la sirène et d'appeler les renforts.

Il tourna la tête d'un côté puis de l'autre.

— Ou sont-ils passés ?

— Là ! A gauche ! A gauche ! cria-t-elle en montrant du doigt la direction à prendre.

— Comment se fait-il qu'il y ait autant de Toyota Camry beiges dans cette ville ? grogna-t-il.

Il fit une brusque embardée, rétrograda et se faufila entre les voitures, jusqu'à ce qu'il parvienne au niveau du pare-chocs arrière de la voiture qu'ils pourchassaient. A la minute où Dylan la vit, il jura avec force, releva sa visière et éteignit la sirène. Puis il se rangea sur le côté, le regard fixe, les mains agrippées au volant.

— Dylan ! Ils s'enfuient ! hurla-t-elle.

— C'était une Ford Mondeo, non une Toyota Camry, fit-il remarquer d'une voix contenue.

Elle s'effondra sur son siège.

— Je suis sûre que c'était la même voiture qui était dans le parking.

— Les deux modèles se ressemblent, reconnut-il en laissant échapper un long soupir. Mais comme ils savent que tu les as vus, ils vont probablement changer de voiture dès qu'ils le pourront. Je vais donner l'alerte pour que les patrouilles recherchent une Toyota Camry beige abandonnée. Avec un peu de chance, il s'agit d'une location et on pourra ainsi retrouver leur trace. Espérons qu'ils n'auront pas le temps de nettoyer le véhicule et que l'on pourra relever quelques empreintes.

Alex prit son gobelet et en but une gorgée.

— Je suis désolée. Je ne sais pas comment j'ai fait pour les perdre de vue, s'excusa-t-elle.

— Ce sont des choses qui arrivent.

Dylan pianota sur le volant avec impatience.

— Au moins, nous savons que ceux qui en ont après toi sont toujours en ville, dit-il.

— C'est réconfortant, murmura-t-elle.

— Pourrais-tu donner une description de ces hommes ?

— Elle ne sera sûrement pas assez précise pour les identifier. Je n'ai aucune idée de leur taille ni de leur poids, ni de la couleur de leurs yeux. Le conducteur a les cheveux foncés, bruns ou noirs. Et des lunettes de soleil.

Elle ferma les yeux pour tenter de revoir la scène.

— Il doit avoir dans les quarante ans. Je n'ai pas du tout pu voir son passager.

— D'après les cassettes de vidéosurveillance, nous avons une idée de sa taille par rapport à la tienne. Ce que tu viens de dire, c'est plus que ce que nous avions il y a encore une heure, fit remarquer Dylan. Que dirais-tu de retourner au commissariat pour regarder dans les fichiers de photos, tant que son visage est encore frais dans ta mémoire ?

— Aussi étrange que cela puisse paraître, cette idée ne m'enchante pas plus que ça.

— Oui, je comprends. Cela peut te sembler fastidieux, mais peut-être aurons-nous de la chance.

Elle referma les yeux et essaya de se rappeler le visage du conducteur.

— Très bien, allons-y.

— Parfait, l'encouragea Dylan en lui tapotant la cuisse avant de faire demi-tour.

Cela faisait à peine plus de cinq secondes que Dylan se trouvait devant le bureau d'Alan Whitmire que, déjà, il avait envie de l'étrangler.

— Comment peut-on être sûr qu'elle a vu les bons hommes ? demanda Whitmire. Elle a subi un grave traumatisme crânien il y a quelques jours de cela. Qui nous dit qu'elle ne s'est pas trompée ?

Dylan serra les dents.

— Alex a peut-être la mémoire défaillante, mais elle n'est pas folle. De plus, elle n'a pas dit qu'*elle* les avait reconnus, mais qu'*ils* l'avaient reconnue. Pour quelle autre raison auraient-ils décampé de la sorte ? Si nous n'avions pas suivi le mauvais véhicule, je les aurais eus.

— Ou vous auriez intercepté un citoyen innocent qui nous aurait poursuivi en justice pour arrestation abusive, déclara son interlocuteur avant de marquer une courte pause. Je vais demander que l'on nous signale toute Toyota beige abandonnée, mais à mon avis cela ne servira à rien.

Dylan prit une profonde inspiration et compta jusqu'à dix dans sa tête.

— Merci.

— J'ai parlé au lieutenant Adams et il est d'accord pour que tu restes aux côtés de Mme Spencer. Mais es-tu sûr que c'est une bonne idée, Parker ? Votre histoire passée n'est un secret pour personne.

— Disons que c'est une façon de tourner la page. Encore merci.

Sur ce, il tourna les talons pour rejoindre Alex, occupée à visionner les photos avec un collègue.

Trois heures plus tard, ils ressortaient éreintés du poste de police.

— Ce n'était pas une partie de plaisir, se plaignit Alex en acceptant la main de Dylan pour l'aider à monter dans la voiture.

— Le travail de la police semble toujours plus intéressant à la télévision, reconnut-il en contournant la voiture pour monter côté conducteur. Et si nous retournions chez toi maintenant, pour que tu puisses parcourir tes dossiers ?

Il se retrouva rapidement dans le parking de l'immeuble d'Alex et se gara sur la place visiteur la plus proche de l'entrée.

Quand ils pénétrèrent dans le salon, ils remarquèrent tout de suite que la pièce avait été rangée et qu'une odeur citronnée d'encaustique flottait dans l'air.

— L'inspecteur Whitmire a bien dit que j'employais un service de nettoyage ?

Dylan arpentait le séjour de long en large. Il aurait voulu aider Alex à parcourir ses fichiers, mais il n'en avait pas le droit. Il devait se contenter de se fier à son jugement.

Dire qu'il y avait encore quelques jours, il complotait pour trouver des façons complètement dingues de payer sa pension alimentaire, et aujourd'hui il se retrouvait à jouer le garde du corps de son ex-femme !

« Ouvre les yeux, Parker. Tu as toujours des sentiments pour elle. »

— Cela n'a pas de sens, marmonna-t-il en longeant le couloir jusqu'à la porte du bureau.

Alex était assise derrière un bureau en chêne, une liasse de papiers devant elle.

— Je te l'ai dit, tu ne peux pas lire ces documents, le prévint-elle.

— Je sais, dit-il en s'appuyant sur le montant de la porte. Je veux juste rester près de toi. Je ne te laisserai pas tomber, Alex.

Elle esquissa un faible sourire.

— Admets-le, Dylan, tu veux juste attraper ces hommes pour énerver l'inspecteur Whitmire.

— Oui, il y a de cela, reconnut-il. Dans la police, on dit que si on n'a rien de solide dans les quarante-huit heures, il y a peu de chance qu'on résolve une affaire. Mais je suis têtu. Sierra Vista n'est pas une si grande ville. Ces types ne pourront pas se cacher éternellement.

— Donc, si un de mes clients est impliqué dans cette histoire comme tu le crois, tu en déduis que ces types ne vivent pas ici ? demanda-t-elle.

Il acquiesça.

— Quand on y pense, cela paraît logique, avança-t-il. S'ils étaient du coin, ils ne se seraient pas trompés d'appartement et leur cambriolage aurait été plus propre. A mon avis, c'est l'affaire d'hommes peu qualifiés qui ont été employés pour faire un travail sortant de l'ordinaire.

— Et tu conclus cela parce que… ?

— Quand j'étais simple agent de police, j'en ai arrêté, des types comme ça.

Il examina la petite pièce pendant qu'Alex se replongeait dans sa lecture.

Elle semblait aussi fade que les autres. Rien n'indiquait quel genre de personne travaillait ici. Alex devait passer beaucoup de temps dans cette chambre, alors pourquoi n'avait-elle pas essayé de l'égayer davantage ?

Il se rappela qu'elle conservait toujours une petite statue de jade sur son bureau à la maison, quand ils étaient ensemble. Même la statue avait disparu. S'il s'étonnait de cette absence, il préféra n'en rien dire. A la place, il étudia la jeune avocate.

Il fallait reconnaître qu'Alex avait toujours l'air mal en point, mais les coupures et les hématomes la rendaient en quelque sorte plus humaine. L'excitation de la course poursuite avait redonné des couleurs à son visage qui en avait bien besoin. Sa queue-de-cheval si impeccable laissait désormais échapper quelques mèches rebelles qui balayaient ses joues et son front.

Elle leva les yeux.

— J'ai besoin de me concentrer pour lire ça, je ne peux pas le faire si tu restes planté là.

Il haussa les sourcils.

— Je vous gêne, maître ?

Il se rappela malgré lui l'époque où il n'aurait pas hésité à s'avancer vers elle avec la ferme intention de l'attirer dans leur lit. Mais désormais, ses désirs restaient à l'état de chimère.

Alex leva la tête de nouveau. Son sourire s'évanouit quand elle vit son expression. Rien qu'en la regardant, il sut qu'elle partageait ses pensées.

D'un coup, la température de la pièce monta en flèche. Un silence pesant se fit entre eux, comme le calme avant la tempête. Tandis qu'il l'observait, Alex passa sa langue sur sa lèvre inférieure.

Il la regarda faire, captivé, tel un tigre fixé sur sa proie.

— Je dois continuer ma lecture.

La voix d'Alex sonna rauque à ses oreilles. Son regard brillant indiquait qu'elle ressentait la même vague d'émotions que lui.

Mais ce n'était pas le moment de profiter de l'électricité qui passait entre eux.

— Je ne te dérange pas, dit-il sur un ton désinvolte. Je suis juste en train de veiller sur ma cliente.

Il passa de nouveau la pièce en revue.

— Ce n'est pas trop ton truc, la décoration, n'est-ce pas ? Dommage que tu n'aies pas jeté un œil dans la salle où on prend notre pause-café. Il y a environ un an de cela, quelqu'un a affiché au mur un dessin représentant Will Zane. C'est une caricature assez réaliste, qui le dépeint sous les traits d'un vautour.

Alex fixa la page qu'elle était en train de consulter, essayant de contenir un éclat de rire. Il observa sur son visage ses efforts pour ne pas craquer.

— Addison, qui est à l'origine de cette magnifique œuvre, n'a toutefois pas oublié de le dessiner dans un costume impeccable, ajouta-t-il, curieux de voir si elle réussirait à se maîtriser.

A sa grande satisfaction, Alex ne put se contrôler davantage. Ses épaules commencèrent à trembler, et elle finit par éclater d'un rire sonore.

— J'imagine que Will ne l'a jamais vu ? demanda-t-elle une fois qu'elle eut retrouvé sa voix et séché ses larmes.

— J'en doute. Alors, comme ça, tu trouves ça amusant ?

Il était ravi de sa réaction, bien que quelque peu surpris. Autrefois, Alex n'avait pas l'habitude de se laisser aller ainsi à rire à gorge déployée. Il ignorait totalement qu'elle pouvait avoir un rire aussi puissant. De plus, quand il se moquait de Will Zane, elle lui rétorquait qu'il était simplement jaloux. Il savait qu'il n'avait aucune raison de l'être, mais cela ne valait pas le coup de protester. Il se demanda quels autres changements de comportement il allait découvrir chez la nouvelle Alex et si elle les adopterait une fois sa mémoire revenue.

— La plupart du temps, dans notre profession, on nous représente par des caricatures guère flatteuses, mais en vautour, je trouve ça pas mal du tout, dit-elle avant de remarquer son expression perplexe. Qu'y a-t-il ?

— Je crois que je ne t'avais jamais entendue rire comme ça, reconnut-il.

Mais il regretta immédiatement sa remarque, quand il vit le sourire de la jeune femme disparaître aussi vite qu'il était apparu.

— J'ignorais que je n'avais aucun sens de l'humour, dit-elle.

— Non, c'est juste que tu étais plus sérieuse, dit-il, se maudissant d'avoir ouvert une porte qu'il aurait mieux fait de laisser fermée. Je suis désolé, Alex. Je ne voulais pas te faire de peine.

Elle soupira.

— Non, tout va bien. Tu sais, quand je suis entrée pour la première fois dans cet appartement, j'ai eu l'impression de pénétrer chez une inconnue. Et ensuite, de voir la maison aujourd'hui…, dit-elle avant de marquer une courte pause. Elle a tellement changé. Je me sens étrangère dans mon propre monde. Je reconnais certaines personnes, mais je n'ai aucune idée de ce que j'ai pu leur dire la semaine dernière. Ou de ce que j'ai fait il y a un mois.

Elle poussa brusquement un petit cri d'horreur.

— Je n'ose même pas imaginer que je pourrais avoir quelqu'un dans ma vie qui serait parti en voyage d'affaires.

— Tu as trouvé des vêtements d'homme dans ta penderie ? Un rasoir dans ta salle de bains ? As-tu entendu la voix d'un homme sur ton répondeur ?

— Non, mais ça ne veut rien dire.

Elle ramassa une liasse de papiers pour en faire une pile bien rangée.

— Je n'ai pas encore regardé dans mon agenda électronique ou dans mes papiers pour voir si le nom d'un homme y figure.

— Janet le saurait si tu avais quelqu'un dans ta vie, fit-il remarquer.

— Oui, c'est vrai. Je n'y avais pas pensé.

— Tu fais trop d'efforts pour te rappeler, la gronda-t-il. Tu ne peux pas forcer tes souvenirs à revenir, Alex. Tu dois laisser à ta blessure le temps de guérir. Comment sais-tu que tu ne vas pas aggraver les choses ainsi ?

— J'essaie de me rappeler parce que j'ai l'impression que quelqu'un me guette, dit Alex. Je n'ai aucune certitude sur le fait que ma mémoire me reviendra entièrement, Dylan. Et tu ne dois pas te sentir obligé de me protéger jusqu'à la fin de ma vie si ça devait arriver. Je sais que cela ne fait que deux jours que j'ai perdu la mémoire, mais j'aurais dû me souvenir de quelque chose depuis, ne serait-ce que d'un petit détail.

Soudain, elle se tut comme si quelque chose lui revenait brusquement.

— Qu'y a-t-il, Alex ? lui demanda-t-il, remarquant son accès de panique et la rapidité avec laquelle elle avait tenté de la dissimuler. Qu'est-ce qui ne va pas ?

— Rien. Rien de plus qu'un nouveau mal de tête, répondit-elle hâtivement.

Il savait qu'elle mentait.

— Tu as pris deux aspirines quand nous nous sommes arrêtés au fast-food.

— Etant donné tout ce que nous venons de vivre, je pense que j'ai le droit d'avoir encore mal, lança Alex.

Elle tapa du plat de la main sur son bureau si brutalement

que son agenda électronique faillit se renverser et que la pile de papiers glissa par terre, s'éparpillant à ses pieds.

— Très bien, dit-il, levant les mains en signe de reddition.

Il employait le ton apaisant avec lequel il parlait aux prisonniers revêches, mais Alex s'en offusqua. Son regard furieux le transperça comme une épée.

— Ne me traite pas avec condescendance, le prévint-elle les dents serrées.

— Ce n'est pas mon intention, dit-il, essayant de se rattraper. Tu as traversé beaucoup d'épreuves ces derniers jours.

Il s'avança pour l'aider à ramasser les papiers qui gisaient sur le sol, mais elle l'arrêta d'un simple regard foudroyant.

Il recula aussitôt.

— Je suis désolé.

— Pour la centième fois…, commença-t-elle, avant de s'arrêter et de le fixer avec un regard terne.

Il ressentit une vague de froid envahir son corps. Il se détendit un peu quand elle secoua la tête, semblant sortir ainsi de l'état de transe où elle s'était trouvée.

— Qu'y a-t-il ? demanda-t-il prudemment.

— Rien. Tu sais, ça aurait dû être un jour tranquille, murmura Alex. J'ai parcouru tous ces documents, et je t'assure que rien ne semble sortir de l'ordinaire.

Elle se baissa pour ramasser les papiers qui étaient par terre.

— Nous ne sommes pas plus avancés qu'avant, ajouta-t-elle.

— Tu n'as pas encore lu toutes tes notes, n'est-ce pas ? demanda-t-il. Tu ne peux pas savoir ce que tu vas y trouver.

Alex rangea soigneusement ses documents, puis elle s'interrompit quelques instants et regarda droit devant elle, les yeux dans le vague.

— Es-tu sûre de ne pas t'être souvenue de quelque chose d'important ?

— Je ne sais pas. Pendant une seconde, j'ai cru que quelque chose essayait de remonter à la surface, mais j'ignore si c'était mon imagination ou la réalité, dit-elle en lui adressant une grimace. Néanmoins, c'était si fugace que j'ai plutôt l'impression que ce n'était qu'une illusion.

— Tu te débrouilles très bien, Al, dit-il pour la réconforter.

— J'ai oublié une partie de ce qui s'est passé au cours de ces deux dernières années, constata la jeune femme avec frustration. Et j'ai beau poser des questions, personne ne veut me donner les réponses.

— Qui sait, peut-être est-ce mieux que tu ne te rappelles pas de tout ? Tu risquerais peut-être de te rendre compte que tu éprouves des regrets.

— Eh bien, je ferais avec ! Je préfère connaître la vérité plutôt qu'avoir l'impression que quelque chose d'important est sur le point de me revenir avant de disparaître aussitôt.

Elle repoussa une mèche de cheveux de son visage et la coinça rageusement derrière une oreille.

— Le cerveau est une partie du corps très délicate, déclara-t-il prudemment.

Alex roula des yeux.

— Tu parles comme un dictionnaire médical, dit-elle en croisant les bras.

— Le problème, c'est qu'aucun dictionnaire ne peut te dire ce que tu devrais faire et ne pas faire. Etant donné les circonstances, je trouve que tu gères cette situation plutôt bien. Si j'avais été dans ton cas, je crois que j'aurais envie de cogner dans les murs.

Elle lui sourit brièvement.

— Comme c'est flatteur ! Tu te serais réveillé en croyant

que nous sommes toujours mariés et tu aurais eu envie de tout casser ?

Le regard de Dylan se posa sur Alex. Le corps de la jeune femme était si immobile sur sa chaise qu'on aurait dit une statue. Il savait que malgré son calme apparent, son esprit ne cessait de bouillonner. Elle devait être en train d'analyser son problème sous tous les angles, jusqu'à ce qu'une solution se présente à elle.

Il avait conscience qu'il découvrait une tout autre Alex, plus douce, plus accessible. S'il n'y prenait pas garde, il pourrait fort bien tomber amoureux d'elle. Il repensa à la guerre qu'ils s'étaient livrée pendant ces deux ans et fut soulagé qu'elle ne s'en souvienne pas. Mais que se passerait-il alors si elle se réveillait un jour en ayant retrouvé toute sa mémoire ? Si elle redevenait la femme qu'il avait connue ?

Ils avaient fini par se mépriser l'un l'autre au cours de ces deux années. Il ne pouvait se permettre d'avoir de nouveau le cœur brisé. Il avait ramassé les morceaux et avait recommencé une nouvelle vie. Tout le monde le prenait pour un séducteur qui sortait avec beaucoup de femmes. Mais c'était faux. La vérité, c'est qu'il n'était pas prêt à retomber dans le gouffre qu'il avait connu avec Alex.

Il préférait encore rester seul plutôt qu'avoir à endurer de nouveau une telle souffrance.

Quand le téléphone sonna et que l'homme vit le numéro qui s'affichait, un sourire lui éclaira brièvement la face.

— L'avez-vous ? demanda-t-il brusquement, sans prendre le temps de saluer son interlocuteur.

— Je crois vraiment qu'on devrait quitter la ville, patron, répondit l'homme au bout du fil.

Sa patience commençait à s'étioler dangereusement.

— Ce n'est pas ce que je vous ai demandé, Léonard.

— Elle nous a vus. Elle connaît nos visages.

La voix de l'employé était blanche, malgré son insistance.

— Dites-moi si vous avez récupéré mon bien ou non !

Le silence prolongé à l'autre bout du fil lui servit de réponse.

— Alors ?

— Nous n'avons pas pu pénétrer dans l'appartement depuis que vous nous avez donné l'adresse. Il y a toutes sortes d'équipes d'entretien ici, et un flic garde l'appartement, expliqua Léonard. Mais tout ce qui compte maintenant, c'est qu'on parte d'ici le plus vite possible. Elle nous a vus, patron ! Je ne pensais pas qu'elle ait pu nous voir ce soir-là, mais apparemment, oui !

Il réfléchit rapidement.

— Quand est-ce arrivé ?

— En fin de matinée. Nous étions en train de commander à manger au drive-in. Elle nous a vus et a dû le dire au flic qui était avec elle. Il a essayé de nous poursuivre en voiture, mais nous l'avons semé.

— Alors, il sait quelle voiture vous conduisez ?

Il ferma les yeux, imaginant quel sort il allait réserver à ses employés incompétents. Ils avaient peut-être fait de l'excellent travail dans le passé, mais, aujourd'hui, ils le décevaient. Et il *détestait* les déceptions.

— Cela ne lui servira pas à grand-chose. Nous nous sommes arrêtés et avons interverti nos plaques d'immatriculation avec celles d'une voiture identique à la nôtre.

— Bande d'imbéciles ! explosa-t-il. Débarrassez-vous du véhicule immédiatement. Ne perdez pas de temps, faites-le ce soir. Allez dans un centre commercial et abandonnez la voiture sur le parking. Veillez à la nettoyer de fond en comble, à l'extérieur comme à l'intérieur. Ce qui serait encore mieux, ce serait de trouver un lac assez profond pour faire disparaître le véhicule.

Et avec un peu de chance, qu'ils coulent avec !

— Ce soir ? protesta Léonard.

— Vous m'avez bien entendu. Débarrassez-vous-en immédiatement, ordonna-t-il. Jusqu'à présent, la police n'est pas encore venue m'interroger. Ce flic n'a donc pas dû voir le numéro d'immatriculation. Mais nous ne pouvons pas nous permettre de prendre d'autres risques. Je refuse de finir en prison parce que vous n'avez pas été capable de réaliser une simple tâche.

— Vous savez ce que nous allons devoir faire pour avoir une nouvelle voiture.

— Connaissant vos compétences, je suis sûr que vous trouverez une solution. Et si jamais vous deviez vous faire arrêter, prenez garde à ce que mon nom ne soit jamais mentionné. Les conséquences seraient terribles pour vous.

Sur ce, il raccrocha.

7

Alex se demanda pourquoi l'attitude de Dylan à son égard avait si brusquement changé. Mais avant qu'elle puisse l'interroger, il s'éloigna en murmurant qu'il avait des coups de fil à passer.

Elle acquiesça d'un petit signe de tête et le regarda quitter la pièce, avant de se replonger dans la lecture de ses dossiers.

Elle n'avait apparemment que des clients ennuyeux, qui vivaient une existence cupide et terne, à l'image de leur avocate. Tout ce dont ces gens se souciaient, c'était de leurs investissements, de leurs collections de porcelaine, de tableaux, de poteries anciennes… ou d'art érotique de l'époque victorienne, acheva-t-elle en plissant le nez. Bon, certes, ils n'étaient pas complètement ennuyeux.

Elle reposa les documents et regarda au loin.

Elle ne savait même pas ce qu'elle devait chercher. Elle aurait dû lire davantage de romans policiers. A moins qu'elle en ait lu et ne s'en souvienne plus ? se dit-elle en se massant les tempes. Peut-être était-elle en train de devenir folle en imaginant que l'homme de ce matin était bien celui qui l'avait agressée. Peut-être l'avait-il regardée parce qu'il la reconnaissait. Si ça se trouvait, il s'agissait de quelqu'un qu'elle avait rencontré au cours de ces deux dernières années. Ou c'était le soleil qui se reflétait sur le pare-brise…

Elle en avait assez de toute cette incertitude ! Dans son agitation, elle avait frotté ses tempes tellement fort que sa peau en était irritée. Plus elle y réfléchissait, et moins elle était sûre de ce qu'elle pensait avoir vu.

Elle releva la tête quand elle entendit une voix étouffée venant de la pièce voisine.

Elle tendit l'oreille pour essayer de percevoir quelques bribes de la conversation. Quand elle entendit son nom, elle se leva précipitamment de sa chaise et s'approcha discrètement de la porte.

— Non, ce n'était pas son imagination, protestait Dylan. Oui, bien sûr qu'elle ne se souvient toujours de rien, je te l'ai dit. Mais ce type l'a reconnue, a paniqué et s'est enfui. Pourquoi se serait-il sauvé s'il était innocent ?

Il fit une pause, certainement pour écouter la réponse de son interlocuteur.

Elle sortit de son bureau à pas de loup. A la porte du salon, elle jeta discrètement un œil dans la pièce et vit Dylan faire les cent pas derrière le canapé, le visage sombre.

Elle était prête à parier qu'il parlait avec l'inspecteur Alan Whitmire.

— A moins qu'ils ne soient complètement stupides, ils vont probablement voler une voiture plutôt que d'en louer une et risquer ainsi de se faire prendre, dit-il, avant de laisser parler la personne à l'autre bout du fil. Tu penses *quoi* ? Tu veux rire ! Tu lui as parlé à plusieurs reprises. Tu sais aussi bien que moi qu'Alex n'a rien d'une hystérique. J'ignore ce que ces tarés veulent, mais une chose est sûre : ils ne l'ont pas encore trouvé et qui sait ce qu'ils feront la prochaine fois.

Il resta silencieux pendant un moment.

— Parfait, reprit-il. Je vais tâcher de trouver ce mystérieux objet, et de ton côté tu n'as qu'à faire ce que tu juges devoir faire.

Il referma brutalement le clapet de son téléphone portable.

— Quel imbécile ! marmonna-t-il.

Alex sourit. Elle savait que Dylan la croyait, mais elle était ravie de l'entendre le dire à quelqu'un d'autre. Ils faisaient équipe en ce moment, et elle en ressentait un énorme bien-être.

Elle ramassa ses dossiers et reprit sa lecture avec un nouvel objectif.

Quand elle eut terminé, elle nota ses impressions sur une feuille de papier puis rangea les dossiers dans le tiroir inférieur du bureau.

Elle alla ensuite rejoindre Dylan, qui se trouvait sur le balcon avec Clarence, allongé langoureusement sur une chaise, à l'affût du moindre oiseau étourdi qui passerait par là.

Dylan désigna la vue d'un geste de la main.

— Tu habites dans une sacrée résidence, dis-moi, commenta-t-il. Tu disposes de chemins bien éclairés pour marcher ou courir, de courts de tennis, d'une piscine, d'un centre de remise en forme. Tu as presque accès à tout ce qu'il te faut sans avoir à sortir de chez toi. J'imagine que tes charges sont élevées.

Son regard se posa sur la feuille de papier qu'elle tenait à la main.

— Tu as terminé ?

Elle acquiesça, puis s'assit sur la chaise à côté de lui.

— Je n'ai pas lu un seul mot qui pourrait suggérer que l'un de mes clients aurait une raison de me vouloir du mal.

— Sauf qu'il s'agit de personnes dont tu ne te souviens pas, lui rappela-t-il. Il faut juste que tu arrives à déceler tes impressions en lisant entre les lignes.

— Tu as toujours trouvé que j'avais un bon pressentiment

sur les gens. Même le fait de lire leurs dossiers me permet d'apprendre un peu qui ils sont.

— Dans mon monde, dit Dylan en étirant ses jambes et en les posant sur la balustrade, on appelle ça de l'investigation. Il arrive que nous vérifions des pistes a priori improbables, mais qui se révèlent être finalement la clé d'une affaire.

Elle hocha la tête et lui sourit.

— Je suis heureuse que tu m'aies crue, même si je n'ai pu te fournir aucun indice.

— Je n'ai jamais eu le moindre doute, Alex. Je fais confiance à tes sens. Tu as peut-être perdu une partie de ta mémoire, mais tu n'as pas perdu ton sens commun.

Dylan serra les poings et son regard s'assombrit.

— Si seulement on avait pu les attraper ! Ils nous auraient sans doute avoué pourquoi ils te poursuivent.

Si Alex savait ce qu'elle avait ressenti la nuit de son agression, elle n'avait en revanche pas réalisé à quel point Dylan avait lui-même été bouleversé.

Emue, elle se pencha vers lui et lui prit la main.

Elle sourit quand il mêla ses doigts aux siens et posa leurs mains jointes sur sa cuisse. Elle sentait sa chaleur à travers le pantalon.

— Une intuition, inspecteur, sur le pourquoi de cette affaire ? murmura-t-elle.

— Le plus logique serait que tu aies pris quelque chose qui appartient à l'un de tes clients. Cela a dû arriver le dernier jour, sinon ils auraient fouillé ta chambre d'hôtel et cherché à récupérer l'objet avant que tu ne quittes San Francisco.

— On se croirait dans un film d'espionnage !

Dylan hocha la tête.

— Ce serait une bonne raison pour que quelqu'un en ait après toi. Tu as une autre théorie ?

Elle réfléchit quelques minutes.

— Effectivement, j'ai pu prendre par inadvertance quelque chose qui peut nuire à l'un de mes clients. Si celui-ci est prêt à tout pour le récupérer, il doit s'agir de quelque chose d'illégal, car dans le cas contraire il aurait tout simplement téléphoné à mon bureau pour me le signaler.

Elle s'interrompit brusquement et tressaillit.

— Qu'y a-t-il ? demanda Dylan en se penchant vers elle.

Elle s'apprêtait à secouer la tête mais se ravisa.

— Un violent mal de tête, dit-elle en fermant les yeux pour combattre la douleur. Cela signifie peut-être que je suis sur la bonne voie.

— Très bien, cela suffit pour aujourd'hui, déclara Dylan avec une pointe de frustration dans la voix.

Elle le remercia intérieurement. Elle savait qu'il avait hâte de découvrir qui était derrière cette histoire et pourquoi, mais il avait compris qu'ils n'allaient pas en apprendre davantage pour le moment. Elle était aussi impatiente que lui d'assembler toutes les pièces du puzzle, mais elle avait l'impression que la douleur lui rappelait de ne pas forcer davantage. Elle commençait enfin à écouter son corps.

— Tu es une femme forte, Alex. Que ta mémoire te revienne ou non, tu sauras gérer la situation. Il faut juste que tu te dises que ton cerveau te donnera les informations dont tu as besoin, quand *il* sera prêt. Et non quand *toi*, tu seras prête.

Elle hocha la tête. Elle n'était pas sûre de bien comprendre ce que Dylan voulait dire, mais il avait raison : il fallait qu'elle prenne son mal en patience.

Elle s'était toujours crue pourvue d'un bon instinct en ce qui concernait les gens. Bon sang, comme elle s'était trompée ! D'abord avec Dylan, et maintenant avec ce type. Cette situation pouvait ruiner définitivement sa carrière si cela se savait. C'est sûr, il lui avait donné la chair de poule, mais cela ne signifiait pas pour autant qu'il était…

Elle entendit un bruit et se tourna. Quand quelque chose la frappa à la tête, elle ouvrit la bouche pour crier.

— Non ! hurla Alex en se redressant.

Un sentiment de peur lui glaça les veines tandis qu'elle s'efforçait de retrouver le contrôle du sombre cauchemar qui menaçait de submerger son cerveau.

Dylan se précipita dans la chambre et appuya sur l'interrupteur pour allumer la lumière. Torse nu, son arme à la main, il courut jusqu'à la fenêtre qu'il trouva fermée.

Il se tourna alors vers elle.

— Que se passe-t-il ? demanda-t-il. Tu étais en train de crier. Que s'est-il passé ?

Elle mit ses mains autour de son cou et se balança d'avant en arrière.

— Je n'arrive plus à respirer ! articula-t-elle d'une voix rauque. Je n'arrive plus à respirer !

Elle le regardait, hagarde, tandis que des larmes coulaient sur ses joues.

Dylan analysa rapidement la situation.

— Tout va bien, Alex. Ne bouge pas, je reviens.

Paniquant de nouveau, elle cria son nom et tendit ses mains vers lui, l'implorant de rester.

En réponse, il la prit dans ses bras d'un geste protecteur et se mit à lui caresser le dos.

Elle mit du temps à se calmer.

— Ta fenêtre n'est ni ouverte ni cassée, dit-il enfin. J'imagine que tu as fait un cauchemar.

Elle s'apprêta à hocher la tête mais se ravisa.

— Pourrais-tu m'apporter un verre d'eau, s'il te plaît ? murmura-t-elle en séchant ses larmes du revers de la main.

— Bien sûr.

Il se leva et se dirigea vers la cuisine.

A la minute où il sortit de la chambre, elle ouvrit le tiroir de sa table de nuit et en extirpa son journal intime, ainsi qu'un stylo. De peur d'oublier son rêve, les mains tremblantes, elle prit rapidement quelques notes, puis elle déchira la feuille et replaça le journal dans le tiroir.

— Tiens, dit Dylan en réapparaissant devant elle et en lui tendant un verre d'eau avant de s'asseoir à ses côtés.

Elle le remercia d'un signe de tête et but le verre à grands traits.

Quand elle eut fini, il lui reprit le verre des mains et le posa sur la table de nuit.

— Te souviens-tu de ton cauchemar ?

Elle hocha la tête.

— Je n'ai cependant guère envie de m'en souvenir. Je crois avoir rêvé de mon agression.

Elle garda les yeux fixés au sol, trouvant ainsi moins difficile de raconter ce qui avait hanté son sommeil.

— Enfin, cela y ressemblait en tout cas, ajouta-t-elle.

— Qu'as-tu vu ?

Dylan avait recommencé à lui caresser le dos, ce qui contribuait à apaiser ses pensées chaotiques.

— Il s'agit plus de ce que j'ai ressenti. Il faisait nuit, et j'étais préoccupée par mes pensées.

— Te souviens-tu de ce à quoi tu pensais ?

Elle déplia sa feuille de papier et regarda les mots qu'elle y avait inscrits.

— J'étais en colère à propos de quelque chose, mais j'ignore si c'était quelque chose que j'avais appris, entendu ou lu. Toutefois, je sentais que c'était important au point de mettre en danger ma carrière. J'ai entendu un bruit comme si quelqu'un avait donné un coup de pied dans une pierre et qu'elle rebondissait sur l'asphalte. J'ai senti la douleur, puis plus rien. Et c'est à ce moment-là que je me suis réveillée, soupira-t-elle. Cela ne va guère nous aider, n'est-ce pas ?

Dylan réfléchit un instant.

— Tout ce dont tu pourras te rappeler est susceptible de nous aider.

Elle garda les yeux rivés sur sa feuille de papier, comme si les réponses à ses questions allaient brusquement apparaître devant elle.

— Je me souviens d'une odeur de fumée, lança-t-elle brusquement.

Dylan la regarda.

— De la fumée ? Il y avait du feu ?

— Non, de la fumée de cigarette, affirma-t-elle en se tournant et en repliant une jambe sous elle, effleurant ainsi légèrement la hanche de son ex-mari, moulée dans un boxer rouge. L'homme qui m'a agressée était un fumeur. Il empestait la fumée de cigarette.

— Un fumeur, répéta Dylan en hochant la tête.

— Il faut que je regarde dans mon porte-documents et dans ma valise s'il n'y aurait pas des documents qui ne m'appartiennent pas.

Elle toucha son bras puis s'arrêta.

Depuis quand Dylan portait-il des boxers rouges ? Il n'en portait jamais avant ! Il était adepte des slips. Elle ignorait que les boxers pouvaient être aussi sexy.

Elle tenta de faire du tri dans ses pensées embrouillées : un cauchemar, un boxer rouge, la sensation de peur, Dylan dans son boxer rouge qui la réconfortait, la vision confuse de son agresseur dans son rêve, Dylan qui ôtait son boxer rouge…

Elle aurait mieux fait de ne pas boire ce verre d'eau d'une

traite. Elle aurait ainsi pu calmer son visage en feu en s'aspergeant avec le liquide froid.

Alex fixa résolument le torse de Dylan, avant de réaliser que ce n'était pas une bonne idée. Car il était nu.

Elle était sûre que ses doigts se souvenaient encore parfaitement de chaque centimètre carré du corps ferme de Dylan. Elle songea sérieusement à explorer cette texture chaude, mais elle résista et se contenta de respirer son odeur boisée. Il y a quelques années, ils n'auraient jamais pu rester assis là à discuter. Dylan aurait tout fait pour lui retirer sa chemise de nuit et pour l'attirer sous les draps.

— Alex, interrogea-t-il en lui soulevant délicatement le menton d'une main. Tu vas bien ?

L'inquiétude se lisait sur son visage.

« Je veux que tu me prennes dans tes bras », manqua-t-elle de lui dire.

Elle fit un immense effort pour retenir les mots. Elle ne voulait pas que Dylan la réconforte par pitié. Si elle devait finir dans ses bras, ce serait uniquement parce qu'il en aurait envie.

Elle sentit un profond sentiment de solitude l'envahir en prenant conscience que cela n'arriverait pas. Ils étaient aujourd'hui divorcés.

— Je ne m'attendais pas à avoir un rêve aussi saisissant et à revivre cette nuit-là, dit-elle en pesant soigneusement ses mots. L'agression est restée très floue, mais le choc était bien réel.

— C'était peut-être une réaction à la poursuite d'aujourd'hui. Le fait que tu aies parcouru tes notes en recherchant le pire a pu aussi déclencher ton cauchemar, dit-il doucement en lui caressant la joue avec le revers de la main.

Elle réfréna son envie de fermer les yeux et de se laisser aller à cette caresse en espérant que d'autres suivent.

— Si tu ne prenais pas ces antidouleur, je te proposerais un verre de vin pour t'aider à te détendre, ajouta-t-il.

— Je n'ai pas pris de médicaments ce soir. Je n'aime pas leur effet sur moi, déclara-t-elle.

Toutefois, si elle avait su qu'elle ferait un tel cauchemar, elle aurait tout fait pour rester éveillée.

— Mais je suis contente de n'avoir rien pris. J'aurais sans doute eu plus de mal à sortir de mon rêve, dit-elle en frissonnant. Cela dit, j'imagine que, en criant, j'aurais fini par me réveiller.

Dylan baissa les yeux et lui caressa distraitement la main avec son pouce.

— Si ton rêve avait duré un peu plus longtemps, tu aurais peut-être vu le visage de ton agresseur.

— Je n'ai manifestement pas vu son visage au moment de l'incident. Je ne vois donc pas comment je pourrais le reconnaître maintenant.

Elle regarda les doigts de Dylan qui lui caressaient la main. Il ne l'avait pratiquement pas touchée depuis qu'il était venu la chercher aux urgences. Cette absence de contact lui était douloureuse, même si elle ne cessait de se répéter qu'ils étaient divorcés.

— Si j'avais vu son visage, il aurait cherché à me supprimer de peur que je ne l'identifie, tu ne crois pas ? réfléchit-elle, avant qu'une nouvelle hypothèse ne germe dans son esprit. Et s'il croyait justement que j'ai vu son visage ? Peut-être pense-t-il que je l'ai reconnu aujourd'hui, même si ce n'est en fait qu'une intuition de ma part. Quand je l'ai vu, j'ai instinctivement su que c'était quelqu'un que j'avais déjà rencontré, sans pouvoir le nommer ni l'associer à un lieu.

— Si ce n'était pas ton agresseur, il n'aurait pas réagi de la sorte, confirma Dylan.

— Nous pouvons donc supposer que cet homme et la personne qui était avec lui sont à la recherche de quelque chose, mais nous ignorons toujours quoi.

Elle cligna rapidement des yeux.

— Hé, la réconforta Dylan en penchant la tête pour examiner son visage mélancolique. Ne pleure pas, Alex. On va s'en sortir, tu as ma parole.

Elle secoua la tête.

— Ne t'en fais pas, je ne pleure pas.

Elle sentit la chaleur de ses doigts contre sa peau, et soudain le désir monta en elle. Pendant un instant, elle envisagea de retomber sur les draps en attirant Dylan avec elle. Le boxer rouge glisserait le long de ses hanches, elle ôterait sa chemise de nuit en une seconde… S'il existait une chose pour laquelle il n'y avait jamais eu de problème entre eux, c'était bien le sexe.

Mais c'était inutile. Dylan n'avait plus ce genre de sentiments pour elle, elle en était persuadée. Et elle savait désormais que la déception avait un goût amer.

— Allez, Alex, nous avons tous les deux besoin de dormir.

Dylan aida la jeune femme à se recoucher et rabattit la couverture sur elle. Puis il s'étendit à ses côtés et la prit dans ses bras.

Alex blottit sa tête dans le creux de son épaule et ferma les yeux.

Craignant qu'elle ne tente de résister au sommeil à cause de son cauchemar, il la serra fermement contre lui.

— Endors-toi, Al, murmura-t-il. Tu ne feras plus de cauchemars cette nuit.

Alex murmura quelque chose d'incompréhensible avant de se détendre et de s'endormir profondément.

Il avait oublié à quel point il aimait tenir cette femme dans ses bras. Son corps épousait si parfaitement le sien qu'on aurait dit qu'ils ne faisaient qu'un. Combien de fois s'étaient-ils endormis ainsi ? Bien sûr, ils avaient toujours fait l'amour avant. Ils étaient incapables de rester allongés l'un à côté de l'autre sans se toucher.

Son corps se tendit quand il se rappela leurs nuits torrides.

Il lui avait été difficile de se contenter de caresser la main d'Alex, tout à l'heure. Il avait tout de suite songé à lui procurer un autre type de réconfort, où ils auraient pu tout oublier dans les bras l'un de l'autre.

Allongé sur le lit avec Alex endormie dans ses bras, il respira le parfum de jasmin et de vanille qui se dégageait de sa peau. Il aurait tant aimé revivre ces nuits passionnées ! Mais même en s'accordant une seconde chance, pourraient-ils éviter les disputes qu'ils avaient connues ? Si elle retrouvait la mémoire, qui sait si elle ne redeviendrait pas l'avocate assoiffée de pouvoir qu'elle était devenue à la fin de leur mariage ? Et si elle ne la retrouvait pas, eh bien, les choses risquaient également de devenir plus difficiles encore.

Alex lui avait déjà brisé le cœur une fois. Il n'avait aucune envie de la laisser recommencer.

Alex se réveilla plus détendue qu'elle ne l'avait été ces derniers jours. Le creux sur l'oreiller à côté du sien et les draps froissés indiquaient que Dylan avait partagé son lit.

Le visage souriant, elle se dirigea vers les bruits sourds qui venaient de la cuisine.

— Crois-tu que nous pouvons retourner chez Tank ? demanda-t-elle gaiement en entrant dans la pièce, avant de réprimer un cri.

L'homme qui se trouvait là n'était pas Dylan !

— Madame, la salua le policier en uniforme, qui manqua de s'étouffer en buvant son café. Je suis désolé de vous avoir effrayée. L'inspecteur Parker m'a dit que je pouvais me servir un café.

Il désigna la cafetière de la main tout en évitant de la regarder.

Elle réalisa alors que si sa chemise de nuit descendait jusqu'à ses chevilles, le tissu satiné et transparent laissait entrevoir une bonne partie de son corps.

Elle faillit prendre un torchon à vaisselle pour se couvrir.

— Voulez-vous une tasse de café ? demanda le policier. L'inspecteur m'avait également chargé de vous apporter quelques beignets.

Il fit un petit signe de tête en regardant par-dessus son épaule droite en direction d'une boîte en carton rose qui trônait sur la table de la cuisine.

— Très bonne idée, pour le café comme pour les beignets. Merci.

Elle décida de se comporter comme si elle croisait un étranger dans sa cuisine tous les matins.

— Où est l'inspecteur Parker ?

— Il a été appelé au commissariat.

Le policier sembla soulagé d'avoir quelque chose à faire. Il sortit une tasse du placard et la remplit de café.

Elle profita de ce moment pour retourner dans sa chambre et enfiler une robe de chambre. Quand elle revint dans la cuisine, elle trouva une tasse de café pleine sur la table.

— L'inspecteur Parker ne voulait pas que vous restiez seule ici. J'ai donc été chargé de venir le relayer pendant son absence.

— Asseyez-vous, je vous en prie, lui offrit-elle en jetant un œil sur sa plaque pour voir son nom. Depuis combien de temps êtes-vous dans la police, officier Townsend ?

— Depuis un peu plus d'un an, madame.

— Appelez-moi Alex, l'encouragea-t-elle en prenant une gorgée de café. L'inspecteur Parker a-t-il été appelé pour mon affaire ?

— Je ne sais pas, madame Spencer. On m'a juste demandé de rester ici et d'attendre son retour, répondit-il en prenant la chaise face à elle et en s'asseyant bien droit. L'inspecteur m'a prévenu que si je répondais à une seule question en rapport avec votre affaire, il me botterait les… Enfin, il me tordrait le cou.

Elle baissa les yeux pour regarder sa tasse afin de s'empêcher de sourire. Elle aurait dû se douter que Dylan donnerait des consignes. Et elle était persuadée qu'il exécuterait les sanctions promises si le malheureux Townsend parlait.

— Ne vous inquiétez pas, je dirai à l'inspecteur Parker que vous avez été muet comme une tombe, lui assura-t-elle, en espérant qu'il saisirait le message.

Le policier sourit, l'air plus détendu.

— Madame Spencer, je suis marié depuis six ans maintenant. Si ma femme n'arrive pas à me soutirer la moindre information, je doute que vous y parveniez.

Elle se mit à rire.

— J'aurai essayé !

Quelque temps plus tard, quand Dylan pénétra dans l'appartement, il entendit des rires venant de la cuisine.

— Bon sang, elle l'a eu ! marmonna-t-il en se hâtant de rejoindre la pièce d'où venaient ces bruits.

Quand il entra dans la cuisine, il trouva Alex et le policier assis à table. La boîte de beignets, qui était au départ pleine d'une douzaine de pâtisseries, était maintenant presque vide.

Alex était en train de gribouiller quelque chose sur un bloc-notes, et le policier la regardait faire, assis face à elle.

L'agent de police lui adressa un salut de la tête. Quant à Alex, elle leva brièvement les yeux puis griffonna de nouveau sur sa feuille.

Dylan regarda l'intérieur de la boîte.

— Vous n'auriez pas pu en laisser un au citron ?

— Je crois qu'il reste du café, déclara Alex tout en continuant d'écrire.

Elle leva les yeux et le regarda se servir.

— L'officier Townsend a été très coopératif.

Il se figea, manquant de faire déborder sa tasse. Il jura entre ses dents et reposa la cafetière sur la plaque chauffante.

— Vraiment ? répondit-il en lançant un regard noir au policier.

— Non, chef, se hâta de rectifier le jeune agent. Ce n'est pas ce que vous pensez.

Alex leva le papier sur lequel elle était en train d'écrire.

— Je voulais qu'il me donne la liste des radars, mais il a refusé de me la communiquer. Alors, à la place, je lui prodigue quelques conseils juridiques gratuits. Cet homme a trois enfants. Il a besoin de faire des placements immobiliers sérieux. Même si ce n'est pas mon domaine, je peux lui faire quelques suggestions.

Dylan fixa le policier.

Mal à l'aise sous son regard, l'homme se leva, prit sa tasse et la porta dans l'évier pour la rincer.

— Merci, Townsend, dit-il en ignorant Alex.

Le policier sourit.

— A votre service, inspecteur.

Il se tourna vers Alex, qui lui tendit la feuille de papier en souriant.

— Madame Spencer, j'ai été enchanté de faire votre connaissance.

Alex attendit jusqu'à ce qu'elle entende la porte d'entrée se refermer derrière lui.

— Je n'en crois pas mes yeux. J'ai cru que tu allais exiger de lui un salut militaire ! Tu n'es pas à l'armée, Dylan ! le gronda-t-elle. Pourquoi fallait-il que tu ailles au commissariat ? Etait-ce en rapport avec mon affaire ?

— D'une certaine façon oui, commença-t-il en s'asseyant sur la chaise à côté d'elle et en tirant la boîte à beignets à lui pour saisir une pâtisserie au sirop d'érable. Le propriétaire d'une Lexus toute neuve s'est rendu compte la nuit dernière, en sortant du restaurant où il dînait, qu'on lui a volé ses plaques d'immatriculation personnalisées et qu'on les a remplacées par celles d'une vieille Buick de dix ans.

Les yeux d'Alex s'illuminèrent.

— Pourquoi ai-je le sentiment qu'il s'agit d'une piste intéressante ?

— Peut-être parce que c'est le cas. La Buick a reçu une plaque d'immatriculation appartenant à une vieille Chevy Nova qui, elle, a une plaque appartenant à… Je te laisse deviner.

— Notre Camry ! cria Alex.

— Bingo ! s'exclama-t-il en souriant. Et il semblerait que la Camry porte maintenant des plaques d'immatriculation sur lesquelles est inscrit SEXY BABY. Mais je suis persuadé qu'ils ont déjà dû en changer pour pouvoir circuler en toute sécurité.

— Cela ne devrait pas être trop difficile à trouver, une voiture avec une telle immatriculation, non ? demanda-t-elle en mettant son bloc-notes de côté. Rien d'autre ? Tu n'as pas l'identité du conducteur ni de son acolyte ?

Il secoua la tête.

— La première immatriculation échangée se trouvait dans

la région de San Francisco il y a quelques jours. Ils n'ont pas perdu de temps.

— Alors il n'y a aucun moyen de retrouver leurs traces ?

— Cela m'étonnerait qu'on retrouve des empreintes exploitables, mais nos gars travaillent dessus avec ardeur, dit-il en mordant dans son beignet. De plus, la Camry a été volée.

— En fait, ce que tu essayes de me dire, c'est qu'il sera difficile de les retrouver.

— C'est un peu ça. Quand des voleurs échangent leurs plaques d'immatriculation, c'est un vrai cauchemar pour les flics. Mais ce n'est pas très malin de leur part d'avoir volé une plaque personnalisée. Cela les rend ainsi plus facilement repérables.

Alex se leva et s'avança vers la cafetière.

— A moins qu'ils s'en fichent et qu'ils aient de toute façon l'intention de se débarrasser de la voiture.

Dylan pencha la tête sur le côté et examina la jeune femme.

— Tout va bien, après la nuit dernière ?

Alex resta songeuse un moment.

— Quand je me suis réveillée, j'étais tendue, avoua-t-elle. Je pense que c'était en partie dû au fait que tu n'étais plus là. Mais l'officier Townsend a été très gentil et a réussi à me changer les idées. Je suis néanmoins contente que tu sois là.

— J'imagine que, toi aussi, tu as dû changer les idées de Townsend quand il t'a vue arriver ce matin, répliqua-t-il en souriant.

Son regard accompagna le sourire qui s'était formé sur ses lèvres.

— Tu ne portais pas ça quand tu es entrée la première fois dans la cuisine, n'est-ce pas ?

Alex baissa les yeux sur sa robe de chambre boutonnée jusqu'en haut puis releva la tête.

— J'ai failli crier, et il a manqué de s'étouffer, reconnut-elle.

— Alors tu es allée enfiler une robe de chambre pour le mettre à l'aise, devina-t-il.

Il sourit plus largement quand elle acquiesça, et secoua la tête comme s'il venait juste de se rappeler quelque chose.

— J'ai failli oublier ! J'ai rapporté quelques provisions. Tu n'as qu'à t'habiller pendant que je vais les chercher. Je sais bien que tu as mangé des beignets, mais tu as également le droit de te nourrir de choses un peu plus saines.

— Pauvre Tank ! Ne va-t-on pas lui manquer ? demanda Alex.

— Il survivra, affirma-t-il en se levant. Je reviens dans quelques minutes.

Après une douche rapide, Alex ouvrit sa penderie et en sortit un pantalon fluide couleur olive et un pull assorti sans manches. Elle arrangea ensuite ses cheveux en une queue-de-cheval.

Quand elle retourna dans la cuisine, elle trouva Dylan affairé devant la cuisinière. Il regarda par-dessus son épaule en l'entendant entrer, parut quelque peu surpris puis retourna à sa cuisine.

— Mes talents culinaires se résument toujours aux œufs brouillés et aux toasts, la prévint-il. Mais j'ai ajouté quelques morceaux de bacon et un peu d'oignons dans les œufs et j'ai trouvé du pain complet au miel.

— Je vais mettre la table, proposa-t-elle, touchée qu'il se souvienne encore de son pain préféré malgré ces années de séparation.

— Que dirais-tu de manger sur le balcon ? La table qui s'y

trouve est assez grande pour deux, et ce sera beaucoup plus agréable que de manger ici.

— C'est effectivement très agréable, constata-t-elle cinq minutes plus tard.

Imitant Dylan, elle posa ses pieds sur la balustrade. Tout en picorant dans son assiette, elle contempla les divers équipements de la résidence. Elle fronça les sourcils quand elle vit un éclair provenant des terrains de tennis. Elle fixa cette direction pendant quelques minutes mais, ne voyant pas de nouvelle lumière, elle songea que ce devait être le fruit de son imagination.

— J'ai pu récupérer ton porte-documents et ta valise, annonça Dylan, détournant son attention. Je te les ai montés avec les provisions.

Elle reposa ses pieds au sol.

— Génial ! Il faut que je les inspecte. Je vais peut-être y trouver quelque chose que tes spécialistes n'auront pas vu ?

Elle commençait à se lever, mais Dylan la repoussa d'une main sur son siège.

— Elles ne vont pas s'envoler. Termine d'abord ton petit déjeuner, ensuite je t'aiderai.

Dès qu'elle eut fini son repas, Alex bondit littéralement de son siège. Elle rapporta son assiette dans la cuisine puis se rendit dans le salon et trouva sa valise et son porte-documents à côté du canapé. Elle plissa le nez à mesure qu'elle s'approchait de ses bagages.

— On les a retrouvés dans une benne à ordures, déclara Dylan en arrivant derrière elle.

— Et c'est là qu'ils retourneront.

Elle s'assit en tailleur par terre et ouvrit sa valise.

— Ont-ils trouvé quelque chose ?

— Il semblerait que les poignées aient été nettoyées, mais ils ont pu relever quelques traces d'empreintes au niveau des attaches de la valise. Jusque-là, ils n'ont encore identifié personne, mais c'est peut-être une piste. Ils cherchent également sur la base de données militaire.

— J'en apprends plus sur la police scientifique que ce que j'ai jamais voulu savoir, marmonna-t-elle.

Dylan s'assit à côté d'elle. Il ramassa un soutien-gorge en dentelle couleur crème, mais elle le lui arracha aussitôt des mains.

Elle sortit chaque vêtement méthodiquement, vérifiant le contenu des poches avant de les mettre de côté. Elle fouilla ensuite dans sa trousse de toilette puis examina chaque recoin de sa valise.

Elle soupira.

— Ces pervers ont tripoté tous mes vêtements. Je ne me souviens pas de les avoir achetés, mais cela ne m'empêche pas de me sentir salie.

Elle se figea soudain, sentant une douleur lancinante lui traverser le crâne.

— Ça va ? lui demanda Dylan en posant sa main sur la sienne.

— Oui, répondit-elle en prenant une profonde inspiration. J'imagine qu'il va falloir que je m'y habitue pendant quelque temps.

Dylan porta sa main à sa bouche et l'embrassa.

— Tu te sens mieux ? demanda-t-il en relevant un sourcil d'un air interrogateur.

Elle ne put s'empêcher de sourire.

— Beaucoup mieux.

Elle regarda alors son porte-documents avec appréhension.

— Y a-t-il des sous-vêtements en dentelle là-dedans aussi ? demanda Dylan, plein d'espoir.

— Bien sûr que non ! On devrait y trouver ce que je mets toujours dedans, à savoir mon ordinateur portable, un bloc-notes, des stylos, mon agenda électronique, mon téléphone portable et un rouge à lèvres.

Elle fixait le cadenas à combinaison.

— Essaie ton code habituel, suggéra Dylan. Nous savons tous les deux que tu n'es pas très originale en matière de codes.

— Pas de commentaire, s'il te plaît, marmonna-t-elle en alignant les chiffres.

Elle entendit le verrou s'ouvrir.

Comme elle l'avait prédit, tous les éléments qu'elle avait mentionnés se trouvaient à l'intérieur. Elle fit la grimace en voyant la poudre noire servant à relever les empreintes recouvrir son ordinateur et son agenda électronique. Elle alluma l'ordinateur et parcourut ses fichiers, puis fit de même avec son agenda.

— Essaie ça, proposa Dylan en lui tendant des CD qu'il avait trouvés dans une des poches latérales.

— Il n'y a rien qui me saute aux yeux, déclara-t-elle en lisant le contenu du premier CD. Ce sont des notes à propos d'une réunion avec un client, sur une affaire à venir. Rien qui justifie qu'il embauche des voyous pour me voler ces informations.

Elle ôta le CD et inséra le deuxième dans le lecteur.

— Celui-ci contient plus ou moins la même chose.

Dylan s'apprêtait à prendre l'un de ses dossiers, quand elle lui tapa sur les doigts.

— Secret professionnel, tu te rappelles ? Il n'y a rien non plus là-dedans. Maintenant, tu vois pourquoi je ne pensais pas qu'un de mes clients pouvait être derrière cette affaire.

— Si c'est le cas, alors il ne nous reste plus qu'à chercher un amant éconduit dont tu ne te souviendrais pas, soupira Dylan. Janet devrait être au courant de tes dernières relations, n'est-ce pas ?

— Sûrement.

Elle se frotta les tempes. Contrairement à ce qu'elle espérait, ses maux de tête ne cessaient de revenir quand elle s'y attendait le moins. Heureusement, l'ecchymose violette sur son visage commençait à s'estomper.

— Tu veux une aspirine ? demanda Dylan en la voyant faire.

— Non. Je veux retrouver mon ancienne vie, marmonna-t-elle en se levant et en prenant son ordinateur avec elle. J'ai besoin de quelque chose au bureau.

Une fois derrière sa table de travail, elle fouilla dans ses dossiers jusqu'à ce qu'elle trouve celui qu'elle cherchait. Elle l'ouvrit et commença à le lire. La boule qu'elle avait au creux du ventre semblait grossir au fur et à mesure de sa lecture. Quand elle eut terminé, elle crut qu'elle allait rendre son petit déjeuner.

Pourquoi avait-elle délibérément saboté leur mariage ? Cela n'avait aucun sens. A moins que ce ne soit pour des raisons purement professionnelles, comme elle l'avait apparemment noté sur son journal, songea-t-elle en rangeant soigneusement les papiers dans le dossier.

Une larme coula lentement sur sa joue.

— Hé, ça te dit d'aller faire un tour pour respirer l'air frais ? proposa Dylan en apparaissant sur le pas de la porte.

Il jeta un œil sur son visage puis sur le dossier posé sur le bureau.

— Il fallait que tu saches, n'est-ce pas ? dit-il sur un ton las plutôt que fâché. Tu n'as pas pu t'en empêcher. Tu te sens mieux, maintenant que tu connais les faits juridiques purs dénués de toute émotion ?

— Tout ça, c'est de ma faute, murmura-t-elle, la gorge serrée. J'ai décrété que je ne voulais pas d'aide conjugale. Et d'après les rapports, tu n'as pas protesté.

Elle le regarda et secoua la tête. Il ne l'aimait pas assez pour se battre.

— J'ai eu l'impression de lire l'histoire de deux inconnus, admit-elle doucement.

Dylan laissa échapper un profond soupir.

— C'est peut-être ce que nous sommes. Nous avons tous les deux changé au fil des années, Alex. C'est peut-être ça que tu dois te rappeler.

8

Dylan se maudit intérieurement d'avoir choisi de respecter l'intimité d'Alex. Il aurait mieux fait de fouiller dans ses dossiers privés et d'enlever tout ce qui avait un rapport avec leur divorce, quitte à subir sa colère. En l'empêchant d'accéder à ces dossiers, il aurait ainsi repoussé ce moment jusqu'à ce qu'elle soit réellement en mesure de pouvoir le gérer. Alors que là, elle avait découvert des choses qu'elle n'était pas encore prête à assumer.

Mais il n'était pas en colère contre elle. S'il avait été à sa place, il aurait fait preuve de la même détermination. Et il n'aurait sans doute pas mieux su gérer la situation. S'il avait répondu à ses questions dès le départ, leur divorce n'aurait peut-être pas pris une telle tournure. Mais au moment où l'affaire était passée au tribunal, Alex et lui s'étaient déjà trop disputés.

La jeune femme sortit de sa chambre chaussée de sandales. Elle portait un sweat-shirt à capuche par-dessus son haut. Il remarqua ses yeux légèrement rougis.

Une fois dehors, elle mit ses lunettes de soleil et prit la bouteille d'eau qu'il lui tendait.

Côte à côte, ils longèrent l'immeuble puis s'engagèrent dans une allée garnie de bancs disposés à intervalles réguliers.

Il remarqua qu'Alex avait les yeux rivés sur les terrains

de tennis. Apparemment, personne ne jouait dessus pour le moment.

— Il y a un problème ?

— Non, répondit-elle vivement. Je regardais juste les environs.

Elle dévissa le bouchon de la bouteille et but une gorgée.

— C'est joli ici. Le ruisseau, les arbres… Je suis contente que tu aies proposé de sortir. J'avais besoin de me changer les idées, murmura-t-elle.

— Et on dirait qu'ils ont mis de bons éclairages pour renforcer la sécurité, commenta-t-il.

Un silence plus détendu s'installa entre eux tandis qu'ils marchaient. Il savait déjà qu'il avait perdu la bataille.

Alex remarqua que les quelques personnes qu'ils croisaient leur souriaient en leur disant bonjour. Mais c'était un salut impersonnel, non celui de connaissances.

Elle regardait droit devant elle en marchant. C'était plus facile que de regarder son ex-mari. Il n'avait pas décroché un sourire depuis qu'il avait découvert ce qu'elle avait fait.

— Tu veux en parler ? demanda doucement Dylan.

Elle hocha la tête, à la fois soulagée et inquiète d'aborder enfin le sujet délicat.

— La plupart des choses que j'ai lues m'ont semblé si haineuses, dit-elle lentement.

Elle se dirigea vers un banc voisin, s'assit et attendit que Dylan s'installe à côté d'elle.

— Je veux que tu me dises la vérité sur une chose en particulier. Je ne veux pas attendre que ma mémoire revienne.

— Que veux-tu savoir ?

Elle prit une profonde inspiration et se lança rapidement, de peur de manquer de courage.

— Aurais-tu eu une liaison que j'aurais découverte ? Est-ce la véritable raison pour laquelle j'ai voulu divorcer ?

La réponse fut si instantanée et si vive qu'elle eut un mouvement de recul.

— *Bon Dieu !*

Dylan avait la tête de quelqu'un qui vient de recevoir un coup. Son visage avait perdu ses couleurs, ce qui faisait ressortir le noir intense de ses yeux. Son corps bouillonnait littéralement, tandis qu'il s'efforçait de contenir sa colère.

— De toutes les choses que tu pouvais me demander, celle-ci ne m'avait même pas effleuré l'esprit, dit-il d'une voix si calme qu'elle en était effrayante. Je sais que tu ne te souviens pas des détails, mais quand même, après ces derniers jours, je ne peux pas imaginer que tu penses une telle chose.

Alex se mordit la lèvre. Elle avait certes oublié ce qui s'était passé à la fin de leur mariage, mais elle sut instinctivement qu'elle n'avait encore jamais vu Dylan autant en colère.

Elle posa sa main sur son bras et sentit ses muscles tendus.

— Tu dois comprendre que je n'ai aucun souvenir de cette époque, se justifia-t-elle. Quand j'ai lu le dossier, je n'y ai trouvé que de la colère. J'ai pensé au pire, sans vraiment prendre le temps d'y réfléchir. Je suis désolée.

Il secoua la tête.

— Nous avons eu nos problèmes, mais l'infidélité n'en faisait pas partie. Tous les soucis étaient d'ailleurs oubliés dès que nous franchissions la porte de notre chambre. C'est peut-être une des raisons pour lesquelles les choses ont si mal tourné : nous n'avons jamais pris le temps de parler sérieusement, nous pensions que le sexe arrangerait les choses. Mais nous avions tort.

Elle vit les ombres dans les yeux de Dylan et se maudit d'être celle qui les y avait mises. Elle se sentait misérable.

— Je suis désolée, Dylan. J'aurais dû me rendre compte que ma question allait te contrarier.

— *Me contrarier ?* répéta-t-il. Réfléchis, Alex. De ce que tu te souviens de notre mariage, comment peux-tu honnêtement penser que j'aie pu te tromper ?

Elle sentit une intense chaleur l'envahir en repensant à ce qu'ils avaient autrefois partagé. Une larme coula le long de sa joue.

— J'essaie toujours de comprendre. C'est pour ça que je regarde le problème sous tous les angles.

Voyant son désarroi, Dylan s'adoucit légèrement. Il sortit un mouchoir chiffonné de sa poche arrière et le lui tendit.

— Croyais-tu réellement que le fait de lire ces paperasseries juridiques allait t'aider à retrouver la mémoire et à te sentir mieux ?

Elle lui sourit pour le remercier et se tamponna les yeux avec.

— J'ai hésité avant de lire ce dossier. Je voulais en avoir le cœur net, même si je ne voulais pas savoir de cette façon. J'ai fini par me convaincre qu'en le lisant la mémoire me reviendrait, expliqua-t-elle avant de soupirer. Je ne supporte pas le fait de ne pas me souvenir de cette partie de ma vie. J'ai l'impression d'avoir perdu le contrôle.

— Mais tu *as* perdu le contrôle.

Elle grimaça à cette réponse impitoyable.

— Il va donc falloir que tu fasses les choses différemment pendant quelque temps, continua Dylan. Essaie de voir cela comme une chance, une occasion de ne pas avoir à te souvenir d'un événement ou de quelqu'un.

Il la taquinait gentiment, mais ce qu'elle aurait voulu lui

demander, c'est s'il était prêt à leur donner une deuxième chance.

— Il y a peut-être une bonne raison pour laquelle je ne me souviens que des bons moments de notre mariage, glissa-t-elle.

Dylan se pencha en avant, les coudes sur les cuisses, et fit rouler la bouteille d'eau entre ses paumes.

— Peut-être.

— Je comprends mieux maintenant pourquoi tu faisais cette tête-là quand tu es venu me chercher aux urgences.

Ses doigts se crispèrent sur la bouteille.

— J'ai cru qu'un de mes soi-disant potes me faisait une blague, expliqua-t-il. Je ne m'attendais pas à te trouver dans cet état. On aurait dit que tu étais passée sous un camion.

— Vu notre passé, je ne t'en aurais pas voulu si tu m'avais laissée là. Je te dois une fière chandelle, dit-elle doucement. Mais tu n'es pas obligé de continuer à jouer mon garde du corps. Tu peux partir si tu veux.

— Alex, je n'irai nulle part tant qu'on n'aura pas coincé ces types. Je ne veux pas que tu aies peur de quoi que ce soit.

— Je n'ai pas peur, insista-t-elle sur un ton peu convaincant.

Dylan lui prit la main et entremêla ses doigts aux siens. Il s'adossa au banc et leva son visage vers le soleil matinal.

— Alors, contentons-nous de rester assis là et de profiter de cette belle matinée, dit-il.

Elle ferma les yeux et laissa la chaleur du soleil réchauffer son visage, tout en écoutant au loin le bruit mat d'une balle sur une raquette. Entendant des voix étouffées provenant des terrains de tennis, elle rouvrit les yeux instantanément.

Dylan le sentit et la regarda.

— Tu n'arrives pas à te détendre ?

— Il faut que je fasse quelque chose, même si ce n'est que marcher.

— C'est pour ça que tu devrais rester assise là et te laisser aller. Contente-toi de fermer les yeux et de ne faire qu'un avec la nature, lui conseilla-t-il.

Elle éclata de rire.

— On dirait un professeur de yoga !

— Bien sûr ! Tu me vois dans la position du lotus ? Non merci ! Je préfère le football et le basket. Des sports d'homme ! affirma-t-il d'une voix virile.

— Arrête-ça !

Elle le frappa avec sa bouteille d'eau tout en riant aux éclats.

— Hé ! Tu agresses un officier de police !

Il essaya de saisir sa bouteille, mais elle la maintint hors de sa portée.

— Il s'agit d'un délit passible de prison.

— De prison ? Vraiment ? Tu veux dire qu'on pourrait me menotter et mettre ma photo et mes empreintes dans le fichier ?

— Et te faire subir une fouille corporelle, dit-il en se penchant sur elle, tandis qu'elle se renversait en arrière, le bras tenant la bouteille au-dessus de sa tête. Alors donne-moi ton arme.

Elle prit conscience que Dylan était allongé sur elle, son torse contre sa poitrine, leurs hanches l'une contre l'autre. Elle se figea.

Dylan semblait retenir sa respiration tout en la regardant. Elle sentit son souffle chaud sur ses lèvres, comme s'il allait lui donner un baiser. Cette attente la fit vibrer.

— Dylan ? murmura-t-elle. Si nous restons trop longtemps dans cette position, nous allons finir par attirer l'attention.

— Bon sang, Alex ! Ne bouge pas ! lui ordonna-t-il entre

ses dents. Si je me relève tout de suite, je risque d'attirer encore plus l'attention, maugréa-t-il. Attends une seconde.

Il prit plusieurs grandes inspirations pour tenter de calmer ses sens en éveil. Quelques instants plus tard, il se rassit et fixa sa bouteille d'eau.

— Je suis désolé.

Elle releva les jambes, enveloppant ses genoux de ses bras.

— C'est l'ex-mari qui parle, ou l'inspecteur de police ?

— Les deux, probablement, dit Dylan en se levant et en lui tendant la main. Et si nous terminions notre balade ?

Comme elle se relevait avec son aide, un rai de lumière provenant des terrains de tennis attira de nouveau son attention.

— Tu as vu quelque chose ? lui demanda Dylan.

Elle hésita.

— A deux reprises, j'ai cru voir le soleil se refléter sur quelque chose du côté des terrains de tennis, répondit-elle. Il ne s'agit sans doute que d'un morceau de verre.

Il regarda dans la direction qu'elle lui indiquait.

— Mais tu penses qu'il s'agit d'autre chose.

— Je suis devenue méfiante, ces derniers temps.

Elle garda les yeux rivés sur le chemin puis se tourna vers Dylan, suppliante.

— D'accord, allons voir ça. Tu crois que tu peux retrouver l'endroit exact ?

— J'en suis presque sûre.

Elle reprit le chemin qu'ils avaient emprunté, en jetant un œil tantôt aux terrains de tennis, tantôt au bâtiment où se trouvait son appartement. Comme ils s'approchaient nettement des terrains, elle commença à compter les terrasses sur la façade de l'immeuble jusqu'à ce qu'elle trouve la sienne.

— C'est par ici, affirma-t-elle en s'avançant vers la haie d'arbustes qui entourait les terrains.

Elle fixa la haie puis regarda son immeuble.

— Ici, je crois.

Dylan acquiesça d'un signe de tête et s'approcha pour examiner la haie de plus près.

— Est-ce que tu vois des empreintes de pas qui pourraient nous mettre sur une piste ? demanda-t-elle. Ou un papier de chewing-gum, ou encore des mégots de cigarettes ?

Il lui lança un regard amusé puis écarta un arbuste pour voir derrière.

— Bingo !

— Quoi ? Qu'as-tu trouvé ? s'exclama-t-elle en se hissant sur la pointe des pieds.

— Des marques de pas qui ne ressemblent pas à celles d'un employé chargé de l'entretien.

— Comment sais-tu ça ? demanda-t-elle, le menton pratiquement collé à son épaule.

— Ces empreintes semblent provenir de chaussures à semelles dures, pas de bottes de jardinier, affirma-t-il en regardant au-delà de la clôture. Nous ferions mieux de retourner sur ta terrasse pour voir si tu aperçois de nouveau cette lumière. Nous aviserons ensuite.

Elle aimait la façon dont il avait dit « nous ».

— Et si je sortais davantage ? Si ces hommes sont toujours dans le coin, ils vont nous suivre, n'est-ce pas ? Tu aurais alors une chance de les attraper et de savoir enfin ce qu'ils me veulent, suggéra-t-elle.

— Non, je les livrerais à Whitmire, étant donné que c'est lui qui est chargé de cette affaire, déclara Dylan en retournant vers les immeubles. Cela m'étonnerait que quelqu'un soit assez bête pour rester là très longtemps. Les lumières de sécurité sont suffisamment rapprochées pour qu'il soit difficile de ne pas se faire remarquer.

Quand ils pénétrèrent dans l'appartement, Alex vit que la

lumière de son répondeur clignotait. Elle prit le combiné et appuya sur la touche pour écouter les messages. Elle griffonna quelques notes sur le calepin posé à côté puis raccrocha.

— Janet veut que je la rappelle. Certains de mes clients exigent de me voir, expliqua-t-elle tout en composant le numéro de son assistante.

— Bonjour, Janet, c'est moi.

— Quatre de tes clients refusent de repousser leur rendez-vous, l'informa son assistante. J'ai eu beau leur expliquer que tu as eu un accident, ils s'en fichent.

Elle jeta un œil à Dylan, allongé sur le canapé avec Clarence sur le ventre.

— S'agit-il de personnes dont j'ai consulté les dossiers l'autre jour ?

— Effectivement. Cela pose-t-il un problème ?

Quand Janet lui donna la liste des noms, elle fit la grimace.

— Ce sont tous des clients que j'ai pris au cours des deux dernières années.

— Je leur ai pourtant donné la version dont on avait parlé ensemble, à savoir que tu avais eu un accident et que tu étais en congé maladie. J'ai renvoyé les clients mécontents sur Will. Mais aucun d'eux ne veut lui parler. Ils te voulaient toi.

Elle regarda de nouveau du côté de Dylan.

— Janet, reste ferme et explique-leur que je suis toujours sous les soins du médecin. Dis-leur que je suis vraiment navrée de la situation mais que je n'y peux rien. Si l'un d'eux réagit de façon bizarre, appelle Dylan sur-le-champ. Tu as son numéro de portable, n'est-ce pas ?

— Oui, mais qu'est-ce que tu entends exactement par « bizarre » ? Crier après moi ? Se plaindre que tu ne veuilles pas jeter un œil sur un nouveau contrat ? Tu as toujours été disponible pour eux, alors ils sont perdus sans toi.

— Je suis désolée pour tout ce désagrément, Janet. Mais nous savons toutes les deux que je ne serai pas efficace en ce moment, insista-t-elle en fermant les yeux pour réfléchir. Pourrais-tu m'envoyer par e-mail la liste des personnes qui m'ont appelée et un bref récapitulatif de leurs dossiers, s'il te plaît ?

— Tu penses que c'est l'un d'eux, n'est-ce pas ?

— On ne peut négliger aucune piste. Si un inconnu vient au bureau et demande à me voir, essaie de noter sa description ainsi que son nom.

— Jusqu'à présent, nous n'avons eu que les clients habituels. Mais je vais prévenir la réception. Et de ton côté, comment vas-tu ? T'es-tu souvenue de quelque chose ?

— Pas vraiment, répliqua-t-elle en regardant autour d'elle la pièce qu'elle ne se rappelait toujours pas et l'ex-mari qu'elle ne se rappelait que trop bien.

Dylan l'observait d'ailleurs avec un air interrogateur.

— Y a-t-il autre chose que je doive savoir ?

— Rien d'important.

— Très bien. Appelle-moi si un autre événement survient.

— Des clients insistants ? demanda Dylan quand Alex eut raccroché.

— Oui, mais des clients insistants dont je ne me souviens pas, dit-elle. Janet va m'envoyer des informations par e-mail. Peut-être que quelque chose me paraîtra familier. Je t'en dirai plus dès que j'aurai pris connaissance du message.

Dylan prit un coussin et le cala derrière sa tête.

— A mon avis, tu n'en sauras pas plus après.

Alex bondit de son siège et commença à faire les cent pas.

— Je ne peux pas rester là sans rien faire ! Je ne suis pas habituée à l'inactivité.

Pendant l'espace d'une seconde, il songea à une activité fort agréable qui pourrait leur prendre une bonne partie de la journée.

Du calme ! ordonna-t-il silencieusement à sa libido. Ce n'était pas le moment de penser à ça. Cependant, il ne pouvait pas ne pas remarquer le frottement de ses seins sur le tissu soyeux, la queue-de-cheval qui balayait ses épaules et ses hanches mises en valeur par le pantalon moulant. Oui, il était grand temps de sortir de cet appartement !

— Si tu penses pouvoir te rappeler la tête du conducteur, nous pouvons nous rendre au commissariat pour essayer d'établir un portrait-robot, proposa-t-il pour faire diversion. Nous aurions d'ailleurs dû le faire tout de suite.

— Je reviens dans une minute.

Alex disparut dans sa chambre et réapparut cinq minutes plus tard maquillée d'une fine couche de brillant à lèvres. Elle empoigna son sac et ses lunettes de soleil.

— Je suis prête.

Dylan, qui s'attendait à devoir attendre au moins une demi-heure qu'elle se maquille et mette une tenue plus appropriée, leva les yeux, l'air surpris.

— Tu ne te changes pas ?

Alex regarda ses vêtements.

— Pourquoi ? Je suis propre, dit-elle avant de vérifier de nouveau l'état de sa tenue. Ce n'est pas ce que je porte en public normalement ?

— Pour tes cours de yoga uniquement.

— Je suis en train de changer, déclara la jeune femme avec une nouvelle détermination dans la voix, en se dirigeant vers la porte.

Il admira le léger balancement de ses hanches sveltes tandis qu'elle marchait.

— Ça me va, murmura-t-il. Ça a du bon, le changement.

Alex ne cessait de le surprendre. Même s'ils n'en avaient jamais vraiment discuté, il savait qu'Alex n'aurait auparavant jamais quitté son appartement dans une tenue si décontractée, à moins de se rendre à son cours de yoga. Et elle se serait maquillée nettement plus.

Alors qu'ils descendaient rejoindre son véhicule, il scruta attentivement les environs. Il ne pensait pas qu'ils étaient en danger mais se sentait observé.

Quelques minutes plus tard, Alex était confortablement installée face au portraitiste, qui la fit patiemment répéter ce dont elle se souvenait. Elle put lui donner une description assez précise de l'homme qu'elle avait vu.

— Ce visage ne me dit rien. Il ne doit pas être du coin, déclara l'inspecteur Whitmire en étudiant le portrait final. Mais je vais voir ce que je peux faire.

Il releva brusquement la tête en entendant le bruit grossier de quelqu'un aspirant le fond d'un cappuccino glacé avec une paille.

— Excusez-moi, dit Alex avec un sourire contrit, avant de jeter son gobelet vide dans la poubelle.

— Comment as-tu fait, en seulement quelques jours ? demanda discrètement l'inspecteur Whitmire à Dylan sans qu'Alex puisse entendre.

— Fait quoi ?

— D'après les collègues, Mme Spencer est une femme très méticuleuse et extrêmement conventionnelle, expliqua-t-il en faisant un léger signe de tête en direction d'Alex. Quelqu'un qui veut toujours faire bonne impression en toute circonstance.

Dylan haussa les épaules.

— Bah, c'est vendredi, veille de week-end, répliqua-t-il. Pourrais-tu m'appeler si tu as des informations concernant ce portrait ?

— Bien sûr.

Il regarda Alex.

— Je dois aller voir le lieutenant. Je reviens dans un instant.

Quand il entra dans le bureau de son supérieur, ce dernier lui lança un regard qui ne présageait rien de bon.

— Vous m'avez laissé un message pour me dire que vous vouliez me voir, monsieur.

— J'ai cru comprendre que Mme Spencer a vu l'homme qui l'avait sans doute agressée et qu'elle nous en a donné une description. Et qu'au moment où elle avait vu cet homme, vous l'aviez pris en chasse.

Dylan se balança d'un pied sur l'autre.

— C'est exact, monsieur.

— Même avec la description de cet homme, nous n'avons pas assez d'éléments pour pouvoir poursuivre cette enquête.

— Dans ce cas, déclara-t-il immédiatement, j'aimerais prendre quelques jours de congé. Il n'est pas question que je la laisse seule, lieutenant.

Le lieutenant Adams sourit.

— Je me doutais que vous répondriez cela. Mais vous avez bien conscience que si vous prenez des congés, vous ne serez officiellement plus de service ?

— Pas de problème, affirma Dylan en se levant pour quitter la pièce.

Quand il retourna près d'Alex, il la trouva tendue. Il était clair qu'elle avait hâte de quitter cet endroit.

— Qu'est-ce qui ne va pas ? lui demanda-t-il tandis qu'ils sortaient du commissariat.

Alex secoua la tête.

— Je les ai entendus dire qu'après un laps de temps relativement court, la plupart des affaires restaient irrésolues, et je trouve cela frustrant.

— Après quarante-huit heures, une affaire est généralement

mise de côté, sauf si de nouveaux éléments apparaissent, admit-il. C'est la procédure habituelle.

— Pas quand il s'agit de ma sécurité ! s'écria-t-elle.

Elle tourna les talons et commença à descendre la rue.

Dylan mit une seconde pour comprendre qu'elle était sur le point d'exploser. Conscient qu'il allait au-devant du danger, il se hâta malgré tout de la rattraper.

— Mais qu'est-ce que tu fabriques ?

Il la saisit par le bras et la fit se retourner.

— Lâche-moi ! s'exclama-t-elle en le frappant subitement avec son sac à main.

Ses joues étaient rouges de colère et elle semblait plus tendue que les cordes d'un violon. Elle paraissait prête pour une de leurs anciennes disputes.

— Tu ne peux pas te promener seule dans les rues.

A la minute où il prononça ces mots, il sut que cela ne lui plairait pas.

Alex plissa les yeux de colère.

— Devine quoi, Parker : je me suis toujours débrouillée seule avant de te connaître, et manifestement ça a aussi été le cas au cours de ces deux dernières années. Retourne dans ton commissariat et va dire au lieutenant que tu es disponible pour une nouvelle affaire. La petite avocate sans cervelle va gérer ça à sa façon.

Elle se retourna et s'apprêtait à s'en aller, quand il l'attrapa de nouveau par le bras et l'attira à lui.

— C'est vrai, Alex, tu as fait du si bon travail en te débrouillant toute seule que des gens te recherchent pour récupérer quelque chose dont tu ne te souviens même pas ! C'est avec ce genre de raisonnement qu'on peut se faire tuer !

Alex inspira profondément, mais sans pouvoir contenir sa colère.

— Tu m'as demandé de faire un choix, et je l'ai fait !

La remarque fit mouche avec une justesse implacable. Il s'en aperçut à la subite raideur de sa mâchoire. Même si Alex ne se souvenait pas de l'origine de cette phrase, lui s'en rappelait. Puis, tout aussi rapidement, il se remit en mode flic.

— Alors, aide-moi, Alex. Parce que si je dois te passer les menottes et te traîner à l'intérieur du commissariat, je le ferai.

— Tu ne peux pas faire ça !

— Cela s'appelle de la détention provisoire, lança-t-il.

— Il me suffira d'appeler Will pour qu'il me libère, menaça-t-elle.

Elle s'approcha de lui jusqu'à ce que leurs nez se retrouvent à quelques centimètres l'un de l'autre.

— Ça y est, j'ai compris. Cela ne m'étonne pas que nous ayons divorcé. C'était à cause de toi, n'est-ce pas ? Toi et ta manie de vouloir tout prendre en charge. Mais je n'ai pas besoin de toi ! Je peux très bien me débrouiller seule, merci !

Elle se libéra de son étreinte et descendit du trottoir.

En une fraction de seconde, il perçut le bruit d'un moteur de voiture qui accélérait. Il tendit le bras et tira Alex en arrière au moment où la voiture klaxonna juste avant de passer à toute vitesse devant eux.

Alex se retrouva dans ses bras, les seins écrasés contre son torse, tandis qu'il la tenait fermement. La jeune femme tremblait. Son souffle irrégulier révélait à quel point elle était bouleversée.

— Respire profondément, Alex, lui recommanda-t-il.

Les oreilles bourdonnantes, il attendit pendant qu'elle suivait ses instructions.

— J'aurais pu mourir, murmura-t-elle. Si tu ne m'avais pas rattrapée, cette voiture m'aurait écrasée !

— Tu n'aurais pas vu la plaque d'immatriculation, par hasard ? demanda-t-il.

— J'étais trop occupée à regarder ma vie défiler devant moi. Euh, Dylan, souffla-t-elle en baissant la voix, tu peux me lâcher maintenant. Les gens nous regardent.

Lentement, il la reposa au sol. Il la tint toutefois par le bras jusqu'à ce qu'il soit sûr qu'elle ne s'évanouirait pas.

— Est-ce qu'elle va bien ? demanda une femme qui avait son téléphone portable collé à l'oreille.

— Oui, tout va bien, affirma Dylan sans quitter des yeux le visage blême d'Alex.

— Je devrais peut-être appeler la police, proposa la femme. Cet imbécile n'a même pas ralenti !

— Je *suis* de la police.

Il se tourna pour lui montrer le badge attaché à sa ceinture.

La femme hocha la tête et s'en alla, poursuivant sa conversation téléphonique.

— Tu ne croiras jamais ce qui vient de se passer ! s'exclamait-elle quelques pas plus loin.

— Au moins, je ne finirai pas dans le journal du soir, remarqua Alex, la gorge serrée. Il faut que je m'asseye.

Il regarda autour de lui et aperçut un bâtiment familier.

— Viens avec moi.

Il lui saisit la main et l'entraîna avec lui.

A l'instant où elle comprit où ils allaient, Alex s'arrêta net.

— On ne peut pas entrer là !

— Pourquoi pas ? dit-il en continuant d'avancer et en la tirant par la main.

— Mais je ne suis pas habillée convenablement pour un tel lieu, protesta Alex.

Dylan roula des yeux.

— Aux dernières nouvelles, ils n'ont pas de code vestimentaire, Al.

— Mais ils n'ont certainement pas envie de voir des clients habillés comme moi.

Il s'arrêta et l'examina longuement de la tête aux pieds.

— Crois-moi, tu es très bien, certifia-t-il d'une voix rauque, tout en l'entraînant vers les marches qui menaient à l'intérieur du Café Dante.

Etant donné l'heure matinale, seuls un couple de clients étaient assis à une table faiblement éclairée dans un coin. Ces deux-là devaient être mariés, mais probablement pas l'un à l'autre.

Au lieu de s'installer à l'une des autres tables qui leur auraient procuré plus d'intimité, il s'avança directement vers le bar. Il sourit à la serveuse, qui lui retourna son salut avec enthousiasme.

— Hé, serveuse, pourrait-on avoir deux cafés bien serrés arrosés de whiskey ? lança-t-il en désignant à Alex un tabouret et en s'asseyant sur celui d'à côté.

Céleste Dante haussa les sourcils.

— N'est-ce pas un peu tôt pour commencer les boissons fortes ?

Elle reconnut alors Alex et remarqua son regard hébété. Aussitôt, elle remplit deux tasses de café et les compléta avec une bonne dose de whiskey.

— Que s'est-il passé ?

— Alex a oublié les règles de base, à savoir regarder des deux côtés avant de traverser. Un idiot a failli la renverser, dit-il laconiquement.

— Ah oui, c'est vrai ! se souvint Alex, qui essayait de s'accrocher à n'importe quoi qui ait un air de normalité. Dylan m'a dit que vous étiez mariée à Luc Dante.

— Effectivement. Je travaille parfois ici pendant mes jours

de congé. De cette façon, je peux garder un œil sur mon mari, expliqua-t-elle en souriant.

— Comme s'il allait te tromper, se moqua Dylan.

Alex but son café et toussa quand elle sentit le whiskey lui brûler la gorge.

— Etes-vous sûre qu'il y a du café là-dedans ? s'exclama-t-elle, le souffle court, tandis que Dylan lui tapotait le dos.

— Il y en a assez pour qu'on puisse le qualifier de café, assura Céleste en se versant elle-même une tasse, mais sans alcool. Après tout ce qui s'est passé, crois-tu que cet incident ait un lien avec votre affaire ?

— C'est difficile à dire, d'autant plus que le conducteur a klaxonné en signe d'avertissement avant de débouler, ronchonna le policier. Mais on n'a pas pu relever le numéro de la plaque.

Céleste saisit le téléphone sans fil posé derrière le bar et le tendit à son coéquipier.

— Si tu ne l'appelles pas et qu'il l'apprend par quelqu'un d'autre, tu n'as pas fini d'en entendre parler.

Dylan réprima un juron. Il s'apprêtait à prendre le combiné qu'elle lui tendait, quand son propre portable se mit à sonner. Il regarda le numéro de l'appelant, articula silencieusement le nom d'Alan Whitmire et décrocha. Son humeur s'égaya au fil de la conversation téléphonique. Quand il raccrocha, il avait le sourire jusqu'aux oreilles.

— Nous avons finalement une piste grâce aux empreintes relevées sur ta valise, apprit-il à Alex. As-tu déjà entendu parler d'un certain Léonard Hart ?

Elle ouvrit de grands yeux et secoua la tête.

— C'est lui qui m'a attaquée ?

— Il peut prétendre le contraire, mais il pourra difficilement expliquer la présence de ses empreintes sur ta valise, assura Dylan. On tient le bon bout, chérie.

Elle poussa un cri de joie et se pencha vers Dylan pour l'embrasser chaleureusement.

Il lui glissa un bras autour de la taille.

— Je devrais t'apporter de bonnes nouvelles plus souvent, murmura-t-il.

Elle lui sourit, les yeux brillants.

— Je suis sûre que tu trouveras quelque chose.

La voix de Dylan se fit pleine de promesses.

— Pour ça, tu peux me faire confiance, chérie.

— Imbécile ! Tu as failli la tuer, s'écria Léonard.

Il sortit une cigarette du paquet qu'il gardait toujours dans sa poche de chemise et l'alluma.

— Comment aurais-je pu deviner que la pédale de l'accélérateur resterait coincée au moment où elle passerait devant moi ? se défendit son partenaire.

— Maintenant, il va aussi falloir qu'on se débarrasse de cette voiture, maugréa-t-il en se demandant s'il était possible de faire un ulcère en une seule soirée.

— Tu crois qu'il faut qu'on en parle au patron ?

— Tu plaisantes ? Tu sais ce qu'il va nous faire s'il l'apprend ? Il faut juste qu'on arrive à pénétrer dans le bureau de cette femme.

Et il espérait qu'ils y arriveraient avant que ce boulot ne finisse par le tuer.

9

Le café corsé de Céleste aurait dû l'exciter, mais Alex se sentait apaisée sous l'effet du whisky. Elle était contente que Dylan lui ait proposé de s'asseoir à une table. Elle pouvait enfin s'adosser confortablement.

La nouvelle qu'ils venaient d'apprendre la réjouissait. Dylan était toujours au téléphone, en train de raconter à l'inspecteur Whitmire l'incident de la voiture. Même si ce dernier considérait l'événement comme une simple coïncidence, l'identification des empreintes sur sa valise la remplissait d'espoir. Elle aurait juste voulu que le nom que Dylan lui avait donné lui soit familier.

Elle tourna la tête et étudia Céleste, vêtue d'un chemisier blanc en soie et d'un pantalon noir sur mesure, l'uniforme des serveurs du Café Dante, en conversation avec Luc Dante. Les cheveux blonds coupés court de la jeune femme encadraient son visage délicat et faisaient ressortir ses yeux bleus.

Elle se souvenait avoir rencontré à plusieurs reprises le propriétaire du restaurant, quand elle venait déjeuner avec un client. Son charme devait attirer beaucoup de femmes, mais il ne faisait aucun doute qu'il était fou amoureux de son épouse. Quant à elle-même, elle préférait les hommes… comme Dylan, s'avoua-t-elle en toute honnêteté.

Elle se souvint alors qu'il avait été à elle mais qu'elle avait renoncé à lui.

En voyant ce couple si amoureux, Alex fut prise de nostalgie et repensa au journal rangé dans le tiroir de sa table de nuit. Elle n'avait toujours pas fini de le lire. Elle savait quelle serait la réaction de Dylan s'il apprenait l'existence de ce document. Il lui avait déjà suffisamment montré ce qu'il pensait de son besoin de tout savoir.

Elle décida de se contenter pour l'instant de profiter de son café au whiskey et de son assiette de champignons frais au bacon. Elle voulait vivre quelque chose de normal, même si ce n'était que pour une heure ou deux. Elle leva sa tasse de café et but le liquide chaud à petites gorgées.

Malgré tout ce qui s'était passé aujourd'hui, elle fut surprise de constater qu'elle pouvait rester assise là, se détendre et même passer un bon moment. Elle regarda Dylan et fut récompensée par un sourire, qui lui réchauffa le cœur.

C'était ce magnifique sourire plein de chaleur qui l'a attirée chez lui en premier. Qu'avait-il bien pu se passer pour qu'ils s'éloignent à ce point ?

Si Dylan avait entraîné Alex au Café Dante, c'était pour qu'ils se retrouvent dans un endroit tranquille au cas où elle s'effondrerait. Après ce qu'elle venait de vivre, il aurait tout à fait compris. Il savait que Céleste y travaillait aujourd'hui et était prêt à faire face aux questions qu'elle ne manquerait pas de poser.

Il fut soulagé de voir le visage d'Alex reprendre quelques couleurs à mesure qu'elle mangeait l'assiettée de champignons que Luc avait posée devant elle.

Il l'observa, prenant conscience que la femme qui se tenait

devant lui n'était pas celle qu'il avait rencontrée, dont il était tombé amoureux et avec qui il s'était rapidement marié. En revanche, c'était précisément celle qui hantait ses rêves depuis qu'il dormait seul. Le lit qu'ils avaient acheté ensemble était le premier meuble dont il s'était débarrassé, mais malgré cela il ne parvenait toujours pas à dormir convenablement. A cet instant, il regardait une femme douce et amusante dont il pourrait facilement retomber amoureux.

« Ne t'enfonce pas là-dedans de nouveau, se dit-il. Regarde ce qui t'est arrivé la dernière fois. »

— Whitmire pense qu'il s'agit d'une coïncidence, hein ? intervint Céleste.

— Je pense qu'il aurait préféré qu'on relève la plaque d'immatriculation voire la marque du véhicule, répliqua Dylan.

La jeune femme se tourna vers Alex.

— Au fond de vous, pensez-vous que c'était un acte délibéré ?

Alex regarda au loin.

— Non, répondit-elle finalement. En dépit de tout ce qui est arrivé, je ne crois pas. A mon avis, il ne s'agit que d'un conducteur inattentif.

Céleste acquiesça comme si elle comprenait.

— Je ferais mieux de retourner au bar, dit-elle. Pourquoi ne restez-vous pas dîner ?

Elle toucha légèrement l'épaule d'Alex avant de poursuivre :

— Surtout, Alex, n'oubliez pas que vous êtes une femme forte. J'imagine qu'on vous l'a déjà dit, mais peu importe comment vos troubles de mémoire évoluent, essayez de voir ça comme une deuxième chance. Et peu d'entre nous ont droit à une deuxième chance dans leur vie. Bon, je vais vous faire préparer une table à l'écart.

Elle décocha à Dylan un regard plein de sous-entendus avant de s'éloigner vers la salle du restaurant.

— Tu vois, je t'avais bien dit de ne pas t'en faire pour ta tenue vestimentaire, plaisanta-t-il.

Il se releva et aida Alex à se mettre debout quand on vint leur annoncer que leur table était prête.

— Vous aurez un peu plus d'intimité ici, leur dit Luc en les conduisant vers une table située dans un angle.

Une serveuse ne tarda pas à leur amener une corbeille de petits pains chauds au levain et du beurre à l'ail, ainsi qu'une bouteille de vin offerte par la maison.

— Il faudrait que je t'amène ici plus souvent, observa-t-il en souriant une fois qu'ils se retrouvèrent seuls. En général, ils essaient de me reléguer à une table près de la cuisine. J'ai longtemps suspecté Céleste d'être derrière tout ça.

Il regarda la jeune femme de plus près.

— Comment te sens-tu ? Pas de contrecoup après cet incident ?

Alex secoua la tête avant de reposer la carte.

— Non. En réalité, la dernière demi-heure m'a même paru plutôt agréable. Mais j'ai quand même pris une résolution, l'informa-t-elle. J'ai décidé que je ne voulais plus vivre d'aventures. Demain matin au réveil, j'ai l'intention de commencer une nouvelle vie bien tranquille.

— Chérie, c'est ce à quoi nous aspirons tous. Malheureusement, ce n'est pas comme ça que ça marche, dit Dylan en levant la tête quand la serveuse s'approcha. Tu as choisi ?

— Je crois que je vais prendre l'agneau braisé dans sa marinade à l'orange, accompagné d'une salade aillée.

— Et moi, je prendrai les côtelettes de porc épicées nappées de goyave sur un lit de salade avec une sauce Catalina, annonça-t-il à la serveuse, avant de se tourner vers Alex. Tu sais qu'au cours de ces derniers jours, tu as mangé autant que ce que tu avais l'habitude de manger en plusieurs semaines ?

— On change quand on voit la mort de près. C'est terminé pour moi, les aliments sans graisse. Je n'aurai qu'à passer un peu plus de temps dans la salle de sport, affirma-t-elle en prenant un petit pain et en le tartinant joyeusement de beurre.

Il lui rendit son sourire.

Leur dîner commençait à prendre la tournure d'un rendez-vous sentimental. Les lumières tamisées parvenaient à dissimuler les coupures et les bleus sur le visage d'Alex et elle arborait une expression décontractée et joyeuse qu'il lui avait rarement vue auparavant. Quand il l'avait rencontrée pour la première fois, c'était de l'avocate carriériste qu'il était tombé amoureux, sans penser aux conséquences futures qui allaient finir par les déchirer. Mais la jeune femme qu'il découvrait aujourd'hui ne semblait avoir aucune envie de parler de son travail ni du nombre d'heures qu'elle allait pouvoir facturer à la fin du mois.

Au fond de lui, il aurait aimé qu'Alex ne se rappelle jamais les années qu'elle avait oubliées. Il se sentait prêt à recommencer à zéro avec cette nouvelle Alex. Toutefois, il savait qu'il vivrait alors avec la crainte qu'elle apprenne la vérité sur la nature de leurs relations au moment de leur divorce. Et il ne pouvait pas empêcher les rumeurs de se colporter. Si Alex ne retrouvait pas toute sa mémoire, il serait finalement contraint de lui donner sa propre version des faits. Avec un peu de chance, il était possible qu'elle ne le déteste pas tout à fait.

Mais pour le moment, il était résolu à ne pas laisser ces pensées le tourmenter. Il voulait profiter de ce moment avec elle comme s'il s'agissait d'un rendez-vous entre amoureux.

Au cours du repas, elle lui donna plusieurs morceaux de son agneau, et il lui offrit en retour de goûter sa compote de goyave.

— Il te reste une petite place pour la suite ? demanda-t-il

en la voyant jeter des coups d'œil envieux en direction du chariot à desserts.

— Absolument, affirma-t-elle en plantant sa fourchette dans une pomme de terre aux herbes. Allez, Dylan, dis-moi ce que tu as fait pendant ces deux années. As-tu eu une relation sérieuse ou fait quelque chose d'excitant ?

Il crut qu'elle le taquinait, jusqu'à ce qu'il perçoive la sincérité de son regard.

— Personne de sérieux, admit-il. Et rien d'excitant. Ah si, je suis juste allé en Alaska avec des collègues, l'an dernier, pour pêcher le saumon.

— Et tu as attrapé quelque chose ?

— Il me reste toujours quelques énormes tranches de saumon dans le congélateur. C'était un voyage magnifique, mais j'ai découvert que mon estomac ne supporte pas le transport en bateau.

Il perçut une légère nostalgie dans l'expression de la jeune femme.

Serait-il parti s'ils avaient encore été mariés l'an dernier ? La plupart des gars qui étaient du voyage étaient mariés, et leurs femmes avaient préféré rester à la maison. Mais ce n'était pas une bonne idée de commencer à faire des suppositions. Il savait que c'était un chemin dangereux qu'il ferait mieux d'éviter.

— Mais sinon, c'était un voyage fantastique, termina-t-il.

Alex n'en avait toutefois pas fini avec Dylan. Elle l'interrogea sur les affaires sur lesquelles il avait travaillé au cours des deux dernières années, et il mentionna la croisière de ses parents en Australie l'année précédente. Quand ils arrivèrent au dessert, il lui avait tout raconté, sauf ce qui concernait leur divorce.

Elle ferma les yeux de plaisir en savourant la première

bouchée de son dessert, un gâteau au chocolat blanc et à la framboise.

— Goûte-moi ça.

Elle se pencha sur la table avec un morceau sur sa fourchette. Dylan lui prit doucement le poignet et referma les lèvres sur le dessert appétissant.

— Délicieux, murmura-t-il sans la quitter des yeux.

Il fit de même avec son cheesecake au praliné et aux amandes.

— Je crois qu'il va falloir que tu me fasses rouler pour que l'on sorte d'ici, plaisanta-t-elle pendant que Dylan demandait l'addition.

— Je vais voir si je ne peux pas trouver un chariot, la taquina-t-il, tandis que Luc s'approchait de leur table.

— C'est offert par la maison, leur dit Luc avec un sourire qui réchauffait ses traits d'habitude sévères. D'après Céleste, vous en aviez besoin.

Il se tourna alors vers elle.

— Après tout ce que vous avez traversé, à mon avis, vous en aviez davantage besoin que Dylan. Vous devriez venir ici plus souvent. Et vous n'avez pas besoin de l'amener avec vous.

— Vous savez quoi ? Tout le monde me dit ça, dit-elle avec un large sourire. Merci, Luc.

Quand ils sortirent du restaurant, elle réalisa que la nuit était tombée. Les lampadaires rétro qui ponctuaient les trottoirs éclairaient la zone avec gaieté. Les portes des magasins étaient ouvertes pour inciter les passants à entrer et regarder.

— Tu veux qu'on se balade un peu avant de reprendre la voiture ? demanda Dylan, comme s'il percevait son désir de prolonger encore un peu le charme de la soirée.

Elle hocha la tête.

— Avec plaisir.

Il passa son bras autour de ses épaules, et ils descendirent la rue ainsi, leurs hanches se frôlant agréablement.

Elle fut soulagée de constater qu'elle se souvenait de la plupart des magasins de la rue. Vu tout ce qu'elle avait déjà oublié, elle avait craint de ne pas reconnaître cet environnement autrefois familier.

Après avoir passé son examen d'avocate, elle avait prévu de travailler à San Francisco et avait même envisagé quelques offres intéressantes. Mais celle de Will Zane était la plus alléchante, même s'il fallait quitter la ville pour cela. Il lui avait expliqué que bon nombre de ses clients avaient besoin de l'aide d'un avocat d'affaires. Il lui offrait une opportunité qu'elle n'aurait jamais eue dans un plus grand cabinet. Elle n'avait jamais regretté sa décision. En réalité, en travaillant dans cette petite société, elle espérait devenir rapidement une des associés et se concentrait sur cet objectif.

« Tu dois choisir, Alex. »

Elle s'arrêta net en entendant les mots résonner dans sa tête.

Dylan s'immobilisa à son tour et la regarda, avant de tourner la tête vers la vitrine du magasin qu'elle fixait distraitement. Il lui donna un petit coup d'épaule.

— Je ne savais pas que tu t'intéressais aux articles de sport à collectionner, dit-il. Qu'est-ce que tu préfères ici ? Le ballon de foot dédicacé ou les cartes à échanger ?

— Quoi ? murmura-t-elle en levant les yeux. Euh, non, j'étais juste perdue dans mes pensées.

Elle s'apprêtait à avancer, mais Dylan la força à s'arrêter.

— Qu'est-ce qui ne va pas, Alex ? demanda-t-il d'une voix si douce qu'elle manqua craquer.

Elle secoua la tête. Tant qu'elle ne comprendrait pas la signification exacte de ces mots, elle refusait de se confier à lui.

— Il s'est passé tant de choses, dernièrement. Et cette soirée semble si normale que cela me perturbe, mentit-elle.

— Tu as bien mérité de passer un moment sans penser à cette histoire.

La tirant par la main, il reprit le chemin en sens inverse pour rejoindre sa voiture devant le commissariat. Il secoua la tête avec un air faussement préoccupé.

— Nous devrions rentrer chez toi. Qui sait quelles bêtises Clarence aura pu faire pendant notre absence. Il a peut-être organisé une soirée avec tous les chats du quartier ?

— Tu es bête, rit-elle en le bousculant gentiment.

— Mais ravi de te faire rire.

Quelques minutes plus tard, Dylan gara sa voiture sur l'emplacement réservé aux visiteurs de l'immeuble.

— Ça m'a l'air assez calme, commenta Alex tandis qu'ils montaient les escaliers. Clarence a sûrement décidé de passer une soirée tranquille à la maison, finalement.

— A moins qu'ils ne nous aient entendus arriver et qu'ils aient tous filé par derrière.

Il attendit qu'elle fasse son code pour ouvrir la porte.

— Et ils ont même nettoyé l'appartement, plaisanta-t-elle en entrant.

Clarence était allongé sur le dossier du canapé, endormi. Il ne bougea pas à leur arrivée.

— Regarde-moi ça ! Il ne fait même pas semblant d'être un bon chat de garde.

La jeune femme posa son sac sur la console et enleva ses sandales avant de se diriger vers la cuisine.

— Peut-être qu'il s'entraîne pour passer incognito.

Par habitude, Dylan vérifia les fenêtres et passa les autres pièces en revue, s'arrêtant longuement sur le seuil de la chambre d'Alex.

— Nous avons de la chance, ils n'ont pas touché à la bouteille de vin. Tu en veux un verre ? demandait Alex depuis la cuisine.

— Pourquoi pas.

Il retourna vers la pièce principale et la trouva assise sur la terrasse.

Sur la petite table brûlait une bougie parfumée qui dégageait une agréable odeur de vanille. Une bouteille de vin et deux verres l'accompagnaient. Les lumières qui éclairaient les terrains de tennis et le chemin procuraient un éclairage distant. Alex était affalée sur la chaise, le cou sur le dossier, les jambes croisées étendues sur la balustrade. La brise du soir ébouriffait légèrement ses cheveux.

— Je t'ai servi un verre, dit-elle en faisant paresseusement un signe de la main vers la table.

— J'espère que tu n'essaies pas de me soûler, plaisanta-t-il en s'asseyant sur la chaise à côté d'elle et en saisissant son verre de vin.

— J'aurais juré avoir vu quelqu'un rôder dans les arbustes près des terrains de tennis, dit-elle en montrant la direction avec son verre à la main.

Comme elle ne semblait pas inquiète, il répliqua :

— Etait-ce le cas ?

— Non, ce n'était qu'un chien. Dis-moi, pourquoi est-ce que tu ne t'entends pas avec l'inspecteur Whitmire ?

Il poussa un soupir théâtral.

— C'est une histoire très triste. Il s'est vexé au cours du tournoi de base-ball de la police, l'été dernier. Whitmire n'est pas un très bon joueur, mais il se comporte comme s'il l'était. J'ai juste dit que s'il devait passer batteur, nous ferions mieux de déclarer forfait tout de suite et d'aller nous rhabiller. Il s'est énervé, et j'ai fini aux urgences avec une commotion cérébrale. Fin de l'histoire.

Il accompagna ses propos d'un haussement d'épaules.

Alex secoua la tête.

— Tu n'apprendras donc jamais.

— Détrompe-toi. Je suis resté assis aux urgences en suppliant que quelqu'un m'achève pour mettre fin à mes souffrances. Et pendant ce temps, Céleste me hurlait dessus.

— Et comment a fini Whitmire ? demanda-t-elle.

Il prit la bouteille de vin.

— Laisse-moi remplir ton verre, dit-il en se penchant en avant.

Elle posa rapidement sa main sur le dessus du verre pour l'en empêcher.

— Qu'est-il arrivé à l'inspecteur Whitmire, Dylan ?

— Laisse-moi tranquille, Al. Je n'ai aucune envie de t'entendre parler comme ma mère, maugréa-t-il sans la regarder. Il n'a pas eu une seule égratignure. Satisfaite ?

Elle posa son menton sur sa main.

— Vraiment ? Y a-t-il une vidéo ?

— Connaissant les gars, on peut sûrement la trouver sur un site web quelconque.

— Ça tombe bien, j'adore ce genre de divertissement, dit-elle avant de voir son expression étonnée. Quoi ? Tu ne peux pas prétendre que je n'aime pas les distractions, car je sais que c'est faux.

— Si, bien sûr, à condition qu'il s'agisse d'une exposition d'art ou d'un concert à San Francisco. Tu n'as jamais vraiment aimé aller au cinéma, sauf pour voir des films en version originale sous-titrée.

Contrariée, Alex fronça les sourcils.

— Je ne comprends pas. Je ne me souviens pas d'avoir été snob. Cela dit, je ne remets pas en question tes dires.

Elle prit son verre de vin et but une gorgée.

— Il y a une chose que j'ai remarquée et qui me tracasse plus encore que le reste. Tout le monde est au courant de ce qui m'est arrivé. J'ai même fait la une du journal. Mais depuis, je n'ai pas reçu le moindre appel téléphonique ou e-mail de la part d'un ami pour prendre de mes nouvelles. J'imagine que mon état de santé n'intéresse personne.

Sa voix se perdit dans un murmure. Elle reposa son verre de vin sur la table.

— Je ferais mieux d'arrêter. Je commence vraiment à devenir pathétique.

— Tu t'es toujours concentrée sur ta carrière en laissant de côté ta vie sociale, expliqua-t-il prudemment en posant également son verre.

Alex se tourna vers lui.

— Je t'en prie, Dylan, raconte-moi comment j'étais au cours de ces deux dernières années ! l'implora-t-elle. Nous avons bien dû nous voir quelque fois.

Il évita la question tout comme son regard.

— Nous nous sommes rarement vus, en fait. Nous étions très pris par notre travail.

— Nous n'avons jamais rediscuté de nous après le divorce ? s'étonna-t-elle en s'affalant de nouveau sur sa chaise.

La lueur de la bougie projetait une lumière douce et chaude sur son visage. Dylan sut qu'il ne pourrait pas supporter de voir son visage triste plus longtemps.

Il se leva et s'avança vers elle.

Alex laissa échapper un petit cri de surprise quand il se pencha pour la prendre dans ses bras. Il s'assit ensuite sur la chaise de la jeune femme et l'installa sur ses genoux, ses bras autour de sa taille.

— Arrête de te préoccuper du passé, Alex. Tu voulais

reprendre une vie normale, tu te souviens ? Alors on va rester assis là et profiter de la soirée.

— Très bonne idée, acquiesça-t-elle.

Il l'aida à se mettre dans une meilleure position et posa son menton sur sa tête. Il respira le parfum diffus de citron que dégageaient les cheveux d'Alex, balayés par le vent du soir. Son contact chaud et familier lui rappela les soirées qu'ils passaient ensemble, allongés dans le hamac qu'il avait installé entre deux arbres du jardin. L'un contre l'autre, ils s'amusaient à compter les étoiles ou à faire des vœux dès qu'ils apercevaient une étoile filante. Parfois, ils se déshabillaient et faisaient l'amour dans l'obscurité. C'étaient les nuits dont il se souvenait le mieux. Et avec Alex dans ses bras de nouveau, il sentait la tentation se réveiller en lui…

Alex pencha la tête de côté et lui offrit son sourire le plus charmeur. Elle se releva légèrement et passa sa jambe sur le côté pour se retrouver assise à califourchon sur lui. Puis elle fit courir ses doigts le long du col de sa chemise.

— Tu ne trouves pas ça dommage de ne pas profiter pleinement d'une superbe lune comme ce soir ? murmura-t-elle en suivant avec son index la courbe de son oreille.

Il eut l'impression que la température avait subitement grimpé de plusieurs degrés. Il la saisit par la taille pour l'empêcher de le rendre encore plus dingue.

— Euh, Alex, j'espère que ce n'est pas le vin qui te fait parler ainsi. Nous devons garder les idées claires, là.

Elle lui adressa un sourire dévastateur qui acheva de l'étourdir.

— Je ne permettrai jamais à l'alcool de parler pour moi, Dylan. Ma mémoire est peut-être en mauvais état, mais je peux t'assurer que tout le reste fonctionne parfaitement bien.

L'arôme délicat de son parfum et ce sourire lui rappela tout ce que ces lèvres étaient capables de faire.

— Oui, j'ai vu ça.

Il s'efforçait de garder la tête froide malgré les images érotiques d'Alex et de lui qui se formaient dans son esprit, mais il avait les mains posées juste sous sa poitrine. Il les remonta légèrement jusqu'à ce qu'il atteigne la courbe de ses seins.

— Dylan… je commence à croire qu'il vaudrait mieux que je ne me souvienne pas de ces années, dit doucement Alex. Je pourrais recommencer à zéro, reprendre une nouvelle vie… ou une ancienne.

Quand elle se pencha vers lui pour poser délicatement ses lèvres sur les siennes, il perçut un goût de chocolat et de framboise mêlé au vin qu'elle venait de boire.

L'espace d'un instant, il lui retourna son baiser, redécouvrant avec bonheur la saveur et la sensation soyeuse de sa bouche, ignorant délibérément la voix dans son cerveau qui lui criait des choses comme : « Attends une minute ! Mauvaise idée ! Tu es son garde du corps, pas son amant ! »

C'est le mot « amant » qui retint son attention.

Il n'avait pas eu tant de liaisons que cela depuis son divorce, malgré ce qu'en pensaient les gens. Les quelques femmes avec qui il était sorti savaient qu'il ne recherchait rien de sérieux et ne leur ferait aucune promesse. La seule femme qui avait touché son cœur était précisément celle qui l'avait réduit en miettes. Il n'était pas sûr de vouloir reprendre un tel risque.

Mais relevant la tête, il découvrit dans l'expression d'Alex une sincérité qu'il ne lui avait jamais vue auparavant.

Il prit sa tête dans ses mains.

— Ne change pas tout d'un seul coup dans ta vie, Alex. Prends le temps qu'il faut.

Elle secoua la tête.

— Cela n'a rien d'un caprice, Dylan. Je ne me souviens pas des mauvais moments que nous avons traversés. Je ne me rappelle que des bons. Est-ce mal de vouloir revivre ça ?

Ne peux-tu pas oublier ces deux dernières années, juste pour cette nuit ?

Il perçut nettement le désir dans sa voix et réalisa ce qu'Alex était en train de lui demander. Mais elle ne comprenait pas véritablement ce que cela impliquait.

— Dylan ! murmura-t-elle en effleurant ses lèvres avec les siennes, avant de suivre la courbe de sa bouche avec sa langue. Dylan !

Elle lui passa la main dans les cheveux et tourna la tête, le temps de souffler la bougie. Une odeur de vanille s'attarda dans l'air.

Il l'attira à lui et saisit sa bouche avec une avidité qu'il n'avait pas ressentie depuis deux ans. Il pourrait toujours se traiter d'idiot demain matin.

Il l'aida à se débarrasser de son haut et le jeta par terre. Du bout des doigts, il suivit la ligne de son soutien-gorge en dentelle pour le lui dégrafer dans le dos. Elle se cambra avec une grâce féline quand ses mains se mirent à lui caresser les seins.

— C'est magique, murmura-t-il, la bouche collée à celle d'Alex. Ça l'a toujours été.

Il se perdit dans le goût, l'odeur, la sensation d'Alex dans ses bras. Sans parler de la façon si intime dont elle était assise sur ses genoux. Il laissa ses mains descendre le long de sa taille, attirant légèrement le corps de la jeune femme vers le renflement notable de son jean. Son étreinte se resserra au niveau de ses hanches. Il la souleva légèrement, puis la reposa contre lui. Elle gémit doucement et se cambra davantage, provoquant une réaction immédiate de sa part.

— Cette terrasse est très intime, dit-elle d'une voix haletante.

Elle sortit les pans de sa chemise de son jean et passa ses mains sous le tissu en coton. Puis, le sourire aux lèvres, elle lui retira sa chemise et la laissa tomber à terre, à côté de la chaise.

— Pas de voisin voyeur ? demanda-t-il.

Il avait du mal à penser à autre chose qu'à la sensation soyeuse de ses seins sur son torse. Il passa la main dans la chevelure de la jeune femme. La lueur du clair de lune donnait à son visage et à ses épaules nues un côté surnaturel.

— Si je voulais, je pourrais me faire bronzer nue ici, et personne ne verrait le moindre centimètre carré de mon corps, murmura-t-elle.

Il pouvait voir la lueur émeraude qui brillait dans ses yeux, ainsi que la légère rougeur qui teintait sa peau et qu'il savait être le signe de son excitation grandissante.

Ses mains toujours dans les cheveux de la jeune femme, il l'attira plus près de lui pour l'embrasser avec passion. Sa langue entrouvrit ses lèvres et explora sa bouche, sentant le vin qu'elle avait bu et la saveur épicée de son désir.

— Dylan, murmura-t-elle en se collant à lui avec une intention marquée. Je t'en prie.

Il songea combien il serait facile d'ôter son propre pantalon et celui de la jeune femme pour finir ce qu'ils avaient commencé. Il ne faisait aucun doute que c'était ce que voulait Alex.

Seulement il y avait un problème : le moment était mal choisi.

Il continua de l'embrasser sans prendre d'autre initiative.

Quand Alex comprit qu'il n'irait pas plus loin, elle s'arrêta.

— Est-ce parce que nous sommes divorcés ? Ou bien parce que tu ne ressens rien de plus qu'une réaction virile normale à mon égard ? demanda-t-elle.

— Ce n'est pas le bon moment, Alex, mais pas pour les raisons que tu crois, répondit-il calmement. Tu as vécu pas mal de choses en peu de temps. Le sexe ne ferait qu'embrouiller la situation encore davantage. Est-ce que c'est vraiment ce que tu veux ?

Elle se releva avec lenteur, ramassa sa chemise et la lui jeta sur les genoux. Puis elle remit son haut.

Il fut déçu de voir sa peau de porcelaine disparaître sous le tissu. Il avait beau se dire que c'était la chose la plus sage à faire, cela ne rendait pas la situation plus facile pour autant.

— Regarde tout ce qui s'est passé aujourd'hui, lui rappela-t-il. D'un point de vue émotionnel, tu as subi beaucoup d'épreuves, et c'est ta manière de réagir. Je ne veux pas que tu aies à regretter quoi que ce soit et que tu finisses par me haïr.

Elle sembla réfléchir à ses propos.

— Est-ce que cela a quelque chose à voir avec mes trous de mémoire ?

— En partie, admit-il. Tu es vulnérable en ce moment, Alex. Je ne veux pas en profiter.

Il jura intérieurement quand il vit l'expression de la jeune femme passer du désir à l'abattement. En une fraction de seconde, elle parvint à dissimuler ses émotions et à arborer une façade indifférente.

— Tu as raison, admit-elle. La journée a été longue et riche en émotions. Je suis fatiguée. Je vais aller me coucher.

— Je débarrasserai, lui dit-il alors qu'elle s'apprêtait à ramasser la bouteille de vin et les verres.

Elle hocha la tête et rentra.

Il saisit la bouteille de vin et en but une pleine gorgée.

Il n'y avait rien de plus horrible que d'essayer d'être un satané gentleman.

Alex se tenait debout sous la douche, le dos tourné vers le jet pour que Dylan ne l'entende pas pleurer. Elle n'aurait jamais cru pouvoir souffrir autant. Elle ne sortit que quand elle fut sûre que ses hoquets avaient cessé.

Elle enfila un pyjama lilas et se lova sous les couvertures, le corps replié en position fœtale.

Dylan avait eu envie d'elle, elle n'en doutait pas. Ses baisers passionnés avaient réveillé en elle des souvenirs torrides. Elle en avait éprouvé un tel plaisir qu'elle avait voulu aller plus loin. Mais il l'avait repoussée sous prétexte que ce n'était pas le moment. Pourquoi l'avait-il rejetée ?

Elle roula sur le côté, et son regard se posa sur la table de nuit. Mais après avoir lu ses regrets concernant leur divorce, elle savait qu'elle n'était pas prête à en connaître davantage.

Elle n'avait jamais réalisé qu'un coup à la tête pouvait vous bouleverser la vie à ce point. Et maintenant, elle espérait trouver un moyen de réparer les choses avant qu'il ne soit trop tard pour Dylan et elle. Elle avait l'impression qu'il était presque prêt à prendre un nouveau départ, et elle avait bien l'intention de saisir sa chance.

— Je *peux* le reconquérir, murmura-t-elle. Je *peux* lui montrer que j'ai changé.

Elle jeta un œil sur la table de chevet et, étirant son bras, toucha le tiroir où était rangé son journal intime. Elle effleura la poignée, mais se ravisa et glissa sa main sous les draps.

Il fallait regarder les choses en face, il avait eu raison de la repousser. Ses principes étaient respectables.

Elle éteignit la lumière et ferma les yeux. Elle aurait tout de même préféré qu'il les oublie encore quelques instants.

10

Dylan était persuadé qu'il ne fermerait pas l'œil de la nuit. Il commençait à s'habituer au canapé inconfortable d'Alex. Mais la soirée avait été tumultueuse. Alex avait excité son désir, et cela avait été terrible de la dissuader de faire l'amour sur la terrasse, en plein air.

Le moins que l'on puisse dire, c'est qu'il avait été tenté ! Leurs ébats passés étaient mémorables. Ils avaient toujours été en symbiose à ce niveau-là. Et il était persuadé que si quelque chose s'était passé entre eux ce soir, cela aurait surpassé tout ce qu'ils avaient déjà connu.

Mais non, il avait fallu qu'il joue les gentlemen. Quelle idée ! Il aurait dû capituler et laisser parler ses sens. Et tant pis pour les conséquences au petit matin.

— Ça m'apprendra, maugréa-t-il en se retournant.

Il était sur le point de plonger dans un sommeil agité quand un bruit sourd l'avertit qu'il n'était pas seul.

Il s'assit et regarda en direction du couloir sombre qui menait aux autres pièces.

Alex se tenait dans l'encadrement de la porte. L'une des bretelles de son pyjama froissé lui retombait sur le bras. Elle semblait aussi malheureuse que lui.

— Viens par ici, l'invita-t-il doucement.

Elle s'empressa de le rejoindre sur le canapé et s'assit à côté de lui.

— J'ai l'impression qu'on s'est disputés, alors que..., murmura-t-elle pendant qu'une larme roulait sur sa joue. Je ne veux pas me disputer avec toi, Dylan ! J'ai peut-être des trous de mémoire, mais je sais qu'il s'est passé une chose terrible entre nous. J'aimerais me souvenir de ce que c'est pour pouvoir éventuellement la réparer, mais c'est impossible. Pourrait-on au moins essayer de tourner la page ? Crois-tu qu'on pourrait se donner une deuxième chance ?

Il vit l'expression suppliante d'Alex et sut qu'elle était sincère. Il n'en fallait pas plus pour qu'il succombe.

Elle lui briserait de nouveau le cœur, et il ne lui resterait plus qu'à ramasser les morceaux... Ou bien ils trouveraient le bonheur et ne le laisseraient plus échapper.

De son pouce, il essuya la larme sur la joue de la jeune femme.

— Je me laisserais bien tenter par une deuxième chance.

Il la prit sur ses genoux et s'adossa confortablement aux coussins.

Alex émit un soupir de soulagement et se pelotonna contre lui, sa tête sur son épaule.

— Je suis si terrifiée, avoua-t-elle dans un murmure. Je sais que ça peut sembler dingue, mais je ne me sens en sécurité qu'avec toi.

— Tu es une femme forte et courageuse, Alex, assura-t-il en écartant les cheveux de son visage. Tu es capable d'affronter toutes les situations. Regarde comment tu as géré tes pertes de mémoire.

— Je ne me sens ni forte ni courageuse, dans la mesure où je sais qu'il y a un homme en liberté qui m'a déjà fait du mal et a apparemment l'intention de recommencer, dit-elle en enfouissant sa tête dans le creux de son épaule. Quand je regarde autour de moi, je ne vois que des étrangers.

— Je sais que c'est long, mais tu y arriveras, dit-il en lui caressant lentement le dos pour l'apaiser. Tu apprendras à t'adapter et à gérer la situation. J'ai foi en toi, Al.

Elle releva la tête pour étudier son visage.

— C'est vrai ? Tu ne dis pas ça juste pour me remonter le moral ? Tu penses vraiment ce que tu dis ?

— Bien sûr que je le pense, confirma-t-il en prenant le visage de la jeune femme dans ses mains. Tu as toujours eu du cran. Souviens-toi de ce que Céleste t'a dit. Même si ta mémoire ne te revient pas complètement, tu t'en sors très bien.

Elle réfléchit à ce qu'il venait de dire.

— Ce qui signifie que je dois faire des changements dans ma vie, murmura-t-elle.

Il ne put s'empêcher de se demander quels changements elle comptait faire exactement. Il aimait beaucoup cette nouvelle Alex et voulait suivre de près son évolution.

— C'est pour cela que je voudrais qu'on prenne un nouveau départ, ajouta-t-elle rapidement en le regardant droit dans les yeux, comme si elle avait peur de s'arrêter en route. Qu'en dis-tu ?

Il considéra son ex-femme comme s'il ne l'avait jamais vue auparavant et respira la douce odeur de sa peau.

Pour lui, la question ne se posait même pas. Cela faisait longtemps qu'il avait pris sa décision. Il connaissait les risques qu'il encourait, mais en vérité il n'avait jamais cessé d'aimer cette femme. Le temps était passé, avec son lot d'animosités, mais le traumatisme crânien d'Alex avait tout balayé.

Elle avait raison, il était temps qu'ils prennent un nouveau départ.

— Je suis partant.

Le visage d'Alex s'illumina avec un sourire de soulagement.

— Pourquoi ne pas reprendre les choses où nous les avons laissées tout à l'heure ? proposa-t-il.

— Je ne vois pas ce qui nous en empêcherait, souffla-t-elle en posant ses mains sur ses épaules.

— Alors viens par ici, grogna-t-il en l'attirant plus près de lui.

A la minute où sa bouche effleura celle d'Alex, ses sens s'embrasèrent. Et cette fois, il était prêt à y succomber. Il l'enveloppa de ses bras tandis qu'elle s'installait à califourchon sur lui, leurs hanches l'une contre l'autre. Comme elle commençait à onduler, il l'arrêta.

— Doucement, murmura-t-il. Même si cela doit me tuer, on va faire ça en douceur.

Elle passa alors ses bras autour de son cou et lui mordilla gentiment le lobe de l'oreille.

— Ne t'en fais pas, Dylan, j'ai l'intention de te garder en vie, murmura-t-elle sur un ton taquin. Où en étions-nous ?

Sa main descendit lentement le long de son torse nu, s'arrêtant à la hauteur de l'élastique de son boxer. Elle caressa le tissu entourant sa taille, avant d'y glisser un doigt et de tirer légèrement dessus.

Elle baissa la tête puis effleura la courbe de sa mâchoire avec ses lèvres.

— Tout est bien… dur, constata-t-elle avec un sourire coquin.

Nouvelle Alex, nouveau comportement !

Il joua avec la bretelle de son haut de pyjama qui avait glissé sur son bras.

D'un mouvement gracieux, elle haussa l'épaule, se débarrassant ainsi de la bretelle.

Gardant les yeux rivés sur la jeune femme, il lui retira son haut et le jeta par-dessus son épaule.

— Oh, Alex, tu es magnifique ! murmura-t-il en caressant ses épaules nues.

Il ne pouvait s'empêcher de remarquer qu'elle était plus mince qu'à l'époque de leur mariage. De ses doigts, il traça des cercles autour de ses seins, sentant la chaleur de sa peau.

— Tu es toute à moi, souffla-t-il, penchant la tête pour la goûter.

Il éprouvait un plaisir possessif primaire à prononcer ces mots.

— Toute à moi, répéta-t-il en s'emparant de sa bouche.

Il découvrit rapidement qu'il lui était impossible d'agir lentement et doucement, alors qu'Alex mettait tous ses sens en feu. Elle souleva ses hanches pour qu'il puisse lui retirer son bas de pyjama, puis il se releva pour qu'elle puisse faire de même avec son boxer. Il pria intérieurement pour qu'ils prennent davantage leur temps la prochaine fois. Cela faisait trop longtemps pour eux, ils avaient tous deux besoin de ce contact primal.

Il passa ses doigts dans les poils roux et bouclés de son pubis et la trouva humide et réceptive. Il continua de la regarder dans les yeux tandis qu'il glissait ses doigts en elle.

Alex émit un doux gémissement et murmura son nom à mesure qu'il accélérait le mouvement, avant de ralentir pour augmenter son plaisir. Au parfum frais de sa peau se mêla une odeur musquée de femme excitée par son amant. Cela ne le rendit que plus avide d'elle. Quand elle pencha la tête pour s'emparer de sa bouche, il enfonça sa langue entre ses lèvres entrouvertes, imitant ainsi le mouvement de ses doigts. Mais bientôt, cela ne suffit plus. Ils en voulaient plus.

Il s'apprêta à entrer en elle, mais Alex le freina dans son action.

— Tout doux, murmura-t-elle.

Elle entoura son sexe de la main et le guida en elle en l'embrassant avec une passion nouvelle.

Il crut qu'il allait exploser tandis qu'Alex ondulait des hanches au rythme de son désir. Il ne quitta pas des yeux le corps de la jeune femme, tout en suivant la cadence qui l'amenait au point culminant de son plaisir.

— Très bien, gémit-il quand il sentit son corps se raidir, on fera ça plus lentement la prochaine fois.

Il caressa vigoureusement le point sensible d'Alex jusqu'à ce qu'elle pousse de petits cris haletants.

A la minute où il s'introduisit complètement en elle, il eut l'impression qu'ils ne s'étaient jamais séparés.

Comme ses mouvements s'accéléraient, elle s'accrocha plus fermement à lui et répéta son nom à voix basse, jusqu'à ce qu'ils s'abandonnent au même tourbillon de plaisir.

Quand il s'apprêta à se retirer, elle contracta ses muscles internes pour garder son sexe profondément en elle.

— S'il te plaît, Dylan, murmura-t-elle avec sensualité.

Il serra alors les dents face à cette douce agonie et recouvrit sa bouche de ses lèvres, étouffant ses gémissements. Il donnerait tout pour qu'elle ne le quitte plus jamais.

— Dylan, murmura-t-elle d'une voix comblée, toujours collée à lui. Ne serions-nous pas mieux au lit ?

Il posa son front contre le sien.

— Oui, dès que j'aurai l'énergie de bouger. A savoir d'ici un an ou deux.

Elle rit doucement.

— En ce qui me concerne, je trouve que tu bouges plutôt bien, en ce moment.

Il avait beau avoir les muscles en compote, il savait que certaines parties de son corps allaient récupérer très vite.

Il porta Alex jusqu'à la chambre et la jeta gentiment sur le lit, la rejoignant aussitôt sur les draps froissés. Il roula sur le côté et alluma la petite lampe de la table de chevet, qui diffusa une douce lumière dans la pièce.

Alex s'allongea sur le ventre à ses côtés.

— T'ai-je déjà dit que tu étais incroyable ?

Elle lui toucha la joue du bout des doigts et se mit à rire.

— Merci, continua-t-elle doucement. Merci de m'avoir donné quelque chose de si beau, alors que tu aurais pu m'envoyer balader.

— Je ne voulais pas te repousser tout à l'heure, reconnut-il. J'essayais juste d'être un gentleman.

— Je savais déjà que tu l'étais. Je voulais seulement retrouver mon mari... Enfin, mon amant, se reprit-elle dans un murmure à peine audible. Ma mémoire me fait peut-être défaut ces temps-ci, mais je suis sûre d'une chose : tu m'as manqué.

Elle prit une profonde inspiration avant de continuer.

— Je crois que cela a toujours été le cas, mais je ne voulais probablement pas l'admettre, poursuivit-elle avant d'esquisser un faible sourire. Je suis très entêtée.

S'il craignait de retomber amoureux, en réalité, c'était déjà trop tard. Cela lui était arrivé bien avant de refaire l'amour avec elle. La vulnérabilité d'Alex avait réveillé ses sentiments, et il s'était laissé faire. Il pensa à tous les changements qui étaient survenus en elle au cours de ces derniers jours, notamment le fait qu'elle ne soit plus la carriériste obsédée par son travail qu'il avait connue.

— Ça a parfois du bon, l'entêtement.

— Comme quand je te pousse à me tenir informée de l'avancement de l'enquête, dit-elle en se redressant sur ses coudes.

— L'inspecteur Whitmire va être obligé de prendre en compte ce qui t'est arrivé dans la rue, fit-il remarquer.

— *Presque* arrivé, le corrigea-t-elle. A priori, il ne s'agissait que d'un conducteur imprudent qui ne regardait pas où il allait. En outre, il a klaxonné pour nous prévenir. L'inspecteur Whitmire ne croit pas qu'on retrouvera l'agresseur. Et comment savoir s'il n'a pas quitté la ville ?

— Appelle ça un pressentiment si tu veux, Alex, mais je pense que ces deux types sont toujours dans les environs et qu'ils attendent une opportunité pour agir.

— Nous ne savons même pas ce qu'ils veulent ! dit-elle en se mettant à genoux. J'ai l'impression d'être dans un film d'espionnage où les bandits sont à la recherche d'un microfilm volé. Nous avons regardé dans ma valise et dans mon porte-documents, mais nous n'avons rien trouvé. Et le téléphone portable ainsi que l'agenda électronique sont bien les miens. Ce n'est pas comme si j'avais pris ceux de quelqu'un d'autre par erreur ! De plus, mon ordinateur portable est protégé par un mot de passe. Ils n'ont donc sûrement pas pu l'allumer.

— Sauf s'ils connaissent ta date de naissance ! Il serait temps que tu apprennes à être un peu plus méfiante.

— Est-ce que cela m'aurait sauvée cette nuit-là, à l'aéroport ? demanda Alex d'une voix douce.

Les mains derrière la tête, il s'adossa aux oreillers.

— Tu aurais peut-être eu plus de chance si tu étais restée attentive à ce qui se passait autour de toi. Tu aurais pu crier, déclencher l'alarme de ta voiture. N'importe quoi pour attirer l'attention.

— Apprends-moi, Dylan, murmura-t-elle. Apprends-moi à ne plus avoir peur.

Il prit la jeune femme dans ses bras, le torse contre son dos.

— Tu es une femme très courageuse, Alex. La preuve, tu me supportes, plaisanta-t-il.

De sa main libre, il éteignit la lampe derrière lui, plongeant la pièce dans l'obscurité. Alex posa ses mains sur les siennes.

— C'est bon, souffla-t-elle. Je n'ai pas le souvenir de moments tendres comme celui-ci.

Il enfouit le visage dans son cou.

— Ton affaire ne restera pas sans suite, Alex. Les criminels finissent toujours par faire quelque chose de stupide.

Ses muscles commençaient à se détendre. Il ferma les yeux et se sentit doucement glisser dans le sommeil.

— Merci, murmura Alex.

Il sourit, la tête contre sa chevelure.

— A ton service.

Alex n'avait eu aucun cauchemar, la seule nuit où il l'avait tenue dans ses bras. Il savait que, ce soir, elle dormirait d'un même sommeil réparateur. Elle était en sécurité.

— Batman, ton téléphone, dit Alex d'une voix somnolente, en faisant référence à la sonnerie qui émanait du téléphone portable du policier.

Dylan se leva en grognant et se dirigea d'un pas chancelant vers le salon, où il avait laissé son téléphone la veille au soir. Il le prit et l'ouvrit.

— Parker, dit-il avant d'écouter son interlocuteur, les yeux fermés.

— Quand ? demanda-t-il avec brusquerie. Très bien, merci, répondit-il après avoir pris connaissance de la réponse.

Gardant son téléphone à la main, il retourna lentement à la chambre.

Alex était allongée sur le dos, étirant paresseusement ses bras au-dessus de sa tête. Son sourire sensuel s'évanouit quand elle vit son expression.

— Il s'est passé quelque chose, devina-t-elle en se redressant brusquement. Dylan, dis-moi !

Il s'assit à côté d'elle et étudia son visage, voyant son air paniqué. Il savait que ce qu'il avait à lui dire serait dur à entendre. Mais il le devait, avant qu'elle ne l'apprenne par les journaux. Il ressentit la tension dans son corps quand il lui prit la main.

— Mme Bridger est morte hier soir, dit-il calmement.

Alex laissa échapper un cri pénétrant.

— Non !

Elle inspira profondément et essaya de dégager ses mains des siennes, mais il resserra son étreinte.

— Alex, dit-il doucement mais avec fermeté. Elle avait le cœur faible. Ils n'ont rien pu faire, à part la soulager quand elle souffrait.

— Mais elle n'aurait pas dû mourir, Dylan ! répliqua-t-elle sur un ton agité. C'est de ma faute si elle a eu si peur.

— Non, c'est faux ! s'écria-t-il en lui lâchant les mains et la saisissant par les épaules pour la secouer. Alex, regarde-moi !

Il attendit jusqu'à ce qu'elle obéisse.

— Ces types ont pénétré dans son appartement et l'ont tellement effrayée qu'elle a fini à l'hôpital. Ces hommes sont responsables de sa mort, pas toi.

— Mais ils croyaient être chez moi, protesta-t-elle. S'ils n'avaient pas été à ma recherche, ils n'auraient jamais croisé son chemin.

— Ce n'est pas toi qui les as contraints à te poursuivre, Alex. Et maintenant, ils vont être accusés de sa mort, poursuivit-il d'une voix basse et énergique.

Alex continuait de secouer la tête, refusant d'en écouter davantage.

— Tout est de ma faute ! sanglota-t-elle.

Il finit par la prendre dans ses bras, la laissant pleurer. Il savait qu'elle ne l'écoutait plus. Néanmoins, il lui murmura à l'oreille des mots tendres pour l'apaiser. Quand les larmes de la jeune femme commencèrent à s'atténuer, il se leva et se rendit dans la salle de bains pour aller lui chercher un mouchoir.

Elle se moucha, renifla une ou deux fois et se ressaisit.

— Ils ne s'en sortiront pas comme ça, affirma-t-elle en relevant le menton, prête à livrer bataille.

Il la prit dans ses bras.

— Voilà l'Alex que je connais.

Elle leva les yeux vers lui.

— L'inspecteur Whitmire ne pourra plus me mettre sur la touche. L'enjeu est trop important.

— C'est lui qui m'a appris la nouvelle, lui dit-il. A mon avis, il sait qu'il ne peut plus classer l'affaire, maintenant.

— J'ai dit que je ne voulais plus de nouvelles aventures, et c'est le cas, murmura Alex d'une voix déterminée. Mais j'ai soif de vengeance. Je veux que ces types soient punis pour ce qu'ils ont fait.

Elle soupira.

— Je vais être honnête avec toi, Dylan, poursuivit-elle. Je ne sais pas si je vais pouvoir endurer encore beaucoup d'épreuves de ce genre.

A peine eut-elle prononcé ces mots que son téléphone sonna. Elle hocha la tête quand il la regarda en faisant le geste de décrocher le combiné à sa place.

— Allô ?

Il s'assombrit.

— Vous plaisantez ? Avez-vous contacté la police ?

Alex l'empoigna par le bras. Il lui fit un geste de la main pour lui dire de patienter.

— Appelez-les sur-le-champ. Dites-leur que l'inspecteur Whitmire doit être mis au courant. Nous arrivons.

— Que se passe-t-il encore ? gémit-elle.

Il jura intérieurement.

— Il semble que ton bureau a été cambriolé la nuit dernière.

Alex courut vers la salle de bains.

— Donne-moi dix minutes.

— Cinq, lui lança-t-il.

Son rêve d'un petit déjeuner câlin au lit venait brusquement de passer à la trappe.

Vingt minutes plus tard, ils se tenaient dans le couloir du cabinet, et Alex regardait, hébétée, les experts scientifiques rechercher des empreintes.

— Dans la mesure où tout est protégé par mot de passe et crypté, ils n'ont pu copier aucun dossier, affirma Greg à Dylan. Nous avons trouvé des CD éparpillés sur son bureau. Soit ils ignoraient quel dossier ils cherchaient…

— Soit ils étaient à la recherche d'un CD en particulier, répliqua Dylan en terminant la phrase de son collègue.

Il regarda Janet, qui semblait tout aussi stupéfaite qu'Alex.

— Est-ce que vous savez s'il manque quelque chose ?

Elle secoua la tête.

— Quand j'ai vu l'état du bureau, j'ai préféré ne pas entrer et vous appeler immédiatement, avant même de prévenir la police.

— D'abord Mme Bridger, ensuite ça, murmura Alex, avant de s'adresser à Alan Whitmire sur un ton acerbe. Eh bien, inspecteur, il semblerait que mon affaire prenne enfin une tournure intéressante !

L'homme taciturne rougit en comprenant son sous-entendu.

— Nous ferons le nécessaire pour découvrir l'auteur de ce cambriolage.

— Y a-t-il un autre bureau qui ait subi le même sort ? demanda-t-elle.

— Non, fut-il forcé d'admettre.

— Dans ce cas, je vous suggère d'agir sur-le-champ, lança-t-elle sur un ton menaçant. Attrapez ces types. Rapidement.

Sur ce, elle s'éloigna.

Alan Whitmire prit une profonde inspiration, comme s'il venait d'échapper à un tir de balle. Il regarda Dylan.

— Tu veux bien l'emmener hors d'ici avant qu'elle ne s'en prenne à l'un de nos hommes ? lui demanda-t-il avant de rejoindre ses collègues.

Dylan hocha la tête, non sans fierté, et partit à la recherche d'Alex.

Il la trouva attablée dans la salle de repos, les traits tirés et l'air hagard, une tasse de café devant elle. D'un geste de la main, elle lui désigna la machine à café ainsi que les corbeilles remplies de pâtisseries.

— Sers-toi, l'invita-t-elle.

Il remplit une tasse et choisit un feuilleté à la cerise avant de s'asseoir à côté d'elle.

— Nous devons fouiller de nouveau dans mes affaires, dit-elle à voix basse, en fixant le contenu de sa tasse. Et il faut que je jette un œil aux CD.

Elle s'interrompit, une expression étrange sur le visage.

— C'est un CD qu'ils recherchent ! s'exclama-t-elle.

— Tu as déjà parcouru tes CD quand nous avons inspecté ton porte-documents, lui rappela-t-il.

Elle secoua la tête.

— Mais nous ne savions pas exactement ce que nous devions rechercher. Je n'ai donc peut-être pas été aussi méticuleuse que ce que j'aurais dû. Je ne cessais d'avoir ces maux de tête, et je les mettais sur le compte de mon traumatisme. Or, l'un des mots qui me déclenchaient ces douleurs était le mot CD. Et s'il y avait un lien entre la douleur et ce mot ? Penses-y, Dylan. Ça tient la route.

Elle se leva brusquement.

— Il faut que je les consulte de nouveau, affirma-t-elle.

Il regarda tristement son feuilleté encore intact, en prit une grande bouchée et la suivit hors de la pièce.

Quand ils arrivèrent à l'appartement, Dylan insista pour qu'ils commencent par manger. Il prépara des œufs brouillés avec des toasts, tandis qu'Alex apportait son ordinateur portable dans la cuisine avec les CD qui se trouvaient dans son porte-documents.

Elle en choisit un et le glissa dans l'ordinateur.

— Il s'agit de mon emploi du temps, quand je suis allée à San Francisco, expliqua-t-elle.

Dylan servit deux tasses de café et en posa une à côté d'elle avant de s'asseoir.

Elle fronça les sourcils en regardant les noms, les jours et les heures. Cette fois, quand la douleur lancinante réapparut, elle l'accueillit avec reconnaissance.

— Il y a quelque chose là, murmura-t-elle. Je ne pense pas que ce soit ce qu'ils recherchent, mais je crois que tu avais raison. Ça a quelque chose à voir avec un de ces clients.

— Tu sais lequel ?

Elle reprit sa lecture sur son ordinateur.

— Aucune idée. J'en ai l'intuition en regardant un groupe de cinq noms.

— Donne-moi ces noms, pour qu'on puisse enquêter sur eux, dit-il.

Elle secoua la tête.

— Je dois faire ça toute seule, Dylan. Je te rappelle qu'il s'agit toujours de mes clients.

Dylan grogna.

— Je sais bien que tu es soumise au secret professionnel, mais c'est moi le flic ici, Alex. Et c'est mon boulot d'attraper les criminels.

Elle refusa de céder.

— Laisse-moi faire ça à ma façon.

Il secoua la tête, furieux.

— Décidément, certaines choses ne changeront jamais. Fais ce que tu as à faire et moi, je ferai ce que j'ai à faire. Tout est toujours perso avec toi, Alex.

Il prit sa tasse de café et sortit sur la terrasse.

Elle sentit la douleur s'insinuer dans sa tête.

« Tu dois faire un choix. »

Elle regarda de nouveau son emploi du temps avant de se lever. Prenant sa tasse de café, elle sortit sur le balcon.

Dylan était assis sur l'une des chaises, les pieds posés sur la balustrade. Son expression résignée lui déchira le cœur.

Elle s'adossa à la balustrade, debout devant lui. Il ne daigna pas la regarder.

— Je ne veux pas me disputer avec toi, Dylan, dit-elle doucement.

— Nous ne nous disputons pas, répondit-il impassible, sans lever les yeux. Cela fait deux ans maintenant que j'ai dépassé ça. Tu as fait ton choix à l'époque, et il semble que tu recommences aujourd'hui.

— Je ne fais pas un choix ! s'exclama-t-elle avant de s'interrompre pour inspirer profondément. Je veux juste en finir avec cette histoire.

— Tout comme moi.

Cette fois, la douleur lui transperça le cœur.

— On en revient au point de départ, n'est-ce pas ? Ce n'est pas ce que je voulais, l'implora-t-elle. J'imagine que je voulais juste te prouver que je peux prendre soin de moi.

— Ça, je le sais déjà, Alex, répliqua-t-il, le regard assombri par le chagrin. Mais tu as eu deux chocs aujourd'hui, aussi terribles l'un que l'autre.

Elle hocha la tête.

— Je reconnais que cela m'effraie, Dylan, mais ce qui pourrait nous arriver ou ne pas nous arriver me terrifie tout autant.

— J'imagine que cela dépend de toi, n'est-ce pas ?

Elle sentit une pointe d'incertitude dans sa voix. Elle prit une chaise et la tourna pour pouvoir s'asseoir face à lui.

— Je ne partirai pas, cette fois. J'ai l'intention de faire ce que je n'ai pas fait la dernière fois. Je veux me battre pour ce que je veux.

Le sourire de Dylan n'était pas aussi chaleureux qu'elle espérait… Mais c'était quand même un sourire.

— Tout n'est qu'une question de choix, Alex.

— Cette fois, je veux faire le bon.

11

Il était en colère parce qu'elle faisait passer sa carrière avant lui !

Alex ouvrit brusquement les yeux, comme si on venait de lui crier cela dans l'oreille.

Elle tourna la tête, mais Dylan était toujours en train de dormir.

Ils avaient parlé jusqu'au petit matin, ne s'arrêtant que pour manger et faire l'amour, comme si cela avait été la première fois. Elle s'était endormie le cœur rempli d'espoir, avec la certitude qu'ils allaient prendre un nouveau départ.

Elle se tourna sur le côté pour se rendormir, mais elle réalisa qu'elle n'y parvenait pas. La douleur dans sa tête l'incitait à faire quelque chose, et à le faire maintenant. Il était temps qu'elle sache toute la vérité.

Elle retint sa respiration en se glissant prudemment hors du lit pour ne pas réveiller Dylan. Elle lui sourit en sortant sans bruit de la chambre à coucher.

Comme guidée par une force invisible, elle se dirigea vers son bureau et s'assura de bien refermer la porte avant d'allumer la lampe posée sur la bibliothèque. Cette fois, elle ne s'installa pas à sa table de travail, mais s'avança vers le meuble contre le mur. Elle l'ouvrit et fouilla parmi de nombreux bloc-notes jusqu'à ce qu'elle trouve ce qu'elle cherchait.

L'enveloppe en papier kraft qu'elle sortit ne contenait pas seulement une copie des papiers de leur divorce, mais aussi d'autres documents dont elle savait qu'ils contenaient la réponse à ses questions.

Elle s'assit par terre, le dos contre le meuble, et prit la première page.

Tout ce qu'il fait depuis notre divorce, c'est pour me faire réagir. Aujourd'hui, je me sens prête à dépasser ça. Je l'aime toujours. Néanmoins, j'ai causé des dommages irréparables et il faut que je vive avec.

— Une pension alimentaire de deux cents dollars, murmura-t-elle, ressentant une violente douleur au niveau de sa blessure. Encore une question résolue.

Elle sentit ses mains trembler quand elle reposa la feuille sur le sol. Elle laissa échapper un gémissement en basculant en avant jusqu'à ce que son front touche quasiment ses genoux. Elle resta assise là, envahie par une douleur indescriptible, tandis que son passé la rattrapait.

Il n'y avait rien d'étonnant à ce que Dylan l'ait rejetée. Elle l'avait si violemment repoussé, par le passé, qu'il était même étonnant qu'il accepte qu'elle revienne dans sa vie. Et plus étonnant encore qu'il lui accorde une deuxième chance.

Certes, elle l'avait passionnément aimé au début de leur mariage, mais elle était ensuite passée à autre chose. Que se passerait-il si elle se replongeait à corps perdu dans le travail ? Elle ne pouvait pas imposer de nouveau cet enfer à Dylan. Cela risquait de les détruire une seconde fois.

Elle n'aurait jamais cru que l'avenir pouvait lui sembler si vide.

*
* *

Dylan aimait se réveiller avec Alex à ses côtés. Puis il réalisa que la douce créature qu'il tenait contre lui était poilue et ronronnante.

Il ouvrit un œil et fixa Clarence, roulé en boule sur l'oreiller de sa maîtresse.

Regardant à travers la pièce, il fut soulagé de trouver Alex assise sur une chaise à côté de la fenêtre.

— Bonjour beauté, dit-il en la gratifiant d'un sourire qui s'évanouit aussitôt. Quelque chose ne va pas ?

A la seconde où il vit son expression figée et son regard froid, il sut qu'il avait la réponse à sa question.

L'ancienne Alex était de retour.

— Tu t'es bien moqué de moi, Dylan, dit-elle de la même voix glaciale dont il se souvenait. J'ignorais que tu étais si doué pour jouer la comédie.

— J'ai des talents cachés, déclara-t-il avec lassitude en s'asseyant sur le lit.

Il resta impassible, sans montrer la douleur qu'il ressentait.

— Tu as bien dû t'amuser ces derniers jours. Tu as réussi à regagner mon cœur, juste pour pouvoir jouer avec.

Les yeux d'Alex brillaient comme des éclairs.

— Mais c'est terminé, poursuivit-elle. Je n'ai plus peur maintenant. Je peux m'en sortir toute seule.

Se moquant de sa nudité, il se leva du lit, se pencha pour ramasser son jean et sa chemise et les enfila.

— Je n'en ai jamais douté, Al, dit-il platement, son expression ne laissant rien transparaître de ses pensées. Mais tu étais en danger, et en tant que flic, c'était mon travail de veiller à ta sécurité.

— J'ai téléphoné à l'inspecteur Whitmire. Apparemment,

ils sont sur une piste d'après une empreinte qu'ils ont relevée à mon bureau. Personnellement, ça me suffit. Je retourne travailler et je reprends le cours de ma vie, ce qui signifie que tu n'as plus à être impliqué dans cette histoire.

Alex releva le menton comme si le sujet était clos, mais il refusa de capituler.

— Mais qu'est-ce qui t'arrive bon sang !

— Rien, lança-t-elle sur un ton mordant, déterminée elle aussi à ne pas revenir sur sa position.

Des nuages noirs passèrent dans les yeux de Dylan.

— Pour une raison que j'ignore, tu m'en veux, répliqua-t-il sur un ton acerbe. J'aimerais savoir pourquoi.

— Je n'ai jamais dit que j'étais en colère après toi, affirma Alex en le regardant froidement. Il est temps de rentrer chez toi et de reprendre ton ancienne vie, Dylan. Quant à moi, je vais retourner à la mienne.

— Tu penses peut-être que tout est rentré dans l'ordre, mais je ne suis pas de cet avis. Tu ne peux pas jouer ainsi avec ta sécurité, protesta-t-il. Ce n'est pas parce qu'on a une empreinte que le coupable est en garde à vue.

Elle resta aussi immobile qu'une statue.

— Je ne prendrai aucun risque inutile, mais je n'ai pas l'intention de rester terrée comme un lapin effrayé, répliqua-t-elle froidement.

A chaque mot qu'elle prononçait de sa voix glaciale et implacable, il avait l'impression qu'elle lui enfonçait des aiguilles dans le cœur. Ce dernier avait d'ailleurs commencé à saigner dès qu'il avait vu l'ancienne Alex réapparaître. Mais ce n'était pas la peine de protester, il savait qu'elle ne l'écouterait pas.

— Tu mens très mal, Alex, finit-il par rétorquer. Mais cette fois, c'est à toi que tu fais du mal. N'oublie pas cependant que tu n'es pas invincible.

Il s'assit sur le lit le temps de mettre ses bottes. Il avait hâte de filer d'ici avant de dire quelque chose qu'ils regretteraient tous les deux. Il saisit son sac marin et se dirigea directement vers la porte.

— Au fait, Dylan, intervint-elle.

Il s'arrêta à son ton glacial mais ne se retourna pas.

— Je te rappelle que nous sommes toujours divorcés. Considérons ce qui s'est passé au cours de ces derniers jours comme une manière de mettre un terme définitif à notre histoire. Tu es d'accord ?

Il serra les dents de colère et ravala une remarque caustique.

— J'ai été fou de retomber amoureux de toi, marmonna-t-il en quittant la pièce sans se retourner.

Quelques secondes plus tard, Alex entendit la porte d'entrée claquer.

Elle resta assise encore un moment sur sa chaise puis se leva et se dirigea vers le lit. Elle saisit l'oreiller de Dylan, le serra contre sa poitrine et enfouit le visage dans le coton moelleux, laissant la tristesse envahir tout son être.

— Il le fallait, murmura-t-elle. Et il valait mieux que je le fasse maintenant. Plus j'aurais tardé et plus il aurait souffert.

Elle essuya ses joues humides du revers de la main.

Elle avait fait des erreurs pendant leur mariage, parce qu'elle faisait passer sa carrière avant tout le reste. En y repensant, elle se demandait vraiment ce qui l'avait poussée à faire un choix aussi aberrant. Mais elle risquait bien de ne jamais connaître toute l'histoire.

Mais elle venait peut-être de faire la plus grosse erreur de sa vie.

Elle avait fait croire à Dylan qu'elle avait retrouvé toute sa mémoire en utilisant ce qu'elle avait lu dans son dossier. Ce qu'il ignorait toutefois, c'est qu'elle avait détruit les papiers en les passant à la déchiqueteuse. Elle ne voulait plus jamais les voir, et encore moins revoir apparaître l'ancienne Alexandra Spencer.

Elle avait annoncé à Dylan son intention de reprendre le cours de son ancienne vie. Néanmoins, elle savait que c'était impossible.

Malgré l'ampleur de la tâche, il était temps de faire du ménage dans sa vie.

— Tu dois faire un choix, Alex, murmura-t-elle.

Elle sentit son mal de tête revenir en comprenant enfin la signification des mots que Dylan avait proférés des années auparavant.

Elle se leva du lit pour aller chercher la liste de ses clients dans son bureau, puis revint dans sa chambre et reprit l'oreiller de Dylan. S'en servant de bureau de fortune, elle étudia la liste et raya un bon tiers des noms qui y figuraient. Elle décida qu'à la première heure demain matin, elle écrirait une lettre à chacun d'eux pour leur expliquer qu'elle voulait lever le pied et ferait le nécessaire pour les aider à trouver un nouvel avocat.

— Et cette fois, ne gâche pas tout.

En réfléchissant à ses nouveaux projets, elle sentit sa douleur s'atténuer. Elle était tellement prise par sa tâche qu'elle mit un moment avant de s'apercevoir que son téléphone portable sonnait. Une partie d'elle espérait que ce fût Dylan, mais cet espoir fut rapidement anéanti quand elle entendit à l'autre bout du fil une voix qui lui sembla vaguement familière.

— Alexandra, ma chère, c'est Garrett Merrill à l'appareil. J'espère que vous vous sentez mieux. Votre assistante m'a dit que vous étiez malade. Rien de grave ?

— Non, monsieur Merrill, rien de grave, assura-t-elle à son client.

Elle jeta un œil sur le papier qu'elle avait sur les genoux et vit qu'il s'agissait d'un des clients dont elle ne voulait plus s'occuper. Un homme dont le cerveau fonctionnait plus rapidement qu'une machine, elle s'en souvenait maintenant.

— Que puis-je faire pour vous ? ajouta-t-elle tout en espérant qu'il ne lui demanderait rien.

— Je suis de passage à Sierra Vista aujourd'hui pour m'occuper de mes investissements immobiliers. J'ai pensé que nous pourrions nous voir.

Ce serait l'occasion de lui annoncer qu'elle comptait réduire sa charge de travail.

— Si cela vous convient, nous pouvons nous retrouver dans mon bureau d'ici une heure.

Le temps de prendre une petite douche et de retrouver ses esprits, pensa-t-elle.

— C'est parfait. A tout à l'heure.

Elle sentit les larmes lui monter aux yeux quand elle vit l'après-rasage de Dylan dans la salle de bains. Elle le prit et l'ouvrit pour le sentir, mais ferma rapidement les yeux et réprima un sanglot.

Après s'être maquillée tant bien que mal, elle enfila un jean et un T-shirt en coton, au lieu de choisir une tenue plus habillée. Encore une nouveauté dans sa vie, décida-t-elle. Si elle devait se rendre à son bureau pendant un jour de congé, elle n'allait tout de même pas, en plus, s'habiller comme si elle allait au tribunal ! Voyant que le ciel était couvert, elle sortit une veste de sa penderie.

— Il faudrait que j'apporte ça au pressing, murmura-t-elle en regardant le manteau qu'elle avait porté la nuit de son agression.

Elle s'apprêta à le ranger, quand elle sentit quelque chose dans l'une des poches. Elle plongea la main à l'intérieur et en retira un boîtier de CD. Ne le reconnaissant pas, elle l'inspecta mais n'y trouva aucune étiquette indiquant ce qu'il contenait.

Comme elle était pressée, elle le mit dans la poche de sa veste avec l'intention d'y jeter un œil dès qu'elle arriverait au bureau.

Dylan s'arrêta à la maison le temps de se doucher et de se changer. Debout devant la machine à laver, il sortit ses vêtements de son sac et respira la douce odeur d'Alex qui imprégnait encore ses chemises. Il finit par les jeter rapidement dans la machine pour effacer toute trace d'elle.

Il était furieux contre lui-même pour être parti si brusquement, au lieu de rester et de faire face. Alex était très forte en matière de disputes, mais ils étaient aussi têtus l'un que l'autre. Il savait qu'une fois calmés, ils seraient capables de résoudre les problèmes qui étaient à l'origine de leur échec. Il était sûr qu'Alex ne voulait pas plus que lui mettre un terme à leur nouvelle histoire.

Quel imbécile il était ! ragea-t-il en versant la lessive avant de mettre en marche la machine à laver. Elle l'avait embobiné, et il avait marché.

Il jeta son sac dans un coin et sortit de la buanderie.

Il allait lui laisser le temps de se calmer, décida-t-il. Il fallait qu'elle comprenne qu'on pouvait faire des compromis. Ils n'avaient même pas essayé, la dernière fois. Mais ils devraient mieux s'en sortir aujourd'hui. Il ne laisserait pas cette petite ensorceleuse tout gâcher.

Il prenait ses clés de voiture, s'apprêtant à aller déjeuner chez Tank, quand son téléphone se mit à vibrer. Priant pour que ce soit Alex, il décrocha.

— Parker.

— C'est Whitmire. Nous tenons les types qui ont agressé Mme Spencer, lui annonça l'inspecteur.

Il commença à courir vers sa voiture.

— J'arrive.

En entrant dans la salle d'interrogatoire, il ne s'attendait certes pas à voir un type qui ressemblait plus à un comptable à lunettes qu'à un voyou ordinaire.

L'homme leva la tête, et il le regarda dans les yeux.

Il avait un regard glacial, se dit-il. Cette ordure aurait tordu le cou à Alex sans la moindre hésitation.

— Monsieur Hart, je suis l'inspecteur Parker, dit-il sur un ton banal, en retournant une chaise pour s'asseoir à califourchon dessus.

Au moment où il s'assit, il sentit l'odeur de cigarettes qui se dégageait des habits de l'homme.

Les mots d'Alex lui revinrent à la mémoire. Il empestait la fumée de cigarette.

— Est-ce que c'est censé me dire quelque chose, ou allez-vous jouer le rôle du gentil flic à qui je suis supposé faire confiance ? demanda l'homme d'une voix dénuée d'émotion. Je vous préviens, ça ne marchera pas avec moi.

Dylan haussa les épaules, résolu à garder une attitude décontractée, même s'il n'aspirait qu'à réduire ce salaud en miettes.

— Je voulais juste être poli, répondit-il sur un ton aimable. C'est dommage que tu n'aies pas bien nettoyé tes empreintes sur la valise, puis sur la Camry, Léonard. A moins que ce ne soit ton collègue qui ait commis cette maladresse ?

L'homme ne cilla pas, mais il n'était pas prêt à abandonner.

— A mon avis, ça fait un moment que tu échappes à la police. Cela doit faire, quoi, dix ans maintenant que tu as quitté l'armée ? Et depuis ce temps-là, tu ne t'es pas fait prendre une seule fois. Mais nous sommes têtus, dans la police. Quand on ne trouve pas à un endroit, on cherche ailleurs. Et maintenant, te voilà ici.

Le regard de Léonard était toujours aussi vide quand il le fixa.

— Je connais le coup du méchant et du gentil flic, inspecteur. Vous perdez votre temps.

Il baissa les yeux pour contempler ses mains posées sur la table.

— Eh bien, il semble que tu sois un fan de séries policières, s'exclama Dylan, résolu à rester courtois quoi qu'il en coûte. Mais je crains que tu n'aies raté quelques épisodes.

Son sourire n'avait rien d'amical.

— Vois-tu, Léonard, tu as déjà eu affaire au gentil flic. Mais maintenant, c'est le mari d'Alexandra Spencer qui est devant toi.

Alex lui pardonnerait ce mensonge si cela lui permettait d'obtenir les informations nécessaires.

— Eh oui, la femme que tu terrorises est mariée à un flic ! C'est bête, n'est-ce pas ? Nous allons veiller à ce que tu paies pour ce que tu as fait. Et grâce aux charges que nous avons contre toi, je dirais que tu vas en baver pendant très longtemps. Tu as tué la vieille dame, Léonard, continua-t-il d'une voix tranchante. C'est à cause de toi qu'elle est morte. Et dans cet Etat, le meurtre est passible de grosses peines.

Une bouffée de cigarette froide agressa ses sens quand le prévenu tourna de nouveau la tête vers lui.

— Cela vaut uniquement si j'ai réellement tué quelqu'un.

Il se doutait que l'homme leur donnerait du fil à retordre. Mais il sentit qu'il devait se dépêcher. Il se pencha vers lui et fut ravi de constater que cela déplaisait à son interlocuteur.

— Elle est morte, Léonard, dit-il à voix basse. Ton collègue et toi allez être considérés comme responsables de sa mort.

Ensuite, tu as saccagé le bureau de ma femme. Ça sent le roussi, Léonard. Ces petites cellules n'offrent aucune intimité. Fini la liberté.

Le suspect eut une moue dégoûtée.

— Je vais vous dire une chose. Je ne suis pas assez bien payé pour endosser toute la responsabilité de cette affaire.

Dylan saisit la perche qu'il lui tendait.

— Tu as un enfant, Léonard. Ton patron va-t-il prendre soin de lui ou le laissera-t-il tomber ? Tu n'es pas idiot. Veux-tu réellement en prendre pour des années, alors que ton patron continuera à avoir la belle vie ?

Le visage de Léonard se figea.

— Vous savez aussi bien que moi que des gens tels que lui sont intouchables. Il a bien trop d'argent et d'avocats pour ne pas réussir à s'en tirer.

— Vous a-t-il ordonné d'essayer d'écraser Alexandra Spencer dans la rue, ce jour-là ? lança Dylan avec hargne.

L'homme pâlit.

— Non ! C'était un accident, je le jure. Nous ne devions pas la blesser. Le patron voulait juste récupérer son bien. Il espérait qu'elle ne l'avait pas consulté, car selon lui c'était une bonne avocate.

— Et que voulait-il récupérer exactement ? demanda Dylan. Que recherchiez-vous ?

— Un CD. C'est tout ce que le patron nous a dit, avoua Léonard à contrecœur. Il y a tous ses dossiers dessus.

— *Quels* dossiers ? s'impatienta-t-il.

Léonard soupira profondément.

— Le patron emploie des prostituées de luxe. Il pense que nous ne sommes pas au courant, mais il est marié avec ma sœur, et elle l'a découvert. Elle n'a rien dit pour pouvoir s'en servir contre lui si un jour elle décidait de divorcer. Il a de nombreux clients à l'étranger qui aiment être entourés de jolies femmes.

Ces clients sont prêts à débourser beaucoup d'argent pour les avoir, et ils se fichent de savoir si elles sont consentantes ou non. Cet homme est un vrai rapace quand il s'agit d'argent.

— J'ai l'impression que tu essayes de nous embobiner. Tu ne ferais pas ça, n'est-ce pas ?

Léonard fit la grimace.

— Ma femme est partie quand notre enfant a eu deux ans. Si je vais en prison, c'est ma sœur qui devra s'en occuper. Et je ne veux pas que ce type s'approche de mon fils.

— Alors donne-nous un nom, exigea Dylan, de plus en plus impatient. Et arrête de tourner autour du pot.

Son imagination n'arrêtait pas d'envisager ce qui pourrait arriver à Alex si cette ordure s'approchait d'elle.

L'homme regarda ses mains et haussa les épaules.

— Garrett Merrill. C'est un gros client de Mme Spencer.

Dylan se leva et saisit son téléphone portable. Il fallait qu'il appelle Alex. Il regarda l'inspecteur Whitmire qui entrait en souriant dans la pièce.

— Il est à toi.

— Merci.

Mais il était déjà en train de courir dans le couloir, le téléphone collé à l'oreille. Tombant sur le répondeur d'Alex, il jura et se précipita hors du bâtiment.

Quand Alex arriva dans le hall de l'immeuble, elle trouva un homme assis sur une chaise. Elle devina sans mal qu'il s'agissait de son client quand celui-ci se leva et s'avança vers elle, la main tendue.

Il portait un costume italien fait sur mesure et des mocassins cousus main. Elle remarqua qu'il était étonné de la voir dans une tenue aussi décontractée.

Elle sourit et lui tendit la main en retour.

— Je suis ravie de vous voir, monsieur Merrill, mentit-elle.

En réalité, elle n'avait pas la moindre idée de qui il était exactement. Tout ce qu'elle savait sur cet homme, c'était son nom et le travail qu'elle avait fait pour lui et qui était détaillé dans ses dossiers.

— J'ai été navré d'apprendre que vous avez été malade, dit-il avec une courtoisie un peu vieux jeu. J'espère que vous allez mieux, maintenant.

— Beaucoup mieux, lui assura-t-elle avec un sourire forcé.

Elle regarda autour d'elle, mal à l'aise de se retrouver seule avec cet homme.

— C'est étrange, je ne vois pas le garde chargé de la sécurité.

— Ah, fit-il d'un air embarrassé. Le pauvre homme a apparemment mangé un repas un peu lourd, lui confia-t-il. Il a dit qu'il revenait dans un moment.

Elle hocha la tête et le conduisit vers les ascenseurs. Elle alluma les lumières quand ils arrivèrent à l'accueil du cabinet et l'invita à entrer dans son bureau. Elle lui désigna une chaise tandis qu'elle s'installait elle-même dans son fauteuil, de l'autre côté de sa table de travail.

— Je crains de ne pas être encore très opérationnelle, dit-elle en sortant un bloc-notes d'un tiroir. Avez-vous oublié de me parler de quelque chose quand je suis venue vous voir ?

L'homme s'adossa confortablement à la chaise et sourit.

— Il ne s'agit que de quelques détails mineurs dont je me suis souvenu quand je suis arrivé à Sierra Vista. C'est pour cela que je vous suis très reconnaissant d'avoir bien voulu me recevoir pour que nous puissions en discuter.

— En réalité, je voulais vous appeler dès lundi, commença-t-elle pour se débarrasser au plus vite de ce qu'elle avait à dire.

J'ai décidé de ralentir mon rythme de travail et de rendre ma clientèle de San Francisco. Je peux néanmoins vous recommander quelques noms, si vous le souhaitez, et je ferai tout ce qui est en mon pouvoir pour que le transfert se fasse le mieux possible.

L'homme parut surpris, puis soupçonneux.

— Je dois vous avouer que je ne m'attendais pas à ça.

— J'ai réalisé qu'il fallait que je lève le pied et que j'entreprenne quelques changements dans ma façon de vivre, confia-t-elle.

— Et y a-t-il une raison particulière qui vous a poussée à prendre une telle décision ? demanda Garrett Merrill d'une voix posée mais légèrement menaçante.

— Non.

Elle ne se souvenait certes pas de tout, mais elle savait qu'elle n'avait pas l'habitude de parler de sa vie privée avec ses clients. Comment M. Merrill avait-il eu son numéro de téléphone personnel, d'ailleurs, étant donné qu'elle ne le communiquait pas à ses clients ? Ils devaient toujours passer par Janet, qui transférait leurs appels sur son portable.

Quelque chose n'allait pas.

A cet instant précis, elle sut qu'elle n'aurait jamais dû accepter ce rendez-vous.

En s'adossant à son fauteuil, elle entendit un petit bruit sec quand sa poche percuta l'accoudoir. Elle se souvint du CD et le sortit.

Garrett Merrill avait les yeux rivés sur le boîtier.

— Voilà où il était ! dit-il avec un grand sourire tandis qu'il se penchait pour lui prendre l'objet des mains. Ma secrétaire était en larmes, certaine d'avoir perdu ce CD. Elle a enregistré toute une année de travail dessus.

Mais Alex ne lâcha pas l'objet.

Elle voyait défiler la scène à toute vitesse. En faisant ses adieux à M. Merrill, elle avait pris ses papiers et les avait rangés dans son porte-documents. De là, elle s'était rendue à l'aéroport. Alors qu'elle attendait son avion pour Sierra Vista, elle avait trouvé le CD et l'avait inséré dans son ordinateur portable. Elle n'avait pas mis longtemps à comprendre qu'il s'agissait de comptes bancaires offshore et de fichiers contenant des informations détaillées sur des femmes et sur des sommes d'argent astronomiques.

— Quelle est la nature de vos activités, exactement ? lâcha-t-elle spontanément, sans prendre le temps de réfléchir.

M. Merrill continuait de sourire, comme si ce rendez-vous professionnel impromptu était tout à fait normal.

— Je suis sûr que vous comprendrez que je n'ai pas l'intention de discuter avec vous de choses qui ne vous regardent absolument pas, dit-il d'un ton doucereux.

— Vous vendez des femmes ! s'écria-t-elle, prise d'une subite envie de vomir.

Brusquement, elle vit le petit revolver braqué sur elle et en eut le souffle coupé.

Elle refusait toujours de lâcher le boîtier, mais il tira plus fort qu'elle, récupérant ainsi son bien.

Il épousseta la manche de sa veste tout en gardant le revolver braqué sur sa poitrine.

— Je craignais de devoir chercher un moyen de vous faire sortir d'ici pour pouvoir fouiller votre bureau, déclara-t-il. Bien sûr, si mes hommes n'avaient pas été aussi incompétents, je n'aurais pas eu à faire moi-même le voyage.

Terrorisée, Alex était incapable de détourner les yeux du canon noir.

— Je suis soulagé que vous m'ayez ainsi facilité la tâche. Je dois accéder à ces comptes, et pour ce faire, j'ai besoin des informations qui se trouvent sur ce CD. J'ai été contrarié d'avoir eu à attendre si longtemps pour récupérer ce CD. Je suis navré que vous ayez vu ces informations. Il est évident que vous ne pouvez rien y faire, étant donné que vous êtes mon avocate.

Il remarqua son expression de dégoût.

— Ce n'est pas comme si je faisais du trafic de drogue, expliqua-t-il. Les femmes que je fournis à mes clients ont une vie très confortable.

Elle ouvrit la bouche, prête à crier.

— Nous sommes seuls, ici, lui rappela-t-il. Je suis navré que vous soyez la victime dans cette affaire. J'ai toujours pensé que vous étiez une excellente avocate.

Elle était toutefois résolue à ne pas lui faciliter les choses. « Je suis désolée, Dylan », songea-t-elle, sentant une vague de chagrin l'envahir. Elle aurait dû lui dire qu'elle n'avait jamais cessé de l'aimer. Maintenant, c'était trop tard.

Elle releva le menton.

— Vous ne vous en tirerez pas si facilement, déclara-t-elle froidement. Mon mari n'est pas un simple flic. C'est un véritable limier. Il n'arrêtera pas d'enquêter tant qu'il n'aura pas retrouvé votre trace. Et quand il vous aura trouvé, je n'ose même pas imaginer ce qu'il vous fera.

Sa voix était calme, bien que ses mains cachées sous le bureau ne cessaient de trembler.

Dylan n'eut pas besoin de voir le hall vide pour comprendre que quelque chose clochait. Il inspecta rapidement les lieux et trouva le garde vivant mais inconscient, ligoté dans un placard.

Il arriva à l'accueil en courant, puis ralentit à mesure qu'il s'approchait du bureau d'Alex d'où provenaient les échos d'une conversation.

C'est alors qu'il entendit sa voix, calme mais imperceptiblement anxieuse :

— Vous ne vous en tirerez pas si facilement. Mon mari est un véritable limier…

Elle avait dit « mon mari », pas « mon ex-mari » !

— Je t'aime, chérie, murmura-t-il en sortant son arme et en s'avançant.

Alex ouvrit de grands yeux quand elle le vit apparaître sur le pas de la porte. Garrett Merrill se retourna aussitôt.

— Dylan ! cria-t-elle. Il a un revolver !

L'homme se précipita sur lui.

— Sors d'ici, Alex ! lança Dylan en luttant avec.

Il grogna quand il sentit le poing de l'homme d'affaires s'enfoncer dans son estomac. Il répliqua aussitôt par un coup de tête dans le menton, qui fit chanceler son adversaire.

Ignorant son injonction, Alex s'empara d'un vase qui se trouvait sur la bibliothèque et le souleva très haut, prête à le lancer.

Il se souvint brusquement du visage d'Alex aux urgences et du sentiment de peur et d'insécurité qu'elle avait ressenti au cours de ces derniers jours. Cela lui donna plus de force qu'il n'en avait besoin.

Un nouveau coup bien placé envoya Merrill au tapis, inconscient.

Une violente douleur saisit cependant Dylan au côté quand il se releva.

— Est-ce que tu vas bien ? demanda-t-il en se précipitant vers Alex, qui s'était effondrée sur le petit canapé, le vase toujours dans les mains.

Elle ouvrit la bouche, mais aucun son n'en sortit.

Il s'accroupit devant elle, lui prit le vase et prit ses mains dans les siennes.

— Parle-moi, Alex, l'encouragea-t-il doucement en lui frictionnant les mains. Dis-moi juste que tu vas bien. Hoche la tête, cligne des yeux. Fais-moi un signe, n'importe lequel.

— C'est lui qui était derrière tout ça, murmura-t-elle. Il voulait récupérer un CD que j'avais pris par inadvertance dans son bureau.

— Je dois l'attacher et appeler des renforts, dit-il doucement.

Il se leva et sortit ses menottes et son téléphone portable. Dès qu'il eut menotté l'homme, il passa un coup de fil pour réclamer une ambulance.

Alex passa sa langue sur ses lèvres.

— Il vend des femmes, déclara-t-elle avec dégoût. Tout est sur le CD. Je l'ai parcouru quand j'attendais mon vol pour rentrer à Sierra Vista, et j'ai réalisé de quoi il s'agissait. Je savais alors que cela risquait de m'attirer de gros ennuis. Je pensais à cela quand j'ai été agressée. Et je pensais à toi, également.

Inconsciemment, elle leva la main pour toucher sa blessure en voie de guérison.

— Je ne savais pas, Dylan, insista-t-elle, les yeux remplis de larmes. J'ai été si stupide !

— Hé, certaines personnes sont douées pour cacher des choses, dit-il pour l'apaiser. Ne t'en fais pas, on va remettre de l'ordre dans tout ça.

Elle regarda Merrill, qui gémissait et s'agitait dans tous les sens.

— J'imagine que je ne récupérerai jamais les honoraires qu'il me doit, plaisanta-t-elle sans conviction, avant d'éclater en sanglots.

Alex avait enfin terminé de faire sa déposition.

Elle n'avait pas revu Dylan depuis qu'il l'avait confiée à

l'agent de police qui l'avait conduite au commissariat. Elle aurait préféré que ce soit Dylan qui l'accompagne, mais elle comprenait qu'il devait faire son travail. En réalité, elle voulait le voir seul à seul, pour pouvoir lui dire ce qu'elle ressentait réellement.

La tête enfouie dans ses bras croisés sur la table, elle commençait à s'endormir quand la porte s'ouvrit. Elle sentit vaguement quelqu'un qui lui caressait les cheveux, accroupi à côté d'elle.

— Tu veux sortir d'ici ? demanda Dylan d'une voix douce.

Il se leva et lui tendit la main.

— Oui, s'il te plaît, souffla-t-elle en acceptant son aide pour se relever.

Elle sortit du commissariat en chancelant et suivit Dylan à sa voiture.

— Tu veux bien me réveiller dans un an ? demanda-t-elle d'un air las.

Dylan hocha la tête et sourit.

— Je vais voir ce que je peux faire.

Quelques minutes plus tard, ils pénétraient dans son appartement.

Elle s'assit sur le canapé, les bras sur les cuisses et leva la tête.

— Assieds-toi, s'il te plaît. Il faut que je te parle, commença-t-elle en prenant une profonde inspiration et en regardant Dylan dans les yeux. Je t'ai menti, ce matin. Ou plutôt, je ne t'ai pas dit toute la vérité. Je ne connais pas tous les détails à propos de notre divorce. Le peu que je sais, je l'ai lu dans mon journal intime. Mais j'en ai lu assez pour savoir que c'est moi qui étais à l'origine de la plupart des problèmes. J'avais décidé de faire passer ma carrière avant notre mariage, et j'étais persuadée que tu comprendrais. J'ai refusé de voir les conséquences que cela aurait. Je sais que cela paraît stupide, mais j'étais une autre personne alors. Une personne détestable.

— Tu n'as juste pas réalisé que tu pouvais tout avoir, fit remarquer Dylan.

Elle acquiesça.

— Ces derniers jours m'ont été très bénéfiques. Malgré mon angoisse et ma confusion, bizarrement, je me sentais mieux. Si je t'ai repoussé, c'est parce que je craignais de redevenir cette personne obsédée par le travail. Je ne pouvais pas te faire ça de nouveau.

Dylan sortit un mouchoir de la poche de son jean et se pencha pour lui tamponner les yeux.

— Tu pensais vraiment que j'allais m'en tenir à tes propos de ce matin ? Je comptais te laisser le temps de te calmer avant de revenir te chercher, pour que tu fasses de nouveau partie de ma vie.

Elle frémit.

— Vraiment ?

Dylan acquiesça.

— Dès le début, quand je suis arrivé aux urgences et que j'ai vu ton visage avec ton expression terrifiée, j'ai su que j'étais fichu.

Il lui passa une main dans les cheveux.

— Je t'ai alors dit que je ne te laisserai pas, et je le pensais.

— Je suis en train de laisser un bon nombre de mes clients à mes collègues, bredouilla-t-elle. J'ai l'intention de vivre ma vie pleinement à partir de maintenant.

Il sourit.

— Tant que tu ne m'oublies pas.

— Je ne t'oublierai jamais, jura-t-elle, bien qu'une légère crainte la tourmentât encore. Je ne veux pas redevenir le monstre que j'étais.

Dylan se leva et vint s'asseoir à côté d'elle pour la prendre plus commodément dans ses bras.

— Alors, nous allons faire ensemble en sorte que cela n'arrive pas. Mais je suis confiant. Tu as beaucoup changé au cours de ces derniers jours. Tu sais ce que tu veux maintenant : moi. Et j'en suis plus que ravi.

Il lui adressa un large sourire.

— Tu es têtue, maniaque et un peu déjantée par moments, continua-t-il, mais c'est peut-être pour ça que je t'aime. Je ne sais jamais à quoi m'attendre avec toi.

— Je ne veux pas te perdre de nouveau, Dylan, murmura-t-elle.

— Cela n'arrivera pas, affirma-t-il en s'adossant aux coussins du canapé, la gardant blottie contre lui. Nous prendrons la vie comme elle vient. Quand penses-tu quitter cet appartement sans vie pour revenir vivre à la maison ?

Elle sentit toute inquiétude s'évanouir et la joie reprendre le dessus.

— « Revenir à la maison » ?

— Evidemment. Je te laisse prendre Clarence, mais c'est tout.

Il lui déposa un baiser sur le front avant de lui relever le menton pour l'embrasser passionnément. Il fallut peu de temps pour que leurs vêtements volent à travers la pièce et qu'ils se retrouvent dans les bras l'un de l'autre.

Un mois plus tard

Alex s'effondra sur le canapé et envoya valser ses chaussures turquoise à talons hauts. Elle poussa un soupir de contentement quand Dylan s'assit à côté d'elle et lui prit les pieds sur ses genoux pour lui masser les orteils.

— Je sais, j'aurais dû mettre des chaussures plates, reconnut-elle. J'ai cru que le barbecue se ferait sur une terrasse, et non dans une prairie.

— Je ne m'en plains pas.

— Evidemment, tu étais trop occupé à regarder mes jambes ! le taquina-t-elle.

Il sourit, heureux de la voir ainsi détendue et profitant de la vie.

Chaque fois qu'il la regardait, il comprenait pourquoi il était retombé amoureux d'elle. Après avoir quitté le cabinet de Will Zane, Alex avait ouvert un bureau où elle recevait des clients qui n'auraient pas pu normalement se payer les services d'une avocate de son calibre, et elle rayonnait de bonheur comme jamais. D'après lui, elle avait trouvé sa voie. Depuis qu'elle s'était réinstallée dans leur maison, ils faisaient en sorte de discuter tous les soirs. Maintenant, il savait qu'Alex avait cru devoir suivre les traces de ses parents. C'était la raison pour laquelle elle avait travaillé si dur. Mais elle avait compris qu'elle n'avait pas besoin de reproduire le modèle familial, et leur vie était devenue beaucoup plus simple.

La mémoire ne lui était toujours pas revenue complètement, mais elle n'était plus obsédée par ses trous de mémoire. Elle les considérait désormais comme une chance d'avoir une nouvelle vie, plus proche de l'essentiel. Et jusque-là, ils en avaient plutôt bien profité tous les deux.

Ils avaient passé la journée au ranch de Jared et Rachel Stryker, qui avaient organisé une réception pour célébrer leur mariage, mais maintenant il était content d'avoir Alex pour lui tout seul.

Il attira la jeune femme plus près de lui pour lui voler un baiser, qui devint rapidement passionné.

Elle lui retourna son baiser avec la même ferveur et passa

ses bras autour de son cou. A leur main gauche, la même alliance brillait.

— Alors, quelle est la suite du programme, monsieur Parker ? demanda-t-elle d'une voix rauque tandis qu'il la soulevait dans ses bras.

— Je te promets que le reste de ta vie sera encore mieux que tout ce que tu pourrais imaginer dans tes rêves les plus fous, madame Parker.

Il lui effleura le bout du nez avec le sien, ce qui la fit sourire.

— Cela me convient parfaitement.

Le 1er mars

Black Rose n°43

Disparu dans la nuit - Carla Cassidy

Quand elle s'aperçoit que Timothy, son fils de neuf ans, n'est jamais arrivé à l'école ce matin-là, Theresa Mathews sent la terreur la gagner. Qui a bien pu enlever son enfant ? Affolée, Theresa décide de s'adresser à la police. Et d'appeler sans plus tarder Sullivan, son ex-mari, afin qu'il vienne la soutenir dans cette insupportable épreuve...

Secrets inavoués - B.J. Daniels

Se faire passer pour un homme qu'il n'est pas. Et mentir. Tel est le quotidien de Nick Rogers depuis son installation dans la petite ville de Whitehorse. Adjoint au shérif, il sait qu'il ne doit s'attacher à personne, car à tout moment, il peut être appelé à partir. Pourtant, quand il fait la connaissance de Laney Cavanaugh, une jeune femme au charme troublant mêlée à une affaire qu'il est chargé d'élucider, il a bien du mal à lui cacher qu'il n'est pas celui qu'elle croit...

Black Rose n°44

Une femme en cavale - Ann Williams

Fuir. Le plus loin possible. Depuis le jour où elle a découvert les activités criminelles de Vincent, son mari, Kristine Stevens n'a plus que cette idée en tête. Mais seule, sans ressources, et pourchassée par les hommes de main de Vincent, elle ne sait où se cacher et se réfugie dans la première voiture qu'elle trouve ouverte. Celle de Tucker Winslow qui, d'abord méfiant, comprend qu'elle est en danger et accepte de la protéger...

Les ombres du passé - Valerie Parv

Quand elle revoit Tony Blaxland après des années de séparation, Tara McNiven se retrouve brutalement plongée dans le passé. A une époque où elle et Tony, alors journaliste débutant, s'aimaient d'une folle passion, avant qu'il ne quitte l'Australie pour tenter sa chance aux Etats-Unis. Mais il n'est pas revenu pour elle : il enquête sur l'association qu'elle dirige...

Black Rose n°45

La mémoire volée - Beverly Barton

Quels secrets se cachent entre les murs de l'imposante demeure de la plus ancienne famille du Mississippi ? Missionné par G. W Wesbrook, le patriarche du clan, pour retrouver sa petite fille, Leslie Anne, qui vient de fuguer, Dante Moran a la sensation gênante de faire intrusion dans une affaire de famille complexe, douloureuse. Une histoire à laquelle il se sentirait complètement étranger si le regard de Tessa, la mère de Leslie Anne, n'avait pas réveillé en lui l'éclat d'un autre regard, le souvenir d'une autre femme, perdue il y a longtemps...

BLACK ROSE

HARLEQUIN

Le 1er mars

Rédemption - M.J. Rose • N°318

Psychothérapeute à Manhattan, Morgan Snow est confrontée à la disparition de Cleo Thane, une call-girl de luxe qui comptait parmi ses patientes. Une disparition d'autant plus inquiétante qu'elle survient au moment où un tueur en série s'en prend aux prostituées de la ville dans le but de sauver leur âme...

Noire révélation - Brenda Novak • N°319

Madeline n'avait que 16 ans lorsque son père, le respectable Révérend Barker, a mystérieusement disparu. Vingt ans plus tard, au moment où la voiture de son père est retrouvée, Madeline espère découvrir la vérité sur la nuit du drame. Mais de sulfureux indices sont retrouvés dans la voiture, qui laissent Madeline perplexe, et réveillent de douloureux souvenirs.

Noces de sang - Carla Neggers • N°320

Abigail Browning est veuve. Car l'homme qu'elle aimait a été assassiné pendant leur lune de miel, sur une île du Maine... Sept ans plus tard, elle est devenue flic et ne parvient pas à oublier ce crime, resté impuni. Jusqu'au jour où un appel anonyme la pousse à retourner sur l'île et à affronter le passé de son mari défunt...

Intention mortelle - Karen Harper • N°321

Lauren Taylor se fige lorsqu'elle découvre dans un journal le portrait-robot d'un pyromane recherché par toute la police du pays : elle connaît cet homme. C'est elle qui l'a introduit dans son village isolé du Montana, grâce à son avion de tourisme. Un homme responsable de dix incendies criminels. Un homme qui aime s'attaquer aux femmes seules et les voir brûler vives...

Un printemps à Blossom Street - Debbie Macomber • N°322

Lorsque Lydia Hoffman ouvre sa boutique sur Blossom Street, elle réalise son rêve de toujours. Car à travers la laine qu'elle y vend et les ateliers de tricot qu'elle anime, c'est son goût de la vie qu'elle transmet. L'envie d'avancer envers et contre tout qui guide son existence depuis qu'elle a vaincu la maladie. La boutique devient le rendez-vous privilégié de trois femmes — Jacqueline la bourgeoise, Carol, la jeune mariée en mal d'enfant et Alix la rebelle — qui, par delà leurs différences, vont se découvrir bien plus proches qu'elles ne le croyaient...

La dame au fleuret - Elaine Coffman • N°323

Ecosse et France, 1746

Lady Kenna Lennox doit fuir ses Highlands natales pour échapper à l'ennemi juré de sa famille, lord Ramsay, qui a assassiné son père et ses trois frères. Résolue à venger les siens, elle décide de se rendre à Paris pour apprendre à y manier l'épée avec le meilleur maître d'armes d'Europe, et de rentrer en Ecosse afin d'y affronter lord Ramsay en duel. Forte de cette résolution, elle se rend au port d'Edimbourg par un jour de neige, et use de son charme pour persuader un ombrageux capitaine corsaire, cloué à quai par la tempête, de l'embarquer à son bord...

Neige de sang - Rachel Lee • N°324 *(réédition)*

Quand l'avion où se trouvaient son mari et ses deux enfants explose, Jennifer ne songe plus qu'à mourir à son tour. Suicide ? Il n'en est pas question : ses parents en nourriraient une terrible culpabilité. Elle fait donc appel à un tueur à gages, avant d'apprendre que l'enquête sur la mort de sa famille a conclu à un attentat. Qui se cache derrière ce plan diabolique ? Jennifer va devoir faire vite pour le découvrir, avec l'aide de l'homme qui lui a révélé l'existence du mystérieux tueur. Un tueur embusqué déjà lancé à ses trousses, et que rien ni personne ne peut plus arrêter...

Le venin - Erica Spindler • N°325 *(réédition)*

Enceinte d'un ancien amant de sa mère, un homme pervers et violent, Julianna prend la fuite et décide de faire adopter l'enfant. Mais pas par n'importe qui. Par Richard et Kate Ryan, un couple parfait à ses yeux, à travers lequel elle vit par procuration. Jusqu'au jour où elle décide de s'immiscer réellement dans leur vie. En épiant Kate, elle s'efforce alors de lui ressembler au point de lui voler son identité et sa place dans le cœur de son mari...

L'ennemi sans visage - Heather Graham • N°326 *(réédition)*

Le soir du meurtre de sa mère, la petite Madison a douze ans. Avant de s'évanouir, elle sent l'étreinte glacée de la mort dans le cœur de sa mère, elle voit le sang couler... Douze ans plus tard, elle est de nouveau la proie de visions au moment où des meurtres se produisent. Mais jamais elle ne voit le visage de l'assassin. Les visions enferment Madison dans le cercle de la terreur, tandis que le serial killer se rapproche d'elle. Car ce n'est pas par hasard qu'il choisit chaque fois des femmes rousses, belles, et tatouées d'une rose. Comme elle...

Titres non disponibles au Québec.

Composé et édité par les
éditions Harlequin
Achevé d'imprimer en janvier 2008

par

LIBERDÚPLEX

Dépôt légal : février 2008
N° d'éditeur : 13364

Imprimé en Espagne